专利战略与企业发展

made in CHINA

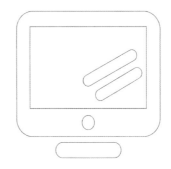

袁鹏飞——主编
曹广胜 吴浩然 史雪东 张晓丽——副主编

天津出版传媒集团
天津人民出版社

图书在版编目(CIP)数据

专利战略与企业发展：中国制造2025背景下企业的创新模式 / 袁鹏飞主编. -- 天津：天津人民出版社，2017.11

ISBN 978-7-201-12681-4

Ⅰ. ①专… Ⅱ. ①袁… Ⅲ. ①制造工业—企业创新—研究—中国 Ⅳ. ①F426.4

中国版本图书馆CIP数据核字(2017)第28883

专利战略与企业发展

ZHUANLI ZHANLÜE YU QIYE FAZHAN

出　　版　天津人民出版社
出 版 人　黄　沛
地　　址　天津市和平区西康路35号康岳大厦
邮政编码　300051
邮购电话　(022)23332469
网　　址　http://www.tjrmcbs.com
电子信箱　tjrmcbs@126.com

责任编辑　郑　玥
装帧设计　明轩文化·王烨

印　　刷　高教社(天津)印务有限公司
经　　销　新华书店
开　　本　787毫米×1092毫米　1/16
印　　张　26
插　　页　2
字　　数　350千字
版次印次　2017年11月第1版　2017年11月第1次印刷
定　　价　76.00元

序

综观各国发展，一些国家凭借着土地、劳动力的价格优势快速发展，另一些国家凭借着高新技术的优势利用其他国家的土地、劳动力进行发展。早期的中国同样凭借劳动力价格的优势融入全球产业链，通过引进外资和进口高端设备来获取技术，实现了多年的经济高速增长。但此时的中国面临的问题是日益增长的能源需求和日益严重的资源约束与环境污染。

美国早年实行了《清洁空气法》，把排污许可变成了一项资产，并且在网上拍卖，与此同时美国政府也积极鼓励企业进行创新以改善日益恶化的环境。而今中国也面临如此困境，因此政府积极推动企业改革，将传统的制造行业逐步转化为高新技术产业，并设立了大量的高新技术开发区，以期望中国企业从最初的加工厂逐步演变为研发创新型企业，而在推动过程中，建立并完善专利制度是政府的核心政策。

在这样的企业改革背景下，本书从专利战略和企业发展的视角，结合当今国内外知名企业的具体战略内容，如华为、高智发明、埃克森美孚等，指导中国企业进行专利战略构思。本书描述了很多国际专利纠纷案例、中外企业的专利战略、中外企业的专利布局,内容丰富,可读性、指导性、操作性较强。

本书受众面较广,不仅能为知识产权领域的工作者、单独的专利发明者以及专利爱好者提供创新思路,为企业研发人员提供专利挖掘的方法,还能为企业的经营、管理人员提供企业创新和企业专利战略的运作方法。

写在最后,作者对每个涉及法律的问题、涉及美国企业的概括都做了很细致的调查,他创作时候的认真态度感染了我。祝你快乐,我的朋友。

北京市外国专家局外国专家成员、对外经贸大学教授

赵尚君(Arthur Chiu,美籍)

2016年12月18日于北京

目录
CONTENTS

前言 / 1

第一章 专利制度概述 / 1

第一节 专利的概念 / 4

一、专利的定义与特征 / 4

二、专利制度的概念与内涵 / 7

第二节 专利制度的政策工具 / 8

一、专利申请的标准 / 9

二、审查期限与保护 / 10

三、知识披露规定 / 10

四、授予专利原则 / 11

五、专利宽度与索赔范围 / 12

六、专利执法体质 / 14

七、专利费 / 20

八、强制许可 / 21

第三节 专利制度的国际比较 / 21

一、美国专利制度 / 22

二、欧洲专利制度 / 24

三、日本专利制度 / 26

第二章　中国专利制度发展进程　/　29
第一节　中国专利制度的实施与效果　/　32
一、中国专利发展历程　/　32
二、中国专利数量剧增的原因　/　35
第二节　外国在华专利对中国的影响　/　46
一、外国在华专利影响技术创新　/　46
二、外国在华专利"扩散效应"抑或"阻塞效应"　/　54
三、外国在华专利的影响　/　62
第三节　专利与技术创新　/　69
一、对知识产权建设更加重视　/　69
二、创新模式与过程的改变　/　70
三、高新技术的崛起　/　74
四、互联网与通信技术的挑战　/　76
第四节　专利质押融资模式　/　80
一、专利质押融资背景　/　80
二、专利质押融资模式　/　86
第三章　企业专利战略　/　107
第一节　专利战略与企业技术趋势分析　/　110
一、技术创新成为企业决定胜负的竞争筹码　/　111
二、专利战略是企业创新的重要组成部分　/　113
三、专利战略推动企业发展　/　116
第二节　华为的专利战略　/　119
一、华为的专利许可与后发追赶　/　121
二、专利战与竞争　/　122
三、专利交叉许可　/　127

第三节 “专利流氓”的运营模式——美国高智发明 / 128
一、机构简介 / 128
二、主要的专利转移转化模式 / 131
三、典型案例 / 136
四、高智发明专利运营模式的启示 / 141
第四节 基于中国企业的专利战略的建议 / 141
一、加强专利战略理论的研究 / 142
二、加强企业知识产权评估 / 144
三、提升研发质量 / 146
四、加强企业间的专利战略组建 / 148
第四章 专利布局 / 153
第一节 专利组合 / 155
一、专利组合的基本概念 / 156
二、专利组合与竞争优势 / 163
三、企业专利布局的模式 / 175
第二节 开拓性专利布局 / 196
一、基本专利式布局 / 197
二、地毯式专利布局 / 203
三、收费站式布局 / 206
四、“潜水艇专利”布局 / 209
第三节 渐进性专利布局 / 214
一、空隙专利布局 / 215
二、外围专利布局 / 216
三、模仿改进式布局 / 219
四、复合专利布局 / 234

第五章　专利挖掘　/　243
第一节　专利挖掘　/　245
一、企业实施专利挖掘的意义　/　245
二、企业如何挖掘专利　/　246
第二节　专利挖掘的步骤　/　254
一、发明构思　/　254
二、提炼创新点　/　255
三、专利撰写　/　257
第三节　专利检索　/　258
一、法律状态检索　/　258
二、查新检索　/　263
三、专利性检索　/　264
四、侵权检索　/　265
五、技术贸易检索　/　266
六、专利战略检索　/　275
七、技术主题检索　/　283
第四节　专利地图及其应用　/　292
一、专利地图定义与分类　/　294
二、专利地图的作用　/　296
三、专利地图的功能　/　301
四、专利地图分析过程　/　308
第六章　石油领域专利分析　/　319
第一节　石油行业专利战略　/　321
一、研发过程中专利战略的应用　/　322
二、生产经营过程中专利战略的应用　/　323

三、企业在技术贸易中专利战略的应用　/　325
四、中美石油企业专利战略分析　/　326
第二节　石油行业专利布局　/　334
一、石油领域专利布局概述　/　335
二、石油企业对外专利布局　/　346
第三节　石油行业专利挖掘　/　360
一、石油领域专利创新的特点　/　360
二、石油领域专利挖掘因素　/　362
三、典型案例分析　/　363
第四节　专利评价在石油行业中的应用　/　386
一、专利参考价值评价体系　/　386
二、评价体系步骤　/　387
参考文献　/　394

前言

感谢此时翻开本书的你。

这是一本有趣的书，或者说，这是一本很严谨但是并不枯燥的书。之前看过一个笑话：十年前出去吃饭、购物付款基本都是付现，五年前出去吃饭、购物付款基本都是刷卡，而现在出去吃饭、购物付款都是“扫一扫”，这说明了什么？说明了，出门捡到钱的概率几乎为零！同时也说明了，科技的发展与我们的生活息息相关。

18世纪从英国发起的技术革命是技术发展史上的一次巨大革命，它开创了以机器代替手工工具的时代，这场革命是以工作机的诞生开始，以蒸汽机作为动力机被广泛使用为标志，这一次技术革命和与之相关的社会关系的变革，被称为第一次工业革命；19世纪最后30年至20世纪初，科学技术的进步和工业生产的高涨，世界由“蒸汽时代”进入“电气时代”，出现了电气、化学、石油等新兴工业部门，由于19世纪70年代以后发电机、电动机相继发明，远距离输电技术的出现，电气工业迅速发展起来，电力在生产和生活中得到了广泛的应用，这一时期被称为近代历史上的第二次工业革命；从20世纪四五十年代至21世纪初，在原子能、电子计算机、微电子技术、航天技术、分子生物学和遗传工程等领域取得重大突破，标志着新的科学技术革命的到来，它产生了一大批新型工业，第三产业迅速发展，其中最具划时代意义的是电子计算机的迅速发展和广泛运用，它也带来了一种新型经济——知识经济，知识经济发达程度的高低已成为各国综合国力竞争中成败的关键所在，这次科技革命被称为第三次科技革命；2014年德国汉诺威工业博览会首次提出"工业4.0"，标志着第四次科技革命的到来，以互联网产业化、工业智能化、工业一体化为代表，以人工智能、清洁能源、无人控制技术、量子信息技术、虚拟现实以及生物技术为主的全新技术革命。

过去的几年里，不断有新的名词跳入我们的生活，智能工厂、人机交互、智能家电、数字化制造、物联网、3D技术、大数据、云计算，未来企业的一个基本特征已经非常清楚，那就是机械性、可重复的脑力劳动，甚至较为复杂的分析任务，都会被机器智能取代，未来社会最有价值的企业，是以创造力、洞察力、对客户的感知力为核心特征的，而企业发展的重心将转向创造性劳动。

随着"工业4.0"的来临和经济全球一体化的日益加快，专利对于国家经济发展的重要程度与日俱增，企业准确把握技术未来发展的趋势是在竞争中抢占先机的关键；专利是技术信息最有效的载体，通过有效的专利分析使企业洞悉技术的演变与发展趋势是企业发展的一大助力，制定合理的专利战略已经成为企业进一步开展技术创新、提升核心竞争力的重要手段。

综观世界上众多成功的企业，我们不难发现，促使这些企业获得成功的因素固然是多方面的，但持续不断地进行技术创新，几乎是所有成功企业的基石，企业在制定技术层面决策时，专利战略在其中起到了重要的辅助作用。总结起来可以分为三个方面。首先，技术预测可以明确技术发展潜力，以及规划科研方向；其次，通过分析技术变化及趋势走向，可以获知新兴技术所带来的潜在机会及威胁；最后，企业可以利用技术前景预测来评估某领域的发展前景，并用以辅助下一步的政策性规划。

而专利布局则是用一定方法对创新成果进行创造性的剖析和甄选，通过企业综合产业、市场和法律等因素，对专利进行有机结合，涵盖了企业利害相关的时间、地域、技术和产品等维度，构建严密高效的专利保护网，最终形成对企业有利格局的专利组合。

专利挖掘是指企业在科研或生产过程中对所取得的技术成果，从技术和法律层面进行剖析、整理、拆分和筛选出可以申请专利的创新点；企业进行深入的专利挖掘可以全面掌握具有专利申请价值的技术要点及关联技术，将技术成果专利化，以全面、充分及高效地保证企业技术创新成果，使企业产品在市场上具有独占性的竞争优势。

本书创作思路主线有两条，即专利战略和企业发展。在全书中，这两条主线内容相互交叉，相辅相成。全书以中国制造2025为时代背景，结合当前国内外企业发展模式、国内外企业专利战略实施情况，通过若干实例论证在当前时代背景下企业的创新模式，并结合知识密集型、技术密集型的石油行业对专利战略与企业发展作出进一步的诠释。作为一本主题相对严谨的书，书中涉及法律法规、概述性的内容，通常较为严谨，而在案例使用上多数比较贴近生活，如“三只松鼠”、酷狗、斗鱼、小米、“专利流氓”等，使读者在阅读此书时不会觉得过于枯燥。

参与各章节撰写的人员情况如下：袁鹏飞，石油工程师，专利工程师，参与前期搜集资料，搭建章节框架，参与撰写第1—6章，参与统稿；曹广胜，教授，博士生导师，现为东北石油大学石油工程学院实验中心主任，参与撰写第2—6章，参与统稿；史雪冬，中国石油大学（北京）博士，参与撰写第3—4章，参与统稿；张晓丽，现就职于大庆东油睿佳石油科技有限公司，参与撰写第5—6章，参与统稿；吴浩然，现就职于华业开泰投资集团有限公司，参与撰写第1—2章，参与统稿。

感谢对外经贸大学教授Arthur Chiu在本书创作期间对编者的帮助以及为本书作序；感谢中嵘能源科技集团董事长洪嵘先生在本书创作期间的大力支持；感谢天津人民出版社社长黄沛、副总编王康、编辑郑玥在本书出版期间给予的大力帮助。

由于编者的时间、精力及知识所限，书中存在的缺点和不妥之处，欢迎读者批评指正。

编　者

2017年7月

第一章

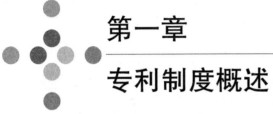

专利制度概述

自21世纪以来，人类社会的科技革新进入了前所未有的高速发展时期，对社会进步所产生的推动作用愈发显著，随之而来的各种变革与冲击也在世界范围内引发了各国政府的广泛关注。对于我国来说，从20世纪末《中华人民共和国科学技术进步法》的颁布，到2008年北京奥运会"科技奥运"政策的实施；从《国家"十二五"科学和技术发展规划》的提出，到党的十八大报告有关"实施创新驱动发展战略"的论述，科学研究与试验发展，即R&D(research and development)一直是政策导向及落实的重中之重。

2011年，《国家"十二五"科学和技术发展规划》中明确指出，国家用于科研与试验发展活动的经费支出与国内生产总值的比例已成为国际上通用的衡量一个国家或地区科技活动规模、科技投入水平和科技创新能力的重要指标——技术的进步与发展关乎国力、关乎民生；2013年9月7日，习近平主席在哈萨克斯坦发表重要演讲，首次提出了加强政策沟通、道路联通、贸易畅通、货币流通、民心相通，共同建设"一带一路"的战略倡议。"一带一路"让我国科技进入一个高速发展阶段，同样也迫使我国的科技研发进入高速发展阶段。所有国家在发展时都要经历这样一个过程：一是大量投入基础设施建设，二是提高制造能力和技术创新能力，三则是发展知识经济、虚拟经济。

进入21世纪以来，国家对知识产权建设的重视程度不断提高，知识产权建设已经上升至国家战略的高度。

第一节　专利的概念

一、专利的定义与特征

“专利”一词最早出现在我国西周时期，西周大夫荷良提出“夫荣公好专利不知大难……今王学专利，其可乎？匹夫专利，犹谓之盗，王而行之，其归鲜矣”。（《国语·周语》）此处的“专利”意味着利益独占。“专利”的英语“patent”一词源于拉丁文Litterae patentes，包括“垄断”和“公开”的意思，正好与现代意义上的专利基本特征相吻合。

法理学家们的研究一直把专利的起源追溯到公元前3世纪的古希腊，那时的一项关于厨师可以对其所创造出的新烹饪方法拥有为期一年的垄断权的规定，可以看作专利的雏形。这项特殊规定既保证了厨师能从自己创造的垄断权利中获得利益，又能激励其他厨师作出进一步创新。在十三四世纪的欧美各国，“专利”一词通常指由统治者专门授予的一种独占某种产品的制作与经营的权利，它在某种程度上已具有了一定的法权性质。

专利法最先产生于欧洲，英国1624年的《垄断法案》(*The Statute of Monopolies*)是近代专利保护制度的起点，该法案的颁布强烈刺激了英国工业的发展。1790年和1791年美国和法国也相继颁布了《专利法》。此后，俄国在1812年、荷兰在1817年、西班牙在1820年、印度在1859年、德国在1877年、日本在1855年先后颁布了本国的《专利法》。随着专利被赋予法权的性质，专利制度也孕育而生，专利的含义也有了新的定位。对我国而言，专利制度是舶来品。从19世纪中叶至民国时期，我国也先后出台过一些专利规章，但都很快夭折，或是有名无实，直到1984年颁布了第一部专利法，专利制度才开始在我国正式实行。三十多年来，我国专利法历经三次修改，专利申请量和授权量也迅猛攀升，2015年专利申请数量已经跃升为世界第一。

一般而言，“专利”主要是指专利权人对某一项发明创造所拥有的独享权益。日常生活中人们所说的专利又指新发明或者新技术。鉴于此，下文对专利采取两个维度上的含义：既指新发明专有的独占权益，也就是专利权；同时又指取得专利权的新发明或新技术。

1. 专利权是专利的第一个维度含义

专利权是专利法上权利的简称，即由国家机构依照法律规定授予特定的人对其发明创造，在一定时期内享有的独占权。需要强调指出的是，专利权既具有一般的产权特征，也有其特殊性。具体表现为以下三个方面：

(1)专利的作用对象是新技术、新发明。由于知识具有非竞争性和非排他性的特点，算不上严格意义上的经济物品。因此需要法律保护，确定其产权地位。

(2)专利是可执行的权利。从执行层面考虑，技术信息具有无形性和不易控制性等特点，这使得对专利技术的侵犯更为简易和隐蔽。因此，专利只有通过国家法律的有力执行才能加以有效保护。

(3)专利权是一种财产权，它是对所包含技术信息的禁止和允许的权利，包括占用、使用、收益和处分的权利。

2. 专利主体是专利的第二个维度含义

专利主体是指获得专利权的新技术或者新发明。众所周知，中国的专利技术分为三种，即发明专利、实用新型和外观设计。

(1)发明专利是指对技术、产品或者工艺流程所提出的新方案。《中华人民共和国专利法》第二条第二款对发明的定义是：“发明是指对产品、方法或者其改进所提出的新的技术方案。”所谓产品是指工业上能够制造的各种新制品,包括有一定形状和结构的固体、液体、气体之类的物品。所谓方法是指对原料进行加工,制成各种产品的方法。发明专利并不要求它是经过实践证明可以直接应用于工业生产的技术成果,它可以是一项解决技术问题的方案或是一种构思,具有在工业上应用的可能性。但这也不能将这种技术方案或构思与单纯地提出课题、设想相混同,因为单纯地提出课题、设想不具备工业上应用的可能性。

(2)实用新型是指对产品的外在形状、构造或其结合而提出的实用的新技术方案。《中华人民共和国专利法》第二条第三款对实用新型的定义是:“实用新型是指对产品的形状、构造或者其结合所提出的适于实用的新的技术方案。”同发明一样,实用新型保护的也是一个技术方案。但实用新型专利保护的范围较窄,它只保护有一定形状或结构的新产品,不保护方法及没有固定形状的物质。实用新型的技术方案更注重实用性,其技术水平较发明而言要低一些,多数国家实用新型专利保护的都是比较简单的、改进性的技术发明,可以称为“小发明”。授予实用新型专利不需经过实质审查,手续比较简便,费用较低。因此,关于日用品、机械、电器等方面的有形产品的小发明比较适用于申请实用新型专利。

(3)外观设计是指对产品色彩、形状或者图案所作出的新设计。《中华人民共和国专利法》第二条第四款对外观设计的定义是:“外观设计是指对产品的形状、图案或其结合以及色彩与形状、图案的结合所作出的富有美感并适于工业应用的新设计。”并在《中华人民共和国专利法》第二十三条对其授权条件进行了规定:“授予专利权的外观设计,应当不属于现有设计;也没有任何单位或者个人就同样的外观设计在申请日以前向国务院专利行政部门提出过申请,并记载在申请日以后公告的专利文件中。”这种设计只涵盖产品的外在,通常兼具审美价值和实用价值。大多数外观设计的产品只注重外表的装饰性或艺术性。外观设计专利可以是平面图案,也可以是立体造型,或者是二者的结合。

二、专利制度的概念与内涵

从字面上讲，“专利”即是指专有的利益和权利，但至于“专利”的统一定义目前尚无明确界定。从根本上说，专利是一种知识产权。知识产权中的专利有三方面的含义：

第一，专利权的简称。即依法在一定时期内授予发明创造者或者其权利继受者独占使用其发明创造的权利，这种权利具有独占的排他性。本领域学者的普遍观点为，政府授予发明者的专利权是保护发明者的创造性努力，从而激励其制造和商业化的一种权利。

第二，专利技术。即专利权的客体，是经国家专利主管机关审查确定并在公开的基础上进行法律保护的发明创造本身，这是产生专利权的基础。

第三，具体的实体文件。专利是一种所有权证书，是国家专利主管机关颁发的确认申请人对其发明创造享有专利权的专利证书或指记载发明创造内容的专利文献。通常人们所说的查“专利”就是指查阅这种专利文献。

从狭义上讲，专利制度就是指专利法。然而除了专利的法律体系之外，专利制度还包括一整套的行政体系、司法体系、管理体系与服务体系，这些共同构成了广义上的专利制度。综合起来，专利制度是一种利用多种手段，其中包括法律的、行政的和经济的，保护发明人创新成果与权益，激励创新和研发，以此来促进整个经济社会技术发展的知识产权制度。

总体分析，中国的专利制度的法律法规包括：《中华人民共和国专利法》《中华人民共和国专利法实施细则》《专利审查指南》，地方性法规，以及各级政府的相关政策；中国的专利管理机构包括：国家知识产权局、各省市自治区知识产权局、各县知识产权局；专利服务体系包括：专利文献服务机构、维权援助机构、专利代理机构、律师事务所;而司法体系包括:最高人民法院、高级人民法院、指定中级人民法院。

专利制度除了存在于一个国家的内部之外，国际上还存在一些专利合作条约,它们可以看成是超越国界的专利制度。迄今为止,世界上已有多个国家或地区建立与实行了专利制度,并且积极地参与国际的专利合作条约。通过平等相待,专利合作条约以各国的专利制度为基础,使得各国企业在世界范围内享有专利保护。目前,存在三个影响较大的国际专利合作条约,分别是《保护工业产权巴黎公约》《专利合作条约》《与贸易有关的知识产权协议》。它们都是国际专利制度的重要组成部分。

第二节　专利制度的政策工具

专利制度从广义上讲具有对发明创造的“外部激励机制”,专利制度本身对于社会创新有着激励作用。政府通过运用公共财政资源“抛砖引玉”,鼓励相关企业加大技术研发、专利申请力度和专利运营水平来评选各类示范单位,都是发明创造的示范性“外部激励机制”。例如,我国专利制度中规定了缴纳专利费用确有困难的人可以申请减缓专利费用,在很大程度上解决了中小企业和个人申请专利时的后顾之忧,有效地激励他们发明创造的积极性。

从狭义上讲,专利制度的政策工具包括专利的长度与宽度,专利的长度即为专利有效期,大多数国家的保护期限都在15—20年之间;专利宽度就是专利保护范围,也是对侵权行为的惩罚力度,定量分析可以用惩罚金或者在专利保护范围内专利权人获得的超额垄断利润来代表。专利宽度越大,对模仿的惩罚越高,这样竞争者越少,专利权人获得的超额垄断利润越大。只从专利的长度与宽度两个政策变量,难以囊括整个专利体系的特点,亦不能完全揭示出专利制度发挥作用的机制。因此,从广义上定义专利制度的政策工具主要包括:专利的申请标准、授权披露规定、审查期、授予原则、索赔范围、专利执法体系、专利费用、强制许可等。

一、专利申请的标准

专利申请的标准是专利授权判断的依据，关系到专利的质量。一般而言,申请的标准是评判发明创造是否具备新颖性、创造性和实用性。

依据《中华人民共和国专利法》第二十二条第二款规定,新颖性是指该发明或实用新型不属于现有技术；也没有任何单位或者个人就同样的发明或实用新型在申请日以前向专利局提出过申请，并记载在申请日以后公布的专利申请文件或者公告的专利文件中。申请专利的发明或者实用新型满足新颖性的标准,必须不同于现有技术,同时不得出现抵触申请。

新颖性遵循“三没有原则”:没有相似的创新发明在出版物上公开发表，没有公开使用过或者通过其他方式为公众所知，也没有其他人向专利局提出过申请并且记载。

专利法中所说的创造性是指专利申请同申请提交日前的现有技术相比,该发明具有突出的实质性特点和显著的进步。所谓实质性特点是指与现有技术相比,有本质上的差异,存在一定的突破,而且申请的这种技术上的变化和突破,对本领域的普通技术人员来说并非是显而易见的。

而实用性是指一项发明专利或者实用新型能够在产业上获得应用,或者指申请专利的发明或实用新型被实施后,有利于促进科学技术的发展,能够给发明人或者专利权人或者国家带来良好的经济效益。

二、审查期限与保护

专利申请实行早期公开、延迟审查的方式进行，这一制度确保发明技术在产权争议上的严谨性。具体的程序如下：发明人或者企业首先向知识产权局提出专利申请，符合要求的申请提案将在一定时期公之于众，在被公开后的一段时间内，如果没有异议，申请人可以向专利局提出实质审查请求，审查期过后，如果达到相关的标准，相关部门依法向技术持有人授予专利权。审查期限在不同国家也不完全一致，主要原因在于专利申请案会触及许多争议，需要相对充裕的时间去解决各类问题。然而也不排除一些国家利用相对较长的审查期限来促进新技术的传播。专利审查的效率会对专利申请决策产生重大的影响。

发明创新在审查期间也会得到保护。从申请日以后到申请内容技术方案公开之前，技术方案属于技术秘密，在商业秘密保护的范畴。在申请的内容正式公开后到授权之前，技术方案受到一定的“临时保护”。商业秘密和完整的专利权，两者均具有稳固的法律地位和属性，而“临时保护”期的技术方案却没有明确的法律地位。商业秘密保护、临时保护、专利授权之后的垄断保护，通常会将这三个时间点上法律对于三种权益的保护强弱形象地比喻成一个“V”型。“临时保护”期很有可能成为一个漏洞，很多技术纠纷案件都发生在“临时保护”期，这些纠纷案件此时只属于费用纠纷而不属于侵权纠纷，这使得专利权人即使在获得了专利授权之后，也未能阻挡技术的传播。

三、知识披露规定

按照专利信息披露的程度，可以划分为三种模式：欧盟模式、美国模式与日本模式。

第一种是欧盟模式。专利申请人需要对审查部门进行完全披露,但是不需要对全社会完全披露。欧洲建立了专门的技术检索部门,从而保障了对现有技术检索的时间,确保在多数情况下产生高质量的专利,并在授权专利之后,对技术的实现方式与方法给予一定的保密。欧盟模式重在保护,而非披露。

第二种是美国模式。要求发明人或企业对专利审查部门进行“诚实善意”的信息披露。由此看出,美国对信息披露没有作出强制性的要求。因此,只要肯付出专利费用,美国就对申请成功的专利进行保护,既不向审查部门披露,更无必要向社会公布。

第三种是日本模式。强调专利申请人负有技术文献披露义务,或需依专利审查部门的要求而披露相关的现有技术信息,并且授权后的专利必须向全社会披露。日本专利披露强度最大,要求技术真实有效,同时又要求这些知识必须与全社会共享。但日本专利制度同时也阻止了一些重大的核心技术申请专利。

四、授予专利原则

目前,各国专利授权的标准可分为两类:先发明授权和先申请授权。先申请授予原则是引发专利竞赛的重要原因。发展中国家大多数采取先申请授予专利原则,这有助于企业尽快申请专利,但专利的申请难以关照最初发明者的利益。如果两个或更多的发明创造在同日进行申请,各个专利申请人之间需就谁获得专利权达成协议,否则不会为任何人授予专利。

而一些发达国家则是先发明授予专利原则。这种原则对于最初发明者提供了更多的保护,并且无须对一些重大而不成熟的发明技术过早地进行披露。但是运用先发明授权原则进行专利授权时,往往存在着许多冲突,相关部门必须对最初的发明者进行认定，专利申请要求授权前公开并允许授权前反对，这两个重要过程使得一些发达国家的专利具有相对较长的未决期，相关部门必须在申请期间解决这些冲突和分歧。

五、专利宽度与索赔范围

通常所讲的专利宽度就是指专利的保护范围，或者是侵权认定的范围。付诸到法律实践层面，这些范围必须以其权利要求的内容为准，其中最主要的是通过说明书及附图解释权利要求。在确定专利权的保护范围时，专利说明书作为权利要求书的依据用于解释权利要求。在一般情况下，确定保护范围的依据仍然是权利要求，权利要求作为控制专利保护范围的首要工具，专利审查部门往往对专利的权利要求适度把控，以确定适度的专利保护宽度。

然而这种范围的界定是具有一定争议性的。专利持有人往往可以将仅反映在说明书及附图中，而未记载在权利要求中的技术特征或者技术方案通过“解释”纳入专利保护范围。这样一来，专利权的保护范围将极大地拓宽。很多国家的专利法虽然对索赔内容都有明确规定，但是未限定何种特征可以被“解释”到权利要求中，这在一定程度上也造成了专利权的索赔范围在不同国家之间的差异。

案例1-2-1　普莱柯专利的宽度

设置目的：通过分析普莱柯专利保护范围，理解专利宽度的概念

涉及专利：一种疫苗组合物及其制备方法与应用CN201310412615.0

专利摘要：本发明提供了一种疫苗组合物，该疫苗组合物包括：免疫量的禽多杀性巴氏杆菌抗原、免疫量的新城疫抗原、免疫量的H9亚型禽流感抗原，以及兽医学上可接受的一种或多种佐剂。该疫苗组合物既能简化免疫程

序，达到一针多防的目的，即对禽多杀性巴氏杆菌、新城疫、H9亚型禽流感三种疾病产生保护性免疫，又能降低多次免疫使注射部位产生肿块、产蛋率降低等副作用，还能降低三种疾病混合感染时所引起的鸡群大规模死亡率。

关键词（H9亚型禽流感）基于权利要求分析：

权利要求1.一种疫苗组合物，所述疫苗组合物包括：免疫量的禽多杀性巴氏杆菌抗原、免疫量的新城疫抗原、免疫量的H9亚型禽流感抗原，以及兽医学上可接受的一种或多种佐剂。

权利要求2.根据权利要求1所述的疫苗组合物，其中，所述禽多杀性巴氏杆菌抗原为灭活形式、改良的活的形式或减毒形式的禽多杀性巴氏杆菌抗原；所述新城疫抗原为灭活形式、改良的活的形式或减毒形式的新城疫抗原；所述的H9亚型禽流感抗原为灭活形式、改良的活的形式或减毒形式的H9亚型禽流感抗原。

权利要求3.根据权利要求2所述的疫苗组合物，其中，所述禽多杀性巴氏杆菌抗原为灭活的禽多杀性巴氏杆菌C48-2株全菌抗原，所述新城疫抗原为灭活的新城疫病毒La Sota株全病毒抗原，所述H9亚型禽流感抗原为灭活的H9亚型禽流感抗原HL株全病毒抗原。

关键词（H9亚型禽流感）基于说明书分析：

[0019]可用于本发明的H9亚型禽流感抗原还可以包括以下组合物中的任一种抗原，如：国药集团扬州威克生物工程有限公司的禽流感灭活疫苗（H9亚型，F株）、哈尔滨维科生物技术开发公司的禽流感灭活疫苗（H9亚型，SD696株）、天津瑞普生物技术股份有限公司高科分公司的禽流感灭活疫苗（H9亚型，Sy株）、北京信得威特科技有限公司的禽流感灭活疫苗（H9亚型，SS株）、齐鲁动保保健品有限公司的禽流感灭活疫苗（H9亚型，LG1株）。更优选的，所述禽多杀性巴氏杆菌抗原为灭活的禽多杀性巴氏杆菌C48-2株全菌抗原，所述新城疫抗原为灭活的新城疫病毒La Sota株全病毒抗原，所述H9亚

型禽流感抗原为灭活的H9亚型禽流感抗原HL株全病毒抗原。

通过权利要求及说明书19段分析，此专利的保护范围是具有一定争议性的。专利持有人可以将仅反映在说明书,而未记载在权利要求中的技术特征或者技术方案通过“解释”纳入到专利保护范围。这样一来,专利权的保护范围将极大地拓宽。权利要求3中所述的H9亚型禽流感抗原HL株,在说明书中拓展成为F株、SD696株、Sy株、SS株、LG1株。如若将来发生法律纠纷的话,普莱柯公司通过“解释”此专利的保护范围可占据一定的主动性。

六、专利执法体质

任何一部法律运行过程都是立法、执法、司法、守法与监督各个程序的统一,专利法也是如此。实质上,“法律形成”与“法律实现”是两个不同的过程,立法机关制定好相关的法律之后,并将其实施,但是并不一定带来法律所希望的经济社会秩序。执法体系包括执法主体职责的明确规范,执法人员的专业素质,执法力度的有效监督,公平公正可执行的执法过程等。专利行政执法机制成熟与合理,是保证法律有效实施的基础。

专利执法在专利制度中占有重要地位,无论立法多么完善,问题的关键还在于执行层面。此外,很多国家专利的立法与执法存在双重动机,这就导致对执法问题的研究更应该加以重视。各国专利制度的执法体制存在着巨大的差异,在发达国家,或者是因为各国的执法体系发育程度不同,或者是因为每个国家特有的文化背景的不同，导致专利执法体制的效率存在着差异,这种差异或许是目的性的,也可能是非目的性的。而在发展中国家,通过全球一体化的专利体制获得相应益处,但消极履行相关义务;为了满足国际协定的要求,而存在完整的专利法,但是为了保护本国的利益,而又消极执行本国的专利法。

案例1-2-2　专利诉讼圣地——德州马歇尔市

按照美国法律，专利诉讼案件属于联邦地区法院专属管辖，州法院无权染指。全美有50个州94个联邦地区法院，德州东区联邦地区法院受理的专利诉讼案件多年以来一直位列前三甲。根据最新的统计数据，2015年上半年，全美专利一审案件收案3122件。其中，德州东区联邦地区法院专利诉讼案件1387件，达到全美一审专利案件的44.4%，是排名第二的特拉华州联邦地区法院（254件，占比8.13%）的5.46倍。德州东区的专利案件大部分又集中于马歇尔分院。

马歇尔市位于德州东北部，距离德州与路易斯安娜州的边界只有几分钟车程，而距离最近的大城市达拉斯则有240千米。马歇尔市建立于1841年，为纪念美国联邦最高法院第4任首席大法官约翰·马歇尔而得名，面积77平方千米，人口只有2.3万。虽然马歇尔分院审理大量的专利诉讼案件，但这里并不是所谓的高新技术企业聚集区。相反，马歇尔市是一个典型的美国南方小城，以棉花种植、伐木、铁路运输作为主要经济产业。历史上，马歇尔拥有整个德州数量最多的黑奴，是美国南北战争时期南方邦联的重要城市，也曾经作为密苏里州流亡政府的首府。直至今天，马歇尔市民仍然热衷于谈论美国内战历史，而很少知道当地出现的大量专利案件。马歇尔历史上曾经是德州最为富裕的地区之一，但是在20世纪末期经济陷入衰退。随着马歇尔市大量专利诉讼的聚集，使马歇尔市成为了美国专利诉讼圣地之一，从美国各地前来的知识产权律师纷纷涌入该市，租用了沿着美国59号高速公路的众多房产。大量的专利诉讼使马歇尔市成为依靠专利诉讼而生存的城市。

在美国，专利诉讼耗资巨大。2013年BBC的报道称，专利案件，无论难易程度都要花费600万到1200万美金，马歇尔分院平均每天都要消耗200万美金的诉讼费用。现在的马歇尔市是专利律师的圣地，他们到了马歇尔，就好比软件工程师到了硅谷，到处都是工作机会。蜂拥而来的专利律师刺激了当地的住宿、餐饮行业，甚至房地产的发展。为了能够在马歇尔市提起诉讼，制造管辖连接点，大量的Patent Trolls（专利流氓）或NPEs（Non-Practicing Entities，非经营实体）在马歇尔市租赁办公室，设置空壳公司。而为了讨好马歇尔市的陪审团，各方当事人脑洞大开想尽一切办法，包括赞助当地组织的各种庆祝节日。例如，当地诉讼常客Tivo在庭审前在Farm City Week节牲畜拍卖会上花1万美金购买一头牛，而三星公司则是当地各种庆祝节日的主要赞助商。在马歇尔分院的对面有一家三星溜冰场，是整个德州东区唯一一家溜冰场，游客络绎不绝，每年为马歇尔市带来数万美金收入。完全可以说，专利诉讼经济推动着马歇尔市的发展。

“罗马不是一天建成的”，专利审判最强法院的光辉历史，必须从T.约翰·沃德（T.John Ward）法官说起。沃德1943年出生于德州博纳姆(Bonham)，1964年在德州理工大学获得文学学士学位，1967年在贝勒法学院获得法学学士学位。1999年，沃德从事律师职业31年后被克林顿总统提名为联邦地区法院法官，直至2011年退休。

沃德法官是典型的德州人，平易近人但是脾气火爆。在任期间，沃德法官致力于提高专利案件的诉讼效率。在美国，联邦地区法院允许规定仅在本地适用的诉讼规则。为了加快诉讼进程，沃德法官制定了新的诉讼规则：要求当事人迅速开示相关信息，缩短庭前证据收集阶段的时间，处罚迟延交换证据、隐瞒证据的律师，要求双方当事人明确对权利要求解释的争议焦点以节省庭审时间。沃德法官禁止在动议阶段提交超过一百页的诉讼材料，在辩论阶段使用棋赛计时钟以限制时间。新的诉讼规则被称赞为“火箭速度”。在Laser Dynamics Inc.v.BenQ案中，由于被告未能在庭前证据开示阶段提交一系列的相关邮件，沃德法官对被告处以50万美金的罚金并且下令减少其三分之一的庭审时间。沃德法官不仅审判效率高，而且作出的判决大都有利于专利权人。有数据显示，沃德法官审理的专利案件，专利权人胜诉率达到88%,而美国专利诉讼的平均胜率只有68%。从1999年到2006年,沃德法官审理了160件专利案件,只有1件被联邦巡回上诉法院驳回。沃德法官早期的专利案件90%都是在马歇尔分院审理的。

自从沃德法官上任以来,德州东区法院的专利案件数量飞速上涨:1999年14件,2000年23件,2001年33件,2002年32件,2003年55件,2004年108件,2005年159件,2006年264件,2007年368件,2008年300件,2009年240件,2010年298件,2011年418件,2012年1260件,2013年1495件,2014年1434件。

从现有的情况来看,德州东区法院聚集大量专利案件的原因大致有:

1. 胜诉比率高,赔偿数额高

根据普华永道的数据,从1995年到2014年,德州东区法院原告胜率达到55%,排名第一,而美国的平均胜率只有33%;平均赔偿额度是894.9万美金,排名第五,美国的平均赔偿额是539.1万美金。德州东区法院2009年在Centocor Ortho Biotech,Inc.v.Abbott Laboratories案中判决被告赔偿16.7亿美金,是美国有史以来赔偿额度最高的专利侵权案。考虑到案件数量、胜诉比率,以及审判前和解的比率,德州东区法院虽然在平均赔偿额中排名第五,但获得高额赔偿的几率仍然很大。

2. 当地特有的诉讼规则有利于Patent Trolls

Patent Trolls是指不从事发明,也不实际使用专利,一般从他人(个人发明者,或者破产的公司)处购买专利,通过提起诉讼或者发出许可以获利的公司。由于Patent Trolls带有贬义，而后又改称为较为中性的NPEs。Patent Trolls为了节约诉讼成本,一个案件往往起诉多个被告。但是美国2011年9月16日生效的《发明法案》制定了反合并审理条款,规定专利所有人必须针对每一个被告提起单独诉讼。受到该条款的影响,德州东区法院受理专利案件数量在2012年以后比2011年涨了三倍。这也说明德州东区法院对于Patent

Trolls具有特殊的吸引力。事实上，反合并审理条款也正是针对德州东区Patent Trolls同时起诉多个被告的情形而制定的。

按照德州东区法院的诉讼规则，法官在作出证据开示命令时，会要求双方当事人无需等待对方当事人提出证据开示申请，即应当准备出示其拥有、管理或控制的与起诉或答辩事由所有相关的文件、电子文档或有形材料，并且不得以任何理由申请证据开示的延期。这一方面固然提高了诉讼效率，但是更有利于Patent Trolls，因为它们不实施专利，没有多少证据需要开示；相反，被告则往往承受高额的证据开示费用的压力，致使相当数量的案件被迫在庭审前和解。

在德州东区，原告在一定程度上可以挑选法官。与其他地区法院随机分配案件不同，德州东区法院分配案件是根据原告起诉时选择的分院进行分配，而且事先公布各个分院案件分配的比例。例如2009年的规则规定，沃德法官负责审理在马歇尔分院起诉的所有专利案件和90%其他民事案件、Texarkana分院起诉的所有专利案件和10%其他民事案件。其结果是，在德州东区起诉的原告可以获得50%以上甚至接近100%的几率为自己的案件挑选法官。事实上，原告也确实在挑选法官，从沃德法官到戴维斯法官再到吉尔斯特拉普法官。

3. 法官和陪审团倾向于专利权人

德州东区法院开始受理美国专利诉讼案件已有40年，40年来这里的陪审团就给世人一种对专利权持有人格外同情、对专利侵权方格外严格的印象。沃德法官曾经明确承认德州东区传统上倾向于原告，而且认为德州东区的陪审团更倾向于相信政府颁发的专利权证书，保护专利权。绝大部分的专利诉讼案都以专利权人的胜诉而告终，而且位于马歇尔的联邦地区法院裁定的侵权赔偿数额往往较大。在思科诉华为一案中，思科首先选择在美国诉讼，其次是将具体起诉地点选在位于马歇尔的联邦地区法院，诉讼结果自然是以思科获胜而告终。

有的文章认为德州号称第二个硅谷,德州东区高科技企业云集,当地陪审团大都是科技企业员工,深知专利权的重要性,因此陪审团支持原告的概率较高。事实上,德州东区辖区大部分都是农业地区,很少有科技企业,所谓的德州“硅谷”达拉斯、奥斯汀分别在德州北区法院和德州西区法院的辖区内。而硅谷的高科技企业尤其是软件行业的员工深受Patent Trolls之苦,如果担任陪审团成员,可能会更同情被告而不会支持专利权人。美国NPR电台曾经报道,如果你和硅谷的科技人员聊起专利话题,你会发现他们几乎都在哀嚎。

德州东区的陪审团成员主要生活在小城市和郊区, 并无高科技企业员工,对专利技术了解不多,受教育程度比较低,而且老龄人口偏多。同时,由于当地人口不多, 陪审团成员与当地律师非常熟悉。由于受教育程度比较低,缺乏相应的知识背景,德州东区的陪审团倾向于将专利权看成不动产,侵犯专利权被看成是非法入侵,对专利无效的抗辩则被理解为所有权瑕疵。如此一来,对德州东区的陪审团来说便容易理解。德州东区陪审团倾向于相信美国政府,相信美国专利商标局颁发的专利证书,而对大公司尤其是外国公司持怀疑态度。受到这些因素的影响,在德州东区法院,专利侵权诉讼的胜率高而且赔偿额大。美国有学者评论说德州东区的陪审团不仅是亲专利,而是专利权人最好的朋友。

德州东区法院成为美国专利案件数量最多的法院,原因在原告挑选法院。但正如美国学者所指出的,这固然有原告的原因,但也有法院竞争或者管辖营销的原因,其动机在于:大量的专利案件能够满足法官的个人兴趣,提高法官声望,增加本地律师收入,提高法院预算,推动本地经济发展,由此刺激法院作出一系列的制度安排,以吸引专利案件。德州东区法院明确规定。所有的案件必须有本地律师出庭,而联邦地区法院法官又大都出身于本地律师。这种法院竞争或者管辖营销现象在美国并不是只有德州东区法院这个孤例，伊利诺伊州麦迪逊县法院和密西西比州杰弗逊县法院的大规模侵权集团诉讼案件、特拉华州联邦地区法院的破产诉讼案件等均是如此。

2004年，沃德法官被英国《知识产权管理》杂志评选为全球知识产权最具有影响力的50位人物之一。沃德法官于2011年退休以后在Ward,Smith&Hill律师事务所担任特别顾问，沃德法官的儿子T.John Johnny Ward Jr.是该所的合伙人。

七、专利费

专利费用包括很多种类，不仅包括专利申请费、审查费、维持费、诉讼费等有形费用，也包括人们申请维持专利所付出的精力和机会成本等无形费用。研究表明，专利费用的高低能够改变专利申请的决策。从成本—收益分析的角度看，如果专利制度的费用过高，那么利用专利的成本也越大，一些质量不高效益不佳的专利可能会放弃申请。

此外，大多数国家的专利年费采取一种累进制收费，这样可以敦促专利实施。在累进制年费制度下，随着保护期的增加，年费也增加。一项发明在产生并被授予专利以后，最重要的事情就是实施。初期阶段，较低的年费可以鼓励专利权人通过各种形式，如租赁、买卖、投资入股等形式实施其专利，等同于政府给专利权人一笔转移支付鼓励其实施。当专利被实施以后，如果市场前景广阔，专利权人则愿意继续拿一笔钱来支付后续的专利年费。如果市场前景不好，专利权人可能会放弃其专利权，否则，他要支付逐年递增的专利年费。对于那些持专利权待价而沽的专利权人而言，他们的最优选择是尽快实施其专利，否则，随着时间的推移，专利的市场价值将下降，而所需缴纳的年费却逐年递增。

八、强制许可

专利的强制许可制度也称非自愿许可制度，具体是指一国专利主管部门，依照法律规定，在不经专利权人同意准许的情况下，将其发明或者实用新型专利进行强制实施的一种法律制度。由于强制许可并非出自专利权人的自愿授权，因此对于专利权人来讲，强制许可是一种权利限制。强制许可可以有多种方式来实现，既可以与专利权人协商赎买，也可以无偿强制占有。如果专利权人是理性的，那么对符合自身利益的事情就用不着政府来强制实施了。因此，一般情况下，强制实施的都是与专利权人利益不符合的。

强制许可制度也是保证专利制度有效的重要手段。一般在下述情况下实施强制许可：第一，拒绝交易。专利权是一种合法的垄断权，但专利持有人如果滥用其垄断地位，并拒绝将其专利交易的，相关部门可以对其进行强制实施。第二，在一些紧急状态和极端形势下，需要将专利进行强制实施。第三，反竞争行为。强制许可在救济反竞争行为时可起到积极作用，当专利垄断造成技术发展停滞不前时，应当考虑其是否构成反竞争行为。第四，非商业公共使用。当政府部门为完成一些特殊的使命需要使用受保护的专利时，可以进行强制许可。

第三节　专利制度的国际比较

本节以中国专利制度为基准，对比美国专利制度、欧洲专利制度与日本专利制度，通过分析各自专利制度的特点，了解其他国家利用专利制度的经验与方法，以期在PCT申请时避免一些不必要的麻烦。

一、美国专利制度

美国作为世界上最成熟的经济体,其专利制度的建设同样较为成熟。美国专利法体系庞大,且法律内容繁多,但又往往可以及时反映专利保护最新问题和立法发展趋势。具体而言,美国专利制度主要有如下特点:

1. 专利申请标准高

美国的专利法明文规定,专利申请要符合“新颖性、实用性和非显而易见性”的授权标准。新颖性方面的规定,即发明创造与现有技术相比应具有明显的新的特征。在实用性方面,美国的专利法要求被授权的专利必须达到“足够实用且足够重要”。虽然美国专利的类型包括实用专利,但需要注意的是美国的实用专利绝不是中国的实用新型,而是除了植物专利和外观设计之外其他专利的统称,美国专利法并不保护实用新型专利。美国专利划分类型涵盖了多个领域,但是每个领域的申请标准却很高,说明美国专利制度在多个领域均得到了有效的应用。

2. 先发明授权原则(first-to-invent principle)

《美国发明法案》规定,如果是同样的发明创造被不同的人提出专利申请,专利权应该授予最先做出发明的人。它与先申请原则截然不同,后者规定同样的发明创造的专利权应该授予最先提出申请的人。

当今世界上,只有美国和菲律宾采用先发明原则,而其他专利局均采用先申请原则。先发明原则能够很好地保护最初发明者的利益,鼓励原始创新,但是却不能鼓励发明进行专利申请。此外,此项制度安排在执行时遇到了种种困难,因为比较难以界定新技术的最初发明者。因此在2013年颁布的《美国发明法案》中更改了这一原则,采取了先申请发明原则。

3. 专利保护的主题与范围

美国专利法第一百零一条规定，只要符合授权的条件和要求，任何人发明或发现任何新的且有用的方法、机器、产品，或物质的组分，或对它们任何有用的改进，都可以因此而获得专利权。通过比较，美国专利保护主题的独特之处在于保护软件、商业方法和互联网方法，而世界其他绝大多数知识产权局都不予以保护。此外，美国的专利法也保护动植物新品种。然而为了防止核扩散，美国的专利法将用于武器的核材料和原子能排除在专利法保护的范围之外。

美国对专利侵权的保护范围是一种被称作“周边限定制”的原则，美国的专利法规定，专利权的保护范围完全以权利要求的文字内容确定，不能作扩大解释，被控诉侵权的行为必须重复了技术说明书中的全部技术特征。在实践中，完全仿制的侵权行为并不多见。因此美国的专利保护范围相对较小，但是美国司法实践的成熟却能够让专利权人的权利要求得到落实。

4. 全审查制及临时申请

与中国不同，美国的专利法规定，任何形式的发明创造如果要申请专利都要受到实质审查。然而先前美国知识产权局采取一种临时申请的做法，这种临时申请可以不进行审查，只进行登记，但在一年内必须转为正式申请。由于不对临时申请进行审查，所以临时申请的要求比较低，发明人可以在发明没有完善的情况下提出临时申请，在一年内完成了发明后再提出正式申请。这样实际上也给申请人提供了选择申请是否要求审查的机会。另外，美国专利制度的审查效率非常高，同时又具有相当大的灵活性，能够让专利持有人自行作出有利于自身的决策。

5. 信息披露要求

由于美国实行的是全审查制，只要提出了专利申请，就会自然进入到实质审查的阶段。先前，美国的专利制度不进行早期公开，直到授权后才予以公布;现在美国知识产权局意识到其中的弊端,也采用了专利申请的早期公开制,但是申请人可以提出合理的理由要求不公开。按照美国专利法,申请人必须是发明人。所以,美国专利制度的信息披露功能有所加强。当然由于没有强制性披露的具体要求,很多专利的技术细节仍然不被人知晓。

6. 专利审查

美国的专利法历经数次修改,发展已经日臻完善,申请程序复杂、审批效率低下的通病已经得到了较大改善。如果是争议性不大的发明技术,在美国的专利制度体系下,以很低的成本在最快的时间内就可以获得专利权。但是如果是有争议的发明技术,专利制度为追求公平公正的目标,就会令争议双方有充分的时间和权利去抗辩。因此,这些专利的申请往往是困难重重。

二、欧洲专利制度

中国专利实务界大多熟悉美国与日本的专利制度，对于欧洲专利保护制度了解不多。因此望而却步,前往欧洲申请专利者相对较少。欧洲拥有统一的专利制度，但是欧盟各国迈向真正的专利一体化的目标依然任重而道远。欧洲专利一体化为欧洲企业内部的技术交流、拓展技术市场空间等方面带来收益,但是欧洲各国语言、文化和利益诉求方面有很多差异,这使得欧洲专利制度在一定程度上难以灵活地适应欧洲各国的发展需求。

1. 专利质量

欧洲专利数量相对较少,但是质量享誉全球。专利申请标准依然是需要满足新颖性、创造性与实用性,但是较高的专利费用迫使企业放弃申请低质量的专利。欧洲目前专利数量远不如美国、日本以及中国。

2. 欧洲的专利保护范围

《欧洲专利公约》第六十九条说明,欧洲专利或欧洲专利申请给予的保护范围取决于请求权项内容，与中国类似，技术发明的说明书与附图可以用来解释权项。为了避免出现模糊的空间，《〈欧洲专利公约〉的补充议定书》又对此进行了补充，公约第六十九条不应当被解释为：欧洲专利给予的保护范围必须按照权利要求书文字的字面含义来理解，说明书和附图仅限于用作解释权利要求中含混不清之处。这表明，欧洲大陆国家采用的是一种"中心限定"原则，既保护文字说明的专利权利，又可以将技术说明作出一定的解释和延伸。从法律层面可以看出，欧洲的专利保护范围是最大的。

3. 专利费用

欧洲专利相关费用是美国及日本数倍之多。官费一般包括：申请费（125欧元）、检索费（756欧元）、审查费（1430欧元）和指定费（525欧元），共2836欧元。还有完成各项工作的外国律师代理费，约为1200~2500欧元。如果权利要求超出10项，还需每项分别加收40欧元的官费（代理费另计）。这样申请一项欧洲专利并向欧洲专利局提出实质审查请求，并确定指定国的费用约需4000~5500欧元。同时，提案中也重申多重专利诉讼之问题，除了造成庞大的诉讼费用以外，专利诉讼的法律不确定性也会影响企业投资、产品生产等重要商业决策。

4. 审查制度

《欧洲专利公约》规定，欧洲专利申请实行早期公开及请求审查制度，欧洲专利审查也有自身的特点，就是存在授权后异议的制度。欧洲的专利权一次可以向指定的二十多个国家申请保护。在欧洲一体化的今天，这样的专利审查制度便于管理，比向欧盟各缔约国逐一提出申请更迅速、经济。

欧洲存在统一的专利局，它的职责是受理、检索、审查及核准专利，已获准的欧洲专利，在向各指定国办理领证程序后，可以行使其专利权。

5. 信息披露

《欧洲专利公约》规定，专利申请人需要对审查部门进行完全披露，但是不需要对全社会完全披露。欧洲建立了专门的技术检索部门,从而保障了现有技术检索的时间,因此在大多数情况下能产生质量较高的专利,并且在授权专利以后,对技术的实现方式与方法会给予一定的保密。

三、日本专利制度

日本为适应国内在科技引进、改良与创新方面渐次发展,积累了一整套专利制度的成功经验。中国在改革开放之初,就积极借鉴日本经济成功的经验,专利制度是其中的一个方面,中国专利制度的建立是以日本专利制度为模板的。但是近年来日本经济发展缓慢,原创性的重大技术创新得不到很好的制度支持,日本的专利制度的弊端逐渐显现出来,这又为中国提供了反面的教训。

1. 日本专利申请标准

与中国相类似,日本专利申请的标准同样要求具有新颖性、创造性和产业上能利用的可能等标准。在日本,同样存在实用新型专利,其创造性高度低于发明创造性高度,而且发挥了积极的作用。然而日本存在实用新型申请与发明专利申请相互转化的制度,如果发明专利达不到相应的标准,可以转为实用新型专利申请。反之,如果实用新型专利达到了发明专利的申请标准,可以建议申请发明专利。在这一点上,日本比中国的专利制度更具有灵活性。

2. 日本专利授权在实质条件、审查程序等方面也与中国的专利法较为相似

但是相比之下,日本专利制度程序中的负担较少,费用较低,提供更为宽松的权利恢复要求,实行实质审查制度,并且采取请求审查制。在2001年以前,发明专利请求实质审查的时间,是从申请日起7年之内,因为这一期限

较长，所以日本在2001年改为从申请日起3年请求。日本发明专利申请的实质审查具有多种方式，其中包括优先审查、早期审查和超早期审查等程序，以满足申请人的时间偏好。总体来看，日本专利审查的效率高于中国。

3. 日本专利保护具有狭窄索赔的特点

早期日本的专利司法实务，对等同原则[①]的适用也往往持消极的态度，有时候即使明确地构成侵犯日本的司法体系也会置之不理。日本主要的战略意图是，围绕欧美的基础性关键专利，申请出具有适用性的大量小专利，借此包围这些关键性的技术，使基础性技术专利难以获得应有的效果，这使得日本一度成为最有竞争力的国家。然而由于技术模仿优势的耗尽，当前日本的专利制度显然不适合进一步激励日本的技术创新。在此背景下，日本最高裁判所在1998年2月24日的判决[②]中，正面肯定了等同原则，并详细地论述了等同原则的适用条件。因此，现在在日本，等同原则已得到了完全的确立。

4. 在专利执法与诉讼方面，日本专利制度优于中国

因为日本的专利法律经过多年的实践摸索，在专利制度运行上更加科学化与法制化。日本的专利法严谨规范且详尽具体，便于执法操作和保持执法的统一性。日本在专利执法方面更加倾向于保护本国创新者的权益，而对外国专利则较为轻视。日本在专利诉讼环节上也有很多成功之处，例如，由于损害赔偿额在举证方面极为困难。因此日本法院在认定存在损害的情况下，会根据口头辩论的全部内容和调查取证的结果综合认定适当的损害赔偿额。

① 等同原则是全世界国家的专利系统内都具有的一条法律原则。即使某一方侵权产品或方法并没有正好落入某专利的权利要求的字面范围内，但却等同于权利要求所保护的发明时，等同原则允许法庭判决该方侵犯他人专利。

② 日本《最高裁判所民事判例集》第52卷，第113页；《判例时报》第1630号，第32页。

第二章

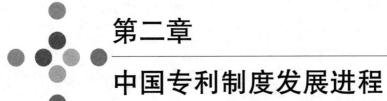

中国专利制度发展进程

改革开放以来，中国凭借劳动力价格的优势迅速融入全球产业链，通过引进外资和进口高端设备来获取技术；出口初级制造产品，实现了多年的高速经济增长，这被称为“出口导向型”的发展模式。“出口导向型”的发展模式虽然使中国经济得到了一定的发展，但是同时也使中国产业被压制在低端加工制造环节。由于日益严重的能源需求、资源约束与环境问题，中国经济进一步增长的前景日趋堪忧。

著名经济学者吴敬琏指出，如果想要改变目前的现状，实现经济的可持续发展，就必须推动经济增长方式的转变，由要素投入驱动转向技术创新驱动。在经济增长方式转变过程中，有两个因素最为重要：一个是技术创新因素，一个是制度创新因素。与此同时，近年来发展起来的内生经济增长理论表明，技术创新是一个内生的经济变量，技术创新水平内生于经济发展程度，反过来又是经济发展的根本动力；而制度经济学的理论认为，制度创新从根本上改变经济主体的各种决策，成为推动技术创新的一种最重要的力量。

知识产权制度既涉及了技术因素，也涉及了制度因素，是影响中国经济增长方式转变的重要因素。2008年6月，中国国务院正式颁布实施《国家知识产权战略纲要》，将知识产权保护提升到国家战略层面，试图依靠强有力的知识产权保护来推动创新、实现经济增长方式的转变。如果说，技术创新是经济增长方式转变的根本动力，那么知识产权制度就是推动技术创新的有力保障。在所有的知识产权制度之中，首要当属专利制度，同时对专利制度的争议也是最大的。理论界普遍认为，专利制度为创新活动提供了一种很好的补偿机制，克服了知识外部性带来的市场失灵，从而成为激发企业技术创新的关键诱因。

然而问题却并非如此简单。大量的理论研究与经验证据表明,专利制度影响技术变革与经济发展的过程和机制是十分复杂的。与人们常规的认识不同,争议性较大的理论研究认为专利制度没有或者很少促进创新,专利保护甚至还会对创新产生负面的作用。经验分析的结果也令人非常困惑:为什么在一些国家专利制度对技术变革和经济增长产生了积极正面的效果,而在另一些国家专利制度的表现却不尽如人意?专利制度对于不同发展阶段的国家要一概而论吗?特别是专利制度在发展中国家后发追赶过程中发挥作用的机制是什么?本章将以中国专利制度为例对此类问题进行分析。

第一节 中国专利制度的实施与效果

一、中国专利发展历程

据联合国新闻网报道,联合国专利机构世界知识产权组织2016年11月23日在日内瓦总部发布《世界知识产权指标》(*World Intellectual Property Indicators*)年度报告,指出2015年中国专利申请量首次在单一年度内超过100万件,推动全球专利申请量创下新高。“2015年,中国创新者提交的专利申请量最多,超过110万件,中国国家知识产权局也由此成为首个在单一年度内受理超过100万件专利申请的主管机构。近年来多数国家对知识产权的利用都在增加,表明知识产权在全球化知识经济中越来越重要。”据悉,中国国家知识产权局受理的专利申请量几乎相当于全球排名第二至第四位的美国、日本和韩国受理专利申请量的总和。

报告还指出,中国专利申请量的增长速度目前居全球首位。虽然中国的创新者向海外提出的专利申请相对较少,为42154件,但这一数字在过去的20年中保持稳步增长,目前几乎相当于法国专利申请的总量。

世界知识产权组织称,2015年全球共授权约124万件专利,比2014年增加5.2%,是自2012年以来增长最快的一年,而这主要是由于中国专利授权量的增加。中国2015年的专利授权量约为36万件,超过美国成为专利授权量最大的国家。然而我国专利发展的道路却是极为曲折的。

我国人民在历史上曾有过许多发明创造,但当时的统治者没有采取任何保护和鼓励措施,直到19世纪中叶以后,西方专利思想才传入我国。最早把西方专利思想介绍到我国的是太平天国洪秀全的族弟洪仁玕。他居住香港多年,学习近代科学知识,1859年到南京后被委以要职,主持朝政,提出了具有资本主义色彩的《资政新篇》,鼓励发明创造,提出了建立专利制度的主张。"倘若能造如外邦火轮车,一日夜行七八千里者,准其自专其利,限满准他人仿做。"机器发明创造以"益民"为原则,给不同的发明创造不同的保护期。"器小者,赏5年,大者,赏10年,益民多者,年数加多。无益之物有责无赏,期满准他人仿做。""有能造精奇信利者,准其出售。他人仿造,罪而罚之。"这些主张和现代专利制度精神基本吻合,但因太平天国革命的失败,未能实现。我国近代专利史上第一个有关专利的法规是1898年清朝光绪帝颁发的《振兴工艺给奖章程》。该章程规定,大的发明如造船、造炮或用新法兴办大工程(如开河、架桥等),可以准许集资设立公司,批准50年专利。其方法为旧时所无的,可批准30年专利,仿造西方产品,也可批准10年专利。由于戊戌变法的失败,该章程也未能实行。真正具有现代意义的专利法是于1944年颁布、1949年1月1日实施的专利法。中国台湾至今沿用这部专利法。

中华人民共和国成立以后，1950年政务院颁布《保证发明权与专利权暂行条例》。该条例对保障专利权作出明确规定，包括专利申请条件、手续、审批程序，异议制度，专利权人权利、义务，保护期及违法者的法律责任等。颁布该条例，说明党和政府在中华人民共和国成立初期就认识到了建立专利制度对我国社会主义建设的重要性。但该条例从1953年到1957年只批准4项专利权和6项发明权。1957年以后，该条例已名存实亡。1963年11月，国务院明令废止。1963年我国发布了新的《发明奖励条例》。该条例未及实施便进入十年内乱时期。1978年12月我国又颁布了修订的《发明奖励条例》，并依照条例规定评选出了一大批发明创造成果，且颁发了证书并予以奖励。

1980年国务院批准成立国家专利局，1980年3月我国参加了联合国知识产权组织。1984年的专利法为适应改革开放和经济建设的需要，同年3月12日《中华人民共和国专利法》正式公布，并于1985年4月1日起开始实行，这标志着我国对发明创造的保护进入了一个新的历史时期。该专利法充分考虑了我国国情，体现了社会主义性质，基本上遵守了国际公约和国际惯例，对我国经济发展、科技进步起到了重大的推动作用。从1985年4月1日到1992年，我国专利申请量以平均每年23.8%的速度增长。到1992年1月，中国专利局累计受理专利申请22万余件，批准专利8万余件。在我国申请专利的国家和地区已达66个，专利技术的实施取得了明显的经济效益和社会效益。

1992年9月4日，第七届全国人大常委会第二十七次会议审议通过第一次修改专利法的决定。2000年8月25日，第九届全国人大常委会第十七次会议审议通过第二次修改专利法的决定，修改后的专利法于2001年7月1日起施行。2008年12月27日，我国专利法进行了第三次修订。修订后的专利法于2009年10月1日起施行，并沿用至今。

二、中国专利数量剧增的原因

到底是什么原因导致了中国专利数量呈现井喷式的增长呢？中国在创新能力不及美日欧等发达国家和地区的情况下，为何专利的数量却能超越它们？下文将通过经济分析的方式，对中国专利激增这一现象进行分析。

经济分析的出发点在于，以有目的的人类行为去理解经济现象，然后追溯这些行为背后一个无意识的结果。如果对企业专利申请的动机进行细致的观察，可以发现如下方面的原因具有重要影响，分别是：①中国专利法律保护的加强，②中国科技体制优惠政策的诱动，③技术差距缩小带来的大量技术机会和市场机会，④外国在华专利的刺激，⑤政府支持力度加大。

1. 立法与执法的加强

专利制度的诞生和发展源于内部和外部两方面因素：一是随着国内经济体制由计划经济体制向市场经济体制转变需要私有产权的确立，必然要对个人或企业的发明成果给予保护；二是随着对外开放和国际交流的广泛开展，必须对发达国家的经济权益进行一定的保障，需要建立专利制度，进行外部经济关系的协调。

1979年，中国开始制定专利法。1984年，第六届全国人大常委会第四次会议通过了《中华人民共和国专利法》。1985年，中国专利法开始正式实施后，经历过三次修改。

第一次修改在1992年，源于中美之间激烈的贸易摩擦，并引发了关于知识产权问题的争执，中国政府为更好地履行承诺，组织相关部门对专利法进行了第一次修改。专利法第一次修改的主要内容有：扩大专利保护的范围，对化学物质、新药、新食品、新饮料和新调味品给予直接保护；延长专利权的期限，增加对专利产品进口的保护，完善专利申请和审批程序，取消了专利权人在中国实施专利的义务,并修改了强制许可条件等。

2000年中国加入世界贸易组织的谈判接近尾声，入世的前景已十分明朗。为了顺应中国加入世界贸易组织的需要,相关部门对专利法进行了第二次修改。世贸组织规定,缔约各方应该审视自身知识产权法律是否与《与贸易相关的知识产权协定》相一致。第二次专利法修改的内容主要包括:加大专利保护力度,完善司法和行政执法;加大了侵权赔偿额度,扩大了侵权范围;进一步简化和完善专利的审批程序;明确了提交国际专利申请的法律依据;建立了高效廉洁的专利审批队伍。

第三次修改在2008年，第十一届全国人大常委会第六次会议通过了关于修改专利法的有关决定。第三次专利法的修改是基于中国自身的国情进行的,对当时企业面临的经济形势和国家发展的方向进行了充分的考量。本次专利法修改明确了立法宗旨是“提高创新能力,促进经济社会发展”。主要内容有:为了提高专利质量,适度调整了专利授权标准,例如将相对新颖性调整为绝对新颖性;深化行政审批,精简机构,提高效率;同时对公共权益维护和私人的专利保护进行了科学的权衡。

仔细比较三次专利法修改的内容可以看出，第三次修改与专利法的前两次修改有着很大的不同：前两次专利法修改的主要目的在于为加入世界贸易组织,使专利制度与国际接轨,必须要符合协议的有关规定;而第三次专利法修订,主要是国家自身发展需要的体现,而这突出地表现为提升专利法在促进我国自主创新、建设创新型国家方面的重要作用。

在专利法执行方面,中国虽然实行了独具特色的“双轨制”保护方式,但是执行力度较弱。由于行政执法手段的缺乏和知识产权在司法程序上存在的不足,使得侵权代价低维权成本高的现象一直存在,专利保护效果也相应较差,这在很大程度上削减了专利保护的强度,降低了专利的市场价值。大凡发展中国家,在专利执法上都会经历了一个水平由低到高的发展过程。一方面受迫于发达国家的贸易压力，另一方面则源自本国工商业自身发展对专利保护的需求。显然,企业的专利申请行为与专利执法密切相关。虽然中国在专利执法方面取得了一定的进展，但是想要建立一个高效的专利执法体系,这一过程注定会任重道远。

中国专利立法的完善与执法的加强是导致企业专利申请数量增加的因素之一。前两次专利法的修改导致外国在华专利数量的增加。可以看到在1992年与2000年前后,外国在华专利数量有了明显的增长。而第三次修改是在专利法已经完全符合TRIPs(*Agreement On Trade-related Aspects of Intellectual Property Rights*,《与贸易有关的知识产权协议》)协议的情况下启动的,完全是从我国自身的需求出发,为了提高自主创新能力,服务于创新型国家建设而修订的。从这个意义上来说,专利法第三次修改视为我国企业专利数量增长的原因之一。

2. 政策优惠诱动

除了专利的立法与执法以外，中国企业申请专利的一个非常重要的目的是获取国家优惠政策的支持。中国的科技体制有显著的政府主导特征:中国政府陆续出台了许多鼓励创新政策,促进企业技术创新活动,采取的主要手段是科技计划、资金支持以及税收优惠等直接创新支持政策。这些政策实施的目的是希望通过降低企业经营成本，增大企业研发投入来扶植和鼓励高新技术企业的发展。企业如果想要获得这些政策支持,就必须满足这些政策的专利数量的要求。由此获得相关的政策优惠成为企业申请专利的重要诱因。

譬如,国家的高新技术企业优惠政策。根据2008年科技部、财政部和国家税务总局共同发布的《高新技术企业认定管理办法》的规定,凡经认定的高新技术企业，连续3年企业所得税税率由原来的25%降为15%,3年期满之后可以申请复审,复审通过继续享受3年税收优惠,一共是6年。高新技术企业称号也是众多政策性扶植如资金扶植等的一个基本门槛。获得高新技术企业的资格认定,能为企业在市场竞争中提供有力的资质,提升企业形象,无论是对广告宣传还是产品招投标工程都有非常大的帮助。2016年2月4日由科技部、财政部、国家税务总局修订印发的《高新技术企业认定管理办法》中提出,为加大对科技型企业特别是中小企业的政策扶植,有力推动大众创业、万众创新,培育创造新技术、新业态和提供新供给的生力军,促进经济升级发展,科技部、财政部、国家税务总局对《高新技术企业认定管理办法》进行了修订完善。

企业要想获得高新技术企业的资格认定,还需要满足较多条件,其中对企业拥有的专利数量和质量要求是认定高技术企业的必备硬件条件之一。因而,很多企业为了获得高新技术企业的认定资格,以享受政策优惠而积极申请专利。这可以说是具有中国特色的一个专利申请动机因素,完全脱离了专利的本质及基于专利本质属性的战略运用,而带有强烈的企业功利性色彩。

案例2-1-1　令中国科学界蒙羞的"汉芯造假"

2006年5月,"汉芯之父"陈进的"汉芯"造假终于铁板钉钉。这位美国博士曾担任IBM、摩托罗拉高级主任工程师,芯片设计经理的教授居然是个大骗子,竟然骗倒了无数的专家和官员,包括学术权威——两位中科院院士。

"汉芯造假案"是指2003年2月上海交通大学微电子学院院长陈进的"汉芯一号"产品造假。其借助"汉芯一号"进行学术造假,申请了数十个科研项目和12件专利,骗取了高达上亿元的科研基金。自主研发高性能芯片是我国科技界的梦想,但该事件使原本该给国人带来自豪感的"汉芯一号"和"汉芯二号"变成了一起我国科研领域的"国耻"。

2006年1月17日,春节前夕,一位神秘举报人在清华大学BBS上发布的一则神秘帖子《汉芯黑幕》彻底打破了中国科技界的一片祥和,其笔锋直抵为中国产业界骄傲的“汉芯”系列芯片发明人——陈进。在该帖子中，神秘举报人痛斥陈进在汉芯研制过程中完全弄虚作假，骗取国家上亿元拨款。

在全球共同经历了令人不堪的韩国“黄禹锡科学造假”(黄禹锡曾被评为“韩国最高科学家”，因在《科学》杂志发表两篇关于克隆技术的虚假论文而臭名远扬)事件后，中国科技界的任何风吹草动都非常吸引国人的关注。因此，神秘举报人的神秘帖子顿时引起各界高度关注。

2002年8月，陈进从美国买来10片MOTO-freescale 56800芯片，找来几个民工将芯片表面的MOTO等字样全部用砂纸磨掉，然后找浦东的一家公司将表面光滑的芯片打上“汉芯一号”字样，并加上汉芯的LOGO。虚假的DSP芯片磨好后，陈进通过种种关系，附上了“由国内设计(上海交通大学)、国内生产(上海中芯国际)、国内封装(上海威宇科技)、国内测试(上海集成电路设计研究中心)”等种种造假证明材料，并通过了专家鉴定。在宣传资料上，陈进称“两年跨越二十年，汉芯DSP将取代美国TI公司的高端DSP”。

“汉芯一号”正式发布于2003年2月26日。《IT时代周刊》在检索发布会的原始录像时注意到了当天的盛大场面：上海市政府新闻办公室主持，信产部科技司司长，上海市副市长，上海市科委、教委负责人悉数到场。

在发布会上，由王阳元、邹士昌、许居衍等知名院士和“863计划”集成电路专项小组负责人严晓浪组成的鉴定专家组作出了一致评定：上海“汉芯一号”及其相关设计和应用开发平台属于国内首创，达到了国际先进水平，是中国芯片发展史上一个重要的里程碑。

从专利角度分析，陈进用假的汉芯DSP芯片申请的“汉芯一号”相关的6件专利是2003年2月13日和20日由上海交通大学、汉芯公司作为共同申请人申请的。因此，陈进在新闻发布会所称的专利只是刚刚申请，且并未经过实质审查的“专利申请”而已。陈进利用虚假的“汉芯”共申请了12件专利，以汉芯公司的名义申请专利10件，于2010年均因为缴费而权利终止。

如果当时经过专利分析，对比“汉芯”系列专利申请和摩托罗拉已经公开的DSP芯片的专利文献，相信能够发现，具有144只管脚的DSP芯片与摩托罗拉的相似程度之高也是显而易见的；陈进的208只管脚封装的DSP芯片实现研讨会现场演示的内容几乎是不可能的，且与现有技术相比不具备新颖性和创造性。

“汉芯一号”还有后来者，“汉芯一号”发布一年不到的时间，2004年1月，汉芯二号、三号先后横空出世。一款是24位DSP芯片，另一款是具有微处理器功能的32位DSP芯片，汉芯系列芯片给中国的芯片设计业带来的恐怕不仅仅是“一鸣惊人”。与汉芯出世的神速相比，原美国摩托罗拉公司的DSP56800E的研发是在以色列完成的，参与研发的工程师百余人，共花费了3年的时间。后期芯片流片也进行了十多次。

拒绝学术造假、拒绝科研造假，宁可没有独立研发产品，也不要让造假来滥竽充数，莫要让科技创新披上功利色彩。

3. 富饶技术假说

鉴于中国仍然是一个发展中国家，具备后发优势，技术进步过程也具有自己的独特之处。企业在技术创新之后，在专利决策行为当中，必然会涉及市场机会和技术机会两个影响因素。在创新研究中，市场机会被描述为既定市场对创新产品的需求程度。市场需求是技术创新最大的动力来源，各种技术的成熟发展过程也无不是在实际应用中不断完成的。研究发现，市场机会对企业的专利申请行为有明显的正向影响。除了市场机会之外，技术机会也是影响创新与专利活动的重要因素。

熊彼特创新理论认为，重大的技术突破都依赖于技术轨道的发展。像中国这样的后发追赶者也必然要遵循技术轨道，或者说是技术机会的窗口。技术机会是指在技术创新过程中，通过对某产业或技术领域内已有技术发展趋势及相互关系的挖掘,发现最新技术动向,推断该领域可能出现的技术形态或技术发展点。全球化与技术迅猛发展的今天,技术窗口的展现对于创新发明的意义不言而喻。演化经济学经济理论认为,只有企业具备较强的机会搜索能力,才能在激烈的竞争中生存发展。事实上,在高技术机会行业的企业比在低技术机会行业的企业申请的专利更多。

笔者认为，技术差距可以在一定程度上反映技术机会和市场机会对专利生产的影响。中国与外国技术差距越小,那么其学习与创造能力就越强，前沿的技术资源和技术机会源源不断地涌现，同时也就越能把握市场机会的窗口;反之,如果技术差距越大,企业的学习与创造能力就越弱,对技术机会把握的能力也就越弱,也就越不能把握市场的机会窗口。

4. 外国在华专利

大量外资的流入也对中国专利数量的增加产生了积极的影响。对于外资可以从直接效应和间接效应两个方面来阐述。对于直接效应,外国直接投资企业自身申请了数量巨大的专利，这构成了我国发明专利授权总量的半壁江山。

此外,外国企业在华的专利活动还具有间接效应,激励中国国内企业的专利申请。这主要表现在以下三个方面:

第一,外国在华企业申请了大量的专利,中国企业通过模仿,申请实用新型专利,削弱跨国公司的技术垄断优势。同时中国企业出于自身的保护意识,也不断地加强专利保护。第二,跨国公司与国内企业展开了激烈的专利战，外国在华企业出于战略竞争的目的，使用法律武器打压中国国内的企业,向中国企业展示了专利的应用,诱发了中国企业对专利权战略重要性的认识,从而激发了专利活动的动机。第三,从区位优势来看,国内的企业形成了对外资企业的下游支持,外商投资企业扩大和深化在中国的生产活动,与一些中国企业建立起R&D业务,这需要保护技术交流,所以,双方都需要申请专利来扩大合理的交流。因此，外国直接投资激增引发了拥有专利权的外国企业和国内企业之间的利害关系，从而导致更高的专利倾向。

案例2-1-2　通用大宇与奇瑞的专利之争

2003年4月上海车展上，通用的Matiz光彩亮相；而奇瑞为了避免撞车的麻烦，在开展前夕撤下了新产品QQ。当年夏天，就在通用计划在柳州投产雪佛兰SPARK之时，奇瑞在6月份抢先推出了定价4.98万元、市场均认为外型颇似SPARK的微型轿车QQ。由于QQ在定价上的优势和质量上的可接受性，销售火爆，而SPARK则因为定价高而门庭寥落。

对此，通用认为奇瑞侵犯了其知识产权，对其造成了巨大损失。通用大宇在Matiz的开发投入了高达数亿美元和成千上万个小时人工，用以产品的设计、制造和测试，上汽通用五菱及其本地的供应商在这款产品的生产和销售方面同样投资巨大。

在长达一年多的时间里，通用公司通过政府交流施压奇瑞，但是奇瑞一直不予理睬。2004年12月16日，通用大宇在上海市第二中级人民法院起诉奇瑞违反中国的反不正当竞争法。接着，通用大宇还向中国国家知识产权局专利复审委员会申请奇瑞QQ的外观设计专利无效。

作为中国汽车民族品牌的重要力量，奇瑞的命运对于中国汽车产业意义重大。如果奇瑞败诉，则意味着国内众多走“模仿路线”的汽车企业如双环、比亚迪等也很可能会面临诉讼。从这个意义上来说，奇瑞的官司不仅是奇瑞的，还关系着中国汽车业的整体前途。

2005年4月，由于此案的重大意义，最高人民法院决定将通用大宇起诉奇瑞一案的审理地点由上海转移至北京，5月6日，北京市第一中级人民法院审理此案。通用认为，奇瑞QQ与自己旗下的大宇Matiz、雪佛兰Spark在整车及核心零部件设计上存在“惊人相似”，指责奇瑞公司“涉嫌不正当竞争”，请求法院判令奇瑞公司立即停止侵权，公开赔礼道歉，并提出8000万元的巨额索赔，包括赔偿经济损失7500万元，承担其他诉讼费用500万元，并没收销售QQ车的所有非法收入。

证据对通用很有利。据报道，“登记在奇瑞名下的共有26件授权专利，其中发明专利只有1件，能够确认与QQ挂钩的仅有9件。更值得注意的是，这26件专利中的25件是在2003年4月之后刚刚获得的实用新型和外观设计专利。这种专利申请采用备案制，并没有经受真正严格的检验，并不能成为其使用的可靠依据”。

通用称，在原告委托泛亚汽车技术中心有限公司（通用子公司）就QQ车与Matiz原车的相似程度等情况进行调查后，发现两个车型绝大多数零部件甚至具有相互替换性。因此QQ车缺乏独立开发应有的原创性，且奇瑞并不具备其所自称的“独立开发”的时间和技术条件。

通用大宇还认为，奇瑞在太平洋汽车网等网站上，用以向中国消费者证明奇瑞QQ车属于安全车辆的照片实际上是一辆Matiz车；并称奇瑞公司采用伪装的Matiz车而非自己的QQ车通过了有关部门的碰撞测试，获得了政府颁发的生产证和销售QQ车的许可证。

同时，通用还在全球狙击奇瑞，向奇瑞在美国的经销商梦幻汽车（VVLLC）发出律师函，称奇瑞的英文商标（CHERY）与雪佛兰（CHEVOLET）的昵称CHEVY接近，通用反对奇瑞用CHERY在美国进行注册、销售、代理以及所有相关商业活动；在马来西亚、黎巴嫩等国家，通用也向奇瑞提起知识产权诉讼。

声势浩大的诉讼在国内引起巨大反响。对于通用的诉讼，媒体反映各异。有媒体认为，通用希望通过此事遏制奇瑞的快速成长，以免奇瑞成为下一个日本丰田（由于日本丰田的竞争优势，通用汽车2005年一季度已经亏损）。也有媒体认为，这场官司不可避免，“不管这起官司最终的结果如何，以奇瑞为代表的民族品牌，和以通用为代表的外资品牌在这次官司中都能得到自己的收获：对奇瑞等中资品牌而言，将按照政府更加严格的法规引进和使用外来技术、品牌，同时积极开展自主开发设计，并最终获得自己的知识产权和自主品牌；对通用等外资品牌而言，依照中国法律法规更加严格保护自己的技术和品牌，同时能审时度势，从中国的国情出发来制定长期的战略目标和步骤，并帮助本土企业成长和发展，最终获得双赢”。

此外，诉讼还引发了一场汽车行业是模仿还是创新的争论。有人认为模仿是必经之路，通用大可不必如此敏感；也有人认为创新不是简单模仿，就算模仿也不能让人抓住“小辫子”，不创新不能算是民族品牌。

但是在仅仅6个月的争论之后，2005年12月2日，通用汽车公司、通用大宇公司、奇瑞公司突然发表联合声明，称通过友好协商，三方已达成一揽子和解协议，通用已撤回所有相关诉讼请求，各方将集中精力发展好各自的业务。

对于和解结果媒体普遍认为，政府的作用最大。此案一开始，多位美国高层放出话来，指责中国的知识产权保护状况，企业间的知识产权纠纷逐渐上升至政府层面；中国政府相关部门官员也多次强调希望通过诉讼双方化解矛盾。2003年12月，中国商务部还为此专门召开了一个协调会，以化解两家的矛盾。

更为关键的是，中国政府有关部门通过调查，认定奇瑞并没有侵权。2004年9月，商务部副部长张志刚在国务院新闻办举行的新闻发布会上表示，通用大宇公司关于中国奇瑞公司QQ车型侵犯其SPARK车型外观设计一事，依照中国的法律和外方提供的证据，无法认定奇瑞公司侵权的问题，也不能认定奇瑞公司存在不正当竞争行为。张志刚同时建议双方通过司法途径和调解机制解决纠纷。

国家知识产权局副局长张勤也表示，通过检索发现通用大宇的外观设计在中国并没有申请专利。在此意义上，按照中国及各国通行的法律，这项技术在中国不具有专利权,因而不受到法律的保护。张勤还表示,除非通用公司能够提供确凿的证据证明,奇瑞公司通过什么样的非正当手段获取的SPARK的资料,侵权说才能成立,仅仅根据外观的类似构不成侵权。

也正是中国政府的表态和在争端调解上的失效,通用才提起了诉讼。通用在社会影响力和形象上失败,在市场销售上也在败退,导致通用的主观努力结果非常让人失望。

据媒体披露,在有关部门的干涉下,奇瑞被迫对QQ进行了三次安全碰撞测试:第一次在天津的国家实验室,QQ通过了碰撞测试,通用不承认;第二次又从奇瑞的生产线上随机抽取了一辆QQ,国家发改委监督再测试,通用后来还是不承认;随后,奇瑞又做了第三次碰撞测试。三次测试,奇瑞耗资上百万元人民币。2004年年初,在通用(中国)的策划下,QQ与血统纯正的SPARK在海南展开了实地较量。在不到三万千米的比试中,由于新投产的SPARK几次出现故障,通用没有让随队奔赴海南观摩的记者们看到希望出现的结果。

也许一个网络调查能够佐证通用的结局:30%以上受访者认为奇瑞确实侵权了,但是80%的受访者认为通用不可能赢得胜利。

5. 政府支持力度加大

李克强总理在2016年《政府工作报告》中提出,我国经济发展围绕激发市场活力,加大改革开放力度,不搞“大水漫灌”式的强刺激,而是持续推动结构性改革,启动实施《中国制造2025》,设立国家新兴产业创业投资引导基金、中小企业发展基金,扩大国家自主创新示范区。

改革开放至今,政府对科研重视程度日益增加,20世纪90年代,中国的R&D投入总量不断上升,但是GDP的占比一直不高,R&D经费支出占GDP的0.5%。90年代后开始迅速增长,在2000年达到1.0%,并在2003年继续攀升至1.3%。2008年R&D经费支出总额接近500亿美元,占中国GDP总额的1.52%;

2015年R&D经费支出总额14169.9亿元，比2014年增加1154.3亿元，增长8.9%，R&D经费投入占GDP总额的2.07%。中国专利数量增加，科技投入力度的加大是不能忽视的直接原因。

第二节　外国在华专利对中国的影响

外国在华专利分为国外对华出口企业在中国申请的专利及在华外资企业申请的专利。根据国家知识产权局的统计数据，至2010年年底，全国累计授权专利389.7万件，其中，国内专利338.5万件，占比86.84%；外国在华专利为51.3万件，占比13.16%。但是从含金量最高的发明专利来看，全国累计发明专利72.2万件，其中国内33.6万件，占比46.57%；国外38.6万件，占比53.43%。

一、外国在华专利影响技术创新

1. 外国在华专利与技术扩散

外国在华申请的专利可将新的技术引入中国市场，从而对中国技术创新产生扩散效应。外国在华专利对中国技术扩散的作用机制主要体现在两个方面：

其一，中国企业能够在许可使用、合营或其他技术交易中积累和使用外国在华专利，专利信息为技术转让提供便利。通过正式许可契约实施技术转让是技术扩散的重要组成部分，专利许可也是技术创新者在知识产权制度下获得技术创新收益的重要途径之一。外国企业由于在本国生产失去了比较优势，同时对中国的直接投资又没有内部化优势。因此，更倾向于以专利转让或者专利许可的方式向中国企业转让。这时，专利特有的产权界定与信息披露的职能推动着技术交易的开展。

其二，中国企业可以通过专利所披露的信息实现知识的获取，进行消化吸收再创新。外国在华专利也为国内本土企业提供新的知识与技术源头，本土企业在此基础上进行学习和改进，形成具有差异性的技术。研究表明，美国申请的跨国专利中，被其他国家本土企业引用的频率较高，这说明美国企业的专利对申请国技术进步有积极的推动作用。在中国也出现了同样的现象，外国在华专利往往体现了较新的技术动态。因此，往往会受到国内本土企业的特别"照顾"，通过技术说明书的公布，使专利带来的这部分最新技术情报在国内得到广泛的传播。因此，外国在华专利这一信息公开和传播，对促进科技信息的流通，最终提高中国整体社会的科技水平起到了积极的作用。

2. 外国在华专利与技术创新

通过研究国内外相关资料，笔者分析了有关跨国公司专利申请影响中国技术创新的作用机制，主要在于规范了本国专利保护机制。在成熟的市场经济体系中，规范而有效率的制度发挥了不可替代的作用，发达国家以制度建设获得了前所未有的优势。中国专利制度近年来取得了很大的进步，但是本国企业还缺乏运用这些制度的经验，外国企业应用这些专利制度会给本国企业作出示范，同时外国企业的利益诉求对中国政府产生了巨大的压力，又会令中国专利制度朝着更加公平公正的方向发展。这样，在办理国外专利申请和处理国内外专利纠纷过程中可以规范我国以专利制度为核心的知识产权保护机制。

案例2-2-1　朗科——"软盘终结者"

2004年朗科对索尼的诉讼，只不过是朗科知识产权诉讼之旅中的一个驿站，但是由于双方都大名鼎鼎，加之这起官司是IT领域第一起由中国公司发起的针对跨国公司的知识产权侵权诉讼，还因为这是发生在中国DVD企业被迫集体向6C联盟缴纳巨额专利使用费，中国在摩托车、手机、数码相机等众多领域遭受国际厂商专利围城的背景之下。因此，很快在国内外引起了强烈反响，全国各主流媒体及国际著名传媒等都对此给予了广泛关注，并号称“中国IT知识产权第一案”。

2004年8月13日，深圳市朗科科技有限公司起诉索尼电子（无锡）有限公司和索尼国内最大的一家闪存盘代理商——深圳市深升资讯科技有限公司，要求索尼公司立即停止其对朗科公司在闪存盘方面的一项核心专利的侵权行为，同时索赔人民币1000万元，索尼公司由此成为第一个在中国因涉嫌专利侵权而遭到指控的国际巨头企业。

朗科是一家由留学归国人员创办的高新科技企业，成立于1999年5月，是目前国内最大的移动存储生产商与出口商。1999年，该公司在世界上率先成功研制并推出新一代移动存储器——闪存盘(取名“优盘”，“优盘”现为朗科公司商标)。但是，华旗等厂商凭借资金和品牌优势后来居上，朗科作为发明者却籍籍无名。因此，其总裁邓国顺把希望寄托在知识产权武器上。

其时，朗科2002年9月诉华旗、联想及宏碁侵权案刚刚一审完毕，法庭支持了朗科索赔100万元的主张，并判华旗立即停止生产、销售闪存盘。虽然华旗正在联合14家国内外闪存盘厂商（包括在美国有两项闪存盘专利的以色列艾蒙公司）向国家知识产权局专利复审委员会提出朗科闪存盘专利无效申请，但结果还是很渺茫。乘胜追击的“软盘终结者”朗科手握同一个专利武器——用于数据处理系统的快闪电子式外存储方法及其装置，目光转向2002年高调进入中国市场的“软盘发明者”索尼。

在朗科起诉后，索尼一直保持沉默，并且提出本案件应该由无锡法院负责审理的管辖权异议，请求延期开庭。而朗科之所以选择深圳市中级人民法院，是因为过去十年来这里审结的知识产权案例从未被推翻过。因此斥责索尼是在拖延时间，希望通过加大出货量尽快减少损失。以索尼无锡工厂的闪存盘生产规模与索尼的全球销售网络来看，索尼公司如果能将案件拖延半年以上就足以在全球市场获得远远超过1000万美元的收益。

然而2005年6月30日，广东省高级人民法院已经驳回了索尼电子（无锡）有限公司提出的有关“管辖权异议”的上诉，并裁定仍由深圳市中级人民法院继续审理朗科诉索尼一案。

此后，案件审理一直在媒体关注之外进行。其间，2006年2月16日，朗科首次走出国门，把美国PNY公司送上法庭，因为2004年12月朗科在美国申请的专利获批。2006年6月，正在专利无效申请第三次审理中的朗科和华旗，在中国电子商会移动存储专业委员会的推动下达成了不明条件的和解，准备一致对外。而因为诉讼，朗科这个存储盘发明者竟然一直被排斥于包括联想等著名厂商的移动存储专业委员会之外。

2006年11月24日，朗科发布公告称，“双方已同意友好解决彼此之间的法律纠纷，而着眼于未来的业务拓展。根据协议，朗科撤回对索尼索赔1000万元的民事诉讼，索尼公司将从朗科购买USB闪存盘产品”。

据媒体和业内人士分析，此次和解与合作对于双方而言都是一次令人满意的双赢。首先，对于一向尊重知识产权的索尼而言，此次和解进一步展现了其国际品牌的风范与形象；于朗科公司来说，其知识产权不仅得到了应有的尊重，在此基础上还获得了与国际大厂合作的机会，其知识产权战略的成功实施值得国内企业学习。

还有评论认为，近两年，闪存盘市场高度增长，每年都在100%以上。和解而不是斗争，可以充分利用市场机会。

从朗科专利的权利要求范围来看，只要朗科展开权利要求，任何生产、销售MP3、录音笔、数码相机、掌上电脑、闪存等这些采用Flash Memory为存储介质、通过USB与计算机交流数据的设备的厂商均将涉及侵犯朗科专利。

令人遗憾的是，自从朗科公司发起对华旗的诉讼以来，一直被对手和媒体批评为“靠诉讼发家的公司”,“朗科早已市场无力,就是靠打官司出名”。由于侵权基本上在整个产业范围内都大量存在，法不责众的思想让众多厂商抱成团借助行业协会和朗科对撼,并且以“民族产业利益”作为媒体诉求。

但是在和华旗和解,“一致对外”后,媒体口风突变,朗科似乎已经成为保护闪存盘市场不沦为第二个DVD,狙击了境外大公司,把专利费收到美国的民族产业英雄。

走上诉讼苦旅之初,邓国顺曾经无奈地说:“小偷比警察的声音还大,被侵权者维权时似乎还感到惭愧。”随着诉讼经验的积累,他似乎已经开始掌握商业利益和法律博弈的平衡。

看来,朗科还将把专利诉讼进行到底。邓国顺表示,朗科目前已从专利申请、专利维权到了专利运营阶段,“现在的目标是依靠专利授权来获得相当可观的一部分收入”。而诉讼开始才两年多,朗科公司已经成为国内知名的闪存盘制造厂商,市场占有率位居国内第一。

2. 示范效应激发本国企业更多的创新

外国在华申请的专利能够在中国的专利文献索引中查到，国内本土企业可以利用相关领域的专利文献,了解和把握国外新技术的发展水平和动向。虽然使用专利技术需要得到专利持有人的许可，但是发明的思想却能免费获得,这可以激发他人的发明灵感,甚至在此基础上形成新的发明。中国作为后发国家而言,通过研究外国在华专利的有用信息,在科研选题和方案制定时可以避免重复、少走弯路,减少无效劳动,从而发展最新的技术和产品。

3. 竞争效应激励中国企业技术创新

专利竞争是技术创新竞争的高端表现形式，技术创新竞争不但要创造出更有竞争力的产品,或具有更高生产率的技术,同时对这些产品或者技术的保护也是重中之重。近年来专利竞争的基调,逐步转变为以拖杀竞争对手为目的,但是这也是技术发展走向科学化管理的必经之路。根据国家知识产权局调查,2012年全球500家跨国公司中的161家在华申请了专利,这些专利具有申请量大、增速快、质量高等特点。大量外国在华专利给中国本土企业造成了巨大的竞争压力,逼迫这些企业努力提升创新能力和市场生存空间。在跨国公司专利战略的高压下,中国企业想要生存就必须增加R&D投入,研发具有自主知识产权的产品,否则就会受制于人,不但会付出高昂的成本代价,也有可能掉进发达国家的专利陷阱之中。

案例2-2-2　比亚迪的专利发展之路

2016年10月,一辆中国制造的新能源电动大巴成功开进了匈牙利,这个素有“欧洲心脏”之称的国度。10月10日,比亚迪股份有限公司(下称比亚迪)宣布投资2240万美元在匈牙利科马隆兴建电动巴士工厂,成为中国新能源汽车品牌在欧洲投资兴建的第一座电动车工厂。

如今,比亚迪新能源汽车的足迹已遍布全球六大洲的48个国家和地区。但说起比亚迪“走出去”的历程,却着实经历了一番风雨的洗礼。从早期为摩托罗拉和诺基亚供应电池被诉专利侵权,到完成专利积累实现“逆袭”,再到依靠新能源汽车领域的专利实力在全球市场“弯道超车”,比亚迪在“走出去”的道路上跨越了多道知识产权“门槛”。

熟悉比亚迪发展历程的人还记得,从1995年以代工电池起家的比亚迪,早期通过自主创新,掌握了发泡镍锟焊、正极端面焊工艺等核心技术,成为镍镉电池领域内的龙头企业之一,并由此获得了摩托罗拉和诺基亚这两家当时的手机巨头的青睐,成为二者的供应商。

然而就在比亚迪高速发展的2002年、2003年间,先后遭遇了日本的三洋公司和索尼公司两大跨国巨头的专利“阻击战”——两大巨头分别在美国和日本起诉比亚迪,称比亚迪的锂离子充电电池涉嫌侵犯两大巨头的专利权。“锂离子充电电池在当时不仅对手机行业意义重大，而且对于正在酝酿崛起的新能源汽车市场而言也是最为核心的专利之一,后者的潜在市场是无限的。”

比亚迪于2002年年底在企业内部改组成立了知识产权及法务处,在日本和美国聘请优秀的律师团队,由企业内部的法务团队、海外的知识产权团队和工程师团队分配任务,针对原告的相关专利进行广泛检索和分析。历经三十多个月的“拉锯战”,比亚迪针对索尼公司的涉案专利提出的专利权无效宣告请求获得了日本特许厅和法院的支持,三洋、索尼两起案件均以有利于比亚迪的判决结案。

经过这次专利“阻击战”后,比亚迪将“技术为王、创新为本”的理念置于公司企业文化的第一条,加大了提交专利申请的力度,并以此顺利从电池产业拓展至千亿级的新能源汽车市场。“我们在不断提升核心技术水平的同时,还对知识产权进行合理而有效的申请布局和风险防范,创造、积累、运用并维护企业的无形资产。”比亚迪通过此种方式,切实提升了其在全球产业链中的话语权和市场地位,保障了企业的商业运营自由。

以比亚迪的插电式双模混合动力电动车这一技术领域为例。比亚迪的研发团队在成功实现混合动力模式下发动机、发电机及驱动电机三个动力之间多种协同工作方式这一重大技术创新的同时，还积极围绕这一核心技术进行全球专利布局。以“一种混合动力驱动系统及采用该系统的汽车”(专利号200810185950.0)这一核心发明专利为中心,比亚迪还围绕相关的整车、驱动系统、电机以及电控等方面提交了231件中国专利申请并获权,与核心专利形成了全方位立体式保护体系。同时,按照企业对于该专利产品的市场定位,比亚迪还通过《专利合作条约》(PCT)等途径在美国、欧洲等电动汽车主要生产消费国家和地区提交了10件国际申请,目前已有5件获权。

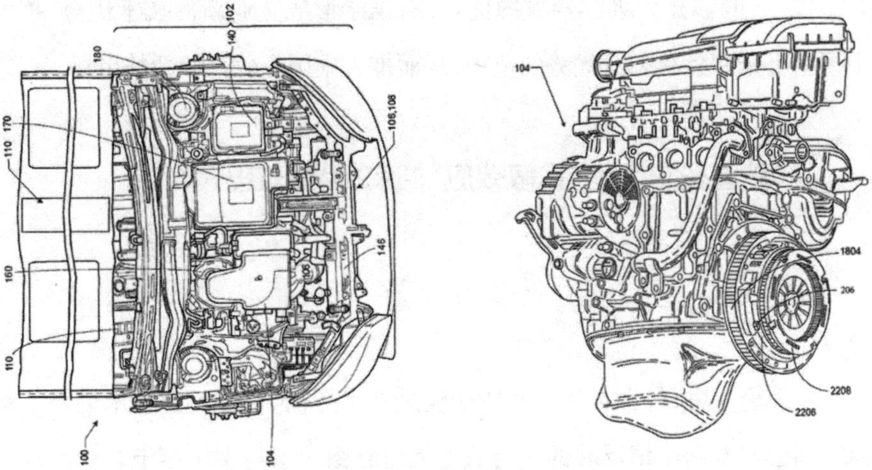

图2-2-1　200810185950.0专利附图

在这样的专利布局支撑下，2008年时，比亚迪推出了全球第一款不依赖专业充电站的双模电动车。2015年年底，比亚迪的第二代混合动力汽车“秦”已实现了116.3%的同比增长率，连续数次超过美国、日本等传统汽车强国，登上单月全球新能源汽车销量第一的宝座。

截至2015年年底的数据统计显示，比亚迪在国内外累计提交的专利申请量达到1.6453万件，授权量达1.0969万件，其中发明专利申请和授权量分别达8730件和3747件。“可以说，依靠知识产权实现‘弯道超车’，比亚迪率先完成了混合动力汽车的全球商用化，打破了汽车行业国际知名厂商的技术垄断，向世界汽车行业展示了中国自主研发新能源汽车的实力。”

4. 跨国公司与中国本土企业研发互动效应

跨国公司通过海外的专利申请获取高额的收益，同时也刺激中国本土企业的自主创新，而中国企业的技术进步反过来又推动跨国公司为了维持垄断地位加大研发投入，将新技术源源不断地输送到中国国内，产生了一种“挤牙膏”效应。另外，一方面跨国公司的生产技术不断本土化，在中国产生了适应性的发明，从而提高中国的生产率；另一方面，中国企业技术创新更具多样化,能够充分吸收各方的优点,有助于形成企业新的技术优势,扩大中国本土企业具有相对优势的范围,从而推进中国企业开辟新的市场。

二、外国在华专利“扩散效应”抑或“阻塞效应”

(一)经验研究的困惑

从理论上讲,外国在华专利既能促进技术扩散,也能促进技术创新。然而跨国公司专利申请反映的是自身的战略意图,这与中国本土企业的技术学习没有必然联系,中国本土企业只有通过持续地投资经营与学习创造活动,才有可能掌握跨国公司的先进技术。专利制度对经济的影响同样是极其复杂的,它既可以促进一个国家的技术进步,也可以阻碍一个国家的技术进步,对于外国在华专利的经济效应也不例外。目前,对于外国在华专利的经验研究有两种不同的结论。

一种研究结论是,外国专利申请作为国际技术扩散的重要路径之一,加快了先进技术知识的转移和扩散,从而对中国产生显著的技术扩散效应。国内学者构建了国外专利申请的技术溢出模型,对国外专利申请对中国技术进步的影响进行实证分析,结果表明:

国外专利申请具有技术溢出作用,但其推动作用小于国内R&D资本存量的技术进步的作用,认为中国的专利系统更倾向于促进技术扩散而不是保护的发明,对国内其他企业更加有利。

另一种研究结论认为,外国在华专利不仅攫取了中国的经济租金,而且还妨害了中国自身的技术进步。专利制度并非传统意义上的保护发明成果不受模仿,而是被用作构筑竞争优势的有力手段。该研究结论认为,发达国家从战略的高度来进行专利布局:通过专利战略来抢占关键的技术节点,这会使国外企业与国内企业的专利竞争更加激烈，发达国家在发展中国家的专利活动正成为技术资源控制的新手段，其技术创新能力、对华投资和贸易活动是其在华专利活动的基础。发达国家通过专利标准来确立行业的技术标准，封锁竞争对手的技术进步空间。因此，外国在华申请专利的意图是为了保护自身的技术不受侵害，而不是促进技术扩散。

（二）外国在华专利申请动机的转变

为了解决上述经验研究的困惑，笔者逐本溯源，分析外国在华专利的申请动机。外国专利的申请动机由宏观经济环境、法制环境、竞争环境、产业形态、企业自身技术能力发展等因素决定。而中国经济在不断发展变化，同样外国在华专利对中国技术进步的影响也是变化的。起初，这些外国专利的性质可能是通过技术许可的形式促进知识扩散，但是中国企业在外国发明专利上添加少量的改进技术，形成数量庞大的自主创新，成为了外国企业平等的竞争对手。这使得外国对华的专利申请动机开始发生了变化。下文将从以下四个方面说明在最近的一二十年，外国在华专利对中国技术进步的影响发生了本质的变化。

1. 从技术转移到垄断市场

中国建立专利制度的初衷是为了适应国际贸易和国际交流的需要。专利具有对无形的知识资本进行有形定价的功能，而且可以保护发明人权益，这对于技术转移来说至关重要。改革开放之初，中国企业为了生产的需要，购买外国的成套设备，但是外国企业担心卖给中国的技术得不到专利保护，从而导致技术的转移，或者被任意仿制，因而出售的价格会高出很多，造成一些合同一连几年不能谈妥。因此，专利制度的缺乏给中国同世界各国的技术交流带来了巨大的困难。所以，中国政府认为，开展国际贸易和科技合作就必须建立专利制度。

然而跨国公司进入中国市场初期，其投资性质是获取原材料与利用低价劳动力打造下游企业,专利战略以技术转让策略为主。近年来跨国公司对中国的生产转移已经遭遇到瓶颈,经济活动开始以占领中国市场为目的,其专利战略也随之转向。20世纪90年代后期,跨国公司加紧了对中国市场的争夺。为了应对来自其他跨国公司投资企业和迅速成长的中国企业的竞争,跨国公司改变了技术转让策略，将其对中国的技术投入与中国市场的开拓同步进行。

表2-2-1　2006年中国十大汽车公司专利数量

公司名称	合计	占比	发明专利	实用新型	外观设计
上海通用	54	11%	0	0	54
上海大众	58	12%	8	21	29
一汽大众	0	0%	0	0	0
北京现代	0	0%	0	0	0
广州本田	1	0%	0	0	1
天津一汽	5	1%	0	0	5
奇瑞汽车	272	56%	15	70	187
东风日产	0	0%	0	0	0
吉利汽车	50	10%	6	9	35
东风标致	50	10%	3	9	38

表2-2-2　2006年外国母汽车公司在华专利数量

公司名称	总计	发明专利	实用新型	外观设计
通用汽车	231	230	0	1
大众汽车	291	254	0	37
现代汽车	489	460	0	29
本田汽车	3861	3000	57	804
丰田汽车	1994	1260	41	693
尼桑汽车	3	3	0	0
标志雪铁龙	18	14	0	4
总计	6887	5221(76%)	98(1%)	1568(23%)

据中国汽车工业行业协会统计,外资合资大型汽车厂商(不包括港澳台合资企业)共14家,占中国汽车制造商总数量的16%,但它们却获得了整个行业82.55%的利润。这些跨国汽车巨头对核心技术的严格控制,如表2-2-1和

表2–2–2所示，合资的汽车企业拥有数量很少的专利技术，而外国的母公司通常在中国存在大量专利，而且这些专利以发明专利为主。可以看出，跨国公司的专利申请动机已经不再是以技术转移为目的，而是转变为以垄断市场为目的。

2. 从保护重大技术到构筑竞争优势

随着中国市场竞争的加剧，外国在华专利的质量与形态发生了微妙的变化。先前主要以单一的专利保护其重大的技术，通过“跑马圈地”的方式在中国抢注专利。但是近些年来，国外企业在华专利申请的目的并非单纯是保护其重大的技术，而是通过大量价值含量不高的专利来构筑专利壁垒，从而达到限制中国技术发展的目的。

国家知识产权局在2006年对在中国进行专利申请的企业进行了一项调查，样本涵盖了43383家公司申请的310554项专利。按照企业类别样本可划分为：国内私人控股企业，国有企业控股企业，集体控股企业，外商控股企业及港澳台控股企业，分别占55.8%，20.6%，11.8%，6.2%和5.7%。在此次调查中，专利的实施分为五种模式：从未实施，自我实施，只授权给他人，自我实现并授权他人，专利权限转移。从图2–2–2中可知，在不同类型的企业中，外国在华企业专利的实施率是最低的，近26%的专利申请总量从未实施。另外，外国在华企业，近80%的专利仅自我实施，而未进行授权与转移。这似乎表明，与中国企业相比，跨国公司在中国更可能使用专利来达到获取竞争优势的战略目的。

外国企业利用专利构筑竞争优势，主要有两种方式：第一，与实力相当的企业相互合作，进行专利的交叉许可，最后形成企业专利联盟，构成对整个行业的技术控制。据统计，全球500强企业中有60个主要的战略联盟，联合战线已成为众多企业的理想之选，通过联盟在群体内优势互补，成为行业领先甚至占据垄断地位是联盟企业的最终目的。第二，利用专利建立私有协议或行业标准。技术专利化、专利标准化、标准垄断化是知识经济下国际竞争的新规则。

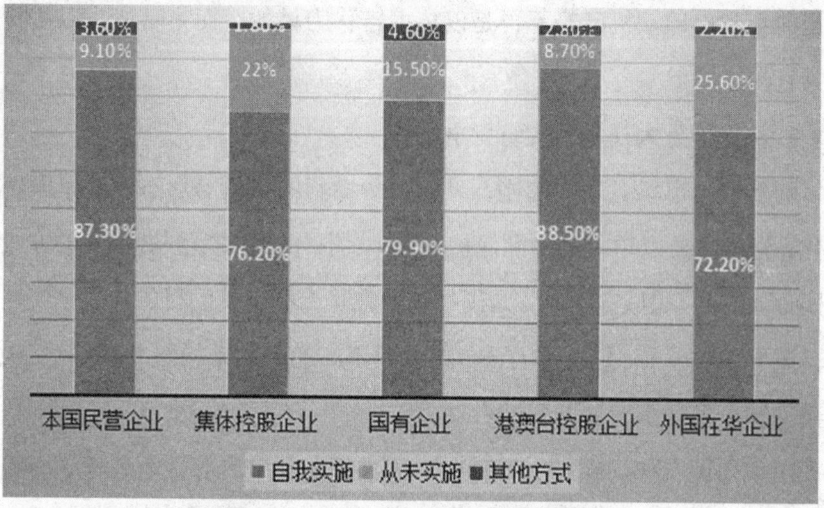

图2-2-2 2006年中国专利实施情况

3. 核心技术专利不断减少

中国高新技术产业不是平地而起，而是依靠外国技术发展起来的，专利在其中发挥了特殊的作用。随着中国技术创新能力的发展，外国企业已经不再将核心技术在中国申请专利。源于专利制度信息披露的职能及中国专利保护具有狭窄索赔的特点，外国的核心技术很容易被中国企业模仿和改造，从而使中国企业成为其平等的竞争对手。所以外国在华专利的特点是核心技术专利越来越少，而垃圾专利越来越多。

例如，改革开放之初，中国以进口成套设备的方式发展国内的数控机床产业，与此同时将相关的专利技术一并引进。20世纪90年代，中国先后从美国、日本、意大利和德国引进了很多数控系统和伺服技术的外国专利，在此基础上，依靠自身的研发能力陆续开发了一批较为前沿的数控机床，推动了中国数控机床产业的发展，并逐步形成了中国的数控机床产业链。然而，当西方国家意识到中国机床产业的迅猛发展，已经不再需要它们过时的技术时，就开始严格限制高档数控机床专利的出口。因此，中国很难再引进国外核心技术和关键部件。在其他的行业中，同样发现外国在华专利大多已经不再是核心的技术。

4. 国内本土企业与外国企业专利纠纷增多

专利权被称为是“诉讼中的物权”。改革开放以来，由于中国企业界的专利意识不足，导致中国本土企业成为被跨国公司专利武器猛烈攻击的对象，近年来，这种诉讼战有愈演愈烈的趋势。据统计，仅加入世贸组织以来，中国企业因专利权纠纷引发的经济赔偿就达数十亿美元。外国企业在中国完成他们的专利布局后就会发起专利攻势，机械、汽车、电子、化工、制药等行业都遭到外国的专利侵权诉讼，外国企业日益严密的“专利封锁”使中国企业在发展道路上障碍重重，举步维艰，大大压缩了中国企业的生存空间。其中，外国企业在专利诉讼维权中也不乏恶意滥用专利权，使为数众多的中国企业掉入“专利陷阱”，赔付价格不菲的专利费。

案例2-2-3　东进与英特尔：一场蚂蚁与大象的战争

一度备受业界关注的英特尔公司诉深圳东进通讯技术有限公司侵权案在历经两年多的对峙后，在2007年5月14日以一种戏剧性的方式告终——双方以和解协议的方式握手言和，让曾经火上浇油的一些媒体备感无趣无味。

英特尔起诉东进公司侵权曾被称为“中国2005年知识产权第一案”，完全符合英特尔宣扬“维护知识产权”理念的目标，但无情的事实是，英特尔在一个正确的地方打了一场不算正确的战争。

2004年12月，英特尔公司美国总部向深圳市中级人民法院递交了起诉状，称东进公司侵犯其计算机软件著作权，要求赔偿796万美元，折合6578万元人民币。

2005年1月21日，深圳市中级人民法院依法对东进公司进行了证据保全，但是这个在任何国家都应当属于正常法律手续的行为，却被披上了一层象征饱受“欺凌迫害”的外衣，随之导致极端的民族情绪和全国性一边倒的舆论。

由此上溯，1993年，清华无线电专业硕士李如江携“清华三剑客”创立了后来被称为东进技术的深圳市东进通讯技术股份有限公司，这是国内最早专业从事CTI核心部件的研发企业，注册资金4000万元人民币，曾设计出国内第一个CTI硬件产品——TC-08A电话语音处理卡，专门开发语音板卡产品，并获得了第一张同类产品的全国入网许可证。

1998年以前，东进一直是CTI行业国内厂商的榜首，在国际上同行业所有厂商中排第三位。而自2000年英特尔以8亿美金收购行业排名第一的Dialogic之后，东进就和这位IT业界巨头直接对垒。

当英特尔注意到东进公司在争夺市场行为中存在侵犯英特尔知识产权时，对于手中的证据和中国知识产权保护状况信心满满的英特尔，按照国际惯例作出了“采取法律行动”的决定，并期望在中国打第一场知识产权官司以警醒其他侵权企业。

但是从后来的事态发展看，媒体大规模介入导致舆论风向急转而下。媒体赋予东进公司“以小博大”的“民族高科技企业”的光环，事件本身也呈现出“强烈的悲剧性和典型的象征性”。

2005年3月23日，东进北京分公司在北京反诉英特尔“技术垄断”，指控英特尔在明知中国没有《反垄断法》的情况下搞技术垄断，企图封杀竞争对手。由此，媒体将此案炒作成为“中国企业2006年反垄断第一案”，把东进塑造成“明知不可为而为之”的民族英雄。

此后，媒体的舆论倾向日益极端化，一些领头媒体甚至打出“坚决捍卫自主创新成果”的旗帜，掀起了一片“人民战争”的汪洋大海，彻底淹没了英特尔，任何正常的法律行为也随之被娱乐化。“东进事件”成为“发展中国家新兴高科技产业自主创新努力遭遇发达国家技术垄断打击”的典型。

在媒体口诛笔伐中，语言暴力无处不在：英特尔此举意在“杀鸡儆猴”；英特尔采取的已被中国法律所认可的“陷阱取证”被称为“法律陷阱”；向东进索赔796万美金，被媒体指为“以大欺小”“欲将东进置于死地”。对此，媒体以道德批判方式“火烤”英特尔。

在各种运作下，中国软件协会和一些法律界人士站出来，对“头文件不侵权”为媒体提供了似乎让人信服的“专家意见”。在由中国软件行业协会发起的“东进案例”研讨会上，国家版权局版权司、中国软件登记中心与中国软件保护联盟等个别官员与个别人士竟然纷纷断言东进不构成侵权，大有代替法院而断案的架势。此次研讨会被媒体广泛报道，一度成为舆论热点。

有了这个技术“认定”，各种针对英特尔的微词更是铺天盖地，而英特尔根据国外惯例和对中国法律的尊重所持的“缄默”态度，让一些得不到英特尔明确说法的媒体也加入了“喊打大军”。

有媒体评论：“英特尔设置诉讼马拉松陷阱，是跨国公司拖垮发展中国家自主创新、维护技术垄断的惯用手段。英特尔以保护知识产权为名，行维护垄断利益之实，无中生有地起诉东进侵犯其知识产权，企图利用诉讼马拉松陷阱，甚至其他不正当手段封杀东进的自主创新，消除东进由于技术优势和价格优势对其垄断利益构成的威胁。”

还有一些不明真相的有身份人士，以推测来指责英特尔起诉动机不纯并无限上纲，“如果东进一开始就做出了英特尔认定为侵权的行为，那么英特尔应该尽早提示和警告东进，而不是等到东进威胁到其垄断地位的时候再提出诉讼。这种限制互连互通的商业行为是有悖于我国信息化建设，打破信息孤岛的基本思路的”。

这场利用不了解技术和法律细节，以煽起公众道德良心和民族正义感的媒体大批判，以广泛的媒体覆盖率颠覆了令人不快的真相。据了解，法院指定的专家作出的鉴定并不如媒体所报道的那样，也不是所谓的“权威人士”那种不爱惜自己名声的“妄加断言”。

事情已经明摆着，英特尔继续为争对错而纠缠下去已无任何意义。于是，在法院的敦促下，英特尔接受了与东进庭外和解的结局。2007年5月14日，英特尔与东进联合召开了宣布双方达成和解的新闻发布会。当天下午，东进就不失时机地借“东风”，召开了自己新产品发布会，再度引起媒体炒作。

大与小打官司，小的不仅可以占借机扬名的便宜，而且可以博得公众对“弱者”的道德支持。选择在中国诉讼，英特尔公司必然陷于民族情绪的汪洋大海，人人一口唾沫就足以淹死之。但是情感不能代替理性，如果别人的知识产权可以随意侵犯，那么就意味着自己的知识产权也将遭到任意践踏。

三、外国在华专利的影响

从上文可以看出，跨国公司的专利战略已经从最初的保护创新，促进技术转移异化为进行市场控制，限制竞争对手的工具。外国在华专利申请动机的变化，源于跨国公司对中国深刻变革的政策环境与市场环境的适应性调整。通过以上的理论分析，可以得出下面的基本假说：外国在华专利对中国技术进步的影响是变化的，从最初的促进中国技术进步的“扩散效应”逐步演变为妨害中国技术进步的“阻塞效应”。

案例2-2-4　达能与娃哈哈：谁在撒谎？

从2007年4月开始，杭州娃哈哈集团的总裁宗庆后和达能之间充满阴霾的纠纷登上了各大媒体的头条，这个春天的4月可以说完全属于宗庆后和他背后的辛酸奋斗历史，以及他在中国公众之中搅动的舆论浪潮——新“义和团”运动。

4月2日，宗庆后突然向一家财经媒体爆料：法国达能公司最近欲强行以

40亿元人民币的低价并购杭州娃哈哈集团有限公司的其他非合资公司51%的股权，这些公司总资产达56亿元，2006年利润达10.4亿元，并且威胁宗庆后如果不从，达能将会对娃哈哈非合资公司未经允许擅自使用“娃哈哈”商标提出法律诉讼。

一石激起千层浪，全国各大媒体立刻展开连篇累牍报道，一边倒的时代又开始了。有媒体认为，达能在中国的形象一直是“阴谋家”，同样的手法也曾使用在光明奶业身上。

2000年年底，达能与光明签订协议，光明以象征性的1元的价格获得部分达能商标和外包装12年使用权，并相继接手上海达能和广州达能两家公司，包括达能目前在中国的所有酸奶业务。但在协议的附加条款中，规定光明只能在两个品种的酸奶中使用这个商标。后来，光明擅自违反协议在其他品种上也使用达能商标，但是达能却一直没有表示异议，这给了光明以继续违约的勇气。结果，在2006年4月，达能抓住光明“违反商标使用权协议”的把柄，以诉讼逼宫光明，达到了在股改时增持股份的目的，以每股4.06元的低价受让部分非流通股而将持股比例上升为20.1%，成为第三大股东。

光明的前车之鉴使得大多数人都对宗庆后的“圈套论”深信不疑。“由于当时对商标、品牌的意义认识不清，使得娃哈哈的发展陷入了达能精心设下的圈套。”宗庆后对当年签署了不公平条约追悔莫及，“由于本人的无知，给娃哈哈的品牌发展带来了麻烦与障碍，现在再不亡羊补牢进行补救，将会有罪于企业和国家！”他还指出，一旦达能得逞，中方将丧失对娃哈哈的绝对控股权。

接下来的事态进展日日进逼，波诡云谲，让所有关注此事的人大跌眼镜，4月3日下午，健力宝集团董事长叶红汉特意向宗庆后发来一封“声援信”。信中说：“3月中旬以来，我注意到宗先生在保护民族品牌、反对外资垄断中国饮料行业，并积极提议立法限制外资恶意并购的举措。对此，我表示极大的声援和赞成。”

4月5日，达能在上海召开小型临时发布会，亚太区总裁范易谋表示，对娃哈哈的言行不能理解，并声称达能并没有涉及行业垄断，收购行为也都是按照法规进行的。

4月6日，又一家财经媒体爆料，自2006年11月8日起，宗庆后已经设立双账户，要求各地销售公司理清合资与非合资的渠道与账目，这表明他早就欲踢走达能。记者调查表明，现在，宗庆后已经对娃哈哈各地一些分公司总经理进行了大换血，扶植听话的年轻人，以便扶持女儿宗馥莉上位，而踢走达能也是关键的一步。同时，文章还指出，宗庆后一直牢牢地控制娃哈哈，达能曾派驻研发经理和市场总监，但都被宗庆后赶走。

4月8日，宗庆后做客新浪披露达能强购事件内幕，以极其煽情的词语指控达能提出收购娃哈哈的非合资企业要求是恶意并购，是“八国联军”的经济侵略行径，并呼吁政府和公众行动起来，保卫中国的“民族品牌”和“驰名商标”：“中国人现在已经站起来了，已不是八国联军侵略中国的时代了，中国人有自己的国格、人格，你老是用威胁、恫吓的口气跟我们说话，只能增加我们的愤慨。”

4月9日，达能集团致信新浪财经，提出对事件的三点态度，认为达能的大股东利益遭到损害。也是在这一天，所谓中国品牌建设者李光斗在博客上高举支持宗庆后的大旗，口号是“本土品牌到了最危险的时候”，引来众多支持者。

4月10日，娃哈哈集团向新浪财经发来“娃哈哈集团全体职工代表声明”“娃哈哈全国经销商代表声明”以及“娃哈哈全国销售将士声明”，愤怒地声讨达能在娃哈哈成长史中的缺席和阻挠，并慷慨激昂地申明了员工和经销商对宗庆后的无条件支持。

4月11日下午2时，达能集团在上海举行新闻发布会，秀出当初和娃哈哈签订的原始合同，和宗庆后针锋相对，否认了宗庆后对达能不愿投资的指责，并爆出40亿元的价格曾经得到宗庆后认可。范易谋称，已于4月9日正式向娃哈哈创始人宗庆后发出通知函，要求其作为合资销售公司的董事长，对“非法”成立的非合资销售公司准备启动法律诉讼程序。如果30天内公司管理层不采取任何行动，将自动启动法律程序，就违约责任提出正式诉讼。

4月13日，娃哈哈集团致信新浪财经，发布《娃哈哈与达能纠纷的事实真相》的声明，再次指责达能在合资之初就有意设立陷阱以达到资本控制的目的，并首次揭发达能拿出的合同不是在商标局备案的合同，达能强制娃哈哈签订了阴阳合同，欺骗了政府监管部门。更有甚者，娃哈哈拿出的文件表明，早在2005年10月12日双方签订的商标使用许可合同第一号修正协议第二条中，达能已经许可27家娃哈哈非合资公司使用“娃哈哈”商标。

同时，13个娃哈哈投资地区的西部地方政府机构发信新浪财经声援宗庆后，逼使商务部和杭州市政府表态。尽管他们都保持中立，但是已经形成了对政府压力的声浪。

鉴于此争端从根本上违背了“真相只有一个”的原理。因此“谁在撒谎”成为大家共同的疑问。现在趁双方口水战的暂停时间还原一下双方争端，在求同存异之下可以看出，双方在历史事实上的歧异有如下几点：

关于合资之初的控制权。达能称自己不存在夺取控制权的问题，因为一开始达能就拥有绝对控股权。1996年，娃哈哈与法国达能公司、香港百富勤公司共同出资建立了5家公司，娃哈哈占49%的股份，达能与百富勤合资的金加公司占51%。因此，达能从一开始就能够通过控股金加从而控制娃哈哈合资公司。这样一来，香港百富勤在合资中的地位早已经无足轻重，其在亚洲金融风暴之后将股份转让给达能就没有了阴谋色彩。而关于金加这个细节，由于其对“圈套”论的证明很重要，所以在宗庆后的控诉中根本没有出现，只有在最后达能的逼迫下，娃哈哈在13日《真相》声明中才退步承认了金加的存在。

关于合资公司管理。达能称自己虽然控股，但控制权一直被宗庆后牢牢把持，还将自己派的管理人员赶了出去，所以直到2005年才知道非合资公司的存在。而娃哈哈员工则称从未看到过达能为娃哈哈的发展出力。

关于非合资公司的投资。达能称自己从未受邀投资,而宗庆后则称达能不愿投资西部,支援扶贫政策,所以自己才和员工持股会投资了非合资公司。

关于40亿元购买价格。达能揭发对此宗庆后以前从未表示过异议,而且在2006年12月双方已经签订了购买协议,宗庆后如今是在背信毁约;而宗庆后从来不提自己已经和达能签约,还在采访中省略"达能40亿元购买非合资公司51%股份"这一关键事实,误导媒体和公众敌视达能。

关于娃哈哈在达能集团中的重要性。达能称娃哈哈收益仅占公司3%,而娃哈哈称在达能业务中占大头,能够影响达能股价,所以达能才处心积虑收购非合资公司。

关于品牌商标。达能的合同称"娃哈哈"商标使用权是当初合资时娃哈哈投入的无形资产,并不存在霸占和骗取;合约中规定"任何人使用娃哈哈商标都必须得到合资公司批准"完全是合资公司的正当权益。而宗庆后则称达能先是威逼转让未果,后又通过阴阳合同骗取了商标的永久使用权。实际上,因为"娃哈哈"是全国知名商标,商标局不批准转让,达能只能退而求其次,1999年双方改签了一份商标使用合同,而这也是不被商标局允许的,因此在这里又产生了阴阳合同的差别。不能忽视的是,从娃哈哈申请商标转让不成到达能自己出面敦促娃哈哈签订商标使用合同竟然时隔3年之久。也正是在1999年,以宗庆后为首的中方决策班子决定,由职工集资持股成立的公司出面,建立一批与达能没有合资关系的公司。

当初,宗庆后之所以签订了让达能控股和商标转让的合资协议,是因为他谋求上市未果,娃哈哈面临困难,而达能给了一笔救命钱;宗庆后自己也从达能处获得了足以购买政府部分股份的资金,抓住改制时机曲线实现了MBO。合资后短短4年,他就以1.5亿元购买了政府部分股份,从管理人跃升为家资逾亿的富翁,而这也和达能新闻发布会上范易谋对宗庆后获利的暗示相呼应。

从这个部分真相还原中可以发现，达能和宗庆后互相之间在长期的对抗和互惠互利中都有对方的一本账，否则无法解释何以2005年达能批准了非合资公司使用“娃哈哈”商标，何以宗庆后在2006年年底同意了达能的并购出价，何以娃哈哈能够在多年的独裁式控制中幸存于达能之手。

虽然对于娃哈哈非合资公司非法使用“娃哈哈”商标，侵犯达能权益一节宗庆后承认不讳，但是通过诱使达能亮出未备案合约，宗庆后已经在法律方面掌握了主动。达能面临的问题是，如果对非法使用商标提出诉讼，宗庆后能够拿出达能对非合资公司许可商标的文件；如果达能不起诉，宗庆后就能成功毁约，把达能踢出自家的非合资公司。

而传闻中的“第三方”存在也构成了宗庆后的一条退路。以复杂的英属维京群岛公司组成的投资团，保证了其女对大部分非合资公司的控制权，媒体怀疑这构成了“善意第三方”，在知识产权诉讼中可以不予追究。

5月9日，达能集团致信新浪财经，发布对娃哈哈事件进展情况的通告，称已正式启动相关程序对付娃哈哈非合资企业；9日晚，宗庆后方面也称要积极应诉，还说要在合适的时间公布真相。但是相信大家对所谓真相都已经丧失了信任和热情，对双方操纵的媒体战都已经厌倦。至此，双方的争端应该在密室里或者法庭上去解决，而不是把公众和政府当成筹码，向对手甚至法律施加压力。

最终，在两国政府协调下，双方已达成友好和解。

在日益一体化的世界经济中，跨国公司已经成为当代国际经济活动的核心组织者。通过对外直接投资和全球化战略，跨国公司的业务发展日益融合于世界各国的经济发展之中，从而对当代世界经济的发展发挥了举足轻重的作用。跨国公司在全球市场的竞争优势，不仅在于其运用金融资本的能力,还在于其对国际性技术资源的获取、控制和垄断的能力。伴随着外资企业在中国投资的日益增加，跨国公司对技术资源的控制越来越凸显其战略特性,其中最重要的表现之一就是其在华专利申请活动。

近年来，以跨国公司为代表的外资企业加紧实施针对中国企业的各种技术资源战略,专利技术作为一种独特的依据法律保护的技术资源,自然成为保护自身知识产权、遏制中国企业拓展海内外市场的利器。跨国公司为保障其在中国市场的竞争地位,正在制定新的知识产权战略,特别是专利方面正在实施新的“圈地运动”,而且已经表现出具有代表性的整体发展趋势。

世界500强企业在我国的发展及其专利申请趋势表现为:中国已加入了世界贸易组织多年，国内企业与国际上以跨国公司为代表的外资企业之间的合作与竞争将会日益复杂和激烈，这也决定了21世纪中国和中国企业在新世纪的战略抉择。而在外资企业中世界500强企业标志着国际市场的投资取向和竞争热点,世界500强企业是一个巨大的在华投资群体。

《财富》杂志从1955年开始对美国500家最大工业企业进行排名,从1990年又开始对包括美国在内的世界500强工业企业进行排名。1994年该排名的入选企业范围扩展到包括服务业在内的企业。1995年《财富》杂志开始推出全球企业500强排行榜。十多年来,中国作为世界上最具魅力的新兴市场之一,吸引着诸多跨国公司纷至沓来。据统计,美国《财富》杂志公布的世界500强企业中已有400多家落户中国。这些企业在华的专利申请成为特别突出的战略性行为之一。

对于外国大型跨国公司在我国的投资及专利申请趋势,我国学者也做过大量研究,世界500强企业通常在华实施专利技术资源控制战略:对某些关键性技术领域保持充分的竞争优势地位;对技术创新周期长的行业实行技术领域聚焦战略,而对技术创新周期短的行业则实行技术领域发散战略;越来越多的外资企业倾向于在更广泛的专利技术领域控制资源,垄断相应的技术应用。

第三节　专利与技术创新

2015年3月5日，李克强在《政府工作报告》中首次提出“中国制造2025”的宏大计划。3月25日，国务院常务会议审议通过了《中国制造2025》，并于5月19日正式印发。《中国制造2025》提出，坚持“创新驱动、质量为先、绿色发展、结构优化、人才为本”的基本方针，坚持“市场主导、政府引导，立足当前、着眼长远，整体推进、重点突破，自主发展、开放合作”的基本原则，通过“三步走”实现制造强国的战略目标：第一步，到2025年迈入制造强国行列；第二步，到2035年中国制造业整体达到世界制造强国阵营中等水平；第三步，到中华人民共和国成立100年时，综合实力进入世界制造强国前列。

一、对知识产权建设更加重视

《中国制造2025》综合考虑未来国际发展趋势和我国工业发展的现实基础条件，根据走中国特色工业化道路和加快转变经济发展方式的总体要求，提出了“制造强国”的若干发展目标，加快实现我国由工业大国向工业强国的转变。

加强自主创新能力是实现由工业大国向工业强国转变的核心，是实现我国价值链由低端向高端跃升，加快推动增长动力向创新驱动转变的重要举措。《中国制造2025》提出，要到2020年掌握一批重点领域的关键核心技术，优势领域竞争力进一步增强；到2025年创新能力显著增强，在全球产业分工和价值链中的地位明显提升。

根据规模以上制造业（指年主营收入在2000万元以上的企业）每亿元主

营业务收入对应的有效发明专利数，据统计，2006—2013年，我国规模以上制造业每亿元主营业务收入有效发明专利数从0.16件增加到0.36件，年均增长12.4%，平均每年增加约0.029件。未来十年，按照12.4%的年均增速测算，2020年和2025年指标分别达到0.83件和1.48件；按照年均增加0.029件测算，2020年和2025年分别达到0.57件和0.71件。为提高指标预测的准确性，取两者均值，2020年和2025年指标分别达到0.70件和1.10件。

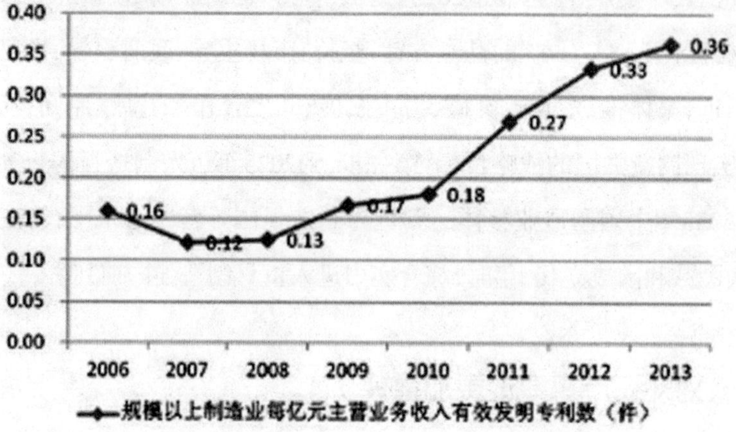

图2-3-1　规模以上制造业每亿元主营收入与有效发明专利对比图

二、创新模式与过程的改变

近些年来，随着技术复杂性的增长与竞争程度的加剧，创新的模式和过程也发生了巨大的改变。当前技术创新发展的新趋势为：从个体创新转向集成创新，从单独创新转向合作创新，从封闭式创新转向开放式创新。

首先，技术产品和工艺过程的复杂性不断增加，迫使企业采取集成创新的方法来解决这一问题。集成创新是指创新主体对各种创新的融合，这种融合通过利用并行的方法把若干创新主体，在创新生命周期的不同阶段、不同流程，以及不同创新能力、创新实践和竞争力集成于一身，从而形成核心竞争力。

其次，创新的高风险和高成本迫使企业开展更广泛的合作。据经济合作与发展组织（OECD）2003年的一项创新调查显示，当前只有少数企业或组织单独进行创新，大部分的创新项目是由多个企业或者组织共同协作完成的。企业聚焦于自身核心的活动，如果企业所需要的新技术不是他们所擅长的，那么企业就收购其他公司，或利用大学和政府实验室来获得互补技术。

最后，先前的创新都是企业独自秘密进行，一旦开发出重大意义的新技术与新产品，便迅速占领全世界的市场。而当前技术创新的一个显著特点是，不再是封闭的自主创新，而是在开放式创新基础上的再创新。现代企业的成功更多是整合产业链众多要素，通过利用他人的创新成果使研发效率达到最高，通过共享他人的技术平台使采购和供应成本做到最低。因此，能够更快、更好、更低成本地推出产品，迅速切入市场并受到广泛认可。

因此中国本土企业也应该顺应技术发展的趋势，进行开放式创新，充分利用全球的资源，通过集成主导的方式来进行。而专利权提供了便利的、正式的，以市场交易为基础的知识交流，为技术传播和利用提供了另一种新的渠道。

案例2-3-1　搜狗，专利决定细节

搜狗的名称取自2001年电影《大腕》里的幽默台词——“他们搜狐，我们搜狗，各搜各的！”。

搜狗是搜狐公司的旗下子公司，于2004年8月3日推出，目的是增强搜狐网的搜索技能，主要经营搜狐公司的搜索业务。在经营搜索业务的同时，也推出搜狗输入法、搜狗高速浏览器。2010年8月9日，搜狐与阿里巴巴宣布将分拆搜狗成立独立公司。2013年9月16日，腾讯向搜狗注资4.48亿美元，并将旗下的腾讯搜搜业务和其他相关资产并入搜狗。2015年11月8日，搜狗与知乎的深度合作正式公布。2016年9月20日，腾讯取代搜狐成为搜狗最大股东，持股比例高达45%，搜狐持有搜狗的比例为38.35%。

搜狗的基因充满了创新因素，在其搜狗输入法中得到了明确的体现。2015年11月，搜狗公司再度向外界公布了9项输入法专利及其描述，覆盖了现代中文输入法产品多项核心输入技术，及为用户提供的多种周边及个性化服务。这些专利的公布，为外界认识和了解这款“国民输入法”的发展，以及中国网民的输入体验的改进历程，提供了新的视角。

词库创新：开启中文输入法新时代

名为“基于互联网信息的输入法词频库的生成方法和系统”的专利(专利号200610061369.9)，即互联网词库，可以说是搜狗输入法使我们的输入体验产生飞跃的关键，也使搜狗输入法成为第一款真正的互联网输入法产品。

以往输入法的词库都是固定安装，无法扩容的，而通过引入搜索引擎技术，搜狗输入法能够抓取互联网网页数据，从中提取出网上涌现出的新鲜词汇，如“李宇春”“叶良辰”“小鲜肉”等，并第一时间收入词库，使得用户能够在输入时更快地跟上互联网文化的发展。同时，将整个互联网作为词库来源，也将搜狗输入法的词库扩大至无限大，从而大幅度提升了输入法的准确度，为搜狗输入法的成功奠定了基础。

与词库相关的，还有另一项专利：“一种中文词库更新系统及方法”，即中文词库同步(专利号200610061369.9)。搜狗输入法词库的特点之一，是具有极大的灵活性，或者说是“智慧”，不同用户由于不同的使用习惯，其词库都会变得极其个性化。这在使用者脱离了经常使用的设备时，就会成为一个问题。中文词库同步，则使得用户在注册之后，能够在使用同一账号登陆到不同设备上时，词库能够随之迁移，完美实现了用户在搜狗输入法各平台输入习惯的一键转移和随时同步，方便快捷，避免了用户在不同平台需要重复输入的“窘境”，对于用户输入效率的提升发挥了极其重要的作用。

表情：让表达更有趣

在与百度的第二波专利诉讼中，搜狗针对一项名为“一种向应用程序输入艺术字/图形的方法及系统”的专利(专利号200610127154.2)提起了1亿元的天价赔偿,引发了外界对这一专利的强烈好奇心。

其通俗名称为ASCII码艺术字。通过将这一技术引入输入法,搜狗输入法率先实现了将用户熟悉的颜文字(及多行颜文字)的字符进行拼装,从而满足了用户输入颜文字及自定义颜文字的需求,改变了枯燥的纯文本输入历史,独具匠心地用文字或各种线条、符号等组成图画(如O(∩_∩)O~),帮助表达意思,为输入增添了乐趣。

表情在表达中扮演的角色越来越重要,是互联网文化演进的重要方向。搜狗输入法在这方面的创新也是不遗余力的。例如200910092405.1号专利,“一种支持图片输入的方法和设备”,将各种表情选项,包括图片表情、符号表情、图片等加入了输入法的候选项中,这样一来,当使用者输入如“无语”这样的词汇时,不仅显示的有文字候选项,还会有颜文字和动态表情。

为了让手机用户更方便调取表情,搜狗输入法还研发了另一种专利,“与用户输入词语对应的表情的输出”(专利号200710179718.1)。当我们在手机上输入某种与情绪有关的文字选定上屏后,搜狗输入法就会自动在候选中给出与之对应的表情符号。如果使用者发送之后觉得文字不足以表达自己的心情,就可以立刻补充输入对应表情,让表达更加生动有趣。

智能化:输你所想

搜狗输入法的用户都有切身的体会,在输入的过程中,其候选词列表是随着使用者敲出的上一个字随时变化的,并总能把能够与之组词的候选项推到前列,非常智能。这一功能叫作智能组词,其背后也有一项专利——一种智能组词输入的方法和一种输入法系统及其更新方法(专利号200710079267.4)。它是利用相邻字词出现的统计关系,自动生成满足用户输入的新的中文词条候选,减少用户组词行为,从而极大地提升了输入的效率。

除了利用中文中既有的词汇进行组词,搜狗输入法的智能组词还有更个性化的一面,“用户词库智能组词”。借助“一种用户词参与智能组词输入的方法及一种输入法系统”(专利号200810113984.9),搜狗输入法可以连续记录用户输入的词与词之间的关系,并使用此信息进行组词,进一步提升了输入法的准确率。

“输入法网址自动补全+导航”功能也是搜狗输入法在智能演进的路上迈出的重要一步。当输入法判断用户后续输入是网址时,便会提供网址选项,用户点击即可跳转至该网站。这一功能可以说是对我们已经习惯的上网流程的一个重大改变。只需键入某个网址开头几个字母,候选项便将自动补全该网址,并提供网址导航链接,提高了我们在输入过程中访问网站的效率。搜狗也为其申请了名为“一种网络资源地址输入的方法和一种输入法系统”的专利(专利号200710176654.X)。

除了以上用户可以明显感知的功能以外,搜狗输入法在许多基础交互功能上也做了智能化的优化,比如“重定义删除键”功能。在手机输入过程中,不少人都习惯连续输入一长串拼音字符。但有时候需要删除重新输入,如果长按删除键,时间过长,刹不住车,极有可能将已经上屏的文本一并删除。而在搜狗输入法中,当使用者长按删除键,将输入框中的拼音串清空后但并未松开删除键时,搜狗输入法会重置删除键,不会把原本已经输出的文字误删。而实现这一功能的专利名称为“一种输入过程中删除信息的方法及装置“(专利号为200810116190.8)。

细节决定成败,而科技创新决定细节。

三、高新技术的崛起

20世纪中期以来,新兴战略性产业向中国这样发展中的大国打开“机会之窗”,以信息技术、生物技术、航空航天和新能源技术为代表的高科技产业迅速崛起并成为推动世界经济发展的重要力量，传统的专利制度受到了高新技术产业前所未有的冲击。因此，问题油然而生，如何改造传统的专利制度以适应新技术的发展，是中国政府必须关注的重要课题之一。

首先，高新技术申请专利的倾向大。换言之，高新技术的属性最适合采用申请专利进行保护。信息技术、生物技术和新能源技术是高科技产业的三大核心组成部分，其中对专利制度影响最大的当属生物技术。由于生物技术的变革，动植物的培育、细胞工程、微生物工程、生物制剂的生产都进入了一个全新阶段，已渗透到农业、渔业、环保、医药等领域。生物技术领域如果缺少专利保护，很难有今天的发展。此外，信息技术和新能源技术也是专利较为活跃的领域。

其次，申请专利有助于高新技术走向市场。我国的高新技术大多由政府扶植而起，政府承担创新的风险和不确定性就造成了委托代理的问题。技术发明人为了创新成果所带来的政府资助而进行创新，完全不顾新技术的经济效益。专利制度提供新的激励机制，除了获取国家的政策利益，研发人员还能通过专利转让获得新技术的部分经济利益。这样一来结合国家的公共资源投入，便可以产生更大的经济效益。

再次，有助于中小型企业参与高新技术的发展。虽然大企业更具有创新能力，但是中小型企业在创新方面的优势同样不容小觑。与此同时，中小型企业存在融资困难，承担风险能力差等弊端。通过专利保护将自身的技术资产化，这样有助于中小型企业最大限度地保护自身的创新成果不被侵蚀，而且还可以通过专利质押获取技术推广到市场的资金。专利对于以新技术为基础的公司尤其重要，因为只有能够获得自己的知识产权，这些公司才可能获得风险投资的资金注入。专利许可的功能进一步使中小企业能够参与到与其他公司的创新网络中，深化了创新的社会分工。

最后，专利能为高新技术的研究开发提供及时有用的信息。根据世界知识产权组织的统计，专利所记载的技术信息量约占整个技术信息量的90%。专利信息可以揭示现有高新技术的发展、动态及趋势，使企业可以从技术轨道的层面寻找突破口。研发人员可以通过分析某高新技术领域中各种专利的变化情况，了解该领域技术的最新动向；可以分析重要专利的构成，了解某项技术的成熟程度；剖析专利产品的结构或分析专利的工艺方法，获取有用的信息等；利用专利信息使高新技术的研发在高起点上开始，避免低水平的重复研究，促进高技术的发展。

四、互联网与通信技术的挑战

网络与通信技术加速了信息的提供，使保密成为不太可行的策略。虽然技术秘密在中国的《反不正当竞争法》中给予保护，但是技术秘密作为知识产权法保护的一种形式，无论在国际，还是在国内知识产权法律界都存在着歧义。从实际运行结果来看，技术秘密的法律保护效果并不理想。由于全球化、信息化，创新企业不得不采取申请专利的形式，寻求以法律手段来实现创新成果的保护。所以各国的创新企业一直要求加强专利保护。

据了解，近年来投诉到法院的侵犯商业秘密的案件越来越多，诉讼标的越来越大。其中，以互联网为手段的案件就占大部分。互联网窃取商业秘密的案件很难侦破，必须依赖相当专业的人员和昂贵的设备。在“中国制造2025”的背景下，公民、法人及其他各类民事主体与外方交流合作更为频繁，除了加强保护自己的商业秘密外，在对外交往中也应当重视专利制度的应用。互联网技术对商业秘密的保护形式提出了新的挑战，专利制度在新的形势下，作为替代手段逐步为更多的企业所青睐。

案例2-3-2　中国品牌远征印度　新战场逼迫企业研发提速

继金立、小米在印度陷入专利纠纷后，2016年年底，欧珀(OPPO)和维沃(VIVO)又被杜比AB国际公司(以下简称杜比)在印度告上法庭，卷入专利诉讼之中。

遭遇专利诉讼之时，正值OPPO、VIVO等厂商复制国内成功路线，把印度市场变成海外主场之时。然而专利纠纷一直是国产手机厂商绕不过去的坎。

虽然提升专利储备的发展模式投入巨大且见效周期长，但如果国内企业无法构建自己的专利壁垒，要走向海外市场还将面临更多的壁垒。这个短板国内厂商必须要补回来。因此，就有了小米美国大肆收购专利的行为。

海外专利诉讼扎堆印度

印度市场已成为除欧美市场之外智能手机专利诉讼的新战场。

在OPPO和VIVO之前，中国的小米、金立、一加等，以及印度本土智能手机厂商Micromax、Intex等都曾卷入智能手机专利侵权诉讼中。

2014年12月11日，因涉嫌侵犯爱立信所拥有的ARM、EDGE、3G等相关技术等8项专利，小米在印度被爱立信诉至印度德里高等法院。此时，小米刚刚宣称，在印度仅用6个月时间出货量就突破100万台。

事实上，在此之前，金立已卷入与爱立信的专利诉讼纠纷之中。据称，2014年金立在印度市场出货量接近400万台，是其他所有中国手机厂商在印度市场的销售总和。

时隔两年之后，OPPO和VIVO也在印度卷入专利侵权纠纷。此时，OPPO和VIVO近期的市场表现也非常抢眼，已经连续多个季度位列全球智能手机市场份额前列。

金立和小米被爱立信起诉，诉讼焦点在于通信专利；而OPPO和VIVO被杜比起诉，诉争关键在于音频专利许可。与金立、小米被诉侵权案件类似的是，OPPO和VIVO在印度被诉也涉及标准必要专利。

据了解，虽然国产手机品牌众多，但与杜比达成专利许可合作的厂商寥寥无几。“在杜比和OPPO此前有专利许可合作的背景下，此番杜比在印度起诉OPPO和VIVO，显然重点或压力恐怕不在OPPO身上，而是那些尚未与杜比达成过专利许可合作的国产手机厂商，包括VIVO、金立、魅族等等。”

据悉，在印度申请“销售禁令”较为便利，这恐怕是爱立信、杜比等公司纷纷将专利战场选择在印度的关键原因之一。与小米类似，此番OPPO和VIVO也及时向法院提出按照“每台设备34卢比（3.44元）的保证金”，使手机暂时免于在印度被“禁售”。

市场饱和，国产品牌纷纷“出国”

由于国内智能手机市场日趋饱和，“出海”已成业界共识。印度市场因为人口众多，成为众多国产手机厂商争相进入的市场之一，包括华为、联想、小米、OPPO、VIVO、金立等众多国产厂商都已进军印度市场，并成为印度市场的大赢家。

据国际调研公司Counter Point的调查结果显示，在截至2016年9月底的第三季度中，印度市场的智能手机出货量达到创纪录的3500万部，同比增长了25%。

据互联网数据中心（IDC）的最新报告显示，2016年第三季度，中国厂商成为印度市场的赢家。其中，联想集团（包括摩托罗拉）跃居第二，市场份额为9.6%；小米短短一两年便上升至第四位。OPPO和VIVO分别位列第七名和第八名，而印度本土最大的手机厂商Micromax，出货量下降了32%，下滑至第三位。

作为新兴手机品牌，OPPO、VIVO在2016年表现抢眼，出货量大增，OPPO单季出货量甚至超越华为。

腾讯资深媒体人评论：“国内智能手机市场高速增长时期已经过去，随着渠道建设成本、营销成本的不断走高，几乎所有国产手机厂商都在煎熬中。两大品牌厂手机年出货量均有挑战1亿的实力，但是中国市场已不能满足它们的增长需求，向海外扩张是正确的选择。但是，出海这条路并不好走，印度等东南亚市场虽然诱人，但也并非安全港。”

官司缠身逼迫企业研发提速

OPPO、VIVO等国产手机厂商近年的成功很大程度上依赖于大手笔的广告营销和线下渠道拓展，但在技术层面上相对薄弱，能够持续缴纳巨额专利费的厂商凤毛麟角。因此熟悉知识产权的游戏规则，加强研发和专利储备是中国企业的必经之路。

手机中国联盟秘书长王艳辉表示：“中国手机厂商被起诉不是坏事，在价格合理范围内缴纳专利费也是应该的，诉讼不应成为出海障碍。”

华为、中兴通讯从不讳言早年在国外市场吃了不少知识产权方面的亏，近些年得益于不断加大研发投入，才在全球专利市场上取得了不俗的成绩。

从华为官方公布的数据看，截至2015年，华为全球累计专利授权50377件，PCT（专利合作条约）申请数量连续两年位居榜首，目前华为与业界主要厂商和专利权人签署了数十份知识产权交叉许可协议。据中兴通讯官方资料显示，截至2015年年底，中兴通讯拥有6.6万余件全球专利资产，已授权专利超过2.4万件。

在海外市场扩张，要与国外巨头面对面展开竞争，尤其是在欧美等主流市场，专利是绕不过去的坎。“美国智能手机市场诉讼率很高，是因为智能手机市场利润丰厚，为了保障自己的利益，每个厂商都会找机会向对手发起产权诉讼，没有专利难以前行。”

但是这并不意味着“专利大户”在专利问题上一味唯利是图。爱立信（中国）通信有限公司总裁赵钧陶在接受《科技日报》记者采访时说：“我们拥有专利，但并不限制产业发展。我们在公平、合理、非歧视原则（FRAND）下，欢迎竞争者与我们共享专利，因为我们知道，只有做大规模、降低成本，才能使消费者受益。如今,我们同合作伙伴已达成100多个专利使用许可协议。”

据了解,爱立信在2008年4月与阿尔卡特-朗讯、NEC、诺基亚等呼吁构建知识产权(IPR)许可框架,号召对长期演进技术(LTE)收取的专利许可费不超过手机售价的10%。

第四节 专利质押融资模式

专利质押融资是近年来发展较为迅速的新型融资方式，是科技创新和金融资本对接的一个有效途径，有助于缓解科技型中小企业资金需求与现有银行对科技型中小企业信贷支持不足的矛盾，为我国创新型国家的建设提供了坚实的基础。

在专利质押融资工作中,国家知识产权局对专利质押进行备案登记,切实保障专利质押融资工作的顺利开展。在多地开展的专利质押融资中,主要形成了“间接质押融资”和“直接质押融资”两种模式。在现有的融资模式中,无论是直接质押融资还是间接质押融资,主要是从商业银行获得贷款资金。本节所述的专利质押融资主要是指专利质押贷款。

一、专利质押融资背景

1. 国际背景

就世界范围而言,发达国家的知识产权质押融资起步较早,专利质押融资得到了很好的发展。事实证明,美日等发达国家开展的专利质押融资业务能够在一定程度上缓解科技型中小企业的发展资金短缺问题，是国家创新能力提升的重要手段。

美国拥有较为完善的知识产权融资体系,形成了知识产权证券化、知识产权信托和知识产权融资担保等多样化的融资方式，其中专利质押融资是一种重要的融资方式。美国联邦中小企业管理局利用其政府信誉,为银行、小型贷款机构和中小企业搭建沟通平台，但不直接向中小企业提供贷款资金。美国联邦中小企业管理局在对中小企业进行尽职调查后向银行提出贷款额度建议,并承诺提供一定比例的担保,与金融机构共同承担贷款风险,以政府增信的方式提高银行等金融机构向中小企业贷款的积极性。同时,美国还形成了保证资产收购价格机制以帮助科技型中小企业获得融资支持。

相对于美国偏重于市场力量的方式，日本企业更依赖于政府政策的支持。日本已经在全国范围内形成了两级信用担保体系,有力地支持了专利质押融资的发展。韩国政府则出资成立国家银行、投资基金、技术保证基金等融资机构,为专利质押融资提供服务和资金支持。同时韩国也支持民营资本参与专利质押融资业务,引导专利质押融资逐步向市场化发展。

国外开展专利融资业务的事实证明，专利质押融资方式能够在一定程度上缓解科技型中小企业融资难的问题,有效提升国家创新活力。因此,借鉴国外已有的专利质押融资经验,结合中国的具体国情,在中国开展不同模式的专利质押融资,能更好地满足不同条件融资企业的需求,对提高我国科技竞争力具有十分重要的意义。

2. 国内背景

(1)科技型中小企业成为创新驱动的重要力量

随着知识经济的发展，在转变经济发展方式、建设创新型国家的过程中，科技型中小企业已成为我国技术创新的主要载体和经济增长的重要动力。据统计,中小企业专利申请量占全国总体的65%,完成75%以上的技术创新,开发了80%以上的新产品,可以说科技型中小企业是中国自主创新的重要力量,是实现创新驱动、转型发展的重要依托。因此,提高科技型中小企业的创新活力，促进其有序发展，不仅关系到企业自身的生存发展，还关系到我国创新型社会的建立和国家经济结构的转型。

科技型中小企业在我国科技创新和经济发展中发挥着巨大的作用，但是由于科技型中小企业自身的特点，难以符合传统融资方式的要求，经常面临融资难的问题，严重阻碍其科技创新能力的提升。首先，从企业优序融资理论来分析，债务融资是企业首选的外部融资方式，若企业可以利用商业信用和企业信誉，而无需提供任何资产抵押担保就能获得外部融资，则企业能够以较低的成本获得发展资金，推动企业长期发展。其次，若企业有足够的厂房、设备等实物资产进行抵押担保，也可较为容易地获得外部融资。发展初期的科技型中小企业，一般缺乏商业信用和过去积累的良好信誉，也没有足够的实物资产进行抵押，在企业发展过程中很难以较低成本获得资金支持，这将严重阻碍企业的发展活力。因此，对于科技型中小企业来说，必须将科技与金融相结合，将其拥有的科技成果转化为现实的资金支持。

科技型中小企业拥有专利、商标等无形资产，专利一般具有技术上的领先优势，有较高的潜在经济价值和升值空间。科技型中小企业进入稳定的发展后，随着科技成果转化为现实的生产行为，无形的技术优势将转化为有形的产品，实现经济效益，产生稳定的现金流。资本逐利的本质决定了“专利只有被引入到经济领域，创造了价值，才能称其为创新”，利用专利等无形资产的技术优势和潜在的经济价值，将科技与金融相结合是我国解决科技型中小企业融资难的问题。支持中小企业技术创新，也是我国资本市场创新发展的主要方向。

针对科技型中小企业的自身特点，利用其拥有的大量专利等知识产权进行质押融资，有助于这类企业解决发展初期资金问题，推动其加大技术创新投入，有助于科技型中小企业快速发展。同时，科技型中小企业研发能力的提升，对于我国科技创新具有重要作用，是我国“转型驱动，转型升级”的要求。

(2)我国专利申请规模

专利申请数量是评价创新的一个重要指标，可以用来观察一个国家和地区创新的活跃程度。从2008年开始,我国开始实施知识产权战略,颁布了《国家知识产权战略纲要》,重点支持专利的创造、运用、保护和管理,建设全方位的专利体系。经过多年努力,我国已连续几年专利申请数量全球第一,在一定程度上显示出创新能力的提升，为专利质押融资业务的开展奠定了良好的基础。

但值得注意的是,从有效发明专利的平均维持年限来看,国内专利为6.0年,而国外来华专利为9.4年;从有效发明专利的说明书页数和权利要求项数看,国内专利平均为7.3页和7.8项,国外来华专利平均为18.2页和17.6项,国内专利与国外来华专利在质量上仍存在一定的差距。

(3)我国专利质押融资处于起步阶段

2013年,全国知识产权质押融资规模持续增长,全年实现融资规模254亿元,相较于2012年的141亿元同比增长80%。2014年上半年,专利权质押融资规模迅速扩大,总金额突破235亿元,同比增长124%,接近2013年全年的专利融资金额。

进入21世纪,国家加大对知识产权的重视,开始尝试知识产权的资本化探索。2000年至2008年期间,全国累计完成454份专利权质押登记。2008年,国家开始重视科技与金融结合,各部门陆续出台多项政策促进科技型中小企业利用拥有的专利等知识产权实现资本化,满足自身发展需求。在《国家知识产权战略纲要》中明确要求建立知识产权价值评估制度,鼓励知识产权转化运用,通过知识产权质押等多种融资方式实现其市场价值。相关部门鼓励银行加大对科技型中小企业的信贷支持,鼓励银行针对科技型中小企业的特点进行贷款模式、产品内容和服务的创新,利用知识产权作为质押品开展知识产权质押业务。同时，强调要建立科技型企业的融资担保体系，积极开展科技企业、政府部门与银行之间的科技金融合作，加强科技金融合作模式创新，从而有效满足中小企业的融资需求。2013年，中国银监会等部门出台文件，进一步明确质押贷款的标的、贷款条件、评估管理、质押合同等方面的要求，从政府层面指导企业和银行开展专利质押融资业务。

在政策的有力推动下，通过知识产权质押融资试点，各地逐步摸索出适合经济发展需求的特色专利质押融资模式，促进了专利权等知识产权的转化运用和资金流通。2009年，专利质押融资出现迅猛发展，质押专利数量、参与融资的企业数量和质押融资额都有所增长，在一定程度上缓解了科技型中小企业的资金困难问题，为我国推广专利质押融资提供了宝贵经验。从质押融资的专利数量增长来看，我国专利质押融资得到了快速推广，从2008年的229项专利迅速增长至2012年的3367项专利。

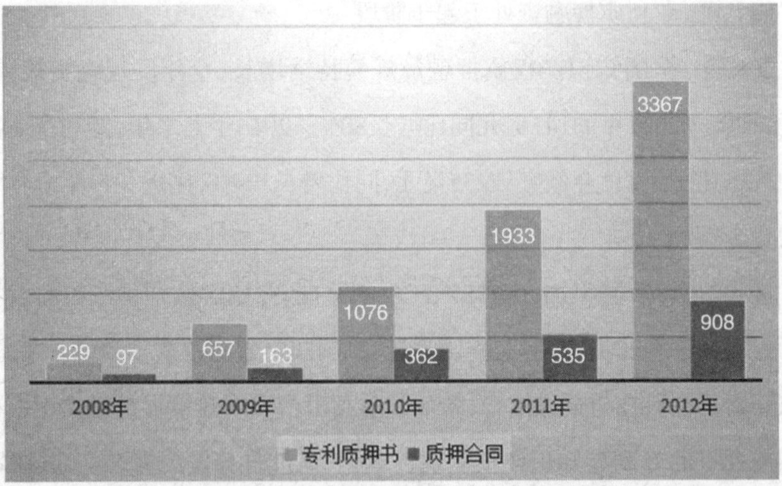

图2-4-1　2009—2012年我国专利质押登记备案数据

从图2-4-1可见，近年来用于质押融资的专利数量明显增长，年均增长率在70%左右。一方面，是由于全国范围内的专利质押融资试点区域不断扩大，更多的地方政府、企业和银行参与到专利质押融资业务中，政府也出台多方面激励政策，通过采取补贴、担保等方式降低质权人的风险，鼓励科技型中小企业和银行开展专利质押融资；另一方面经过宣传推广，利用政府行为的示范引导作用，提高社会对专利质押融资的认知度和接受度，不断完善专利价值评估制度、质押融资机制等配套服务体系，为专利质押融资业务的开展提供了良好的环境。

但是在专利质押融资额上升的同时，相对每年的专利申请量，用于质押融资的专利数量占比仍不足1%。截至2012年年底，我国累计专利质押数量占有效专利总数的比例只有0.21%，说明专利质押融资工作有待加强。

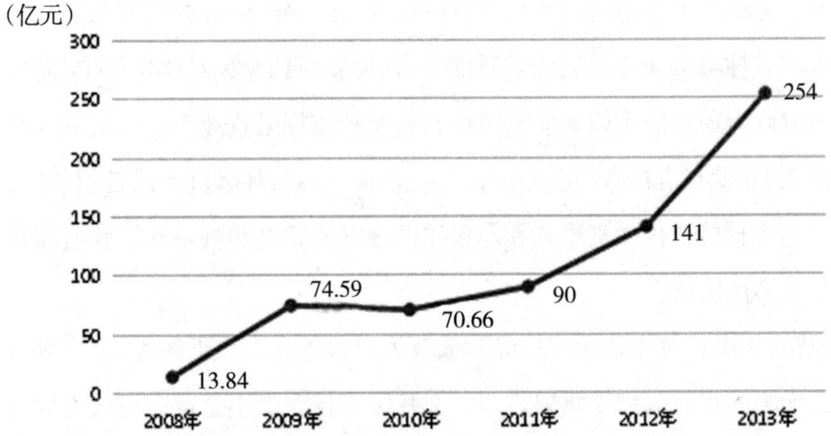

图2-4-2　2008—2013年我国专利质押融资额变化趋势分析

从图2-4-2可以看出，我国专利质押融资额连续6年增长，从2008年的不足15亿元扩大至2013年的254亿元，专利质押融资规模发展速度较快。但是从整体规模上来看，2014年银行业用于小微企业的贷款额为20.7万亿元，专利质押融资规模相较于银行业的整体贷款规模来说，其融资占比非常小，与厂房、设备等有形资产抵押贷款规模相比存在巨大差距。专利质押融资在科技型中小企业的融资比例较小，难以充分发挥专利质押融资在解决科技型中小企业融资困难中的作用。

从地区分布来看，我国现阶段的专利质押融资业务分布在上海、北京、天津、重庆、武汉、广州、长沙等经济发达的大中型城市，这些城市科技和金融发展较为成熟，已逐步开展了专利质押融资业务，初步摸索出了适合当地经济发展的专利质押融资模式。上海市逐渐形成了“间接质押融资模式”和“直接质押融资模式”共同发展的专利质押融资格局；北京市通过实践形成了“知识产权+风险担保+政府补贴”的质押融资模式；杭州市是“平台+银行+担保公司”三方合作的专利融资模式；长沙市成立知识产权投融资服务联盟，由中介服务和银行等金融机构共同推进知识产权质押融资工作；武汉市则通过贴息方式鼓励企业和银行开展专利质押融资工作。

通过分析以上各地的融资模式可以发现，在部分地区的融资模式中，政府是专利质押融资业务开展的重要推手，直接参与到业务具体操作中，而另一些地方政府通过制定政策鼓励银行开展专利质押融资业务，以提供政策支持为主，并没有直接参与业务操作。将各地专利质押融资模式进行分析，可以归纳出直接质押融资模式和间接质押融资模式这两种模式，政府在其中承担了不同角色。

总结：①美日等发达国家已经形成较为完善的专利质押融资体系，对国家创新能力的提升起到了重要作用；②我国科技型中小企业已经成为我国科技创新的重要力量，解决其在发展过程中融资难的问题，有助于我国技术进步和产业转型升级；③我国的专利质押融资处于起步阶段，发展较快但规模小，政府大力支持专利质押融资的发展，多地开展了专利质押融资试点，鼓励银行进行金融创新支持科技型中小企业发展；④现有的专利质押融资模式可以归纳为直接质押和间接质押两种融资模式。

二、专利质押融资模式

专利质押融资的方式在国内外各有不同，目前专利质押融资模式还没有被明确定义。根据相关概念笔者认为，专利质押融资模式可以定义为专利质押融资的一种设计方案，包括专利质押融资参与主体及其职责、承担的风险、运作方式、各个环节的设计和操作流程。分析目前我国各地开展的专利质押融资业务，根据是否需要第三方担保，可以将专利质押融资模式主要分为两种：专利直接质押融资模式和专利间接质押融资模式。

1. 直接质押融资模式

专利直接质押融资是指融资企业（出质人）直接将其拥有或控制的、能为企业带来经济利益的专利权作为质押物，直接向银行等金融机构申请获得贷款以满足企业发展资金需求。

专利直接质押融资的流程包括：有资金需求的科技型中小企业向银行提出专利质押贷款申请，银行受理申请，银行委托会计师事务所、律师事务所等合作机构对申请人的企业基本状况、财务信息和用于质押的专利类型、剩余有效期、法律状态等相关信息进行调查、审查、评价，专业的无形资产评估机构和相关领域的专家对该申请人用做质押的专利权进行价值评估，从专利的先进性、创造性、实用性及市场竞争力等方面进行评价，得出评估结果成为银行作出贷款决策的依据，贷款申请人通过银行的审查后，办理专利质押登记，与银行签署专利质押合同，银行按照抵押物评估价值的一定比例发放贷款。当专利质押贷款出现逾期或违约时，银行可将用于抵押的专利进行处置变现，减少银行损失。

2. 间接质押融资模式

专利间接质押融资是指融资企业（出质人）向银行提出专利质押融资贷款申请，将专利作为质押物质押给第三方担保机构，由担保机构与融资企业签订专利质押反担保合同，担保机构作为质权人与银行签订担保合同，并向银行缴纳担保金，银行向出质人发放贷款。

在专利间接质押融资中，涉及融资企业、第三方担保公司和银行。相较于直接质押融资,银行不再作为专利的质权人,银行承担的风险较低。在专利质押融资发展的初级阶段,各国各地区更多地采用间接质押融资模式。

案例2-4-1　上海市专利质押融资模式分析

目前,在上海有三万多家科技型中小企业,这些科技型中小企业承担着上海市一半以上的高新技术成果转化项目,然而资金不足一直是困扰他们的难题。如何帮助这些企业解决其资金短缺的难题,成为上海市转型发展的重要问题。

上海市2006年开始探索专利质押融资工作,2010年上海市知识产权质押融资试点工作向浦东新区、徐汇区、杨浦区和闵行区四个区县扩展。其中浦东新区成为全国性专利质押融资试点,积极探索专利质押融资新模式,形成了“直接质押融资模式”为主,政府担保的“间接质押融资模式”为辅的专利质押融资格局。通过专利质押融资业务的开展,有效利用科技型中小企业拥有的专利价值,在一定程度上缓解了科技型中小企业的发展资金问题,为上海市的科技创新提供了资金保障。

一、上海专利质押融资现状

1. 上海市质押融资规模不断扩大

从融资金额来看,自2006年9月浦东新区完成第一单专利质押融资业务以来,上海市专利权质押融资金额实现连年增长。2006年至2013年,上海累计实现知识产权质押贷款513笔。

2013年,上海市共有85家企业完成206件专利的质押登记,其中包括66件发明专利、132件实用新型专利和8件外观设计专利,完成专利权质押登记的专利数量比2012年的110件增加了近1倍。

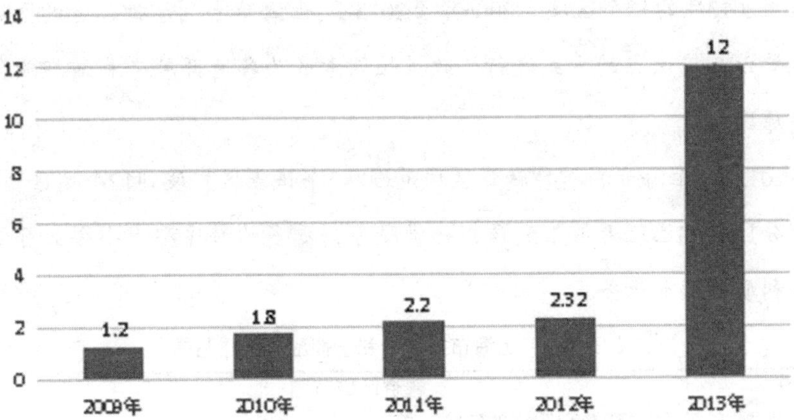

图2-4-3 2009—2013年上海市知识产权质押融资金额

从图2-4-3可以看出，从2009年开始，上海市知识产权质押融资金额逐年上升，2009年至2012年，年均增长率在18%左右。2013年实现突破性进展，融资金额迅猛增长，是2012年的5倍。

上海市是典型的政府推动型的专利质押融资模式，专利质押融资规模的扩大离不开政策支持。因此对上海市政府专利质押融资政策的分析是研究专利质押融资工作的主要内容。早在2006年，浦东新区就与上海银行合作，开展了政府担保方式的知识产权质押融资工作，为一些实物抵押条件不足的科技型中小企业提供短期贷款。其后，推出通过一系列政策鼓励银行加大对科技型中小企业的支持力度，与科技型中小企业对接开展专利质押融资业务，包括建立知识产权质押融资工作联席会议，健全知识产权质押融资保障机制，推动专利质押融资等科技金融服务的发展。同时，颁布了《知识产权质押评估实施办法》和《评估技术规范》，在全国率先建立了知识产权质押评估的管理体系。这些政策规范的出台，对引导企业自主创新、降低银行信贷风险、拓宽企业融资渠道起到了积极的推动作用。

2. 上海市专利质押融资区域范围扩展

上海市专利质押融资区域范围不断扩展，从2006年的浦东新区1个区域扩展至2013年的12个区域。2006年至2013年,上海市专利质押融资的区域扩展主要以政府试点的方式进行,政策性因素成为各地开展专利质押业务的主要原因。

2013年,上海专利质押融资区域范围从5个试点区扩展到12个城区,上海大部分区县都已经开展专利质押融资服务,更多的科技型中小企业可以开展专利质押融资业务。

表2-4-1 上海市开展专利质押融资区域范围

年份	融资区域范围
2006年	浦东新区完成"专利质押融资第一单"
2010年	浦东新区、徐汇、闵行、杨浦4个区域成为上海市知识产权质押融资试点地区
2010年	浦东新区成为国家级知识产权质押融资试点地区
2012年	浦东新区和徐汇、闵行、杨浦、闸北5个区
2013年	浦东新区、闵行、徐汇、黄埔、普陀、长宁、静安、虹口、杨浦、闸北、青浦、奉贤12个区

2006年9月,浦东知识产权中心和中国工商银行张江支行开展合作,通过对上海中药制药技术有限公司的经营状况、企业信誉、经营者素质等状况进行评估,将"树脂型膏剂及制备方法"专利质押给浦东生产力促进中心,帮助该企业获得中国工商银行张江支行的200万元贷款,是上海知识产权质押贷款的"第一单"。由此,浦东开启了知识产权质押融资探索。

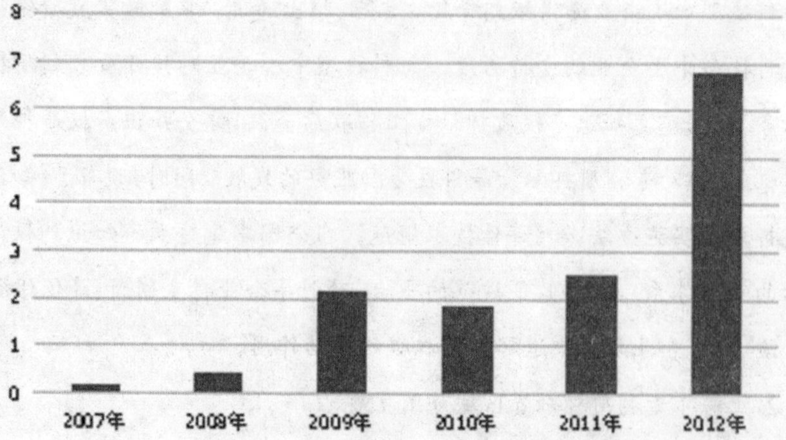

图2-4-4 浦东新区知识产权质押贷款额

专利质押包含在知识产权质押中，专利质押在知识产权质押融资的占比最大。因此，浦东知识产权质押融资额的变化趋势大致反应了浦东专利质押融资的变化。从图2-4-4可以看出，浦东新区知识产权质押呈现出阶段式增长的趋势。2007年和2008年处于探索阶段，企业和银行对于知识产权质押融资比较陌生，质押融资额较小。2009年至2011年，随着浦东成为国家级知识产权质押融资试点，浦东新区的知识产权质押融资得到了较好发展。2012年，融资额出现爆发式增长。

在上海市浦东新区召开的知识产权质押融资工作研讨会上披露的数据显示，自2006年以来，浦东新区累计有152家/次科技企业从银行获得知识产权质押融资贷款18亿元。2013年1月至11月19日，知识产权银行质押融资金额约12.4亿元，同比增长121%。知识产权质押融资试点工作的开展，有效地缓解了初创期和成长期科技企业的融资难题，大力推动了中小企业的发展。

2010年，徐汇区颁布知识产权质押融资试点方案，符合徐汇区产业发展导向的科技型中小企业可以通过徐汇担保公司获得担保支持，当年即有14家企业获得知识产权质押贷款7000万元。徐汇区、闵行区政府分别出台了集补贴、担保、贴息、奖励于一体的扶植政策；杨浦区政府实践探索了“物权与股权相结合的双重质押模式”和“风险分担模式”，2010年有4家企业获得知识产权质押贷款1600万元。

3. 上海市间接质押融资模式占主导地位

在专利质押融资业务发展的初期，由于企业和银行对该项新业务不熟悉，都处于观望状态，因此政府在业务开展过程中起到了主要作用。以政府信誉为担保的政策性担保机构参与专利质押融资业务，极大地促进了专利质押融资业务的开展。

表2-4-2 2008—2013上海市专利质押融资两种模式发展状况

融资模式	合同数		专利数	
	数量	占比(%)	数量	占比(%)
直接质押融资	37	26.43	148	41.34
间接质押融资	103	73.57	210	58.66
合计	140	100.00	358	100.00

在上海2008—2013年上半年专利质押贷款的28家质权人中，银行有14家，非银行机构有14家。银行作为直接质权人的合同数和专利数为37份和148项，占比为26.43%和41.34%；而非银行机构作为质权人的合同数和专利数为103份和210项，占比为73.57%和58.66%。总体分析，2008—2013年期间，上海市专利质押贷款模式是以间接质押为主，直接质押为辅。

4. 上海质押融资工作存在的问题

上海市专利质押融资规模虽然逐年递增，但与全国相比规模仍然较小。2009年至2012年，上海知识产权质押融资金额平均仅占全国融资额的2%。2013年，上海市融资金融出现爆发式增长，但在全国占比仍不到5%。

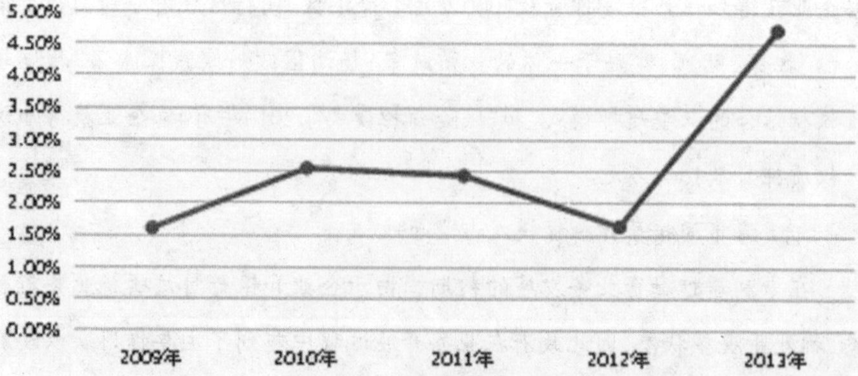

图2-4-5 上海知识产权质押融资金额占全国的比例

专利权自身价值的不确定性和专利评估的缺失与资本赢利性本质存在矛盾，使得银行等金融机构不愿承担过高的风险，科技型中小企业进行专利质押融资仍较困难。各级地方政府虽然出台了多项对知识产权质押融资进行扶植的政策,采取风险补偿等措施鼓励银行开展专利质押融资,但由于政策尚不完善,相关政策之间衔接不紧密,致使政策执行效果不佳。现阶段,上海市专利质押融资规模小,发展仍比较困难。

二、政府担保的间接质押融资模式

上海浦东模式是基于政府主导、政府承担主要风险的质押融资模式。“政府担保”的间接质押融资模式依赖政府的政策支持。截至2013年6月,浦东新区通过政府专项资金担保已累计帮助357家企业获得8.5亿元担保贷款,为大批科技型中小企业解决了银行首贷难的问题,帮助其在银行建立了信用记录。

1. 间接融资模式的参与主体

(1)上海浦东生产力促进中心成立于1993年,是基于政府立场的非营利性科技公共服务机构,一项主要职能便是组织实施知识产权质押融资担保和科技企业信用互助担保等专项工作,为科技型中小企业提供融资服务。在间接质押融资模式中,浦东生产力促进中心成为实际操作平台,是开展业务的关键参与主体,承担了主要的融资风险。

(2)上海浦东知识产权中心成立于2006年,是浦东新区知识产权局下属的事业单位,承担新区政府委托的区域知识产权管理及浦东新区知识产权公共服务平台管理和运行工作,提供知识产权讲座、专利申请辅导、知识产权咨询、知识产权民事调解、知识产权质押融资等服务。在间接质押融资模式中,上海浦东知识产权中心的主要作用是评估功能,它出具的评估报告关系到银行贷款的多少以及出现还款困难时的变现问题。

(3)浦东新区科技发展基金由上海市浦东新区科学技术委员会(知识产权局)管理,设立担保融资专项资金,对新区科技型中小企业融资予以担保。当出现逾期或者违约的情况时,坏账金额将从专项资金中扣除,进而弥补银行的损失。

(4)科技型中小企业主要是指软件、文化创意、集成电路设计、生物医药等领域拥有专利、版权、软件著作权、新药证书等知识产权的科技型中小企业。

2. 间接融资模式的运作方式

2006年年底,浦东新区和上海市政府分别出资9000万元和900万元资金设立知识产权质押融资专项资金,以上海浦东生产力促进中心为操作平台,与上海银行合作探索知识产权质押担保工作。政府将专项资金存入浦东生产力促进中心在上海银行的账户,为科技企业提供融资担保服务。企业知识产权(主要包括专利权、新药证书、软件著作权、集成电路设计版权、文化创意企业著作版权等)抵押给浦东生产力促进中心,作为反担保质押品,获得银行贷款。政府和银行按约定比例共同承担坏账风险,政府承担的坏账首先从知识产权质押融资专项资金中安排核销, 企业被质押的知识产权由浦东生产力促进中心负责处置。这种知识产权质押模式主要是解决轻资产、高风险、尚未有银行授信记录的初创期科技型中小企业的融资问题。

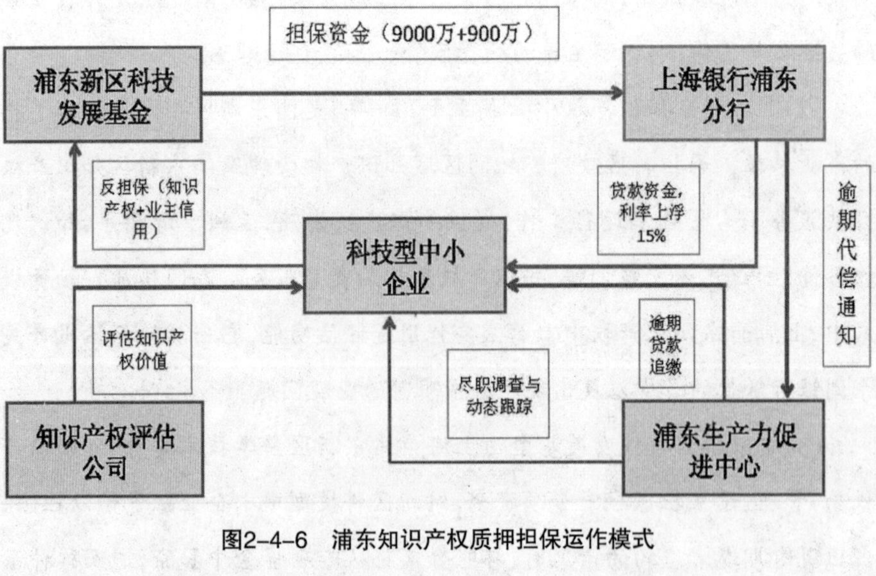

图2-4-6 浦东知识产权质押担保运作模式

在“政府担保”的间接质押融资模式中,浦东生产力促进中心作为操作主体,对申请专利质押融资企业业主的信用、经营业绩进行审查,将企业提供的知识产权资料委托浦东知识产权中心进行评估。中心将评估报告及自己的审查报告交给银行,银行通过自身系统的审查批准是否贷款。

上海在该专利质押融资模式中，并没有引入专业的评估机构对专利价值进行评估，而仅由政府相关机构对专利融资企业的经营状况进行简单评估,主要关注企业本身这一因素,如注册资本、经营状况等,缺乏对专利价值的专业评估。在间接模式的专利质押融资中，专利仅仅作为贷款的反担保物,并未真正发挥其作用。

2011年,浦东生产力促进中心与上海银行协商一致后,进一步优化了质押担保的两个关键性指标：一是将政府与银行的风险分担比例由原来的95%:5%调整为85%:15%,降低政府承担的风险水平,逐步提高专利质押融资的市场化程度;二是扩大单笔单款额度,由原来的200万元提高到500万元,加大对科技型中小企业的资金支持力度。

3. 间接质押融资模式的特点

(1)政府主导

在专利质押融资业务的初期，政府在质押融资业务中起到了开拓者的作用,是业务开展的主要推动力量,承担了绝大部分的风险。在该模式中,浦东新区政府出资设立的浦东生产力促进中心充当了“担保主体+评估主体+风险承担”等多种角色,成为专利质押融资的主体,对企业的经营进行评估,出具评估报告,并对质押贷款的风险承担了主要责任,银行信贷行为的市场化程度较低。

(2)关注初创期科技型中小企业

间接质押融资模式在制度设计时,更加关注初创期科技型中小企业,向尚未与银行等金融机构建立信用记录的企业提供融资担保，帮助其建立首贷信用,成为科技型中小企业和银行建立互信关系的桥梁。

4. 间接质押融资模式存在的不足

在企业进行专利质押融资过程中，由于科技型中小企业经营不稳定、信用缺失等问题，也出现了逾期还款和由浦东生产力促进中心代偿的情况。截至2013年，已出现2笔代偿，1笔逾期贷款。

(1)没有建立合理的风险分摊机制

在间接质押融资这种财政担保模式中，政府起到了关键的作用，间接融资模式的运作非常依赖于新区政府的财政资助，更多地显示出一种政府性行为，而非市场化的融资行为。浦东生产力促进中心的资金来源于政府投入，政府承担85%以上的风险，银行仅承担1%~5%的风险，政府只收取1.5%的担保费用，风险与收益存在不对称性。

(2)缺乏市场化的运作主体

在这种模式中，政府扮演"担保主体+评估主体+风险承担"等多种角色，浦东知识产权中心用比较简单的评估方式对申请专利质押贷款的企业进行评估，没有引入专业中介机构如法律机构、专业的评估机构的参与运作，专利价值没有得到充分体现。

因此，需要开展更加市场化的专利质押融资模式，使得政府"看得见的手"逐步退出具体业务操作，转向专利质押融资制度环境的建设。

三、银行自主开展的直接质押融资模式

2010年，浦东新区获批"全国知识产权质押融资试点"，以此为契机，浦东新区更加注重用市场化手段来扩大质押融资规模，从主体性操作向功能型操作转变，探索银行自助开展的"直接质押融资"模式。"直接质押融资"模式中是以政府为银行提供奖励资金的方式鼓励银行自助开展业务，银行以市场化的手段判断标准选择专利质押融资项目，降低政府在业务中承担的风险，扩大质押融资规模。

1. 直接质押融资模式的参与主体

(1)上海浦东生产力促进中心:在直接质押融资模式中,浦东生产力促进中心不再是实际操作平台,无需承担任何融资风险,仅为专利质押融资提供质押登记服务。同时,为鼓励银行开展专利质押融资业务,生产力促进中心为银行新增专利质押融资提供新增贷款金额的2%作为奖励。

(2)知识产权评估公司:主要作用是评估功能,对出质的专利等知识产权进行专业、全面的评估。

(3)浦东新区科技发展基金:从专项资金中出资对开展专利质押融资业务的银行进行奖励,不再为业务提供担保。

(4)科技型中小企业:在直接质押融资担保模式中,主要针对的是软件、文化创意、集成电路设计、生物医药等领域,拥有专利、版权、软件著作权、布图设计登记证书、新药证书等知识产权的浦东新区科技型中小企业。

2. 直接质押融资模式的运作方式

在直接质押融资模式中,科技型中小企业直接将专利出质给商业银行,银行作为专利质权人向企业出借资金,政府对银行给予该类贷款额2%的风险补贴。专利质押融资的风险由银行自行承担,政府不再承担任何风险。

在银行"直接质押融资"模式下,银行设计完全标准化的专利质押融资产品,从贷款的申请、银行受理、初审、调查报告的提交、授信申请、银行审批到签订借款合同、办理质押登记手续、银行发放贷款等一系列流程通过标准化的程序固定下来,为银行批量开展专利质押融资业务提供重要基础。上海已经有多家银行开展了类似的业务,例如:"鑫科贷"系列产品由上海农商行推出,其中囊括了专利质押融资项目,"易贷通"和"创智贷"分别由交通银行和上海银行创新推出。

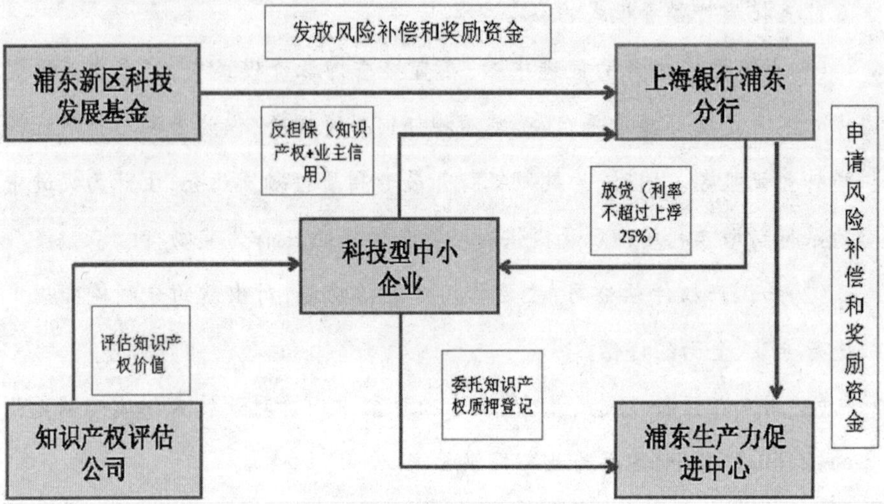

图2-4-7　浦东知识产权直接质押运作模式

3. 直接质押融资模式的特点

在直接质押融资模式中，没有涉及第三方担保，由科技型中小企业和银行完成专利质押融资业务，浦东生产力促进中心、浦东新区科技发展基金不再参与具体融资业务，以提供辅助服务为主。同时，对于知识产权的评估工作由专业的评估公司完成，而不是由政府机构实现评估职能。这种模式更加市场化，以银行开发相应的标准化信贷产品为基础，实现了向批量开展知识产权质押贷款的转变。采用该种模式进行专利融资的企业更多的是已经在银行拥有了授信记录、除实物资产抵押融资外仍存在资金缺口的成长期科技型企业。直接质押融资模式在制度设计时，更加适用于经营状况良好的成长期科技型中小企业，满足其因销售增加、扩大生产需增加流动资金的需求。

4. 直接质押融资模式存在的不足

我国专利质押融资发展处于初期阶段，专利评估体系不完善、专利质押融资制度不健全，在缺乏合理的风险分担体系的情况下，由银行承担所有的贷款风险，在一定程度上抑制了银行开展专利质押融资业务的积极性。

四、两种模式的对比分析

政府担保的“间接质押融资”和“直接质押融资”模式都在一定程度上有效地支持了科技型中小企业的发展，解决了其长期存在的融资难问题，使得一大批具有核心、专利技术的高新技术企业迅速发展，助推科技型企业加大创新力度，为上海建设具有国际影响力的创新中心提供了有力支持。

这两种专利质押融资模式存在显著的不同，最大的不同是政府在质押融资业务中承担的角色的转变。在政府担保的“间接融资”模式中，政府背景的浦东生产力促进中心实际参与质押贷款业务，政府承担了“担保主体+评估主体+风险承担”等重要角色，该模式下的业务操作市场化的程度较低，更多的是一种政府行为。而在银行自主选择的“直接质押融资”中，政府仅仅起到鼓励的作用，为银行提供2%的补偿资金，不再参与具体的贷款业务操作，也不承担任何风险，由银行完成项目评估受理及贷后风险控制等全过程，实现银行专利贷款的市场化发展。

五、数据来源

案例利用上海市专利质押备案登记信息和出质人在工商局的基本信息进行实证分析，利用中国知识产权局公布的2008—2013年上半年专利质押贷款合同的备案信息，经过整理筛选出2008—2013年上海市专利质押登记信息，专利出质企业的相关信息来自上海市工商行政管理局网站的企业基本信息。

根据中国知识产权局公布的信息，经过整理得到上海市2008—2013年上半年累计完成140份专利质押贷款合同共有110家企业或个人的358项(次)专利获得专利质押贷款。有28家不同的质权人参与上海市专利质押贷款，其中50%为银行金融机构。

在合同数量和用于质押的专利数量方面，累计有37份合同和148项专利质押给银行，平均每份合同有 4 项专利；此外，有103份合同和216项专利质押给非银行机构，平均每份合同有2.1项专利。总体来说，上海市在2008—2013年期间以间接质押模式为主，直接质押模式为辅。

剔除出质人为个人的情形和申请融资的企业已注销的情形后，得到123份专利质押合同，其中89份是间接质押模式，占所有质押合同的72.36%；34份是直接质押模式，占所有质押合同的27.64%。70份合同中含有发明专利，占合同量的57%。55份专利质押合同是以专利组合的方式进行质押融资，占比为44.7%。专利的平均年限为4.5年。从上述数据可以看出，间接质押融资模式占绝大部分，政府的政策扶植和对专利质押融资的担保行为对专利质押融资的发展产生了巨大推动作用。

利用上海市工商局企业基本信息查询系统，对出质人的企业信息进行整理，发现在进行专利质押融资的企业中有72家企业为国内有限责任公司，占比为58.54%；公司注册资本在1000万元以上的有89家，比例达到了72.56%。在进行融资的企业中，企业成立年限最短的不到一年，而最长的企业年限为19年，两者存在较大区别。

六、结论与政策建议

为促进我国专利质押的有序健康发展，缓解科技型中小企业融资困境，政府、科技型中小企业和银行等金融机构应采取相应措施优化现有的融资模式，建立以商业银行为主导的知识产权质押融资工作体系。政府应通过制定专利质押融资市场规范，整合企业、银行等各方面资源，通过建立风险补偿化制度和风险共担等政策，引导商业银行加大对科技型中小企业知识产权质押贷款的支持力度，使商业银行逐步成为开展知识产权质押融资工作的主导力量，同时利用利息补贴等形式减少科技型中小企业的融资成本，切实缓解科技型中小企业的融资难问题，以形成各方共同推动我国专利质押融资发展的局面。

1.优化专利质押融资环境

在专利质押融资开展初期,专利价值评估机制尚不健全的情况下,利用政府资源设立专利质押融资专项资金,通过机制创新为具有自主知识产权的企业提供担保,政府在专利质押融资业务中承担主要的融资风险,这有力地推动了金融机构逐步开展专利质押贷款,探索专利质押融资的新模式,有利于专利质押融资业务的推广,为更多的科技型中小企业提供融资服务。

政府在特定阶段参与专利质押融资是十分必要的,但企业融资行为在更大意义上是一种市场行为,在专利质押融资取得一定发展后,政府需要转变职能,强调政府的引导作用,从具体的融资业务中退出,转而更加注重健全专利质押的相关制度,健全专利质押融资服务体系,建设有利于中小企业发展的环境,以市场化的手段推动专利质押融资业务的发展,打造“服务型”政府,这样才能保证专利质押融资有序健康发展,真正为科技型中小企业的发展提供资金支持。

(1)健全专利质押融资制度

在质押融资模式中,政府实现了角色转化,从“政府主导”向“市场主导,政府辅助”的发展方式转变,更加注重制度建设,为专利质押融资提供良好的运行环境。政府部门应制定符合市场经济规律的专利质押融资政策,完善制度体系并对其加以落实,为知识产权质押融资发展提供良好的外部环境。

对金融市场的相关主管机构来说,要针对业务制定专利质押贷款的信贷指引或操作规程及实施细则,让业务开展有据可循,支持专利质押融资的规范化发展。对于专利本身来说,要制定严格的专利评定标准,切实提高授权专利的质量,有效加大专利保护力度,从根本上保障专利质押融资开展的可行性。同时,专利主管部门要加大对科技型中小企业的扶植,为其发展提供良好的外部融资环境。在专利质押融资方面,通过简化专利质押登记手续,允许质押双方当事人在知识产权部门的地方分支机构办理质押手续来节约融资成本，提高企业进行专利质押融资的积极性。

(2)优化支持政策

研究表明，以政府担保为特征的间接质押融资模式难以对融资能力较弱的初创期企业起到实际支持的作用，两种融资模式没有有效区分处于不同生命周期的科技型中小企业。初创期的科技型中小企业由于稳定性差、风险大，在申请专利质押贷款时银行往往要求第三方担保款。因此，政府部门要调整现有的专利质押融资支持政策，针对处于不同产业周期的企业制定相应的扶植政策，将政府资金真正用于最需要扶植的科技型中小企业。

首先，从体制机制上设计覆盖科技型中小企业各成长阶段的支持体系，完善支持标准。构建以银行、专利评估机构和科技型中小企业为主体，各方面共同参与的质押融资协作机制，在业务开展过程中协调各方面利益，实现专利质押融资的良性循环；政府作为专利质押融资业务的推动者，设立财政贷款风险准备金，建立知识产权质押融资运营体系，营造知识产权质押融资的市场氛围。

其次，深入研究不同成长阶段的科技型中小企业特征，有针对性地开展工作，提高政策支持效果。作为质权人的政府性担保机构要找准定位，严格制定担保标准，切实为初创期的科技型中小企业提供服务。鼓励银行积极创新探索，对于有一定发展基础的成长期科技企业，在控制风险的基础上加大融资支持力度。通过构建知识产权质押融资服务平台，为企业提供有关法律咨询、评估咨询、金融机构推荐、质押合同登记等便捷、高效的服务。

2. 健全专利质押融资配套服务体系

(1)完善专利评估体系

在专利质押融资中，专利价值应该是贷款金额的重要决定因素，准确的专利价值评估是专利质押融资业务开展的前提条件。专利价值评估具有很强的专业性，银行等金融机构开展专利质押融资业务、控制专利质押融资风险都需要专利机构提供专利价值评估服务和支持。不管是实证研究还是从对浦东质押融资运作的分析来看,专利价值都没有得到很好的体现,究其原因主要是我国无形资产评估体系不健全,评估技术没有统一,缺乏权威的专业评估机构,专业的评估人才匮乏。

因此,政府部门应该加强无形资产评估体系建设:第一,建立并严格执行专利价值评估的资格准入制度,加强知识产权评估管理。设立专业的知识产权无形资产评估机构,规范专利等知识产权评估,确保评估机构具有专业胜任能力、职业道德和独立性。第二,完善专利价值评估准则体系,统一评估规范,进一步就其评估申请、评估方法、评估效力、评估专家资格认证以及评估费用等方面作出全面、明确的规定,完善专利价值评价体制。第三,借助行业自律机制,对评估机构的评估工作进行监督,根据评价结果实现优胜劣汰。第四,建立专利评估的信息网络服务,建立常用数据库,为融资的每一环节提供动态信息服务,提高评估业务的透明度,提高专利评估工作的规范化、科学化、高效化水平。

(2)建立规范的融资担保体系

现阶段,专利质押融资业务主要由政府成立的政策性担保公司作为专利质押融资的质权人,为银行开展的专利质押融资业务提供担保,在整个业务中承担了主要的融资风险。在专利质押融资发展到一定阶段后,该业务应从"政府主导"向"市场化"运作方式转变,担保公司不能仅仅局限于政策性公司,应该引导更多市场化的担保机构参与到专利质押融资业务中。

因此,国家应鼓励社会资本参与设立担保公司、财务管理公司等金融服务机构,在数量上有效满足中小企业对融资担保服务的需求,同时培育一些资本实力较为雄厚的担保公司,逐步形成由全国性、区域性和社区性担保机构构成的多层次中小企业信用担保体系,对不同需求的企业提供多方位多层次的担保服务。建立和完善中小企业信用再担保制度,对中小企业信用担保机构开办信用保险业务,以保证中小企业信用担保机构运作的安全性,分散其经营风险。在业务操作过程中,各类担保公司应该加强自身的风险识别和风险化解能力,加强专利质押融资担保质量。

(3)按市场化原则完善专利交易市场

从本案实证分析和两种模式比较可以看出,专利的变现难问题是制约专利质押融资发展的原因之一。因此,优化专利交易体系,完善专利交易市场,有助于提高专利的流动性,解决专利变现难的问题,打通实现专利质权人的退出通道。质权人能过通过市场化的交易,快速、低成本地处置质押专利,可以有效降低质权人风险,提高质权人进行专利质押融资的积极性。

要逐步建立全国统一的专利交易市场,完善专利交易运营服务平台体系,构建功能齐全的专利交易服务体系,配套知识产权评估、法律咨询、融资等"一站式"服务。针对专利交易,加快发展专业性的中介机构,为拥有专利的企业和金融资本结合提供良好中介服务。同时,完善专利数据服务,政府部门要建立专利信息网络和专利数据库,为交易双方提供专利信息查询服务,在一定程度上减少信息不对称带来的融资风险,为专利交易市场的高效有序运转提供有力支持。

(4)搭建专利质押融资交流平台

由于专利具有很强的专业性,银行无法获得专利价值的准确信息;同时,科技型中小企业缺乏相应的融资信息和渠道,信息不对称成为制约专利质押融资发展的一个重要因素。因此,加强中小型科技企业和银行的融资信息对接,可以有效推动专利质押融资业务发展,解决中小企业融资难的问题。

①建立资金供需双方的沟通渠道。第一,政府部门可以成立专门的融资服务机构,帮助资金供求双方实现有效信息对接,推动不同类型的金融机构合作开发科技金融产品,实现对科技金融产品运行状况的检测与评估。建立科技融资网络服务平台,包括PC终端和收集终端,促进有资金需求的科技型

中小企业和银行等金融机构实现线上和线下互动交流，缓解双方信息不对称的问题。第二，搭建两类科技金融平台，有利于促进各级企业和金融服务的对接。通过科技园区及上海市的科技系统建立科技型中小企业的融资服务平台，主要是收集科技企业，特别是科技型中小企业大量的、各方面的信息。另外，搭建上海市的银行金融机构系统，为科技型企业服务的金融平台，也就是向科技型中小企业介绍金融体系、金融机构里面的金融创新产品和工具。这样就使得科技企业和金融服务通过这两个平台实现对接，有效缓解信息不对称问题，对企业直接申请专利融资提供信息服务。

②建立专利数据库。政府部门成立全面的专利信息库，为银行专利审查提供便利服务，随时核查专利状态。建立专利质押融资跟踪服务系统，及时更新企业的经营状态，使银行较为及时准确地了解企业经营状况和专利信息，降低银行承担的风险，提高银行开展专利质押融资业务的积极性。政府部门收集企业的融资信息，建立企业知识产权质押融资需求库、知识产权质押融资数据库和项目管理系统，实现从企业融资项目申请、专利资产价值评估到贷后管理等各个环节的网络化管理，各参与主体可以及时获得相关信息，进而缓解信息不对称带来的风险。

3. 引导科技型中小企业优化贷款策略

根据对本案例的分析，质押专利的数量也会成为银行进行直接贷款的考虑因素之一。由于多项专利的集合价值更高且容易变现，因此运用专利组合的方式直接向银行申请质押融资将增加申请成功的可能性。针对这种情况，企业在申请专利质押贷款时应根据自身状况确定合适的专利类型和数量，尽可能采用以多项专利共同质押的方式向银行申请专利质押融资，以增加成功申请融资的可能性。

第三章

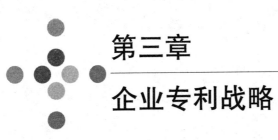

企业专利战略

我国很多产品的生产能力已居世界首位，并通过技术引进具备了大规模生产能力，但总体来看，发达国家仍然控制着绝大多数技术领域的制高点。我国的汽车生产技术、集成电路芯片制造设备、石化设备、数控机床及纺织机械等部分依赖进口，而光纤制造设备和大型客机全部都要进口。由于技术创新能力不足，核心技术创新能力薄弱，企业缺少自主知识产权，在世界产业价值链上，我国部分技术领域仍处于中低端，不少行业仍处于产业技术“空心化”的边缘，缺乏竞争力和生命力。一个在全球市场上迅速崛起的竞争者，但其竞争力却不是来自于创新。在国内，过去三十多年增长模式的可持续性已经遭到很多质疑，因为这种增长过于依赖资本和自然资源的投入，而不是建立在知识和创新的基础之上。将经济增长转型为一种更多地依靠知识创新和技术进步的模式，已经被广泛地认可为实现中国经济长期繁荣的必经之路。

随着经济全球化进程的不断深入，全球性竞争日趋激烈，企业准确把握技术未来发展的趋势是在竞争中抢占先机的关键；专利是技术信息最有效的载体，通过有效的专利分析使企业洞悉技术的演变与发展趋势是助力企业发展的一大法宝。

很多发达国家企业在开展技术创新的同时，凭借其强大的技术优势和雄厚的资源投入，积极运用专利战略保护自己的创新成果，并通过“专利壁垒”维护其利益，有效利用知识产权的创造、转让与许可在全球范围内拓展市场份额，从而谋取巨大的垄断利润。

专利战略和企业发展密切相关、相辅相成。专利战略是企业总体发展战略的重要组成部分，贯穿于企业运营的全过程。企业发展则是专利战略的目标。本章从专利战略和技术创新角度进行分析，借鉴两者研究的思路与方法,分析基于专利战略的技术创新运行过程及其影响因素,为企业技术创新提供一个参考模式,进而不断增强企业的创新能力。

基于此,本章主要涉及两个问题:一是企业为什么要在专利战略的基础上发展?二是企业应该怎样在专利战略的基础上发展?

第一节　专利战略与企业技术趋势分析

在技术管理所涉及的研究问题中,技术趋势分析是最重要的主题之一。从国家公共层面讲,政府需要运用技术趋势分析来推进公共议程,进而应对高速的技术变革,并约束预算;从企业角度分析,企业需要运用技术趋势预测来发现机会、规避风险、提升主要竞争力。

此外,集约型经济意味着企业的资源竞争无法避免,因此优化项目开发,例如合作建立合资企业、实现产业联盟等战略便显得愈发重要。在这个前提下,利用技术分析预测的方式,明确业内科技部署并判断其发展前景是一种有效的手段。技术趋势预测是对过往及当前某行业技术水平分析的一种方法。

企业在制定技术层面决策时,专利战略在其中起到了重要的辅助作用,总结起来可以分为三个方面。首先,技术预测可以明确技术发展潜力及规划科研方向;其次,通过分析技术变化及趋势走向,可以获知新兴技术所带来的潜在机会及威胁;最后,企业可以利用技术前景预测来评估某领域的发展趋势,并用以辅助下一步的政策性规划。

一、技术创新成为决定企业胜负的竞争筹码

综观世界上众多成功的企业,我们不难发现,促使这些企业获得成功的因素固然是多方面的,但持续不断地进行技术创新,几乎是所有成功企业的基石,如计算机领域的英特尔、微软,汽车领域的福特,通信领域的华为,白色家电领域的海尔等。

技术创新对于获取或保持竞争优势显得日益重要。技术创新已成为企业竞争的主导内容,且开始取代产品和价格成为国家、地区和企业之间参与经济和市场竞争的主要规则,是企业在市场竞争中赢得国内国际市场、实现可持续发展的有力武器,并成为"决定最后胜负的竞争筹码"。

改革开放以来,我国工业技术的总体水平不断提高,企业的创新性也不断增强,部分企业甚至已经接近或达到国际技术前沿。然而总的情况仍然是,中国主要制造业的全球竞争力来自于低投入成本、规模生产、技术吸收、快速响应市场需求和满足客户订单,以及更加重视产品质量。多数中国企业仍然只是不掌握核心技术的产品制造商和组装商,即使是合资企业,核心技术也大多数掌握在外资合作伙伴手中。在光学、半导体、计算机技术等高新技术领域,外国公司获得授权的专利数量占据主体地位;汽车制造产业,拥有自主知识产权的国产车仅占一小部分市场份额;在医药生物技术领域,绝大多数药物专利均为发达国家拥有。因此,中国的竞争力要具有可持续性,中国的企业就不仅必须具有竞争力,而且还要具有创新力。

案例3-1-1　酷狗的科技创新

提及酷狗,或许每个人脑海里都会自动弹出一个女声"HELLO,KUGOU~",就像英特尔的"等灯登登",然而大家不知道的是,酷狗作为国内

知名互联网音乐服务商，居然有超过800名技术研发人员，占总体员工数量60%以上。

广州天河区公布了《2016年科技创新政策支持产业发展专项立项方案》，广州酷狗计算机科技有限公司入围《发明专利申请奖励立项名单》。据悉，酷狗2015年度发明专利申请量排全区第三，年度增长率排全区第二。酷狗以发明专利申请为主导，以优质的创新技术助力每年专利申请量、授权量持续增长，形成了一系列自主知识产权。截至2016年10月，酷狗专利申请总量已超过400件。

在酷狗超过400件的专利申请中，项目不仅覆盖了音频识别、音频提取、音频控速等音频处理技术，也涉及信息显示技术、硬件产品等技术领域。其中，名为"一种音频文件的旋律提取方法及旋律识别系统"，获得"2015年广州市专利产业化项目"。据酷狗官方介绍，该项目可应用于平台"听歌识曲""猜我喜欢""酷狗K歌"等多个产品。

多年来，酷狗致力于科技创新，逐渐成为广州科技型企业核心力量。同时，酷狗将科技服务于平台，将专利应用于实际，为用户研发出多项实用的音乐产品。例如，通过国家知识产权局审查并获得授权的"酷狗音乐7.0版本"，其中包含设计、功能在内的专利申请就超过了20件；即将上线的酷狗K6智能HIFI音响，其外观设计荣获德国红点产品设计奖。据悉，酷狗K6于2016年9月超额完成众筹，即将正式上线。

2015年，酷狗音乐推出独有的"蝰蛇音效"，将大众听歌带入"专业"领域，即使是普通的耳机也能听出高端效果。据酷狗官方介绍，蝰蛇音效对MP3等有损音乐进行细节和高音补偿，使得声音更加"完美"。经过一年研发，从刚面世的"3D丽音""HIFI现场""超重低音""纯净人声"4种蝰蛇音效，到在酷狗8.0移动客户端中，已增至的17种音效，为听众提供了更多选择。酷狗8.0移动客户端中新增的"酷群"，还可以实现边分享音乐边群聊的社交功能。

除此之外,酷狗首创开发出一系列业内新技术,如音频指纹、云计算、动感歌词等。新技术的使用不仅提高了产品功能,吸引大量用户下载使用,同时填补了行业技术空白,促进了重点难点技术攻关,带动了产业技术创新。2016年7月,酷狗凭借在知识产权保护方面的得力举措和强劲的创新实力成功获得“广东省知识产权优势企业”。

二、专利战略是企业创新的重要组成部分

作为一种受法律保护的知识产权,专利已成为企业赢得国内国际市场、实现可持续发展的有力武器,拥有核心技术或专利技术,企业才能在市场竞争中拥有一席之地。专利是企业保持竞争力的重要资产,可以使企业在一定程度上合法地将竞争者排斥在市场之外。在激烈的市场竞争中,面临专利技术的贸易摩擦和纠纷,国内企业一定程度上背负着规避专利侵权与技术创新的双重压力,常常处于受制于人的境地。

专利战略是企业总体发展战略的重要组成部分。在我国,将专利战略与技术创新相结合是很多企业未曾考虑的事情。我国企业常常面临“有技术,无专利;有专利,无创新”的困境,不仅严重制约了企业的发展,而且也制约了国家整体竞争力的提升。因此,选择现实、合理的技术创新模式,实现技术瓶颈的突破,提高企业的技术创新能力就成为必然的选择。技术创新固然重要,但技术创新必须制定科学适宜的专利战略并加以有效组织和实施。

案例3-1-2 特斯拉的慷慨

2014年6月13日,作为新能源汽车行业的领军企业特斯拉(Tesla)创始人Elon Musk宣布将把所有专利开放给其他公司使用,鼓励所有汽车制造商来关注、使用特斯拉的专利技术。博客原文是这样写的:“对那些怀着善意使用

我们技术的人，特斯拉不会对其发起专利诉讼。”

此举令业界一片哗然。特斯拉是一家高新技术型公司，专利技术是特斯拉的核心资产和根本竞争优势，根据Fresh Patents的资料，从2009年至2014年6月，特斯拉已经获得249项专利，另外还有很多正在申请的专利。浏览其所有专利可以发现，多数都是电源管理、连接器、软件等方面的创新，这些创新使特斯拉可以降低电池组成本并提高安全性，同时拥有比其他电动汽车更快的充电速度。而现在任何公司，包括其竞争对手，都可以免费使用这些技术了。

根据Musk自己的表述，特斯拉作出这一姿态，是为了推动汽车市场的转变。特斯拉的Model S广受欢迎，但电动汽车在庞大汽车市场中的份额仍然微不足道（不到1%）。特斯拉真正的竞争对手不是小份额的电动汽车生产商，而是占市场绝大多数份额的汽油汽车制造商。在今后的十年、二十年，这种情况仍将存在。只要汽油汽车制造商依然是主流，特斯拉的价格和利润就将由汽油车的市场份额决定，而非电动车辆领域的竞争对手。Musk希望整个市场可以更快地向电动汽车转变。

在IT世界，专利开源并不是什么稀有的事情。当年SUN在低谷时期为了重振公司，曾采取过类似的措施把所有产品开源。但特斯拉目前所处的状况与SUN完全不同，近几年随着Model S销量的增长，特斯拉股价也一路飞涨，甚至多次遭到股价泡沫的质疑。Model S这款车本身也获得了众多奖项，在安全和顾客服务方面的评价相当高。

站在市场竞争的角度来看，Musk认为特斯拉的地位相当稳固。“我们做的这个举措相当温和，”他说，“当创新是如此之快时，专利会变得无用，真正重要的，是创新的速度”。只要特斯拉不断创新，突破技术限制，就能比竞争对手领先一步。

作为火箭制造商SpaceX的CEO，Musk指出这家企业“几乎没有任何专利”,但这不影响其在航天领域的竞争力。值得关注的是,截至目前,世界上共有三例陆地上成功实现火箭回收,其中最新的一例就是Musk的SpaceX公司。

特斯拉开放专利等于是在说“如果你们想追随我的话,我不会阻止你”。但其他生产商拿到专利就能造出和特斯拉一样好的汽车吗?显然没这么简单,特斯拉仍然有很多未公布的商业机密。申请专利并不是为了保密,而是为了保护技术拥有者的利益,开放专利等于是把技术免费授权给所有人。

对市场动向非常敏感的的资本市场,对特斯拉此举的反应却很小,其股价收盘时下跌95美分至203.52美元,幅度低于1%。从侧面反映出开放专利对特斯拉影响不大,倒是展示出了其作为电动汽车领导者的自信。

而且,特斯拉在电动汽车基础设施这块投入非常大,包括超级充电站和巨大的电池工厂,所以即便其他公司抄袭了特斯拉,它也能通过出售电池和充电站服务获利。

在汽车业历史上,开放专利的做法也不是没有先例。1959年,工程师Nils Bohlin发明了三点式安全带,他所在的公司沃尔沃申请了专利并立即免费授权给竞争对手。现在这项发明成为了汽车安全史上最重要的发明之一。

甚至这也不是特斯拉第一次分享专利,“Tesla”这个名字是为了纪念塞尔维亚发明家Nikola Tesla。20世纪初他的交流电技术专利以仅仅21.6万美元的价格出售给了西屋电气(只有市场价值的2%)以对抗爱迪生的直流电技术。

但最终西屋电气坚持了下来,而Tesla却在1943年死于纽约酒店,身无分文。

在科技发展越来越趋于共享、各国反垄断打击越来越频繁的情况下,特斯拉的举动给专利大佬们上了生动的一课,其未来之路的精彩不乏想象,但也注定充满艰辛和挑战,我们对其最终能否达到马斯克预期的效果拭目以待。

三、专利战略推动企业发展

企业专利战略是指企业在面对复杂的经营环境，通过利用专利制度的功能，发挥专利的情报作用，科学分析竞争对手、预测技术发展趋势、把握技术发展方向、推进专利技术开发，通过专利优势来掌握市场竞争的主动权，以此求得企业生存和发展。专利战略已经成为企业技术竞争的重要战略。

专利战略就是“从长远目标出发”，“利用专利制度”在“市场竞争”中“获取和保持竞争优势地位”的“总体性谋略”。专利战略贯穿于技术创新的全过程，无论是在技术创新的研究开发阶段，还是在产业化及其商业化阶段，专利战略无不发挥着重要的作用。实施专利战略，完善技术创新系统的激励机制和保护体系，不仅可以指导企业的技术创新方向，使得企业技术创新的发展目标更加明确；而且能有效激励企业积极开展技术创新活动，获得自主知识产权，保护技术创新成果，培育企业的技术竞争能力。

专利战略的概念反映出如下特征：①企业专利战略是利用专利制度提供的法律保护；②专利战略的制定和实施旨在提高企业的竞争优势，尤其是技术优势；③企业专利战略是从企业长远目标出发的总体性谋划；④企业专利战略是企业总体战略特别是企业技术战略的重要组成部分。

案例3-1-3 “云南白药”战略分析

在历经工业经济低迷、消费市场疲软、经济下行压力加大等重重困境后，云南白药这棵“老树”依旧枝繁叶茂。任何成功的创新都是顺应了时代的趋势，如果不谋新求变，过去建立起来的商业模式和市场竞争优势也许就会荡然无存。作为一家大型国企，云南白药集团并没有仅仅靠吃“老字号”的老本，也没有只躺在“国家保密配方”这棵大树下乘凉，而是以其对产品质量的追求与保障，赢得了消费者的信任与口碑。

云南白药的增长动力来自于公司不断的拓展创新，除坚持“传承不泥古，创新不离宗”外，还通过“以药为本、跨界发展”，对内调整、对外兼并，不断优化产业布局，延伸云南白药品牌及研发新产品。

创新不离宗

“2014年是医药行业从‘药改’到‘医改’的转折元年和政策大年，白药对此有着清醒的认识和理性的判断，那就是行业发展更加依赖于改革、调整和创新驱动。在此转型期，云南白药从未停歇的创新步伐跨得更快、更稳。”尹品耀(云南白药集团股份有限公司总经理)介绍。

在云南白药药品生产质量管理规范(GMP)先进生产厂房，云南白药“豹七”三七在通过瑞士SGS国际通行权威208项安全检测后，再经真空冷冻干燥(FD)技术处理，其有效成分比普通三七高20%。

目前，云南白药的全产业链已涵盖中药资源、中西药原料/制剂、个人护理产品、原生药材、商业流通等领域，产品以云南白药系列、天然药物系列及健康护理系列为主，共19个剂型、300余个品种，拥有发明专利102项、实用新型35项、外观设计291项。2014年云南白药销售过亿的产品达11个，有143个品种进入国家医保目录；公司生产产品剂型全部通过国家GMP认证。

传承不泥古

虽然经过几代白药人的协力奋进，云南白药在市场上树立了良好的诚信品牌形象，并享有广泛的知名度，拥有大批具有长期品牌忠诚度的客户，品牌价值逐年攀升，但在传承百年品牌和古老中药文化的同时，云南白药传承不泥古，坚定不移地推动“新白药大健康”战略，在专注于“药”这个核心的同时，不断延伸和拓展业务边界，积极推动内生式增长、外延式扩张、整合式发展。

“我们持续发展的精髓在于创新，2014年通过完善、优化、提升综合服务平台，强化互联网意识，创新营销模式等举措，塑造了更加开放协同的云南白药。”尹品耀介绍，整合了文山公司、丽江公司、武定种源公司、中药饮片公司和七甸分厂5家公司成立的集团中药资源事业部，以“资源+技术+品牌+全新模式”的经营方针，将药材种植、贸易、加工、提取到保健食品进行产业链梳理，缓解了原材料涨价、野生药材越来越少等制约，从源头上把控产品原料供需。

目前，集团中药资源事业部除对内满足原材料需求外，对外则开发食品、保健品、饮片、提取物等，发展“豹七”三七、高原维能口服液、千草美姿系列等大健康产品。2014年，云南白药中药资源事业部销售收入同比增长30%，健康产品事业部销售收入同比增长32.66%，延续高增长态势。药材、原材料、中药饮片及食品保健品成为又一盈利增长点。云南白药牙膏、气雾剂、白药膏、创可贴4个产品的市场占有率排全国同类产品第一。

2015年1月，在全球知名传播服务集团WPP旗下市场调研机构——华通明略公司推出的“最具价值中国品牌100强”榜单中，云南白药以27.34亿美元的品牌价值位列第24位，为医药行业之首；在“最值得信赖的中国品牌”榜单中，云南白药位列所有行业之首。中国统计信息服务中心联合新华网、中国质量新闻网发布《2014年中国中药品牌网络口碑报告》，云南白药位列中药行业网络口碑榜榜首。

拥抱电商

随着互联网对传统经营模式的渗透，云南白药人在思考：什么样的模式可以决胜未来？如何在变化中把握转型机遇？在云南白药人看来，新数据时代电商的兴起不仅是一些新技术应用创新，也不仅仅是销售渠道和方式的改变，而是真正的“终端为王”，是对原有销售格局和模式的颠覆性创新。

针对三七市场鱼龙混杂，消费者真假难辨的状况，2014年11月，云南白药组织了来自全国各地的10位“鉴行者”参与“云南白药豹七三七求真溯源”活动。通过此次线上线下实时传播活动，云南白药以“豹七”三七品牌发力，让消费者全程参与体验“豹七”三七的全生产链，不但收获了消费者的品牌认同感，还在天猫旗舰店取得了良好的销售业绩。

2015年4月11日，世界著名四大广告奖之首的艾奇奖在上海落幕。本届有全球近500件作品参与角逐，最终，云南白药“求真溯源之旅”在市场投放的电子商务营销案例中脱颖而出，一举摘得“商业模式创新大奖”。

“在‘互联网+’的浪潮中，我们以中药资源板块试水线上到线下(O2O)模式，探索适合现代人生活方式和购物习惯，能够支撑白药未来发展的新零售营销模式。”尹品耀表示，云南白药发展的电商平台不是将产品进行简单的网络交易，而是围绕会员体系客户关系管理系统(CRM)平台和私人定制健康管理体系来打造，构建新型客户黏性系统的O2O战略。其意义在于，一是新型会员CRM体系建设将使企业运营与消费者进行最直接的沟通；二是基于消费者消费数据的大数据挖掘；三是从产品及健康服务两个维度进行营销核心竞争力的打造。

至此，云南白药大健康全产业链“研发—中药材资源—高品质制造—多元营销—信息化管理”初具雏形，这对于其未来占有优势资源，打造优势品牌，获得新商业机会的重要性不言而喻。而在云南白药整体企业战略中，专利战略作为基石，推动了企业的创新、提升了企业整体科研能力，其发挥的作用是难以替代的。

第二节　华为的专利战略

2016年11月18日，在刚结束的3GPP RAN　187次会议的5G短码方案讨论中，经过多方面考虑之后，最终华为公司主推的极化码(Polar Code)方案，成为5G控制信道增强移动宽带(eMBB)场景编码方案。这也打破了一直以来，中国在核心长码编码Turbo码和短码咬尾卷积码领域缺失的尴尬处境。

华为技术有限公司是一家生产销售通信设备的民营通信科技公司，于1987年在深圳正式注册成立，总部位于广东省深圳市龙岗区坂田华为基地。华为的产品主要涉及通信网络中的交换网络、传输网络、无线及有线固定接入网络和数据通信网络及无线终端产品，为世界各地通信运营商及专业网络拥有者提供硬件设备、软件、服务和解决方案。

华为的产品和解决方案已经应用于全球170多个国家，服务全球运营商50强中的45家及全球1/3的人口。

据了解，华为在2010年以218.21亿美元营业收入首次杀入《财富》世界500强榜单，排名为第397位。2011年以273.557亿美元年营业收入位居第352位。2012年，华为连续3年入选财富500强，以315.4亿美元名列351位。2013年，华为首超全球第一大电信设备商爱立信，排名第315位，爱立信排名第333位。2014年，华为排名由去年的第315位上升至285位。2015年华为排名相较2014年又有大幅提升，上升57位至228位。2016年，华为又提升了将近百名，位居第129位。

2016年，研究机构明略行(Millward Brown)编制的BrandZ全球100个最具价值品牌排行榜中，华为从2015年的排名第70位上升到第50位。8月，全国工商联发布“2016中国民营企业500强”榜单，华为以3950.09亿元的年营业收入成为500强榜首。8月，华为在“2016中国企业500强”中排名第27位。

2011年，该公司研发投入达237亿元，占全年销售收入的11.6%。该公司共拥有来自156个国家和地区的超过15万名员工，其中研发人员占总员工人数的45.36%。在专利的申请与授权方面，华为技术公司数年蝉联国内第一。截至2013年12月31日，华为累计申请中国专利44168件，外国专利申请累计18791件，国际专利合作协定(PCT)专利申请累计14555件。累计共获得专利授权36511件。

华为在德国，瑞典斯德哥尔摩，美国达拉斯及硅谷，印度班加罗尔，俄罗斯莫斯科，日本，加拿大，土耳其，中国的深圳、上海、北京、南京、西安、成都、杭州、重庆、武汉等地设立了16个研究所，进行产品与解决方案的研究开发人员约70000名（占公司总人数45%）。向聚焦在信息通信技术（ICT）领域的关键技术、架构、标准等方向持续投入，致力于提供更宽、更智能、更高能效的零等待通道，为用户创造更好的体验。

一、华为的专利许可与后发追赶

当华为刚刚进入移动通信领域的时候，发达国家的企业在这个领域里已经持续积累了数十年，要想实现赶超，消除巨大的技术差距，在短期内显然是不可能做到的。试想一下，如果华为从头做起，依靠自己的力量搞重复研究，不仅成本代价高昂，同时将错过最佳的市场机会。

华为并没有闭门造车，刻意追求自主创新，而是在学习西方公司产品的基础上推出改良的产品。华为之所以选择从全球移动通信系统产品开始做起，是因为当时该技术已经比较成熟，有现成的产业链资源可以直接利用。同时，华为也在寻找商机，经过细致地分析客户的需求，推出了分布式基站等小创新产品，获得了成功。由此可以看出，华为公司的创新观念，是在继承前人创新成果的基础上进行持续再创新。

早在2000年前后，华为就意识到获得业界领先公司的专利技术许可的重要性，在业界还不太了解华为是谁的时候，华为就主动到爱立信、诺基亚、高通等公司的总部寻求专利技术许可，那时华为在无线领域的专利积累一片空白，只能签署几份单向付费的专利协议，向这几家公司交钱以换取其专利技术、芯片平台的合法使用权，之后基于中国企业特有的勤奋和成本优势，短短三四年时间，华为就把第三代无线通信技术基站产品卖到了荷兰。

2006年华为开始进入移动通信终端产业，在已有能力自主研发核心芯片的情况下，仍然坚定地采用高通公司的芯片，推出世界上第一款即插即用的USB无线数据卡，这个正确的决策充分调动了产业链上的伙伴资源，厂家间的合作互动加速了整个产业链的技术改良，产品成本也迅速降低，从而引爆了欧洲的移动宽带市场，USB数据卡产品从2006年150万片的市场规模迅速发展到2011年5000万片左右的规模，华为也因此成为移动宽带数据卡产品的第一品牌，实现了在移动通信领域从追赶到反超，从学习到领先的梦想。到2010年，华为的整体业务规模已经在电信业排到全球第二，超越了诺基亚、西门子、阿尔卡特、朗讯、摩托罗拉等著名西方企业。

华为的经验表明，中国企业要想走向国际市场，在激烈的市场竞争中占得先机，只有充分、广泛地采用他人已经聚集下来的具有竞争力的技术财富，整合产业链里各个合作伙伴的优势，才能以最小的研发成本、最快的时间推出性能质量领先的产品，从而赢得全球市场。在这个过程中，专利制度起到了桥梁和媒介的作用。

二、专利战与竞争

华为的知识产权部成立于1996年。现任华为高级副总裁、首席法务官宋柳平博士是当时的知识产权部部长。起初成立知识产权部的目的很简单，就是为了处理公司技术人员评职称或者因荣誉感驱使而申请专利的各种事务。而华为真正认识到知识产权的重要性是在2003年，源于华为第一次试图进入美国市场的时候思科对华为的诉讼。尽管这次诉讼结果是双方撤诉和解，但这却使华为第一次意识到知识产权在国际市场中的重要性。

案例3-2-1　思科与华为的跨国专利战

在IT业界，无论是美国的思科，还是中国的华为，它们的一举一动都可能成为新闻；而中国农历羊年春节前夕，思科起诉华为的知识产权侵权案无疑成了世界关注的焦点。

一起吸引眼球的诉讼

北京时间2003年1月24日，思科系统有限公司宣布对华为技术有限公司及其子公司就华为非法侵犯思科知识产权提起法律诉讼。

美国当地时间1月22日下午，思科向德克萨斯州东区联邦法院递交了诉讼材料，在思科公司向法庭提交的这份长达77页的起诉书中，思科指控华为在四个方面侵犯了其知识产权：盗用IOS源代码、盗用思科技术文件、盗用命令行接口、侵犯专利权。

思科系统有限公司副总裁兼首席法律顾问马克·尚德勒称："思科从不轻易采取法律行动。但是华为非法盗用思科知识产权，并拒绝思科提出解决这些问题的多次要求。因此，为了保护自身技术成果并维护股东利益，除了采取法律行动以外，思科已经别无选择。"

美国时间1月23日，思科宣布有关声明之后，当日思科股价上涨4.51%，同期纳斯达克指数仅上涨2.12%。

有评论人士指出，这将是一场中美之间继"美亚域名案"后最大的知识产权案，其结果不仅关系到诉讼双方的进退，更将对全球知识产权领域的各种争端产生深远影响。

思科为何现在起诉？

思科的崛起受益于因特网的大发展，这家1984年才成立的公司，在1990年上市后，到1997年就进入了《财富》的全球500强，而到1998年7月，它的市值就比1997年翻了15倍，达到1000亿美元，并在2000年一度超过微软，成为市值最高的公司。

但是思科面临着网络经济泡沫破灭之后的业务大幅度退缩，在2001年第三财季报出销售额严重下滑30%后，财务总监拉里·卡特宣布报废价值高达22亿美元的库存，并裁减了8500名员工。而其CEO钱伯斯也从2001年4月份到目前为止，把自己的底薪降至1美元，表示与公司同舟共济。思科股票最高时曾达到过82美元，但在纳斯达克股市最低潮时每股却只有几美元，2001年总共亏损10亿美元。

与此同时，来自中国的一家小公司却开始蚕食思科的业务。华为最初是一家电信设备制造商，近几年开始步入计算机网络设备领域，并在美国设立了办事处。1999年，华为销售额首次突破百亿，达到120亿元，2000年飙升到220亿元，在中国电子百强中虽居第十，利润却高居榜首。在电信市场下滑的2001年，华为销售额却增至255亿元，利润27亿元，利润仍稳居第一。

据咨询公司Frost & Sullivan电信业务总监Brian讲，钱伯斯最近曾经说："在今后几年里，思科将只有一个竞争对手，就是华为！"

亚洲华尔街日报的报道说，华为"是思科在亚洲地区最大的竞争对手，同类产品的价格远低于思科"。

分析人士指出，与华为互为竞争对手的思科公司虽然在亚洲销售的路由器占其全球路由器销量的四分之三，但华为已开始抢占思科的市场份额。尽管华为和其他一些低成本的竞争对手目前并没有对思科的地位构成严重的威胁，但是它们最终必将影响到思科最核心的交换机和路由器业务的利润率。2002年华为销售额为220亿元，虽然比上一年有较大幅度的下降，但是华为当年出口近50亿元人民币，其海外市场的拓展却是"华为去年成绩最明显的方面"。

在华为试图进军国际市场大展拳脚之初，就将其压制住甚至消灭掉，这恐怕是思科这个全球最大网络通信设备制造商对华为这个相对弱小得多的

“小弟弟”出拳的主要动机。

华为战车正在启动

面对国际巨头的发难和国内外媒体汹涌而至的报道、分析甚至猜测，一向对新闻界保持低调的华为公司于1月24日发表了一个简短的声明，表示正与法律顾问咨询，着手了解并解决此事，目前暂不作评论。

华为公司在声明中强调：华为及其子公司一贯尊重他人知识产权，并注重保护自己的知识产权。我们一直坚持将不少于年收入10%的经费及超过10000名工程师投入研发中，拥有自己的核心技术。作为负责任的企业，无论在何处运作，它都尊重当地的法律法规。公司坚信合作伙伴关系、开放合作以及公平竞争的价值，并在实践中贯彻执行。

记者拨通了在华为总部工作的一位朋友的电话询问此事，得到的回答竟然与上述声明如出一辙。

在华为公司的网站，记者在“知识产权”一栏看到如下文字：“华为在各项产品上均拥有自主的知识产权，并最大限度地进行开发、保护和利用，以满足市场竞争、技术许可、标准制定等方面的需求。截至2002年8月底，已累计申请专利1762项，其中在3G领域申请专利455项。已申请国内外商标594件次。”

思科想得到什么？

思科的有关声明称，此次诉讼旨在寻求法律禁令以制止华为对其知识产权继续进行侵犯并弥补华为的非法侵权行为对思科所造成的损失。思科同时也向华为在英国的分销商Spot Distribution公司致函，要求其停止分销侵犯思科知识产权的华为产品。

但据报道，这家华为技术有限公司在英国的分销商，打算向欧盟公平交易同时和英国贸工部投诉思科。这家公司同时发表声明说，他们不会对思科要求其停止销售华为产品作出回应。

很显然,“弥补损失”的数额是诉讼的一个关键。记者与思科系统中国网络技术有限公司取得联系,要求了解有关索赔金额,有关人士表示会及时答复,但是直到记者发稿时,尚未得到有关回复。而分析人士则认为,华为面临的索赔可能是天文数字。

十年的针锋相对

思科作为占据美国70%网络设备市场的公司,却从未受到政府对其垄断的指控,相比之下,微软就没那么幸运。这一出色战绩,不能不归功于CEO钱伯斯过人的外交才能。

2003年之后,随着思科与华为各自业务的不断拓展,双方竞争的市场领域越来越大,从交换机到路由器,从企业市场延伸到核心设备市场,是电信网络产品的全方位竞争。而钱伯斯对华为的某种另类“外交”,就是自官司结束后,时刻把华为挂在嘴边,经常向公众传播华为是思科的最大竞争对手,华为有多么可怕。

2007年,思科CEO钱伯斯来华访问,当被问及对手时,他直言不讳,其中之一就是华为。曾有人警告钱伯斯说:“华为将是思科的全球性的噩梦。”尤其是在中国市场,在过去的几年里,华为及其后的华为3Com在中国市场给思科带来了不小的障碍。

2009年之后,华为加速向企业市场拓展,于是,这两家宿敌多年的竞争,又走到了新的“厮杀”境地。2011年,华为进一步明确了未来发展思路,从电信市场向企业级、消费者市场拓展。同时,华为招兵买马,扩军企业业务(BG)。

2012年3月份在华为被禁止参与澳大利亚国家宽带计划(NBN)项目投标时,钱伯斯拒绝就困扰华为的安全问题作评论,然而他却提供了一个相对不太直接的回应,“华为有信任问题”, 并认为澳洲禁止华为参加NBN项目“有意思”。

华为基于多年的积累,企业市场的冲击也来得极为迅猛。5月6日,在美国拉斯维加斯举办的Interop2012上，华为的展台就矗立在思科的对面，打起了擂台。华为展出的CloudEngine12800核心交换机产品线甚至把思科这个对手震撼了，“思科很多人来华为展台看这个产品”，华为公司内部人士称。

6月初，在印度班加罗尔，思科公司副总裁Anil Menon终于按捺不住，直接说道：“华为的一些弱点是非常严重的，我们将在解决方案和创新方面打败华为。”而思科执行副总裁Rob Lloyd则明确质疑华为的安全信用，“在云端世界，私隐和信息保护是客户最关心的，但不是华为的强项”。不只Rob Lloyd，钱伯斯更是经常把华为的“安全”问题挂在嘴边，与美国众议院情报委员会报告中的观点非常相似。

美国电信市场仍是全球的重要市场，市场研究机构ABI Research预计，2013年美国网络基础设施支出或将出现增长的拐点。但在电信设备制造商领域，曾经的摩托罗拉、朗讯、北电等北美企业都已经转手，当下，全球前几名的电信设备供应商，除了华为、中兴之外，还有爱立信、诺基亚西门子、阿尔卡特朗讯。但这些企业，已经与美国公司无关。

三、专利交叉许可

当然，华为也不单纯地将专利作为竞争战略的重要武器，同时，华为也常常利用专利和其他企业进行技术合作。比如，诺基亚公司与华为，双方相互授权使用与第三代无线通信技术有关的专利，双方签署的协议，确保两家公司都能够以极具竞争力的专利费价格使用另一公司的专利。这使得双方的技术互补，获取了极大的竞争优势，实现了互利共赢。这种专利相互授权及进入全球市场的模式值得国内其他企业借鉴。中国企业运用自己的专利以低成本的代价，逼迫其他竞争对手已经达成交叉许可，不仅能够赢得市场的生存空间，而且能够突破跨国企业的专利封锁，从而逐步建立起国际竞争力。

在电子行业中，后发追赶中的专利许可，技术竞争的专利战，以及技术合作中的专利交叉许可，这些现象在市场中屡见不鲜。通过华为告诉我们，专利战略在我国企业发展中扮演着不可替代的角色。

第三节 “专利流氓”的运营模式
——美国高智发明

美国高智公司的专利战略与华为截然不同，高智开创了一种新的发明投资模式，采用自创或合作开发、直接收购专利等方式构建大规模的专利组合，再将其许可转让给相关企业，或通过借壳诉讼、直接诉讼，或以收取专利保险费形式盈利。经过16年的发展，高智公司已经成为全球最大的发明投资机构之一，管理的基金总额达70亿美元，期限为25年，拥有9万多件专利，几乎囊括所有高新技术领域，其中有超过4万多件正在产生效益，商业化率达到50%以上。高智已分析了30多万件专利，完成2000多笔交易，业务遍布全球。过去十几年，高智投资合计约35亿美元，收回资金超过40亿美元，其中，收入的90%以上来自专利许可授权，其中有不到10%是通过诉讼的庭外和解获得，目前已有越来越多的收入来自于创新项目，如协助企业研发等。

一、机构简介

1. 机构背景

美国高智投资有限责任公司（Intellectual Ventures，以下简称“高智发明”）成立于2000年，由微软前首席技术官（CTO）内森和前首席架构师荣格先生创办。最初创立的目的是以个人的资金支持发明创新，并希望打造专利大平台,使有发明想法和专利的机构可以在高智发明的平台上发挥效益,或对发明和专利有需求的企业到高智发明来淘一淘,提高研发效率。高智自2003年开始以基金形式运作，其投资者包括大型跨国公司(Microsoft、Intel、Sony、Apple、Amazon、Cisco、Nokia、e Bay和Google等)、投资基金(JP Morgan Chase Bank、Flag Capital、Certain funds of Mckinsey and Company)、大学及非盈利机构(Stanford大学、Cornell大学、Bush Foundation、Rockefeller Foundation等)和富裕的自然人共计几十家,属于强力投资者、巨额融资和精英团队的组合。截至2015年底,共有三支主要基金即购买专利基金(IIF)、发明开发基金(IDF)和内部研发基金(ISF),管辖的资金额度为70亿美元,期限均为25年,主要投资人来自全球主要的高科技公司、顶级大学基金、老牌家族基金和高端金融机构等。高智发明在过去十几年中投资在专利、发明和自身研发发明领域的资金合计约35亿美元，收回资金超过40亿美元，用10年左右的时间收回本金,每年的现金回报率都达到了比较令人满意的水平。高智发明的收入超过90%来自专利授权,其中有不到10%是通过诉讼的庭外和解获得,协助企业研发等创新项目的收入比例在逐年增加。高智发明的总部设在美国的西雅图,并在全球13个国家和地区设有分支机构,在中国的分支机构分别设在北京和香港。2008年,高智发明进入中国,在北京设立分支机构。

2. 组织架构

高智发明的组织架构包括:专利购置部门、创新部门、投资者关系部门、商业化部门、研究部门和知识产权运营部门,研究部门和知识产权运营部门分别为上述四个部门提供业务支持。从团队组成来看,高智发明可谓是一支由企业管理和金融专家、科技和法律界精英组成的“梦之队”。法律团队方面,高智发明现有500多人的团队里有超过100位的专业律师,其中许多是负责专利诉讼的律师。从某种意义上来说,这样的人员组织结构本身就具有很强的专门从事专利组合、授权和诉讼的能力。高智发明的组织结构如图3-3-

1所示。

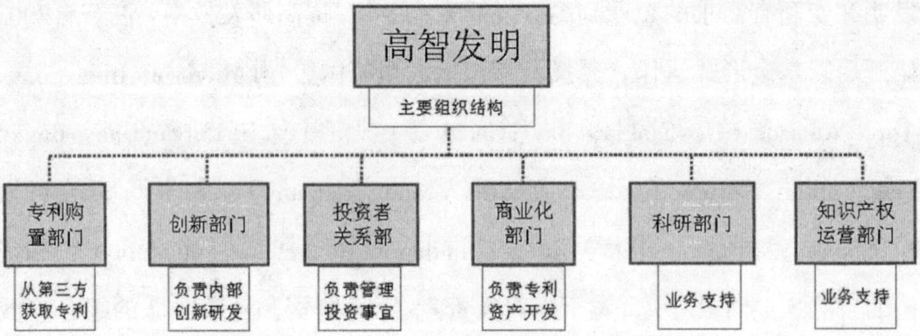

图3-3-1　高智发明的主要组织结构

3. 专利资产

高智发明帮助客户分析如何从事专利购买、开发和商业化等，根据Avancept知识产权咨询公司的研究报告显示：目前，共有1276家"空壳公司"或附属机构与高智发明存在关联，这些空壳公司在2001—2009年进行了811项的知识产权交易，涉及7018项美国专利和2871项专利申请。高智发明主要投资的领域包括信息技术、生物医疗、材料科学等，并将继续在中国拓展其他领域。

高智发明已经对外公开33124件专利清单，其中包括中国专利或专利申请合计1077件，但仍有一部分专利处于公开阶段而尚未授权，技术领域分布情况可参考表3-3-1和表3-3-3。此外，该专利清单中还包括了1350件中国台湾专利、82件中国香港专利和560件PCT专利。

通过表3-3-2可见，在高智发明已经公布的在华专利清单之中，有1003件专利拥有同族专利共计14247件，平均每篇专利拥有14.2件同族专利，且平均引用了36件专利，平均被引用了89次，可见，这些专利基本上属于原创性专利，其专利价值可想而知，那么也就足以证明高智发明的专利清单不可小视，值得国内企业重点关注。

二、主要的专利转移转化模式

表3-3-1　在华专利主要市场方向分布

市场方向	数量	引用数	被引用数	同族数
立体剖面示意图|破孔|电子器物|模组化	91	1	5	67
数据处理操作|字节存储器|I/O配置|局部存储	145	6	21	2120
频率选择滤波器|附加增益|二阶失真|寄生噪声	167	6	9	2263
电介质钝化|衬底结构|器件元件|器件衬底	92	11	15	2871
活性元件|特征优选|地足|目标材料	105	1	8	719
电源电平|偏压电平|泵电路|电源电压电平	105	2	6	1342
链路传递|系统协议|信道管理|空中链路	158	5	14	2044
简化版本|呈现输入|计算机制|虚拟方式	214	6	13	2821

表3-3-2　高智发明在华专利族情况

	数量	引用数	被引用数	同族数
同族	1003	36	89	14247
无同族	74	2	2	0

表3-3-3　在华专利的主要技术领域分布

IPC分类	数量	引用数	被引用数	同族数
G06F	190	6	9	2283
H04L	116	7	8	1901
H01L	93	9	15	2531
H04N	68	4	7	1025
G11C	49	1	5	485
H04B	46	0	1	668
H04Q	36	1	2	592
H05K	34	0	14	185
G06K	25	1	0	245
H04W	23	1	3	152
G02F	22	0	0	102
H03K	19	0	0	394
H01Q	18	0	0	223
G02B	17	2	1	448
G11B	16	0	2	173
H03F	16	0	0	209

高智发明的商业运作模式为：首先，在全球发展最快的一些行业中，掌握下一代核心技术，并为之设立标准；其次，建立一个为创新提供融资的公司网络；再次，形成多元化的专利组合；最后，在5至10个技术领域，获得能够达到预期效果且足够数量的专利库，通过收购专利或许可专利的形式，实现盈利。具体商业运作模式详见图3-3-2。

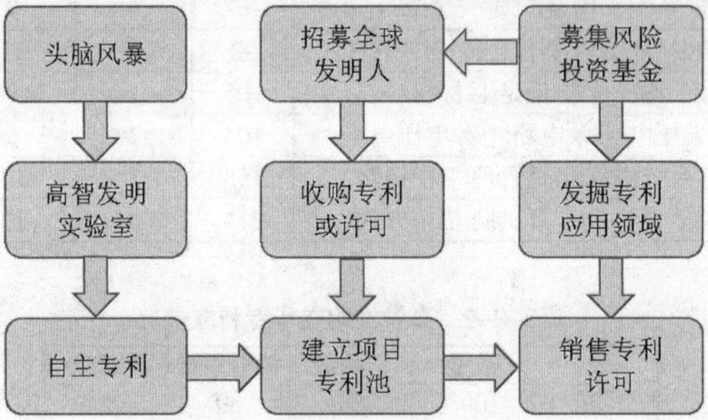

图3-3-2　高智发明的商业运作模式

1. 研发—许可

自2007年以来，高智发明全面推进与全球的科研院所及创新机构合作，旨在建立全球的科学家网络，为发明和技术难题解决方案提供支持。截至2015年底，高智与全球超过400家研发机构和院校有正式合作关系，其中包括2万多名研发人员，并有4000多名活跃的科学家已经与高智有过创新方面的合作。在与中国的合作方面，通过高智的发明家网络，在中国已经有近千名科学家与高智的发明开发基金（IDF）开展合作，并通过实践使来自中国的发明质量达到世界的先进水平。

高智发明选择了为“发明家提供投资和专业支持”这一特定且细分的市场，并希望在此领域提供与传统专利管理模式全然不同的差异化专业服务。高智发明针对不同的发明人和专利法律状况，采取了差异化的专利集中策略（如图3-3-3所示）。针对“新点子”阶段，高智发明设立了“点子实验室”，其工作流程可参考图3–3–3高智发明的内部研发流程。通过举行发明会议，高智发明提交了多项专利申请，涵盖光学、生物技术、电子商务、通信、电信、计算机、新能源、材料学、食品加工安全和医疗器械等多个领域。从产生“新点子”到获得专利至少需要3至5年，需要巨额投资，且面临诸多风险。针对“产生研究成果”阶段，高智发明采取“独家代理权”或“专利独占许可”的方式，取得大学或科研院所的专利。针对“专利授权”阶段，高智发明主要采取直接收购的模式。在强大的资金和团队支持下，高智发明在2009年组建了自己的实验室，通过该实验室已经申请了超过3000件专利。

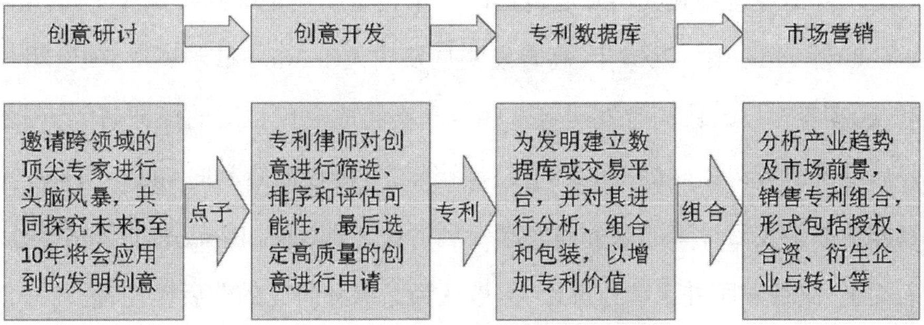

图3–3–3　高智发明的内部研发流程

2. 收购—许可

高智发明的专利集中战略采用三步法。

第一步是募集资本，现已顺利完成。

第二步是专利选择与集中。通过收购、独家代理等多种方式，将开放式创新产生的专利集中起来，组建各种专利池。高智发明通过其专利投资基金购买各种专利，从市场上收购了大量的专利，其中大多数是通过购买方式获得的。2010年前，高智发明还通过一些“影子公司”购买专利，这些“影子公司”表面上与高智发明不存在委托代理关系，但高智发明是实际的出资人，操纵这些公司的资金和业务。此外，并购科技型企业也是高智发明专利购买的一种方式。高智发明通过其发明开发基金，选择发明领域和技术构思符合高智发明要求的发明者进行资助,并对相应的发明申请专利,该经营模式是高智发明进入亚洲国家普遍采用的策略。高智发明的科学发明基金用于资助高智发明专职研究人员从事发明创造。

第三步则通过专利出资、许可或转让的方式,获取超额垄断利润。

3. 诉讼

(1)间接诉讼

高智发明通过控制大量空壳公司或附属机构,开展间接诉讼。根据《纽约时报》报道,高智发明隐藏在1276多家空壳公司背后发起专利诉讼威胁。高智发明通过这些壳公司发起诉讼的一个典型案例是绿洲研究（Oasis Research)诉Adrive案。2007年,高智发明从发明人Crawford处购买了6项发明专利,2010年7月30日,高智发明将这些专利卖给成立仅12天的绿洲研究,一个月后绿洲研究以Crawford的专利及1项当年7月授权的专利向Adrive、AT&T等18家业务涉及云计算的服务商发起专利诉讼，即Oasis Research诉Adrive案。表面上,高智发明并未参与诉讼,但被认为是绿洲研究的背后操控者。

(2)直接诉讼

近年来,高智发明开始采用直接诉讼形式向知名企业发起诉讼。2010年底,高智发明就所拥有的4项专利向9家公司发起侵权诉讼;2011年7月,高智发明再次就其掌握的5项专利发起侵权诉讼，这次的被告阵容更加强大,包括了12家世界知名公司;2011年10月，高智发明又以6项专利侵权为由向摩托罗拉发起诉讼,而在其发起指控的两个月以前,谷歌刚刚宣布将以125亿美元的价格收购摩托罗拉移动,这项交易令谷歌获得了1.7万多项专利,可被用来保护其Android移动操作系统。高智发明在提出起诉时称,该公司拥有3万多项专利。在高智发明针对摩托罗拉移动发起的诉讼中,并非所有涉案专利都来自高智发明原创。据美国专利与商标局的专利转让数据库显示,高智在最初发起诉讼时列出的全部6项专利都是该公司通过收购方式得来的。

(3)诉讼威胁

高智发明曾向黑莓、三星和HTC等多家公司发送律师函,称将对它们发起专利诉讼,这些公司纷纷与高智发明达成专利授权协议,高智发明也因此获得了高额经济回报。

另据凤凰科技讯2015年2月7日消息,据路透社报道,美国特拉华州联邦陪审团周五裁定,赛门铁克侵犯了专利授权公司高智发明的两项专利,需赔偿1700万美元。这一赔偿金远低于高智发明索求的2.98亿美元。这一裁定对于赛门铁克来说是一大打击。该裁定还确认了高智发明专利的有效性,扩大了高智发明在法院胜诉的记录。高智发明已成为全球最大的专利持有方之一,除了制定将其大量专利对外授权的长期战略外,该公司近期还开始对其他公司发起诉讼,在法庭上捍卫专利权。高智发明同时还起诉了另外3家公司,只有赛门铁克和日本趋势科技选择不达成和解。

4. 专利保险

超级专利整合组织是一种混合的专利联盟,目前高智发明是这一类机构中独一无二的。高智发明像一个“专利武器销售商”,不仅可以为专利使用者提供保护,也可以为专利所有者提供攻击专利使用者的专利武器。

专利保险是指企业通过交付一笔专利费用的方式,与高智发明结成专利同盟,高智发明则为企业提供专利保护伞,当该企业面临专利侵权诉讼时,高智发明利用自己所拥有的专利为“被保险”公司提供一个可以绕开原告主诉专利的专利池,从而避开专利诉讼。在实践中面临诉讼的公司通过购买高智发明的这种专利保险不仅可以绕开专利诉讼的专利池,甚至会形成对原告主诉专利的反诉。

三、典型案例

案例3-3-1　Arktek“生命之桶”

根据世界卫生组织预计，由于得不到及时的疫苗供应，全球每年有100多万名儿童死于疫苗可预防的疾病。其中一个重要原因在于很多地区缺乏电力及相关配套设施，无法保证疫苗的储存温度。在为非洲儿童解决病痛的过程中，有一件非常“头疼”的事情就是如何可以让更多儿童能打到疫苗防疫针。

疫苗是用细菌、病毒、肿瘤细胞等制成的可使机体产生特异性免疫的生物制剂，通过疫苗接种使疫苗接种者获得免疫力。疫苗在0℃~8℃的温度范围内才能保持“质量”，这对于非洲来讲显然是一个挑战：

①日常气温都在40℃以上，而且当地完全没有冰箱等任何形式的冷藏装置，甚至缺乏电力及相关配套设施，无法保证疫苗的储存温度；②从世界各地运到非洲的疫苗是批量的，或足够用于给几十个儿童接种疫苗，而在当地凑齐几十个儿童的难度很大。因此，如何可以用一种不需要任何能源而又可以把疫苗安全保质、保鲜地运输的容器就显得非常重要。

通过盘点高智发明专利池中的专利和技术储备，高智发明的研发团队发现可以从容器的设计和材料等方面入手，结合高智发明自己的一些发明，从而使新型的冷藏罐达到在40℃以上的环境下，无限次开关，并只放入三条冰块就可以使容器内的温度保持0℃~8℃达30天以上的效果。通过原型、小试等研发过程，高智发明的研究团队认为样品基本上可以与厂家合作，继续研发成为成品并批量生产，为解决疫苗的批量运送问题提供解决方案。值得强调的是，这个看似简单的“冷藏罐”包含了来自高智发明研发团队和全球多个国家和机构的发明，并由近60件专利保护起来，它们分别来自美国、中国、印度、日本、澳洲等国家和地区。

在与生产企业对接方面，2013年7月，澳柯玛股份有限公司与比尔·盖茨作为唯一投资人的一支常青投资基金Global Good正式达成合作，开始新型的疫苗储存设备的研发量产工作。随着首批疫苗冷藏设备Arktek的正式交付使用，也标志着澳柯玛股份有限公司与比尔·盖茨、高智发明共同推动的慈善事业进入产业化运作阶段。

Arktek产品作为澳柯玛股份有限公司与美国Global Good共同研发的新型疫苗冷冻储存设备，在热带环境温度下，也可保持箱内-80℃至-60℃冷冻环境长达120~144个小时，经过调整后亦可满足对埃博拉疫苗的保藏要求。解决在西非缺乏电力供应地区埃博拉疫苗的长时间保存问题，这是疫苗冷链行业中突破性的重大技术创新产品。

疫苗存储设备Arktek，由一个坚固耐用的真空绝缘容器、冰块和遥测模块组成，通过独特的电容式触摸输入和图形液晶显示，可以保存300支疫苗达30天以上。产品结构及外观可参考图3-3-4。

图3-3-4 来自中国的生命之桶

Arktek被比尔·盖茨称为“生命之桶”，它解决了疫苗运输中的难题，适合运输疫苗到条件艰苦的地区。同时，为了有效保证疫苗接种、配送计划，确保有限资源的快速统一调配使用，澳柯玛股份有限公司利用GPS定位技术、温度精确采集技术、温度记录仪系统、手机数据采集无线传输等技术，为疫苗冷藏设备Arktek建立了智能数据监控管理系统，通过智能化监控平台即可进行数据统计分析处理，对Arktek内部温度、布放位置、运行状态、电池电量、机器故障等进行实时监控分析及管理。

通过澳柯玛股份有限公司与高智发明的疫苗冷藏设备Arktek项目合作，随着其在社会推广及影响力扩大，双方获得了资本市场的认可，实现了双赢。商业化运作以后，高智发明将以技术使用费形式对澳柯玛收取一定的费用。

案例3-3-2　高智的技术推广

Raisio公司是伦敦主板上市的芬兰一家主要饲料和乳制品的厂商，Raisio公司的牛饲料有一些奇特的效果，可以与现有的牛饲料结合，达到牛奶产量增长5%、蛋白质等也可以增加10%的效果，并可以使得挤奶过程中减少对奶牛的感染，以至于牛更愿意产奶，使奶的产量增加。

经人介绍，Raisio公司主动与高智接触，并希望可以通过与高智合作，把他们的技术推广到全球。高智发明团队在初步接触后认为，该饲料的市场前景非常大，尤其在中国市场具有非常庞大的需求，可能对提高中国牛奶的质量起到推动作用。为此，高智发明立即在全公司寻找曾经有过饲料经验的同事看看该从哪里切入谈合作。同时，Raisio公司也向高智发明表达了他们希望能够进入中国市场的愿望和两个重要的担忧。

首先，虽然Raisio公司的产品只有十多件专利保护，但进入中国市场之后被“山寨”了怎么办？其次，Raisio公司虽然了解蒙牛乳业（集团）股份有限公司、内蒙古伊利实业集团股份有限公司等大型企业，但是应该如何切入？是否能找对合适的合作伙伴？Raisio公司缺乏合适的产业渠道。而高智发明在专利的保护和运营方面有专长。鉴于此，高智发明可以协助Raisio公司在原有专利基础上进行专利挖掘及布局，对于提高技术准入门槛和不断改善其技术本身也有益处。另外，由于高智发明团队有许多产业和投资界的经验，如高智发明中国区总裁严圣先生就曾经从事投资银行和投资业务达25年,对国内的产业尤其是领军企业比较熟悉,因此很容易找到切入点,开展合作讨论。

但是高智发明面临的最大挑战是怎样使Raisio公司相信高智发明的实力,既能理解Raisio公司的业务,又能给Raisio公司增值。当时,高智发明想到了一个办法,可以找到饲料行业的专家与高智发明一起与Raisio公司讨论合作。带着这种想法,通过高智发明的网络和学术资源,很快确定了在饲料技术方面的20位全球顶级专家,并通过电话与他们联络。受益于高智公司多年的实践,高智有了一整套如何与科学家合作的网络和模式,使这些发明家愿意与高智发明合作,相信通过与高智合作,可以把他们的发明和方案做到商业化的极致。因此,不到一周,就有几名全球顶级的饲料专家愿意与高智发明一道赴芬兰参加会谈,并与Raisio公司的科研团队一起头脑风暴,这对增加与高智发明合作的信心提供了重要支持,很快确立了双方合作的意向。

在交易结构方面,鉴于Raisio公司除了牛饲料之外,还有很多乳制品业务、其他牲畜和家禽的饲料业务,高智发明决定突出核心业务,集中做好牛饲料技术的推广。为此,高智发明与Raisio公司确定了利用各自资源联合成立合资公司Benemilk的方案,由芬兰Raisio公司提供现有的技术、专利及运营的现金,并由高智发明负责为合资企业提供技术的全球推广。

经过近两年的努力,高智发明已经协助Benemilk与蒙牛乳业(集团)股份有限公司对接,并通过中粮集团新建的牛饲料公司进行生产,开始对该牛饲料与蒙牛乳业(集团)股份有限公司正在使用的饲料调配使用,预计在经过实验一段时间达到满意的效果后,蒙牛乳业(集团)股份有限公司将逐步使用该种饲料配方,并会对中国的其他乳制品企业起到重要的示范效应。由于中国的奶牛数量是芬兰的千倍甚至万倍，因此该合资企业的销量也将会大幅度上升。在专利保护方面,在原有10多件专利的基础上,高智发明团队在仔细布局后,已经申请近100项发明专利。双方的合作,获得了资本市场的认可,除了可能对芬兰和高智发明的合资公司Benemilk在近期完成首次公开幕股(IPO)外,Raisio母公司的股票价格也因此会有所上浮。芬兰Raisio公司的原有专利得以大幅度的发挥,不但为中国这样大的市场带来了实惠,也为芬兰Raisio公司和合资公司Benemilk的股东带来了丰厚的资本利益, 实现了双赢,也真正体现了专利运营的实质。

2010年9月,华东理工大学在学校网站挂出了申报“国际发明联合创新基金”的新通知。通知表明,华东理工大学国家技术转移中心与高智发明公司就国际专利申请展开合作, 并制定了 “华理—高智亚洲国际发明合作计划”,鼓励相关教师创新发明,并对经过审核的老师给予平均资助额度5万美元的资助。另据不完全统计,高智至少还与上海交通大学、南京大学、苏州大学、华北水利水电大学等高校合作推出了不同名目的创新基金,资助学校教师对其研究进行深化并帮助其申请专利, 根据协议高智对这些专利享有独占许可权。由于这类资助具有力度大、申请流程简单、评审宽松等特点,吸引了很多专家学者。据估计,高智在中国大学已接触过的技术超过2000项,其中不少成为其知识产权资产。

据不完全统计, 截至2015年底, 高智发明正在与中国的高校和企业合作,将一些实用性比较强的专利技术实施产业化,包括新型洗衣机、高端储存芯片、智能化远程餐饮和商店的指示器等,范围涉及专利授权、技术转移、代研发和协助企业转型升级等。

四、高智发明专利运营模式的启示

高智发明在我国主要采取与大学和研究机构合作开发专利、进而获得专利独占经营权的运营模式。据悉，我国已成为高智发明在全球的主要专利来源国，发展趋势值得关注。

2014年，国家知识产权局与财政部共同启动了知识产权运营服务试点工作，累计投入10亿元资金，建设1个全国专利运营公共服务平台和2个特色服务平台，扶持培育20家高水平、国际化的知识产权运营机构，带动发展一批专业化运营机构，支持10省设立重点产业知识产权运营基金。目前，已初步建立起“平台+机构+基金”的知识产权运营体系。

笔者认为，下一步在积极做好现有平台和基金建设运营的同时，亦应合理借鉴高智发明等专利运营机构的有效做法，加快我国知识产权运营发展，促进专利成果的产业化、市场化。一方面，知识产权运营机构可考虑在知识产权市场价值评估、供需对接等方面发挥更大作用，为知识产权的转移转化、收购托管、交易流转、质押融资等提供更好的平台支撑；另一方面，还可借鉴高智发明以市场为导向确定发明选题、控制发明专利的做法，推进市场与创新的对接，提升创新的质量和效益。

第四节　基于中国企业的专利战略的建议

相对于国外大型企业专利战略的实施历史来看，中国绝大数企业的专利战略制定和实施大多处于起步阶段，其中也包括一些规模较大的企业。在面临诸如IBM和SAMSUNG等国外跨国公司的进攻性专利战略背景下，国内企业可以分阶段制定适合于自身发展目标的专利战略，尤其是从专利组合理论的学习研究、R&D研发活动的科学化等方向着手，结合企业内外部条件，实施有效的专利战略，从而实现企业相关经营目标。

一、加强专利战略理论的研究

专利战略是在知识经济的不断深入发展，及世界范围内的知识产权保护不断加强的背景下，通过不断提高R&D活动，在专利申请、专利许可、专利交叉许可和专利联盟等一些专利行为的基础上，正在兴起一种新的企业战略形式。

对中国企业来说，一方面要在现有专利申请、专利许可和专利联盟等行为的基础上，通过各种形式加强对专利的产生及其发展规律进行深入研究；另一方面在总结本企业和其他企业各类专利行为的基础上，结合企业核心价值观和企业核心经营目标，制定专利战略的实践形式和内容；而当前，比较紧迫的任务是要充分研究知名跨国公司的专利战略发展历程及其经验教训，从而避免不利的专利诉讼产生，并进一步丰富本企业的专利组合。

案例3-4-1　中国专利第一人的“狼群战术”

在中国，提起“专利”，邱则有是一个绕也绕不过去的名字。从专利数量上来看，他申请发明专利7000多项，已获授权和公开公告专利3637项；从比较的角度来看，几乎没有任何一家企业拥有的专利数量可以与邱则有相比肩；从维权方面看，邱则有打了最多的维权官司，胜诉的比例高达90%以上……

当别人还没有意识到专利的重要性的时候，他已经开始了专利领域的跑马圈地，到2007年，他就已经编织好一张囊括22个产品系列的专利网。当别人刚意识到专利的重要性的时候，他已经开始做专利战略，“狼群战术”屡战屡胜……他是名副其实的中国专利第一人。

邱则有研制成功的空心无梁楼盖技术解决了建筑领域的世界性难题。这项技术的原理是在现浇钢筋砼楼盖结构中,采取埋芯(非抽芯)成孔工艺,在楼盖内每隔一定间距,放置圆形或方形或梯形或异形GBF高强复合薄壁管(盒),然后浇灌混凝土,从而形成了类似无数小工字梁受力的现浇多孔空心板或以密肋形式受力的现浇空心板。

号称"三湘第一楼"的国际金融大厦竣工后的统计数据表明,使用无梁楼盖技术,可以直接降低大楼建筑成本,节约投资610万元,使施工进度加快了50%。有专家保守估计,使用该技术建造高楼每平方米可降低综合造价120元,施工进度提高一倍。2000年,我国建筑业现浇砼楼板面积已达42亿立方米的规模,若仅在30%的面积内采用该技术,即可为国家节约投资1516亿元。

但当时的邱则有还没有为自己的成果申请专利,导致技术最终被偷。邱则有大梦初醒:"他们可以挖你的核心技术人员,可以偷你的商业秘密,技术是无密可保的,唯一的办法就是以技术公开为代价,申请国家专利,得到法律的保护。"

1999年,他将自己的空心楼盖技术成果,包括新材料制造技术、新结构体系技术、施工技术三个科学范围21项自主发明,全部申请了专利。

2001年,邱则有开始做专利战略。"专利只有用战略战术的观点,进行布局,同时进行产业的研发和创新,才能保护。"

在完成了专利的初步布局之后,邱则有开始检验他专利网的实际效果。2003年,邱则有高举维权大旗,不到两年时间,他启动了39宗专利诉讼官司,平均每个月打两场官司。奇迹出现了:39宗诉讼全部胜诉!大部分诉讼是在对方的要求下和解的。通过这些诉讼,邱则有不仅获得了专利赔偿款上千万元,更使他在业界声名远扬。

为使中国空心楼盖企业能够应对跨国公司的竞争,邱则有创造性地提出了成立中国专利保护协会空心楼盖专利联盟与产业联盟的实施方案。2005年8月8日，在邱则有等人提议下，全国50多家空心楼盖芯模生产企业的负责人聚集北京，召开了“中国空心楼盖专利联盟暨产业联盟筹备会”。会上，邱则有全票当选为专利联盟和产业联盟理事长。目前，专利联盟储备了本行业内的4000多件相关专利，产业联盟的成员企业遍及全国各地。

邱则有讲到他提出的“狼群战术”：“赢官司背后有很多技巧，我把核心技巧总结了一下，称之为‘群狼战术’。”邱则有告诉记者：“如今，很多专利权人认为专利维权困难，他们怨政府，怨社会，还怨我们的法律制度不健全，整天怨天尤人、牢骚满腹。”谈起他的专利诉讼技巧，邱则有颇感得意。他对“群狼战术”的妙处有深刻认识与阐析，他认为专利维权，不能光凭一个专利来维权，要用十个甚至几十个专利来维权，最多的一次，邱则有曾用26个专利来维权。“一个不服再来一个，看你能躲过几个专利。”邱则有说。对于“群狼战术”的效果，邱则有举了这样一个例子：“古时候作战，乱箭齐发之时，再厉害的大将也难免阵前身亡。”这与邱则有的“群狼战术”有异曲同工之妙。他认为，“群狼战术”还可达到“打官司不战而屈人之兵”的奇效。

中国的核心专利很少，能够制定标准的企业更少。邱则有说：“未来十年中，中国有一批顶级企业做知识产权，成为国际上受人尊重的企业。美国贸易代表团讲我们是小偷，我们说他们是强盗，人家已经告别了强盗，我们不能一直做小偷。这是民族之魂。”

二、加强企业知识产权评估

企业制定和实施专利战略的前期工作主要有两个方面，从知识产权的角度进行与专利战略相关的资产评估，及对竞争对手的评估。企业知识资产评估工作，主要根据企业战略目标，对与企业专利组合相关的产品、技术及工艺方法等，进行有组织的细化评估；以确定可专利化的资产、可商业秘密化的资产及需要外购的专利资产等各类专利战略所需要的内容。

在企业知识产权评估的基础上，可从行业的角度，进行行业竞争性分析；通过分析竞争对手专利战略的具体内容和实施状况，从而调整自己企业的具体专利战略内容；其内容包括申请新的专利、专利许可、专利交叉许可以及组成专利联盟等。

案例3-4-2　小米携手联芯布局手机上游产业链

小米、魅族等缺乏通信专利的智能手机厂商之所以能够以低价格撬动市场，除了借助于互联网进行营销的市场手段外，很大程度上还受益于高通对中兴、华为等公司的反向专利授权，一旦该模式被取消，意味着中兴、华为就可以向其他使用自己专利的手机厂商发起诉讼并索要专利费，而小米等厂商或因基础通信专利的缺失，造成成本增加，进而对其市场营销起到较大的影响。

虽然雷军早在2012年就与金山合作，成立智谷知识产权运营公司进行“借壳”专利运营，但比起传统手机厂商中兴、华为而言，这些专利储备可以说微不足道，且关键在于仍难以抵御“走出国门”时所遭遇的专利危机。缺少专利布局的小米未来前行的路可能会遭受更多的困境。例如，2014年12月11日，爱立信起诉小米专利侵权，小米手机在印度遭禁售。

大唐电信2014年11月6日晚发布公告，公司全资子公司联芯科技有限公司与北京松果电子有限公司签署《SDR1860平台技术转让合同》，将联芯科技开发并拥有的SDR1860平台技术以人民币1.03亿元的价格许可授权给北京松果电子有限公司。

工商注册信息显示，北京松果电子有限公司于2014年10月16日注册成立，法人代表为朱凌，注册资本10万元。在已经披露的主要员工名单中，除了朱凌外,还有一位名为叶渊博的员工担任公司监事。实际上,朱凌和叶渊博是小米公司的员工,并负责与技术研发有关的工作。因此推断,松果电子极有可能就是小米为了涉足芯片开发而专门设立的公司。

作为中国手机芯片市场重要的一员,联芯科技总部位于上海,是大唐电信科技产业集团在集成电路设计板块的核心企业,专业从事2G/3G/4G移动互联网终端核心技术的研发与应用,提供3G/4G移动终端芯片及解决方案,截至2014年11月,已申请专利504件,其中发明专利有480件。

此举看似是双赢之举,对于小米来说,因为没有芯片,在供应链上受制于人,在手机研发上也颇受掣肘,通过合资的方式试水芯片,既可以实现探路的目的,又能解决上述诸多问题。对于联芯科技来说,傍上小米这样的手机销量大户,也为自己的芯片销售找到了出路。

小米与联芯的合作,在某种层面来说,是一种战略备份。“小米不会像华为用海思那样来用联芯,小米目前还是会用主流的手机芯片。搭载高通的红米现在已经卖到599元了,如果小米想做低端手机的话,完全没必要和联芯合作。”不过,得到平台授权的小米和与联芯科技专利交叉保护之后,小米便可以开始4G手机芯片的研发,进而布局手机上游产业链了。

三、提升研发质量

无论是企业内部或企业之间的专利战略,一定数量和质量的授权专利是实施专利战略的必要条件,而企业形成专利池的方式主要有两方面,首先是企业自身的研发活动,其次是通过专利购买或专利交叉许可等方式获取。

在企业进行研发活动的过程中,一方面要厘清企业核心价值目标,科学决策研发活动,并不断提升研发活动的质量,为后续的专利申请创造基础条件;另一方面要结合企业内外部专利组合条件,对可能实施的各类专利战略模式进行有效评估，在法律保护的基础上，科学组建适合本企业发展的专利战略模式。

案例3-4-3　谷歌创新秘诀

2013年3月谷歌（Google）的市值创下了2600亿美元的历史记录，自2004年IPO以来，该股飙升900%。该公司的成功源于持续的创新和不拘一格的管理方式。谷歌人事高级副总裁拉斯泽罗·鲍克（Laszlo Bock）在美国加州大学伯克利分校参加“经济学人创新论坛”时，在场外采访中阐述了谷歌的创新秘密。

鲍克表示，谷歌一直以来都鼓励员工创新，让他们可以充分发挥自己的想象力，以此形成创新氛围。

Google本身是一家巨型企业，营业收入750亿美元，员工人数超过6万名。从核心的搜索引擎、安卓操作系统，到诸如无人驾驶车等刚起步的业务，他们一直以来都希望创造一种氛围，让员工可以聚在一起，通过各种出人意料的方式展开创新。

“我们努力保持尽可能多的表达渠道，让不同的人和不同的创意都能以不同的方式展示出来，”鲍克说。他们的渠道包括：

1.Google Cafes。这个项目鼓励员工在团队内部或团队之间展开互动，在工作和休闲中实现对话。

2.直接向公司任何领导人发送邮件。

3.Google Moderator，这是一款由谷歌工程师设计的创新管理工具。它的想法很简单：每当要展开技术讨论或召开公司会议时，任何人都可以发问，然后由其他人投票选择自己喜欢的问题。通过这款工具，员工们就可以了解现有的想法、问题、建议，并进行投票，然后了解投票总数，从而根据主题、事件或会议征求新的创意。由于允许员工将每周20%的工作时间用于自己感兴趣的项目，这款管理工具帮助谷歌挖掘出了很多有才华的员工。

4.在Google+中展开对话。

5.TGIF。这是谷歌每周的全体大会,让员工可以直接向最高领导发问,可以涉及任何公司问题。

6.Google Universal Ticketing Systems,简称GUTS。该项目可以提供一个渠道让员工提交任何问题,然后对问题的状态进行评估。

7.FixIts。这是一个历时24小时的项目,谷歌员工可以放下一切工作,集中所有的精力解决某个特定问题。

8.内部创新评估。这是一系列正式会议,由各个部门的管理人员将其所在部门的创意提交给最高管理者。

9.各种各样的调查。

"我们经常对员工展开调查,了解他们对管理者的看法,然后利用这些信息来公开表扬最优秀的管理者,将他们作为下一年的模范。最糟糕的管理者则要接受严格的培训,有75%的人能在一个季度内有所好转,"鲍克说。

鲍克还提到了一种名为"Googlegeist"的调查,可以收集数百个问题的反馈,然后让一些员工组成志愿团队,解决其中最重大的问题。

"我个人认为这种文化非常符合人性。人们希望在自己的工作中寻找意义,他们想要了解周遭的变化,希望有能力改变周围的环境,"他说。谷歌借此培育了一批有创意、有激情的员工,为该公司的创新做出了重要贡献。

创新,需要扎根企业基因里的发现精神,不断的创新让谷歌从最初的车库公司成长为如今的跨国科技企业。

四、加强企业间的专利战略组建

对于大多数国内企业来讲,在进行国内外市场拓展时,通常会面临一些来自外部的压力,而压力的来源主要为相应行业中的领导型企业,通过以专利组合的形式对国内企业进行技术封锁，甚至在法定条件下，可能面临巨额的专利侵权诉讼，当出现这种情况时，靠企业单独的力量往往很难应对。

为了有效应对现有或潜在的专利诉讼威胁，国内企业可在不违反相关法律的条件下，加强企业间专利战略方向的合作；而在具体实施过程中，一方面加强企业间专利战略的评估及理论研究，另一方面结合行业的特点，论证企业间专利战略的内容和形式，以达到企业专利组合体收益优化的目的。

案例3-4-4　中兴要做"专利收费站"?

中兴通讯等五大科技创新领先企业联合推出新的无线专利授权平台——"Avanci"，旨在使全球物联网企业能够"一站式"在其连接设备中嵌入通信技术。据悉，Avanci现阶段将侧重于针对全球互联汽车和智能电表的2G/3G/4G通信技术授权，未来则将涉及其他更广泛的物联网产品领域。

越来越多的设备正在互联互通。未来几年，连接在物联网上的传感器、家电和机器的数量将超过手机，成为最大类别的连接设备。到2021年，全球280亿台连接设备中有近160亿台将是物联网设备，从智能城市、智能汽车和智能家庭遍及移动健康护理和诊断设备。

Avanci平台将使物联网设备制造商通过一个单一授权，只需支付一笔统一费用，便可依据FRAND条款获得上述公司所持有的所有标准必要无线专利的使用权。这样避免了物联网设备制造商逐一与各家企业签署许可协议所带来的企业内部成本浪费，及潜在的许可费叠加，这种专利授权方式被业界称之为"一站式购物"。

Avanci的创始人及首席执行官Kasim Alfalahi强调："我们从2016年4月份开始创立这个平台，物联网设备厂家和专利所有权人两方都对我们这个最新型的许可解决方式给予了高度评价，相信Avanci这个平台将会在未来的几个月内快速将更多的企业囊括进我们的市场中来。"

中兴通讯首席知识产权官申楠表示:“通过该平台一揽子授权许可模式将显著提高知识产权成本的可预见性和透明度，满足迅速增加的网络链接公司需求,使物联网制造企业能够便捷使用全球最先进的无线技术,缩短产品上市时间,迅速扩大规模,并专注于推广新的物联网产品,从而加速物联网在全球范围内的发展。”

作为Avanci全球五家初创成员之一及唯一的中国面孔，中兴通讯在4G/5G以及物联网专利领域已进行前瞻性布局并居行业领先地位。中兴通讯拥有4G LTE 标准必要专利超过815件,全球占比超过13%,以及近千件涉及5G关键技术相关专利布局。物联网专利方面,咨询公司LexInnova发布的物联网专利报告显示,2016年中兴通讯的物联网专利持有量居全球前三。英国知识产权办公室报告显示,2004—2013年间,中兴通讯物联网专利持有量排名第一。

中兴通讯认为物联网正在引发第四次工业革命,应用场景多样、前景广泛,并提出万物互联M-ICT战略及物联网(IoT)整体解决方案。目前,中兴通讯在四大垂直领域“工业互联网、车联网、智能家居和智慧城市”已拥有完善的解决方案和应用。

中兴通讯副总裁、首席法务官郭小明将中兴专利战略诠释为:中兴通讯全球化专利布局的目标就是，加强专利申请、技术研发和市场需求的契合度,提高专利申请的质量,形成严密高效的专利保护网,在增强公司抵抗知识产权风险能力的同时,促进公司专利商业价值的实现。

具体来说,中兴通讯是通过基于项目/产品的专利申请布局、基于标准的专利布局和有特定针对性的专利布局来实现。布局过程中要谨慎考虑,进行整体性的技术评估,根据市场需求进行地域选择,结合不同国家法规和政治环境进行选择。同时,在专利授权后会再次对专利价值进行多维度评估后续维护需求,并对布局进行质量管控、过程监控、结果评价。

物联网时代即将来临,借鉴智能手机市场的经验,知识产权授权走在物联网市场阵前,无论是中国还是海外的物联网企业,无疑都将要、正在和已经经历着知识产权壁垒的阻碍和专利的丛林法则。Avanci这样的平台在未来也定会继续出现,研发投入充分、专利储备丰厚的企业将利用手中的资源、合理的规则让自身的利益最大化。中国企业参与到全球规则制定者的行列,无疑将在全球物联网市场掌握最高话语权,莫非,中兴要做"专利收费站"?

第四章

专利布局

专利布局是用一定方法对创新成果进行创造性的剖析和甄选，通过企业综合产业、市场和法律等因素，对专利进行有机结合，涵盖了与企业利害相关的时间、地域、技术和产品等维度，构建了严密高效的专利保护网，最终形成对企业有利格局的专利组合。

专利组合作为企业专利布局的基础，应具备一定专利数量的规模，保护层级分明、功效齐备，从而获得在特定领域的专利竞争优势，下文首先对专利组合进行分析。

第一节　专利组合

最先对专利组合进行系统性研究的是Wagner，他在研究中指出，专利作为企业构建竞争优势的手段有了新的表现形式，那就是形成了一系列专利组合。

专利组合，从静态的角度，可以看作是一个由多种专利组成的超级专利，当从动态的角度及如何发挥专利组合的价值的角度来看，专利组合就演化为一种企业行为；由于在现实中，具有专利组合行为的企业，不管是通过专利组合分析工具进行R&D活动决策，还是在产品研发和销售等产品生命周期过程中实施专利组合行为，不仅要考虑本企业的生产经营状况，而且要考虑行业竞争对手的生产经营状况，所以可以将这种专利组合行为称作专利组合策略。

一、专利组合的基本概念

专利组合策略作为一种新的企业战略形态，是随着世界范围内知识产权保护强度的增强，在近期得到了实务工作者和理论工作者的重视的。其中，专利组合策略产生的原因大体包括获取专利价值、提升产品市场竞争力以及形成行业专利壁垒等，而正是由于专利组合策略的诸多价值，专利组合策略才在现实中不断得到应用和发展。

专利组合是将有内在联系的多个专利集合成一个群体，使之能够互相补充、有机结合，发挥整体作用。专利的真正价值源自专利组合中的集聚效应，即专利组合作为整体的集成价值，而不是各自的价值叠加。

专利组合从企业角度讲是指单个企业或多个企业为了发挥单个专利不能或很难发挥的效应，而将相互联系又存在显著区别的多个专利进行有效组合而形成的一个专利集合体。

专利组合从其产生及其应用的角度看，大体上具有三个明显的特征：

第一，规模化和多样化相结合。专利组合的规模化特点主要表现为一个专利组合体中专利数量的庞大特点，特别是对一些大型跨国公司来说，单个企业拥有的专利数量往往是惊人的，比如IBM截至2011年其拥有的授权专利数量就达到了63671件；而专利组合多样化的特点主要表现为，专利组合中专利之间关系的多样化及专利权人的多样化，前者是指专利组合内的多个专利权利保护范围是不同的产品，后者是指专利组合中专利权人的不同，如动态图像专家组（MPEG）和信源编码标准（AVS）等各类专利联盟或技术标准化联合组织。

第二，利益获取和风险规避相结合。专利组合，作为一种新兴形式的资产组合，与马科维茨（Markowitz）的资本资产组合理论有一定的相同点，但也存在明显的区别。二者的相同点主要表现为对未来相关风险的规避，例如Markowitz的资产组合理论可以通过资产多样化，规避单个资产所带来的不确定性或风险，而专利组合也可以通过专利资产组合的多样化，对专利权人后续的R&D研发及企业产品销售可能发生的专利诉讼进行合理的规避。但二者也存在明显的区别，特别是专利组合的功能，相对而言，更多的是集中于企业运营过程中的各种直接和间接的收益。

第三，工具性和应用性相结合。专利组合工具性特点主要体现在专利组合的形式化分析，通过对竞争对手或自身的R&D资源配置等内容，进行基于专利信息的相关分析，从而为企业决策提供参考。而专利组合的应用性特点，主要表现为企业在产品生产和销售等过程中，将专利组合作为一种企业策略行为，通过各种形式的专利许可、专利交叉许可以及专利诉讼等，为企业获取直接和间接收益进行服务。

案例4-1-1　储氢领域专利组合分析

在未来的能源结构中，以氢能为代表的新能源将占据越来越重要的地位。作为储能领域的重要技术之一，储氢技术是氢能利用必须解决的瓶颈问题。储氢技术的成熟，将打破氢能应用的桎梏，氢能在新能源汽车、新型燃料电池领域发展潜力巨大。

本案以储氢技术领域为例，通过分析专利组合的方式对该技术领域的企业竞争力进行综合分析。

数据的获取

根据文献调研与分析，得出6个与储氢技术密切相关的关键技术领域，即合金储氢、金属改性、无机(碳)储氢、高压储氢和燃料电池储氢技术，并对这些技术领域与国际专利分类号进行了匹配(参见表4-1-1)，以作为获取相关技术领域专利数据的依据。

表4-1-1　技术领域与国际分类号之间的匹配关系

IPC号	合金储氢	金属改性	无机(碳)储氢	有机储氢	高压储氢	燃料电池
技术领域对应的IPC号	C01B-006/00 C01B-006/24 C22C-001/00 C22C-014/00 C22C-023/00	B22F-001/00	B01J-020/02 B01J-020/20 B01J-020/22 B01J-020/30 C01B-031/00 C01B-031/02	C08G-018/00 C08G-059/00 C08G-077/00 C08K-003/00 C08K-005/00 C08L-063/00 C08L-083/00 C08L-083/04 C08L-101/00	F17C-001/00 F17C-005/00 F17C-005/06 F17C-007/00 F17C-011/00 F17C-013/00 F17C-013/02 F25B-017/12	H01M-008/00 H01M-008/02 H01M-008/04 H01M-008/04 H01M-008/06 H01M-008/10 H01M-008/18

专利数据采集自世界德温特专利(DII)数据库(德温特专利数据库未区分申请与授权专利,文中专利全部为申请专利)。检索时间段:1999—2008年。检索式为专利关键词组(hydrogen storage)加专利分类号。共检索到3146条基本发明专利。简要分析发现,1999—2005年储氢技术领域的专利总量处于上升趋势,2005年达到最高点。储氢技术领域排名前10位的专利权人主要分布在丰田汽车、本田汽车、积水化学工业株式会社、尼桑汽车、通用汽车、三菱株式会社、东芝株式会社、三洋电子、松下电子、住友金属株式会社。下文的专利组合分析主要以这10家企业为对象进行。

指标计算与分析

通过引入概念——技术吸引力,对储氢技术领域的企业进行分析,技术吸引力主要衡量企业在特定技术领域的专利数成长率,用技术相对成长率(RGR)与技术成长率的相对潜力(RDGR)来测量。

$$RGR=\frac{\text{单一技术领域专利授权数的平均增长率(10年内)}}{\text{所有技术领域专利授权数的平均增长率(10年内)}} \tag{1}$$

1. 各子技术领域的技术相对成长率(RGR)。采用(1)式,以各子技术领域在1999—2008年间的单一技术领域对比总技术领域,通过专利平均增长率分析,并以年为计算单位计算。各子技术领域最近10年申请专利量的平均增长率计算结果见表4-1-2。

$$RDGR=\frac{\text{单一技术领域专利授权数的平均增长率(后5年内)}}{\text{所有技术领域专利授权数的平均增占率(前5年内)}} \tag{2}$$

表4-1-2　各子技术领域10年专利申请的平均增长率

	合金储氢	金属改性	无机(碳)储氢	有机储氢	高压储氢	燃料电池
1999	0.52	0.08	4	7	–	–
2000	0.3	04	1.6	0.5	–0.5	6
2001	–0.51	–0.57	–	–0.08	–	0.21
2002	0.7	1	0.69	0.77	3	1.14
2003	0.12	–0.27	1.09	–0.026	0.83	0.09
2004	0.28	0.37	0.13	0.11	–0.04	0.59
2005	0.11	0.16	0.15	0.38	0.62	–0.27
2006	–0.3	–0.2	0.05	–0.07	–0.03	–0.24
2007	0.42	0.14	0.09	–0.11	0.06	–0.01
2008	–0.19	–0.22	–0.44	–0.02	–0.03	–0.07
整体	0.09	0.74	0.85	0.75	0.44	0.39

2. 各子技术领域的技术增长率的相对潜力(RDGR)。以2003—2004年为界，计算各子技术领域在前后5年间的相对增长潜力(RDGR)，并以年为单位进行计算。利用公式(2)计算得到各子技术领域的技术增长率的相对潜力(图4-1-1)。

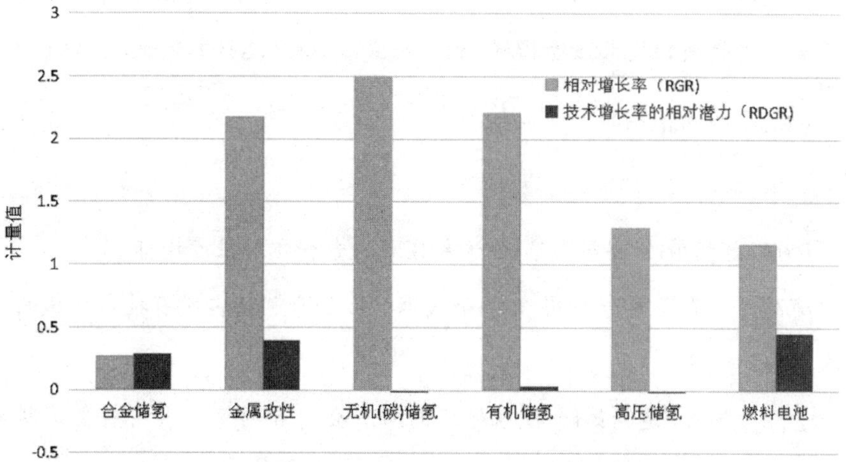

图4-1-1　各子技术领域的技术吸引力图(RGR/RDGR)

3. 专利相对位置计算。专利相对位置指标是指专利权人在特定技术领域专利数量，与该技术领域拥有标杆公司（最大专利数量公司）的专利数的相对比例，该指标最大值为1，其计算方法如公式（3），计算结果见表4–1–3。

$$RPP=\frac{\text{同一技术领域单一公司授权专利数}}{\text{同一技术领域的标杆公司授权专利数}} \tag{3}$$

表4–1–3　专利权人对应各子技术领域的专利相对位置指标值

专利权人	合金储氢	金属改性	无机（碳）储氢	有机储氢	高压储氢	燃料电池
丰田汽车	0.134	0.314	1.000	0.033	1.000	1.000
本田汽车	0.113	0.216	0.625	0.016	0.438	0.913
积水化学工业株式会社	0.211	0.431	0.188	1.000	0.000	0.188
尼桑汽车	0.014	0.020	0.688	0.033	0.188	0.450
通用汽车	0.035	0.000	0.125	0.180	0.219	0.125
三菱株式会社	0.239	0.039	1.000	0.148	0.094	0.113
东芝株式会社	0.148	0.098	0.563	0.115	0.063	0.075
三洋电子	1.000	1.000	0.000	0.033	0.000	0.163
松下电子	0.704	0.882	0.813	0.066	0.000	0.163
住友金属株式会社	0.218	0.431	0.125	0.131	0.031	0.075

4. 技术强度计算。利用专利相对技术优势（RPA）作为衡量前10家企业在各子技术领域的技术强度指标。利用公式（4）得到其计算结果（表4–1–4）。

$$RPA_{ij}=100*\text{tahnh}\ \ln\left(\frac{p_{ij}/\sum_j p_{ij}}{\sum_j p_{ij}/\sum_{ij} p_{ij}}\right) \tag{4}$$

其中：

RPA_{ij} 是指第j家公司在第i个技术领域的专利相对强度指标。

$p_{ij}/\sum_j p_{ij}$ 是指第j家公司在第i个技术领域的专利数占所有技术领域的专利数总和的比率。

$\sum_j p_{ij}/\sum_{ij} p_{ij}$ 是指第i个技术领域的所有公司专利总和占所有公司所有技术的专利总和的比例。

表4-1-4 前10家企业在各技术领域专利相对技术优势指标(RPA)

专利权人	合金储氢	金属改性	无机(碳)储氢	有机储氢	高压储氢	燃料电池
丰田汽车	-83.80	-50.70	19.66	-97.30	80.90	57.23
本田汽车	-81.10	-59.00	-1.52	-98.90	50.32	67.22
积水化学工业株式会社	-42.10	6.70	-82.33	91.84	–	-61.40
尼桑汽车	-42.10	-98.10	67.79	-81.60	42.30	69.26
通用汽车	-85.00	–	-52.80	69.17	71.52	-13.50
三菱株式会社	11.12	-95.60	73.64	10.08	-46.10	-65.90
东芝株式会社	7.73	-48.60	67.23	28.90	-42.80	-63.40
三洋电子	63.23	49.89	–	-97。60	–	-83.90
松下电子	49.66	51.86	8.91	-87.50	–	-78.90
住友金属株式会社	28.21	64.91	-69.90	24.87	-86.90	-72.80

结果分析

案例以储氢技术为例，利用专利组合分析方法确定了储氢技术的相对技术优势分布。从技术发展来看,无机储氢、有机储氢和金属改性技术的相对增长率最高,属于发展迅速领域。高压储氢、有机储氢和金属改性是最有增长潜力的领域。从企业角度来看,丰田高压储氢、燃料电池和无机储氢领域具有很强的技术实力。住友金属在金属改性领域的专利相对技术优势最强。积水化学工业在有机储氢领域的专利相对技术优势最强。

(1)合金储氢。在案中涉及的所有子技术领域中,合金储氢技术的相对增长率比较低,表明该领域属于增长比较缓慢的技术领域。专利相对位置指标,三洋公司最强,其次是松下电器公司。其余公司该值相差较大。专利相对技术优势指标,同样以三洋和松下公司的实力最强。

(2)金属改性。金属改性的相对增长率仅次于无机储氢和有机储氢,属于增长速度较快的领域。相对增长潜力仅次于高压存储子领域。该领域专利的相对定位指标值,三洋公司的优势最为明显,其次是松下公司。住友金属和积水化学工业也具有一定的实力。在专利相对技术优势方面,以住友金属的技术实力最强,松下和三洋次之。

(3)无机(碳)储氢。在所有子技术领域中,无机储氢技术的相对增长率最高,表明无机储氢技术属于成长最快的领域。无机储氢技术主要包含新型碳纤维、碳纳米管材料,它们属于最近几年发展起来的新兴的储氢材料,所以专利总数较少。在专利相对位置方面,东芝与三菱的值相同。而在专利相对技术优势方面,东芝比三菱要低很多。

(4)有机储氢。有机储氢技术的相对增长率仅次于无机储氢材料,也是成长比较快的领域。文献调研表明多孔的高分子材料也是最近研究出的新兴储氢材料。不论是在专利相对位置方面,还是在专利的相对技术优势方面,积水化学工业株式会社的实力最强,其他企业与之差距较大。

(5)高压储氢。高压储氢的相对增长潜力最高,在增长速率方面,属于中等水平。不论在专利的相对位置方面还是在专利的相对技术优势方面,仍以丰田汽车实力最突出。本田汽车公司的专利拥有量仅次于丰田汽车。但在专利的相对技术优势方面,本田汽车次于通用汽车。

(6)燃料电池储氢。燃料电池技术属于储氢技术的应用领域,在技术相对增长率和相对增长潜力方面都不属于最低的。在专利相对位置方面,丰田汽车和本田汽车具有较强实力,拥有的专利数量最多。但在专利的相对技术优势方面,尼桑汽车的技术优势最突出,其次是本田汽车。

本案例对专利组合分析的概念、分析模型和算法进行一定的描述,通过对技术领域的专利组合分析模式,对储氢技术领域的10家企业的竞争力进行评估。

利用专利组合分析方法对企业技术竞争力相对优势进行评价,是一种定量评价的方法,可在一定程度上避免定性评价方法中的参考点效应和证实性偏差;同时,利用多维专利分析指标,可以多方位、更有效地评价企业的技术优势。但是企业技术竞争力的评价还需要涉及技术的先进性、成熟性和市场性等多方面内容，在案例中专利组合分析并没有涉及对企业技术成熟性和市场性的评价，这也是我们未来研究中将继续解决的问题。

二、专利组合与竞争优势

专利组合是一种非常有效的竞争工具，在构建竞争优势的同时，也提高了市场进入的门槛，为后续公司的市场进入与后续创新造成了障碍。专利组合同样也是一种反竞争的有力武器，颠覆了专利制度设计的原本意图。

作为一种专利集合体，专利组合既可以作为一种无形资产，也可以作为一种策略性行为。虽然专利组合是由一个企业或不同企业的专利组成，在其价值的表现方面，具有着不同于单一专利的价值。这些价值不仅表现在企业R&D研发直至产品市场化等全过程中的利益获取，而且还可以作为一种策略性行为手段，对构建行业进入壁垒和处理成本高昂的专利诉讼等具有重要的策略性价值。

1. 顺利开展R&D活动并有效保护R&D前期投入及其成果

随着市场竞争愈发激烈，几乎所有的企业都加强了R&D的相关工作，而从R&D投资决策的角度来看，企业普遍关心的是所拥有资本的状况、产品市场需求状况、技术不确定性以及相关利益方的合作关系等，但随着专利保护强度的不断增加、专利数据可获得性以及专利对企业R&D活动的有效性评估等原因，企业在进行R&D决策时，已经逐渐开始对自身及竞争对手的专利进行分析；而专利组合作为一种包括多种专利的集合体，可以在R&D决策中发挥重要的决策参考价值。

在R&D的整个生命周期过程中，一方面，利用专利组合分析和对竞争对手的公开信息，包括专利组合中专利信息与专利组合策略行为的分析，可以有助于明确R&D决策重点、避免不必要的专利诉讼纠纷、有利于制定R&D活动成果的保护形式(如申请专利、商业秘密和专利交叉许可)等;另一方面,通过专利组合分析工具,对本企业现有专利组合中的专利及专利组合策略性行为相关变量进行分析,有利于明确本企业R&D活动的优势和劣势、R&D活动成果未来保护形式、专利组合中专利构成以及企业专利组合行为模式及其实施方案等内容。

案例4-1-2　美国专利大买家:小米

据ROL律师事务所(Richardson Oliver Law Group LLP)发布的2016年美国专利经济市场相关报告,2016年共有772个专利资产包出现在出售清单中,包括了11000个专利。报告的亮点在于小米公司成为美国专利市场的大买主,此外华为也出现在该名单上。在购买专利者排名中,中国的小米和华为分别列第4和第13位。

据了解,小米公司是首次出现在ROL撰写的报告中,在其撰写的美国专利市场报告中不乏谷歌、苹果、三星、微软等国际巨头企业。此次小米在美国市场大举购买专利,显示出其意图进军国际市场的决心。2016年5月,在微软CEO纳德拉访问北京之际,小米与微软签署了一系列合作协议,其中包括在小米手机中预装微软的软件及小米向微软购买大约1500项专利。此外,双方还签署了专利交叉许可协议。

专利数量一直是诸多巨头公司之间衡量其技术实力和经济实力的标准。在近年来比较有名的几项专利购买案例中,就包括谷歌收购摩托罗拉的专利交易、微软收购诺基亚的专利交易、苹果等公司购买北电公司的专利交易。

截至2016年底,小米已经申请专利超过7000项,已经公布和授权的专利超过6200项,其中公布发明专利超过5200项。而就在2014年,小米还在印度遇到了专利侵权危机。当时印度德里高等法院裁定,小米侵犯了爱立信的标准核心专利组合,并下发禁令,要求小米停止在印度销售和进口涉嫌专利侵权的手机。为此,小米在印度市场的开拓受到很大影响。

专利是研发创新的产物,大型科技公司由于进入市场较早,一般情况下拥有的技术专利较多。而后进入市场的竞争者,往往由于积累不足导致专利数量偏少。专利作为市场竞争一种重要手段,缺乏专利的企业容易成为大型公司攻击的对象。自2014年受挫于印度之后,小米痛定思痛,申请了大量专利,并且为应对来自国际对手的专利挑战,采取了大举收购专利的办法来保护自己。小米的产品涉及电视、手机、网络盒子、电饭煲等,专利技术分类涉及G(物理)、H(电学)、A(人类生活必需)、B(作业;运输)、F(机械工程;照明;加热;武器;爆破)等多个领域,并且均有不同类型的专利布局,从小米可以看出,广泛的专利布局是企业重要的竞争优势。

2. 便利实施有效专利策略并维护和提升现有产品市场地位

专利策略的广泛应用主要是由于专利本身的法律特点所产生的，因为专利是有法律授权的具有一定范围和时间期限垄断性的技术产品，但这种垄断性只是为拥有专利技术的企业提供了实施专利策略的条件，要充分利用各种形式的专利策略,还需要企业拥有一定规模和质量的专利,于是,专利组合的产生为企业充分制定和实施各种专利策略提供了条件。对拥有高质量的专利组合的企业来说,一方面,可以在更大的产品范围内拥有一定期限的垄断权,既可以制定和实施有效的进攻性专利策略(如提起专利诉讼和构建行业进入壁垒等),也可以指定和实施有效防守型专利策略(如构建篱笆专利保护本企业的核心产品及其市场份额等);另一方面,可以利用专利组合中的核心专利的权利要求,既可以突破竞争对手的专利丛林,拓展本企业现有产品市场范围,也可以围绕核心专利提升企业产品研发能力和范围,反向构建专利丛林并维护本企业现有产品的市场份额。

案例4-1-3 风电行业的“游戏规则”

专利已经成为全球经济竞争的重要手段，尤其是各行业的技术领先企业,更是将其作为保护自己、打压对手、制定规则、垄断市场的最常见和有效的武器。多家风电设备商均发生过专利纠纷,其中GE与MHI的专利纠纷在业内比较具有代表意义。GE与MHI均是涉及多个领域的跨国巨头,分别为美国和日本在相关领域具有标志性的公司。这两大公司在风电领域爆发了令人瞩目的一系列专利侵权诉讼事件,值得行业内尤其是国内的同行者关注。

2008年3月7日,GE公司向美国国际贸易委员会(U.S.International Trade Commission,ITC) 提起诉讼，指控MHI公司侵犯了其风电机组相关专利(US5083039、US6921985和US7321221),并要求在美国地区禁止进口MHI的风电机组产品,MHI方面则否认侵犯了其专利权,双方的专利之战正式打响。

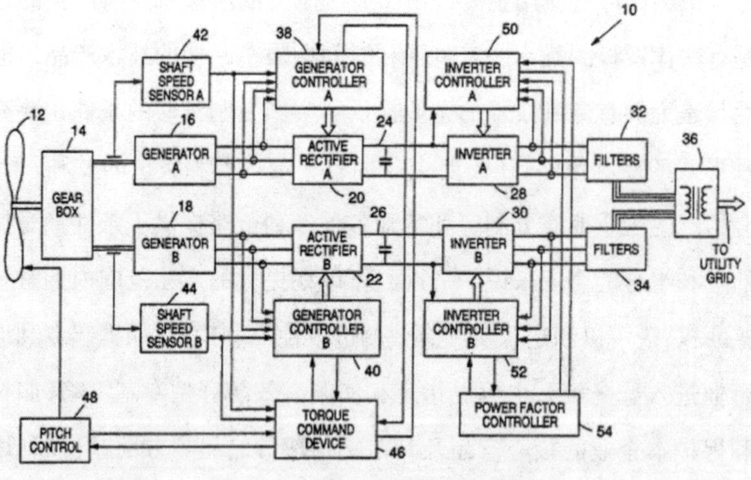

图4-1-2 US5083039专利附图

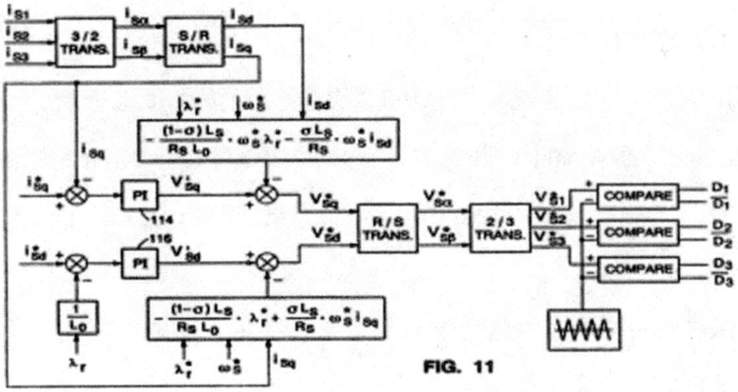

图4-1-3　涉及侵权专利附图

需要关注的是，在GE公司提起诉讼之前的2007年，MHI宣布其在美国收到的2.4兆瓦风电机组订单已达411台。

2009年8月，联合国开发计划署法官初步认定MHI侵犯其中两件专利(US5083039和US6921985)，随即MHI对初步判定结果提出异议。

2010年1月，ITC经过复审重新判定认为GE并未在美国实施该专利技术，因而不符合337条款的相应要求，MHI没有违反337条款。对此，GE声称对裁决结果进行上诉。

2010年2月，GE又在美国德克萨斯州北区联邦法院起诉MHI侵犯其另两件美国专利(US6879055和US7629705)。

2010年5月，MHI在美国阿肯色州西区联邦法院状告GE违反反垄断法，指控GE滥用专利诉讼打击竞争对手，通过恐吓以及欺诈其客户来阻碍竞争，垄断市场，并寻求近10亿美金的赔偿。(最终未得到法院支持，否决了该诉讼动议)

同样是在2010年5月，MHI在美国佛罗里达州中区联邦法院起诉GE侵犯其美国专利(US7452185)。在上述涉及GE的5件专利申请中，由于US5083039在诉讼期间达到专利保护期限而无效未议，其余4件分别被提及复审请求。这5件专利有1件为与机械结构相关的专利技术，另外4件均为电力电子控制相关的专利技术，也体现了GE风电专利申请布局的特征——大部分专利技术均为电控控制技术。

2012年3月，美国法院裁定，MHI侵犯了GE的风电技术专利，并向GE支付1.69亿美元。但是MHI的损失不仅于此，在2008年GE对MHI发起相应的专利诉讼起，直到2011年10月，MHI才在美国市场获得来自Duke Energy的风电机组订单。

然而在应用专利手段进行互相竞争中，并不一定都会上升为法院的专利诉讼案件，在日常工作中对竞争对手的专利信息跟踪并采取相应的预警措施可以为企业的发展提供保障。如以对Enercon与Vestas的一件纠纷专利EP1386078为例，进行专利的信息检索分析，该专利均具有大量的同族申请，进一步查询，在这些欧洲专利申请授权后，即遭到了多个公司对这些专利提出无效异议，其被提起异议的情况如下：

2005年12月15日，SEG提出异议申请；

2005年12月15日，Nordex提出异议申请；

2005年12月15日，ABB 提出异议申请；

2005年12月16日，Vestas提出异议申请；

2005年12月16日，Gamesa提出异议申请；

2005年12月16日，REpower提出异议申请。

该专利申请在诉讼发生之前就有Nordex、Vestas、Gamesa、REpower等多家企业都提出了异议申请，可见这些风电企业对于彼此的专利申请情况非常关注。专利诉讼、专利无效或异议是行业竞争的主要方式之一，由此可见，对行业和竞争对手的专利技术跟踪和风险管理非常重要，有助于发生纠纷时不至于去打无准备之战。

专利纠纷产生的原因并不简单是技术上的侵权，而是背后企业商业利益的争夺。针对国内的众多风电厂商，在不断强调知识产权的本土市场和进入欧美等发达地区的国际市场，专利等知识产权游戏规则会被这些国际巨头熟练地运用于市场竞争活动中。国内风电企业要保持和提升竞争优势，尤其是要走向国际化，如何了解和适应这些规则，并且让这些规则为我所用将是国内企业走上国际化竞争的必修之课。

3. 进行有效的专利许可和专利交叉许可行为，并实施有效的商业行为

专利许可或专利交叉许可，是一种随着企业专利行为产生和发展的普遍专利交易方式，也是一种形成专利组合的有效方式。不过，当企业通过各种形式形成了有效的专利组合以后，又会对企业的专利许可和专利交叉许可产生反向的影响。

专利组合对企业专利许可和专利交叉许可的影响主要表现为两个方面：一方面，多样化和规模化的专利组合可以促进有效的专利许可和专利交叉许可，因为更多更优质的专利，可以对专利许可及交叉许可产生积极的推动作用，进而提高企业R&D行为的活动范围和自由度，以及企业产品市场的活动范围和自由度等；另一方面，高质量的专利组合及其行为，可以提高企业原有专利许可和专利交叉许可行为的活动范围与效率，特别是在具有累积性技术的电子半导体行业，更多更好的专利组合，在R&D活动及成果标准化等方面，可以提高企业的商务谈判能力和竞争优势。

案例4-1-4　英特尔/AMD 合则两利

“买CPU送显卡”一直是诸多用户对英特尔核显的调侃，但凭借着自己在CPU领域强大的优势，英特尔已经成功占据了整个显卡市场份额的70%。虽然英特尔核显现在有HD Grpahics和Iris两大系列，但要说到图形计算，实力终究还是敌不过专注于这一领域的NVIDIA和AMD。据报道，AMD和英特尔已签署了专利许可协议，也就是说英特尔可以在显卡芯片中使用AMD的图形技术。

早在2011年，英特尔就和英伟达签订了专利交叉许可协议，这份协议将于2017年3月31日到期。由于电脑图形技术的复杂，英特尔开发图形芯片时不侵犯AMD或英伟达专利几乎是一件不可能完成的事，所以这份专利许可协议看上去就显得十分合乎情理。如果英特尔把AMD的Radeon图形技术整合到CPU中，那么就意味着英特尔将在一项核心技术上依附于PC处理器市场上最大的竞争对手，这对英特尔来说是前所未有的。向英特尔提供更好的图形技术，将削弱AMD在PC处理器市场上的主要竞争优势。而双方的相互渗透，可能将PC处理器推向一个新的高峰。

图形技术应该是英特尔未来发展的方向之一。虽然在新款的Kaby Lake移动处理器中，处理图形和媒体的内核面积已经大于CPU了，但是依旧无法战胜AMD和英伟达的先进图形技术。在英特尔与英伟达专利许可协议中，英特尔支付每年2亿美元的专利许可费；对于AMD来讲，英特尔放弃了英伟达，选择了AMD，在不增加任何成本的情况下获得这么一笔不菲的收入，也可更好地为图形技术开发提供相应的服务。

通过英特尔/AMD专利许可可以看出，专利许可可以清除专利壁垒，助力技术研发。科技时代的到来，互联网技术的发展，让行业内部甚至各行业间的技术交叉现象越来越明显，企业开发新技术越来越难以避开前人的技术成果。一旦前人将技术以专利的方式保护起来，就会发生专利侵权行为。而专利许可恰恰可以满足前人与后来开创者两者在技术上的需求，消除技术壁垒，促进行业技术的研发与飞跃。当然，在专利战愈演愈恶烈的当下，专利许可还是一个化解专利纠纷的绝佳武器。

合作的主要目的就是双方互利。最终是由软件带动硬件的发展，还是硬件带动软件的发展，我们将拭目以待。

4. 有效处理专利纠纷,并提高专利侵权诉讼的优势性

随着产品市场竞争激烈程度的加剧及知识产权保护意识的提升，专利诉讼不断发生可能有两个直接的原因:一方面,专利作为一种受法律保护的特殊无形资产,具有一定的垄断性,这种垄断性在其专利保护期限内是受法律保护的,正是由于法律强制力的保护,当发生专利侵权现象时,基于法律的专利诉讼就产生了;另一方面,由于专利诉讼的成本高和诉讼周期长等原因,专利诉讼成为了不同规模企业的一种策略性行为。拥有一定量的专利形成专利组合,不论是在被起诉专利侵权时或是对侵权人进行起诉时,专利组合都会给企业带来一定优势。

案例4-1-5 “专利流氓”的生存之道

专利流氓(Patent Troll),又被称为“专利蟑螂”“专利鲨鱼”。他们几乎不做研究创新,也不生产任何产品。他们唯一的业务是四处起诉侵权。由于没有实体业务,专利流氓又被称为非执业实体(Non-Practicing Entities,NPE)。他们嗅觉敏锐,伺机而动,只要其他公司的产品和他们持有的专利有一点点关系,他们就即刻出手。

把NPE称作“专利流氓”源自于英特尔的专利律师戴肯。在2001年,尼罗创办的Techsearch控告英特尔侵权。戴肯讽刺尼罗是一位“专利流氓”,这个词已成为专利界流行语。目前风头最劲的专利流氓有Intellectual Ventures(高智发明)、Interdigital等公司。

专利流氓近年来活动频繁。在美国由专利流氓发起的专利诉讼案比例持续上升:2006年占比19%,而2012年已达到62%。在IT及生物制药等高科技行业,该比例更高,2012年高科技行业的专利诉讼案中88%的原告为专利流氓。

专利流氓的主要诉讼目标是高科技行业大公司。2013年苹果被告侵权次数为59次,居榜首。其他享誉全球的高科技企业,如三星、惠普、索尼等,也

是NPE多次频繁攻击的对象。例如VirnetX状告苹果案:VirnetX是一个典型的NPE，员工有14人，但它拥有关于互联网安全的几项专利。自2010年起，VirnetX开始起诉苹果公司侵权。经过六年起诉过程，直至2016年9月30日，VirnetX vs Apple一案以VirnetX胜诉告终，苹果被判向VirnetX支付3亿美元的赔偿金。

专利流氓在近二十年能够从无到有,存在多方面原因:

1. 低价从专利市场中买得专利

首先,专利本身难以被准确定价。普通商品的定价方式通常由其替代品或相似品的价值,综合考虑其自身价格,而专利却没有参考商品。并且在高科技领域,一项成熟技术通常有数个甚至几十上百个专利组合,而专利组合中单独的专利价值并不突出。由于单独专利的持有者多是个人或小型企业,比起大型科技公司,这些个体或企业缺乏相关的资金和评估标准,从而很难在专利交易中获得专利应有的价值。

其次,专利交易双方缺乏有利的交易平台,致使交易成本过高。对于专利拥有者,寻找当前及潜在的专利授权者需要大量的时间和精力。而对于专利授权者及使用者,寻找到合适专利持有者也相对较难。这些市场的负面因素,使专利持有者处于更加劣势的地位,经研究,个人及小型企业的专利数量大约占美国专利总数的60%,而他们仅能从中获得1%的专利注册收入。这些因素导致专利流氓以低价从个人及小企业中买到专利。

2. 为什么专利流氓能成功

首先,美国专利法严重滞后。前文提到,在高科技领域一项成熟技术通常包含多个专利组合。而一个高科技产品,如智能手机,往往要用到成千上万个专利,而这些专利又和其他专利相关。在几万个相关的专利中,如何准确界定每个专利的宽度或适用范围几乎是不可能的事情。所以是否构成专利侵权在很大程度上是难以说清的，而这恰恰给了专利流氓们浑水摸鱼的机会。

其次,专利诉讼的成本很高。在正式开庭前,被告方为了准备辩护需花费100万美元以上,而整个诉讼过程被告方需花费250万美元。为了避免高额的诉讼费,很多公司选择与专利流氓庭外和解,专利流氓轻易地从中赚得几十万甚至上百万美元。专利流氓对进攻的时机拿捏得尤为准确,往往选择在目标公司即将发布新产品之前或其他脆弱时期出击,从而导致目标公司选择"破财免灾"。

再次,德州东区法院。这个地区法院的法官和陪审员对专利诉讼的原告方非常友好(详情可见案例1-2-2专利诉讼圣地,德州马歇尔市)。前文提到的VirnetX vs Apple一案是由该法院审理。可以说全美国的专利流氓都喜欢此法院。2015年,全美国将近半数专利诉讼案由德州东区法院受理。

专利流氓盛行对高科技行业的发展造成了尤为不利的影响。2011年整个美国经济向专利流氓们支付了近300亿美元(包括诉讼费用)。这些巨额费用直接降低了实体企业的研发投入,同时应付专利流氓也让实体企业分身乏术,直接降低了创新的速度。专利流氓的盈利方式间接引导了实体企业的改变,有些实体企业因此停止实体业务而加入专利流氓的行列。

美国的民众和政府也意识到了专利流氓的负面影响。奥巴马曾经公开批评专利流氓,并着手进行专利法改革,以减小专利流氓的生存空间。2013年美国最高法院对Alice vs CLS Bank一案的判决给了专利流氓沉重一击,专利流氓Alice败诉,同时提高了软件行业专利侵权诉讼的门槛。到目前为止,美国已有13个州通过了反专利流氓法(其中不包括德州)。

在政府改变立法的同时,专利使用者也创建了两种新的专利中介机构来对付专利流氓——自卫专利整合组织和超级专利整合组织。顾名思义,自卫专利整合组织(Defensive Patent Aggregator,DPA)的运作类似于专利保险:加入组织的会员需要缴纳年费,而组织通过积极寻找和购买可能对其会员造成威胁的专利,从而保护其会员尽量免于受到“专利流氓”的起诉。RPX和Allied Security Trust是其中比较著名的两家。但与传统保险不同的是,此类组织并不对其会员收到的专利诉讼承担风险(如果运营商受到起诉,并在诉讼中承受了损失,DPA并不赔偿此类损失)。因此,DPA更像是一种不完全保险。此外,DPA在保护会员的同时也保护了非DPA会员。假如RPX为了保护苹果公司的利益,购买了一项手机技术专利,消除了此项专利被“专利流氓”利用的可能, 那么从中受益的手机公司可能会包括非RPX会员的诺基亚与摩托罗拉。这种外部性使DPA面临失去潜在会员的风险。

超级专利整合组织是一种混合的专利联盟,目前高智发明(intellectual ventures)是这一类机构中独一无二的。高智发明像一个“专利武器销售商”,不仅可以为专利使用者提供保护,也可以为专利所有者提供攻击专利使用者的专利武器。与传统的专利流氓不同的是,高智发明的主要投资主体包括多家高科技公司:微软、亚马逊、苹果、美国运通、ebay、谷歌等,并且其业务包括利用自身拥有的专利进行研究创新。因此, 高智发明是一个十分特殊的存在。由于此类超级专利整合组织需要大量的资金来维持运作,长期来看,未来的专利整合组织很可能演变为一个“超级专利流氓”,通过阻碍买卖双方进行交易,而从运营商获得巨额利润。但另一种可能是超级专利整合组织会通过提高专利市场集中化,促进形成更加可靠的专利评估体系,从而进一步保护专利所有者的利益。对于这类专利联盟日后究竟怎么演变,我们拭目以待。

运营公司还可以和专利流氓结盟。2011年苹果公司和一个叫Digitude Innovations的专利流氓成为partners,相互发放专利许可。这对苹果有两个好处。第一,以后不会再受到这个专利流氓的骚扰。第二,苹果可以把这个专利流氓作为枪手,告其他运营公司(如三星等)侵权(一个运营公司告另一个运营公司侵权很容易被反告,因为这些公司的产品或多或少有相互侵权的嫌疑)。

最后,有些曾经风光一时的大运营公司因为产品换代缓慢,实体业务萎缩，有逐渐蜕变成专利流氓的倾向。其中的代表者为诺基亚，IBM也有这个倾向。因为IBM拥有很多重要专利，有人笑称IBM在不久的将来将演变成最大的专利流氓。

近年来，中国高科技企业的表现不俗。根据2015年全球的手机行业报告，2015年全球智能手机销售量为12.9亿部，而中国厂商的总销售量为5.4亿部，其中华为、小米等7个中国厂商荣登前十名。面对中国厂商如此卓越的表现，专利流氓们已将贪婪的目光投向了对版权和专利保护仍处于初级阶段的中国市场。事实上，2016年5月Uniloc已将腾讯告上法庭（地点是德州东区），号称微信侵犯了它的两项专利。不久前Uniloc还告了华为侵权。

专利流氓来了，中国企业该如何应对？

遭遇"专利流氓"后首要任务是积极应对，而不是盲目地退出市场，同时还要有针对性地就对方专利提出专利无效请求，或者采取绕开侵权专利的方式，避免不必要的诉讼。此外，还可通过购买专利和进行专利许可的方式，不断加强自身专利实力。

三、企业专利布局的模式

专利布局要根据市场的专利情况、自身的专利情况、竞争对手的专利情况以及法律法规等相关因素经过综合考虑后进行合理规划。企业的专利如果没有战略性布局就如一盘散沙，经过布局规划后的专利才是企业一面坚实的防火墙。拥有严密性和层次感的专利防护网，不仅可以保护企业自身的核心技术不被侵犯，还可以有力地攻击竞争对手。

在实践中，由于不同类别企业在专利组合形成中的特点、企业自身的其他资源状况、行业竞争对手的状况、专利产业化后有形产品等方面，均存在较大的差异，从而导致了不同模式的企业专利布局。专利布局没有固定格式，企业一般常用的专利布局主要有以下几种方式。从分类标准的角度，将企业专利布局分为基于专利数量和质量的专利布局、基于企业规模的专利布局、基于专利来源的专利布局和基于产品生命周期的专利布局等类型。

1. 基于企业专利数量和质量的专利布局

基于企业专利数量和质量的专利布局是从专利组合体中专利之间相互关系的角度，对有关专利布局的一种统称，具体包括：规模化专利布局、互补性专利布局和替代性专利布局等类型。

表4-1-5 2002—2011年美国专利授权前10位企业

企业	2002	2003	2004	2005	2006	2007	2008	2009	2010	2011	合计
IBM	3288	3415	3248	2941	3621	3125	4169	4887	5866	6148	40708
SANSUNG	1892	1992	1806	1829	2368	1983	2107	2200	2551	2818	27540
CANON	1328	1313	1604	1641	2451	2723	3502	3592	4518	4868	21546
TOSHIBA	1130	1184	1311	1258	1672	1519	1575	1669	2212	2451	15981
SONY	1600	1892	1513	1271	1732	1381	1301	1051	1447	1455	15922
HITACHI	1434	1311	1305	1135	1771	1454	1461	1656	2130	2265	14643
FUJITSU	1211	1302	1296	1154	1487	1293	1475	1188	1276	1382	13064
MATSUSHITA	1544	1774	1934	1688	2229	1910	1469	47	13	7	12615
GE	1416	1139	976	904	1051	911	911	976	1222	1444	10950
NEC	1821	1181	813	661	728	600	527	511	652	592	8086

表4-1-6 2011年在中国获得授权专利数量前10位的国外企业

序号	国家和地区	企业名称	数量（件）
1	日　本	松下电器产业株式会社	1587
2	韩　国	三星电子株式会社	1276
3	日　本	索尼株式会社	1172
4	日　本	佳能株式会社	910
5	日　本	丰田自动车株式会社	848
6	韩　国	LG电子株式会社	788
7	日　本	夏普株式会社	777
8	荷　兰	皇家飞利浦电子股份有限公司	650
9	美　国	国际商业机器公司	644
10	日　本	精工爱普生株式会社	627

规模化专利布局，是指单纯从组成专利组合体的专利数量增加角度，开展基于专利组合企业R&D活动资源及其成果的专利化、专利许可和专利交叉许可、专利诉讼以及设置行业进入壁垒等企业行为的一种策略。规模化专利布局的主要特点有：①以专利组合体中专利数量的增加为目标，通过专利数量的增加扩大产品种类和提高企业销售额等；②策略性行为主体大多为规模庞大的行业领导型企业，由于专利研发和维持等成本高昂等原因，因此大型企业在实施规模化专利布局方面具有明显的优势；通过表4-1-5和表4-1-6可以看出，具有庞大授权专利数量的领先企业几乎是行业领导型企业；③具有明显的进攻性，由于专利数量巨大，一方面，行为主体可以通过对其他众多行业企业提起专利诉讼，获取数额巨大的专利使用费，如由行业巨头HITACHI、PANASONIC、TOSHIBA、JVC、MITSUBISHI ELECTRIC以及Time Warner等组建的企业间专利组合体对中国DVD行业企业收取的巨额专利使用费；另一方面，行为主体还可以通过数量庞大的授权专利构筑专利丛林和专利进入壁垒等行业进入陷阱和障碍，从而维持本企业的行业领导地位或垄断地位。

案例4-1-6　DVD专利费之争：中国制造业的蒙羞

如今，一谈到中国企业因为缺少知识产权保护意识和产业标准而遭受外国企业压榨，言必称DVD专利费。这个持续7年的争端，已经成为中国制造业的一大旧伤，并且至今还在时时作痛，不断引发各界的关注和反思。

1999年6月，正是DVD最为流行时期，6C（包括日立、松下、JVC、三菱、东芝、时代华纳）宣布“DVD专利联合许可”声明，要求世界上所有生产DVD的厂商必须向他们购买“专利许可”。

2000年11月，6C又出台“DVD专利许可激励计划”，并开始与中国DVD企业就专利费缴纳进行谈判。

2002年1月9日，深圳普迪公司出口英国的3864台DVD机，被飞利浦通过当地海关扣押，依据是未经专利授权；2月21日，德国海关也扣押了惠州德赛公司的DVD机。至此，专利费之争走上国际贸易前台，逼迫出口量占世界DVD总产量70%的中国DVD企业直面此问题。

2002年3月8日，6C发出最后通牒称，就DVD专利费问题，6C在过去的两年间努力与中国电子音像协会进行了多达9次的谈判未果，所以现在中国DVD企业务必在3月31日之前与6C达成DVD专利费交纳协议，否则他们将提起诉讼。6C的要价是每台DVD收取20美元，在当时中国DVD厂商200元人民币的利润空间中，6C就要拿走一多半。

2002年4月19日，6C与中国电子音响工业协会达成协议，中国公司每出口1台DVD，将支付4美元专利使用费。2002年11月，持有DVD专利的6C联盟再次提出要求：2003年中国的内销DVD也得交专利费，要价每台12美元。

随后，该协会又与3C签订每出口1台DVD播放机向其支付5美元的专利使用费协议。其他专利使用费支付情况是：lC汤姆逊收取每台售价的2%（最低2美元）的专利使用费，杜比每台收取1美元的专利使用费，MPEGLA每台收取4美元的专利使用费（2002年调整为2.5美元）。至此，专利收费风波似乎告一段落。

每台高达16~19美元的专利费，让前几年还在央视争夺广告标王的中国DVD厂商沦为代工，国产品牌大量消亡。而且，由于DVD专利技术的高度扩展性、中国制造企业在世界上迅速膨胀的市场份额和专利保护的落后，加上专利费收取的顺利，受DVD事件的启发和影响，外国厂商对中国的电视机、U盘、光盘、光盘刻录机、数码相机、摩托车等生产厂家也提出了征收专利费的要求，而且有不断扩大的趋势，可能很快会波及到PC、移动通信、生物医药等高科技领域及相关主导产业。这种情况引起了政府、产业以及媒体的高度关注和担忧。

随着DVD市场的成熟，价格大幅下降，没有调整的专利费成为中国企业身上越来越紧的枷锁。中国企业出口一台售价32美元的DVD只能赚取1美元利润,而交给国外企业的专利费却高达60%。同时,飞利浦等专利联盟在与国内企业签订的协议中共有近3000项专利,在普通DVD里有用的不到10%。这种在出卖专利时不加细分,捆绑收费的做法,已引起了国内DVD业界的不满。

2004年6月,在国内多家骨干厂商的支持下,无锡多媒体正式在美国圣地亚哥市的加州南方地区法院递交起诉书,状告3C(索尼、先锋、飞利浦)专利联盟,指控其目前针对中国DVD企业的征收专利费行为,违反美国的《谢尔曼法》及加州垄断法等法律,并要求判决3C专利无效及无法执行,并追偿超过30亿美元的专利收费。在2004年,中国台湾地区的两家DVD企业,也曾以同样的理由起诉3C联盟获得胜诉。

无锡多媒体有限公司称:第一,3C的固定专利价格违反了专利费要根据体系的浮动进行调整的法律条款;第二,包含大量非必要专利的专利分析报告证实了3C违反专利池只能包含必要专利的基本原则;第三,连续对无锡多媒体有限公司申请的无理由拒绝,造成不公平授权的使用;第四,集体垄断市场,高授权或不授权,违反垄断法。

广大媒体对此反应强烈,称这是21世纪最重要的官司,因为这是中国企业在面对外国企业巨头,利用法律手段争取应有权利的开始:“中国DVD企业以拿起法律武器的方式正式打响反抗国际专利霸权的第一枪”,“中国企业要找回尊严”。

同年12月28日,无锡东强数码科技有限公司以同样诉讼理由状告4C(加上LG),并修正诉状,代表满足一定条件的DVD播放机生产商、销售商进行集体诉讼。

同时,香港东强电子集团和飞利浦之间也发生了争议,香港东强电子在德国起诉飞利浦专利无效。2005年5月,飞利浦在香港反诉东强电子集团及其13家附属公司专利侵权和违反许可协议。2005年6月15日,德国法院就香港东强电子起诉飞利浦专利无效一案作出一审判决，认定飞利浦的欧洲专利EP0745307在德国范围内无效。

在诉讼压力下，2005年3月10日，6C专利联盟突然表示将降低中国DVD专利费1美元，但是中国企业并不领情。尽管两个企业在美国起诉4C联盟一案并没有被法院立案受理，中国企业由中国知识界出面，在本国又展开了维权行动。

2005年底，北京大学知识产权学院张平、上海大学知识产权学院院长陶鑫良、同济大学知识产权学院院长单晓光、中南财经政法大学知识产权学院院长朱雪忠、中国政法大学知识产权研究中心主任徐家力五位知名教授针对3C专利池中以飞利浦公司为权利人的“编码数据的发送和接收方法以及发射机和接收机”中国发明专利，向国家知识产权局专利复审委员会提出专利权无效宣告请求。申请提交后的两天，十多名国内知名知识产权专家聚集北大，研讨我国知识产权反垄断制度的构建，并对这一无效请求表示支持，对以飞利浦为首的3C联盟在华收取高额许可费的合理性提出质疑。

2006年12月10日，五位教授与飞利浦公司签署联合声明，飞利浦迫于专利审查和国内外的市场压力主动求和，最终决定将该项专利从3CDVD专利联营许可协议之专利清单中撤出，并表示对此项中国专利不再主张权利，五位教授同意撤回对该项专利的无效宣告请求。双方还就保护知识产权、维护公平竞争发表了联合声明。

媒体称，该案的和解有助于推动我国相关法律制度的构建，对我国企业具有一定的警示和借鉴意义；但这一结果并没有达到舆论所期望的降低DVD专利费的目标。

互补性专利布局和替代性专利布局，指从组成专利组合体的专利之间的关联性角度，企业对拟组成专利组合的专利进行选择性研发和实施的一种布局。如果组成专利组合的专利对产品研发和市场销售具有互补性特点，那么上述布局就称之为互补性专利布局，如果组成专利组合体的专利对同一种产品研发和市场销售可以相互替代，那么称上述布局为替代性专利布局。互补性专利布局和替代性专利布局具有以下两个明显特点：

(1)以企业产品研发和销售为核心目标,互补性专利布局在产品研发和销售方面的目的,主要是为了完善和增加同质产品性能,以扩大产品差异化种类和市场销售额;替代性专利布局在产品研发和销售方面的目的,主要是为了增加企业R&D的自由度并构筑产品销售方面的进入壁垒，因为基于同种产品的专利技术可以是多样化的，产品市场上的在位企业会面临潜在竞争对手的进入威胁，所以通过替代性专利的研发可以有效阻止潜在对手对同种产品市场的进入。

(2)具有明显的行业特点,互补性专利布局大多发生在电子半导体行业,主要原因是电子半导体行业的同种产品的升级换代周期短，行业技术往往具有累积性的特点，而且新产品的研发往往是建立在过往产品专利技术的基础上,从而使新产品专利技术和过往产品专利技术具有很强的互补性,在现实的产品市场中,新产品对过往产品的兼容性就是很好的说明;而替代性专利布局应用于生物医药和化工行业较多，主要原因是生物医药和化工行业专利技术具有分离性的特点，上述行业同种产品的生产技术可以是完全不同的,同一个产品往往可以由不同的专利技术进行生产。

案例4-1-7　从企业互补角度看面板行业格局

显示面板行业高达千亿美金的产值,吸引各国政府、产业链厂商及各路资本的积极参与。行业巨头的每一步动作,都会影响整个产业链的发展。本案从专利的视角进行盘点,从行业巨头技术联盟的角度剖析,企业间互补性专利布局到底会怎样影响着面板行业的未来发展。

互补性专利布局一:IGZO技术联盟(鸿海+夏普+中电熊猫)

夏普的困局:落魄的贵族

夏普是“液晶之父”,在液晶面板上有深厚的技术积累和专利布局,是最早一批投入面板生产的厂商之一。夏普的产能目前在业内排名第七,生产线有3.5/4.5/6/8/10多条不同世代线,技术上在低温多晶硅(LTPS)和IGZO氧化物(Oxide)技术布局较早,拥有大量国际领先的显示专利。

夏普是全球为数不多的几家既拥有面板业务又拥有终端品牌(彩电和手机等)业务的厂商之一,但其上下游整合及市场反应能力属于弱项环节,导致集团内部业务并没有形成合力效应,反而双双衰退。面板业务连连亏损,品牌业务在国际上也日益边缘化,夏普彩电业务在2014年及2016年初相继宣布退出欧洲及北美电视市场。反观同类公司三星、LG和TCL,日子都比夏普好过得多。

因此,对于夏普来说,强大的产业链整合及快速的市场反应和销售能力是一项急需的生存本领,而鸿海正好能弥补夏普的这一短板。日媒报道,夏普计划2016年将彩电整机生产交给鸿海代工。同时,传出鸿海已派员到欧美展开协商,在力争拿回授权业务的同时,也规划开拓新市场,扩大全球彩电市占有率。

鸿海的野心:从代工大王向面板巨头迈进

鸿海成立于1974年,从一家塑胶小厂一路发展成如今全球最大的电子产品代工企业。旗下富士康是苹果全球最大的代工厂,苹果手机代工占鸿海销售额的一大半。

鸿海旗下面板专业制造公司群创成立于2003年,2010年一口吃下当时台湾面板第二位的奇美电子及统宝光电之后,产能和技术得到了快速提升,目前有G3.25/3.5/5/5.5/6/7/8大小不等的十多条面板生产线,但其专利大多为传统的非晶硅(a-si)液晶面板技术,客户主要面向中国大陆模组厂和整机厂,以目前的面板技术很难进入苹果供应体系。

因此,富士康从2015年开始就筹划在郑州和贵阳投资2条六代生产线,规划走LTPS技术路线，为今后过渡到有源矩阵有机发光二极体面板(AMOLED)做技术储备,但目前进展并不明朗。

所以,对于鸿海集团来说,局面有些微妙,一方面全球手机市场增长放缓,鸿海需要摆脱对苹果的重度依赖、实现多元化发展;另一方面,苹果是鸿海的主要营收来源,鸿海迫切需要引进新型AMOLED技术,以此保住最大客户的订单。

鸿海收购夏普,目的是以资金换取专利技术,为鸿海节省大量技术研发时间和学习成本。如果进展顺利,或许将赶上苹果有机发光二极管(OLED)手机面板供货时机。但挑战也是非常巨大的,台湾地区企业历来跟日本走得近，鸿海也在许多场合多次表明希望借助日台厂商联盟来抗衡韩国厂商的立场。但鸿海骁勇善战的行事风格能否在暮气沉沉的日本企业文化里行得通,能否充分调动两家集团庞大资源进行互补及整合,则需要拭目以待。

中电熊猫

夏普与中电熊猫的合作早在2009年就开始了，夏普将龟山工厂6代电视机液晶面板生产设备卖给了中电熊猫，并与CEC就合作生产液晶面板达成了协议。

2014年,夏普与中电集团合作,共同在南京兴建一座8.5代液晶面板厂,并授予中电熊猫IGZO专利技术,这是夏普首次对外提供IGZO技术。夏普出资约为220亿日元(约合人民币14亿元),占合资公司8%股份。同时,夏普将把部分液晶面板的生产委托给合资公司进行。

同属IGZO一个技术体系之下,群创与中电集团的合作也因“鸿夏”合并逐渐打开。2016年上半年,业内传出中电熊猫开始给群创代工39.5寸电视面板。同时据业内传闻,中电集团位于咸阳的8.6代厂生产线,是由台湾群创的技术团队所打造。

三星的核心战略:AMOLED

众所周知,三星显示在AMOLED技术上的专利布局在全球处于绝对领先地位,从三星近年来的一系列投资扩产及剥离非核心业务等种种动作来看,中小尺寸AMOLED显示及柔性技术上的专利布局,将成为三星显示今后的战略发展方向。

三星AMOLED手机屏目前在保证三星自家中高端智能手机供货量的同时,还可以对外大量供货,且产能还将继续扩大,从营收和盈利上来看AMOLED都远高于液晶显示器(LCD),因此选择关闭部分LCD产线,将精力集中在AMOLED技术开发及提升产品良率上是更为明智的选择。但在大尺寸LCD彩电面板方面,三星电子一直需要向外部采购。

在富士康入股夏普后,三星电子出售了所持有的全部夏普股份,之前的供货关系也变得岌岌可危。从夏普沉重的财务负债及三角关系的内耗中摆脱出来,这对于三星来说未尝不是一件好事。三星将合作的目光转移到蒸蒸日上的中国面板市场。这些年国内LCD技术进步发展很快,很多领域已经达到甚至超过国外同行。

三星+华星:大尺寸LCD

其实,三星显示器在此之前已经与TCL有过合作,最近又持有华星光电8.5代厂的8.18%股权,作价21亿韩元(约3.15亿美元)转股至华星光电新设子公司华星光电半导体显示技术有限公司,即11代厂,未来三星显示公司将占华星光电新厂9.8%的股权,获得该厂11%的产能。2016年年底该厂开工建设,2019年量产。

对于三星与华星光电在大尺寸LCD面板的合作,可谓各取所需。对于华星光电,投资11代线这一全球最高世代线面板,没有任何现成经验可借鉴,三星显示加入进来可一定程度上提供技术援助,同时为将来大尺寸面板寻找稳定买家。三星退出8.5代厂股权，也为华星光电借壳上市扫除了外资股份限制的障碍。

从三星方面来看，通过获得华星光电11代厂11%的产能，既可保证三星电子在高端大尺寸彩电市场的稳定货源，强化其在终端电视市场的领导地位，同时三星显示也可以降低大尺寸LCD面板的投入，将更多资源聚集于OLED面板及柔性屏事业。

华星+天马：半导体显示大集团

2016年9月18日晚，TCL与深纺织同步发布重大资产重组公告，双方均表示，此次重大资产重组的主要交易对方包括但不限于对方标的公司。

同时，另一家面板企业深天马也一直处于重组停牌当中，业界人士分析天马重组主要有三种可能性：①将厦门天马注入到深天马正式启动；②规划新的G6LTPS/AMOLED产线；③另外的可能就是纳入此次重组，加入由华星光电组建的半导体显示大集团，打造能与京东方同台竞争的大半导体显示集团。就目前的产能规模来看，京东方全球排名第五，占全球11%，华星光电占6%左右，与深天马的全部产能加起来也远不如京东方。

深天马与华星光电进行重组不是没有可能，一直以来深天马专注于中小尺寸面板的研发生产，在中高端智能手机、车载显示等中小尺寸面板领域已取得较为优异的成绩，而华星光电在大尺寸面板上有很强的竞争优势，两家联手具有很强的互补性，在产品布局和产能规模上竞争力将大大提升。而且两家公司总部都在深圳，同时在武汉也都有自己的面板厂，如果政府在背后有意主导，则成为现实的可能性将大大提升。

AMOLED喷墨印刷：三星+华星+天马

对于天马与华星光电的合作，其实早在2016年初就已经开始。2016年3月，深天马花3400万元持股华星光电旗下子公司聚华印刷显示34%股权。聚华专注的喷墨印刷式OLED是实现大尺寸OLED的关键，如能实现大规模量产,则可大大节省材料成本,破解大尺寸OLED瓶颈。

对于在OLED领域有重大突破可能性的技术，自然少不了三星的参与。据业界人士透露,三星为提前引进OLED喷墨印刷制程,早已着手进行相关准备,几年前便透过实验产线积极进行喷墨印刷技术研发。

2014年，三星通过旗下风投公司就曾对美国喷墨印刷设备公司Kateeva进行了数千万美金的投资。目前,设备的研发进度已达到可商用化的水平,待OLED材料的寿命等性能得到实质改善之后,将可能在A3产线上正式引进喷墨印刷制程,时间上预计还需要2~3年。

面板行业巨头的每一步动作,都影响着整个产业链的发展,三星、鸿海、夏普、中电熊猫等行业巨头间的技术交叉、商业交叉、企业间互补性专利布局将如何带动整个行业的发展？让我们拭目以待。

2. 基于企业规模的专利布局

从专利权人的生产经营规模角度对有关专利进行布局，视为企业规模的专利布局。由于理论研究的相对滞后,对企业专利布局相关的企业规模并没有明确的衡量标准,但可以从相对规模的角度进行大体的认识。具体来说可以将给予企业规模的专利布局分成很多种,但为了描述方便,可以分为大型企业专利布局和创业型企业专利布局。

大型企业专利布局,由于企业规模巨大及相应的财务优势,从而使专利布局表现出以下两个显著的特点:①同一个企业的专利数量庞大,根据美国专利商标局(USPTO)和中国国家知识产权局的2011年度报告可以看出(如表4-1-5和表4-1-6所示),每年申请和获得授权的专利数量排在前十位的均为国际知名大型企业,②企业专利布局具有强烈攻击性,一般来说,这些企业凭借其数量庞大的授权专利，往往通过专利许可和专利侵权诉讼等方式获取巨额专利使用费，并形成行业进入壁垒进而维持和提升本企业的产品市场竞争优势，例如，IBM自1990以来开始实施基于专利组合的专利策略，而且每年通过专利许可方式获得的专利使用费高达10亿美元。

比较而言，相对于大型企业专利布局来说，创业型企业专利布局由于制定和实施企业大多是刚起步的小微企业，这些企业在产品规模、市场力量和资金等方面，对比大型企业存在明显的劣势，所以创业型专利布局也表现出自己特有的一些特征：①专利布局为低成本型，由于企业资金实力薄弱，这些小微企业在制定和实施专业布局且权衡收益和成本时，更多的是考虑成本因素；②专利性质与企业核心产品高度相关，由于企业规模和资金实力等因素的影响，这些小微企业总是从企业核心产品研发和市场开拓的角度进行专利组合；③侧重于专利布局实施前评估，创业型企业专利布局大体分为专利布局研发和实施两个阶段，但更侧重于研发阶段，在研发阶段，企业往往结合自身长期发展战略，在企业核心目标的指引下，对可专利化的技术及专利外购等进行有效评估，并进而确定企业的具体专利布局。

案例4-1-8　斗鱼“高筑墙，广积粮”

众所周知，直播是2016年中国创投界的风口，是资本汇聚之地，却也是竞争最惨烈的领域。对于在直播圈的人来说，竞争是全方位的，融来的钱恨不得一块钱掰成两块用，事实上作为一个对内容争夺激烈的行业，直播在知产界另一个分支——IP领域的投入可谓不菲，从早期对于游戏赛事版权的争夺，到如今对于各色娱乐综艺版权的购买无不属于IP采买，而对于内容的投入也构成了直播业融得资金的一大去处，相比之下，直播业在专利领域的投入就少得可怜。

近期直播界的老大哥“斗鱼”做了一件出乎很多人意料的事——他悄悄申请了为数不少的专利。为此，下文以斗鱼直播为例，对其专利布局的方式进行分析，并通过“斗鱼”来分析专利在直播行业及对创业公司的意义。

斗鱼TV是一家弹幕式直播分享网站，为用户提供视频直播和赛事直播服务。斗鱼TV的前身为ACFUN生放送直播，于2014年1月1日起正式更名为斗鱼TV。斗鱼TV以游戏直播为主，涵盖了体育、综艺、娱乐、户外等多种直播内容。2016年3月15日，斗鱼TV宣布获得腾讯领投的B轮超一亿美金融资，同时，A轮投资人红杉资本及南山资本都将继续投资。8月15日，斗鱼直播完成C轮15亿人民币融资，由凤凰资本与腾讯领投，2016年“斗鱼”累计融资金额超过20亿元人民币。

截至2016年年底，“斗鱼”提交专利申请407项，同期增长1357%，目前总计专利申请数量437件，其中发明专利326件，外观设计111件，其中178件是公开申请，而获得授权是25件。

然而对仅成立3年的“斗鱼”，四百多件专利这个数量在创业公司中绝对是翘楚，中国的创业公司大多不重视专利布局，甚至不少成熟的老牌互联网公司对此也没有足够的重视。

这是很多创业公司的一个误区，不重视专利申请和布局，认为只要开发出好的受用户欢迎的产品即可。但实际上恰恰相反，对于大多数创业公司，和行业巨头或山寨厂商相比既没有资金品牌优势也没有成本优势，能够在市场上脱颖而出靠的往往是产品的独特、创新的技术，但是好的产品一旦畅销后，如果没有完善的知识产权保护，如商标申请、专利布局等，没有预先设置必要的品牌和技术壁垒，马上就会被同行模仿抄袭，最后可能错失良机沦为为他人做嫁衣。

创业公司，特别是互联网创业公司多以技术起家，这些技术优势也是创业初期得到资本市场认可，并使公司持续发展的重要因素。如果一开始没有对自己的核心技术进行专利布局，一旦自身技术被他人抄袭，甚至被他人抢先进行专利布局，则未来公司发展的“天花板”将提前到来。巨头如Facebook，创立初期专利布局没有与业务增长匹配，直到2012年全力准备IPO的时候遭到了竞争对手的专利诉讼，这也从另外一个侧面说明了创业公司进行专利布局的前瞻重要性。相反国内华为公司在专利领域就做得很好(详见第三章二节)，由于专利布局优势近几年在国内外市场份额逐年增加。

“斗鱼”法务总监邓扬曾在访谈中透露：对于“斗鱼”来说，知识产权管理体系的构建是对公司创新战略的执行，首先是组织架构的保障，“斗鱼”通过扁平的组织架构确保研发部门和专利管理部门无缝高效对接，专利管理部门享有向负责人就研发方案、方向提出建议的权利，研发人员和专利管理人员可以灵活高效地进行沟通，通过头脑风暴、技术擂台等形式激发创新活力。

二是管理流程的落地，专利管理部门自产品构思阶段至研发、实施全程支持、引导配合研发部门，每个环节都有明确的工作标准，通过标准工作流实现高效的专利产出及创新方案的全方位保护。

三是借助外部开放合作，除了内部研发外，“斗鱼”和国内具有深厚科研背景的高校进行合作，对行业中一些新兴技术比如AR、VR相关领域进行研究，并且尝试和一些创业团队创新团体探索合作共赢的方式。

通过相关的专利检索可以发现，在直播行业，“斗鱼”和YY是唯一两家在专利领域有所布局的公司，而相比于“斗鱼”唯一的业务就是直播，由于YY早年由语音通信起家，旗下并不只有直播业务，但不论如何，相比起这两家，其余直播平台的专利申请基本都为零。

直播行业对待专利态度的截然不同，在短期经营内对并无明显的差异，专利储备至少要在经历了市场厮杀存活下来之后，才能逐渐发挥作用，然而市场永远是公平的，侥幸从来不是商业世界的生存指南，屡试不爽的墨菲定律告诉我们：该出错的地方总会出错，专利储备的缺乏将成为商业竞争的软肋，这点在专利诉讼频发的通信行业早已被无数次印证。

北京大学互联网法律中心发布《互联网技术创新专利观察报告(2015)》，为主要的通信及互联网公司在中国申请专利的情况做了一个统计。报告显示，截至2015年12月31日，在互联网领域，腾讯公司的专利数量位居第一，数量为9540件，百度与奇虎360处于第二方阵，数量为4000~5000件，小米专利申请数量为3000~4000件，阿里巴巴在中国的专利数量为2000~3000件，乐视公司与谷歌（中国）公司的专利数量为1000~2000件，其余互联网公司的专利申请数量基本上处于1000件以下的水平。

无论是浴血拼杀的劫后余生还是按部就班稳扎稳打，跻身中国互联网下半场的选手都是这场牌局的阶段性赢家，但也是这群人，除了少数未雨绸缪的行业巨头，几乎将自己完全暴露在专利战的风险之下。

按照时下对于中国互联网上下半场的共识，在资本、模式和市场开拓速度的比拼之后，一个更偏重防守、储备和盈利的下半场将拉开大幕，专利储备不足将危及他们行业地位的言论或许太过耸人听闻，但若是一心觉得剩下的活计只是收割流量那么简单，那么免不得当专利收割者找上门来时落得焦头烂额的下场。

北京大学互联网法律中心的负责人、主持前述报告研究的中国知识产权法权威张平教授就曾下过断言："未来互联网领域一定会出现专利诉讼爆炸式的增长。"而在未来的企业商战之中，专利战将会是一个重要形式这一点早已成为业界共识。

如果说YY作为一家创立11年的上市公司，其在专利领域的积累尚属正常，那么"斗鱼"作为一家不到3年的创业公司，其专利布局绝对是刻意为之，"斗鱼"敢于加码专利布局的底气，大概是来源于对市场的绝对领先地位。根据第三方数据平台Quest Moblie所给出的数据，网络直播App人均月度使用时长和次数，"斗鱼"都高居榜首。根据中国互联网的上下半场的划分所对应的两套不同战略模式，也可以将中国的直播行业分为上下半场，不难得出的结论是，在上半场大肆攻城略地的"斗鱼"，已经在为直播行业的下半场谋篇布局了。

从“斗鱼”法务总监邓扬在访谈中所透露出的“斗鱼”的战略布局可以看出,“斗鱼”目前的专利策略仍然偏防守型,以期加强专利储备,规避侵权风险,这一保守的描述背后是否有更多的战略布局我们不得而知,但至少从现阶段来看“斗鱼”先人一步,算是走了一步好棋。

“斗鱼”是在“高筑墙、广积粮”。

3. 基于产品生命周期的专利布局

基于产品生命周期的专利布局，是从企业产品研发直至市场销售的全过程生命周期的角度,对形成专利组合和应用专利组合行为的一种总称,具体包括事前专利布局、事中专利布局和事后专利布局。

事前专利布局是指基于R&D活动的专利布局，主要是指利用专利组合分析工具对本企业及竞争对手的专利信息进行规范分析，从而为企业的R&D活动提供决策服务的一种企业策略。专利组合分析工具主要包括公司层面及技术层面的专利组合分析、发明人及市场一体化的专利组合分析四种类型。

事中专利布局是指在企业R&D成果的专利化或商业秘密化、产品生产及其市场销售等过程中，企业综合利用已有专利组合中的各类授权及公示专利,综合利用专利许可、交叉许可和专利联盟等方式,以达到企业各类商业目标的一种企业策略。由于专利组合、企业生产经营状况以及行业竞争状况等各种信息条件的差异，不同企业的事中专利布局的行为特点和应用条件等也存在差异;同时,事中专利布局本身就包含了其他各种专利布局的具体形式和内容。

事后专利布局是指在企业产品销售后由于专利纠纷而引起的专利侵权诉讼等各种行为的总称。由于专利侵权诉讼存在专利权诉求、专利诉讼周期、专利损失补偿以及专利诉讼费等众多的不确定性,所以对与专利诉讼相关的企业来说,事后专利布局不仅仅是一种成本收益的常规分析,有时更多的是需要进行策略性思考,以避免更多的损失或获取更多的收益。

4. 基于专利来源的专利布局

基于专利来源的专利布局是从专利组合体中专利所有者来源的角度,对形成专利组合和应用专利组合行为的一种总称,具体包括企业内部的专利布局和企业间的专利布局等类型。

企业内部的专利布局是指单个企业为实现企业经营目标,从企业专利数量和质量等角度,结合行业竞争状况及竞争对手的专利资源等特点,对本企业各类专利资产进行整合并科学有效使用的一种策略。对不同行业、不同规模和不同产品特点的企业来说,在具体使用专利布局时,会存在一定的差异。对一些实力雄厚的企业来说,专利布局的进攻性特点更为明显,而一些纯粹技术型公司,也往往采取进攻型专利诉讼行为以获取前期R&D投入的回报。

企业间的专利布局是指不同企业为了一些共同的目标将各自拥有的类似专利进行整合,并形成一个统一的专利联合体进行专利许可以获取专利使用费等各种行为的一种策略。从现有的企业间专利组合现状来看,企业间的专利布局表现出两个明显的特点:①行业特点,相对于其他行业来说,可能由于产品研发和生产技术的累积性的特点,电子半导体行业的企业间的专利组合数量和规模相对比较大,比如3C专利联盟和6C专利联盟等;②规模特点,一般来说,组成企业间的专利组合的企业规模大体相当也比较大,比如MPEG LA专利技术收费公司,都是一些规模巨大且都具有行业领导型特点的一些企业。

案例4-1-9　乐视"恐怖"的专利布局

如今,在全球创新的形式下,以专利为代表的知识产权已经成为经济全球化背景下企业发展和竞争的制高点。作为全球经济增长极的中国,从2011

年开始，超越美国成为全球第一大专利申请国，意味着中国正在成为全球创新能力最强的国度。

在中国有这样一家公司，它所拥有的专利布局横跨电视、手机、汽车、VR、互联网技术等9大行业，成为中国专利布局跨度最大的公司，而它实现如此成就仅用了3年时间。这家公司就是成立于2004年的乐视。

自2015年乐视连续创下全年申请量破3000件、单月申请量破1200件、单日申请量178件一系列业界记录以来，2016年其专利申请与全球布局继续提速。2016年上半年，乐视集团已经完成提交3142件中国专利申请，超越前一年度全年申请量，与2015年同期相比增长1433%。

LeSEE专利超三星、谷歌、微软10年总和

2016年4月20日，对于乐视来说非同凡响。这一天，面对全球2600名媒体记者和近8000名乐迷，乐视全球史无前例的破界同发跨越4个行业的4款终端新品——第2代超级手机、第4代超级电视、乐视VR以及无人驾驶超级汽车LeSEE，创造了新品跨界发布的新记录。

发布会上，乐视无人驾驶超级汽车LeSEE无疑收获了全球观众的目光。这台拥有全球顶级技术的概念车有着独具“互联网感”的外形，前脸配有超大炫酷的LED屏，可向路人显示车辆状态，不仅可以实现自动驾驶功能，还可实现自我学习，具备人脸识别、情绪识别、环境识别和路径识别等功能。

在中国的传统汽车产业中，高端合资品牌汽油车的核心技术一般大部分都掌握在外方手中。虽然中国市场容量巨大，但外方仍不会将自己的核心专利与中方共享，中外双方间存在这一层坚实的专利壁垒。

而LeSEE一出生便风华正茂。这台全球技术领先的无人驾驶汽车，乐视和合作伙伴Faraday Future拥有其全部的833件核心专利。这意味着乐视成为首个拥有全球顶级无人驾驶汽车全部知识产权的中国公司，中国汽车产业也因乐视第一次站上了全球汽车技术金字塔的最顶端。

据了解，自2013年12月乐视“SEE计划”正式立项后，乐视超级汽车与战略合作伙伴Faraday Future公司在电动车领域实现众多研发突破。其中，乐视自主研发“三电”动力总成反向输出给合作伙伴阿斯顿·马丁，共享Faraday Future VPA可变电驱动底盘架构。同时，位于美国加州的Faraday Future已向美国专利商标局提交超过100个专利申请，其中“FF梯形逆变器”核心技术获得首个美国专利授权。

乐视超级汽车联合创始人、全球副董事长丁磊表示，仅一年之内，乐视全球申请的超级汽车专利已经超过过去10年三星、谷歌、微软等互联网公司汽车相关专利的申请总量。

乐视的全球生态专利布局

众所周知，专利是企业建立市场竞争优势的重要手段。成立于2004年的乐视经过12年的发展，已经成为日均用户超过5000万、月均超过3.5亿的创新型互联网高科技公司。乐视生态打造垂直整合的“平台+内容+终端+应用”的生态模式，涵盖了互联网视频、影视制作与发行、智能终端、大屏应用市场、电子商务、汽车、体育、互联网金融等领域。

在专利的布局上，乐视同样复制其生态模式，在乐视生态涉足的各个子业务线均有专利布局。以智能终端为例，截至2016年3月，乐视超级电视的国内专利申请已接近1500件，乐视超级手机的专利申请量已达2307件，其中乐视全球独创的CDLA（全程数字化无损的音频标准）相关专利申请已达110余项。目前，乐视正在围绕超级手机CDLA标准、Type−C接口等核心技术进行专利布局。

在智能终端之外，乐视的专利还涉及云计算、EUI系统等技术领域。

EUI系统是乐视所有智能终端的中枢神经，连接着所有智能终端与内容端，重要性毋庸置疑。来自乐视的最新消息显示，目前乐视研发的EUI5.8版本已经实现了全屏9路流直播，这意味着在一台手机上，用户可以欣赏9场直播或一场比赛的9路直播。该技术智能手机行业的“老大哥”——苹果公司尚未实现。目前，乐视对这一全球颠覆性技术的专利申请量已达到2349件，其中9路直播流技术有67件专利申请。

在乐视高层的眼中，作为全球唯一的生态模式互联网公司，乐视专利布局同样要着眼于全球化。目前，乐视超级电视的海外专利申请已达367件，LeSEE超级汽车的研发中心则直接设立在美国，833件专利全部为全球汽车领域顶级技术的核心专利。

乐视创始人贾跃亭表示，乐视在全球的专利布局已达11000件以上，横跨手机、电视、汽车、EUI、VR、云计算等9大领域，这充分体现了乐视生态的创新实力。让人惊叹的是，实现全球横跨9大领域专利申请，乐视只用了3年时间。

乐视专利壁垒正在持续扩大

在知识产权界流行着这样一句话：四流企业卖劳动力，三流企业卖技术，二流企业卖品牌，一流企业卖专利，这句话形象地描述了专利的重要程度。

一般来讲，对于企业而言，专利具有保护自身产品、防御他人侵权、增加无形资产、开辟收入来源、投融资等多种用途。拿开辟收入来源举例，企业可以通过专利转让、许可等获得不菲的收益。

美国IBM公司一年的总利润是81亿美元，仅专利转让收入就有17亿美元。这也就是说，IBM一年卖专利的钱相当于西安市两年多的财政收入。总部设在美国圣地亚哥的高通公司，凭借其拥有的移动通讯CDMA的1400多项专利，已经从生产企业变成一个知识产权专卖店。

根据世界知识产权组织的权威报告，作为全球创新新兴增长极，从2011年开始，中国已经超越美国成为全球第一大专利申请国，这意味着中国正在成为全球创新能力最强的国度。业内人士认为，未来10年，全球经济创新将会进入一个由中国企业引领的时代，引领全球经济往前发展的核心驱动力是生态创新。

而对于乐视来说，在生态创新理念的引领下，乐视在3年的时间内创造了专利奇迹，建立了全生态的专利壁垒，并且这个壁垒正在持续扩大。

业内分析，在智能终端领域，乐视不仅是挑战者，更是新业态的引领者。随着乐视在专利领域继续发力，乐视智能终端产品很有可能快速与友商拉开距离，不知乐视如此布局是否是想复制高智模式？

以上，只是从易于分析的角度，对现有和潜在的专利组合模式给出了一些简单的分类分析，但由于专利组合是从专利许可、专利交叉许可和专利联盟等发展起来的一种新的企业专利行为，不管是理论上还是实践中，都在发展和完善之中，所以以上的分类还需要进一步从理论上进行深入分析。

第二节 开拓性专利布局

从专利技术的层面分析，开拓性技术创新通常包含着基本技术，而改进技术和组合技术从总体上看属于渐进性技术创新。开拓性技术创新形成新的核心技术和核心专利，渐进性技术创新大多形成局部的或改良性的技术专利。技术创新的程度和影响范围不同，因此专利布局的模式也不相同。

在市场与技术发生突变的创新浪潮中，适时捕捉技术变革的“机会窗口”，拥有自主知识产权的突破性技术，实施有效的前瞻性研发布局，对于企业的发展显得尤为紧迫。

开拓性技术创新建立在新技术或各种技术融合、集成的基础之上，能为企业开辟一条新的技术轨道，形成新的核心技术及核心专利，是企业创新的基石。开拓性技术创新形成的新技术本身具有自然壁垒的属性，但要确保企业独占所获得的新技术，单纯依靠技术壁垒的功能是不现实的，还必须借助专利制度的保护，选择适宜的专利布局模式。

基于开拓性技术创新的专利模式是指企业利用各种资源，通过研发活动，获得重大的科学发现及原创性的技术发明，并完成独立创新成果，建立并拥有独立的基本专利（核心专利），从而形成专利壁垒的一种专利布局模式。开拓性技术创新的专利布局主要包括基本专利式布局、地毯式专利布局、收费站式布局及并不经常出现的潜水艇式专利布局。

一、基本专利式布局

基本专利式布局是企业为保持自己获得的新技术、新产品的竞争优势，在对技术发展方向进行科学预测的基础上，将其核心技术或基础研究成果作为专利来保护的一种专利模式（如图4-2-1）。

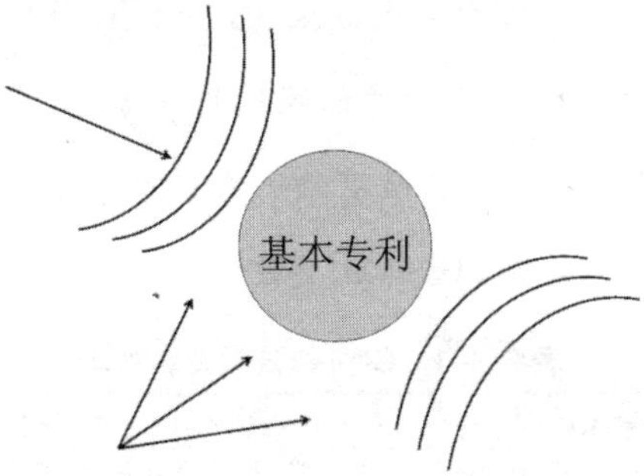

图4-2-1　基本式专利布局

瑞典查尔姆斯（Chalmers）大学Ove Granstrand教授曾提出专利布局理论，其中包括专利封锁与回避设计、战略型专利布局、地链式专利布局、专利栅栏、环绕专利布局以及组合模式等种专利布局。基本专利式布局类似于其中的“战略型专利布局”，企业通过一项具有较大阻碍功效的专利，形成对该技术领域的专利布局，具有奠基性、原创性的特点，占领了技术制高点，且阻碍性强，竞争对手难以绕过，可在技术领域始终处于优先地位。不仅如此，基本专利布局在技术竞争中还具有一定的支配权，可能带来相关产业的革命性变化,以及在工业化应用方面解决一系列技术问题,并掌握技术发展的主动权。

案例4-2-1　Clipper风力涡轮机组的布局方式

清洁技术(Clean Technology)是近年来随着人们对环境问题的日益关注而出现的新名词。尽管目前在世界范围内对清洁技术仍没有统一的定义,但大部分学者认为它主要包括可再生能源的利用技术、提高能源使用效率的技术以及减少温室气体排放的技术。清洁技术被认为是21世纪最具潜力的技术,将带来下一轮经济的快速发展。清洁技术不仅是国家之间“绿色竞争”的核心,也成为企业争夺的焦点。

美国的Clipper公司是一家在风能领域有着良好声誉的先进企业，该公司的主要产品2.5兆瓦Liberty风力涡轮机组,通过基本式专利布局,其在市场上享有绝对的竞争优势。检索日期截至2012年8月,从USPTO专利数据库中检索发现Clipper公司至少拥有19件已经授权的专利(见表4-2-1)和12件待审的专利申请。这些专利覆盖其所有的风力涡轮机组技术,包括有关发电涡轮机、分布式电源系统、变频调速等相关技术。

表4-2-1　Clipper公司专利情况

组合层次	专利号	授权日期	名　称
核心专利	7042110	2006-05-09	变速分布式传动风力涡轮机系统
	7069802	2006-07-04	分布式电源列车(DGD)与多个电源路径
	7339355	2008-03-04	具有实用故障穿越通过能力的发电机
	7233129	2007-06-19	一种具有故障穿越通过能力的发电机
篱笆专利	7317260	2008-01-08	塔的动态风流量估计和跟踪
	6955025	2005-10-18	自架设式塔及升高塔的方法
	6726439	2004-04-27	风力和海洋涡轮机伸缩式转子叶片及转子的力矩限制的设置方法
	6923622	2005-08-02	风力和海洋发电的扩展时转子叶片机制及平衡手段
	8113986	2012-02-14	配合螺旋齿轮的活动顶针
	7535120	2009-05-19	具有低压通过能力的发电系统
	6731017	2004-05-04	增加电力发电机密度的分布式动力总成

续表

外围专利	8058742 7789252 7582977 7581926 7432686 7719129 7095597 7002259	2011-11-15 2010-09-07 2009-09-01 2009-09-01 2008-10-07 2010-05-18 2006-07-04 2006-02-21	风力涡轮机的热管理系统 带有为涡轮机组件起重的整体服务系统的 风力发电机组机舱 用于风力和海洋发电涡轮机的可扩展式转子叶片 用于风力和海洋发电涡轮机扩展转子叶片的 伺服控制的扩展机制 具有实用故障穿越通过能力的风力涡轮发电机仪器 风力和海洋发电涡轮机的发电机 风力和海洋发电涡轮机的分布式静止无功补偿 (DSVC)应用系统 控制电气旋转机械接到一个共同轴的方法

一、Clipper公司创新策略的建立

Clipper公司于2001年成立，当时进入风力涡轮机市场的一个最大障碍是美国的一项关于“变速风力涡轮机”专利所保护的技术(专利号:US5083039)。这是一项关于变速技术的开创性专利，技术特点是使涡轮机将不同速度的风转变为适合传递到公用电网上的能源。该专利于1991年申请，1992年得到授权，截至2012年8月被引证次数为137次。在2001年，US5083039专利已经凭借其向美国国际贸易委员会提起的诉讼对美国风力发电业产生了重大影响，并成功阻止了德国涡轮机制造商Enercon公司向美国市场出口其生产的变速涡轮机。

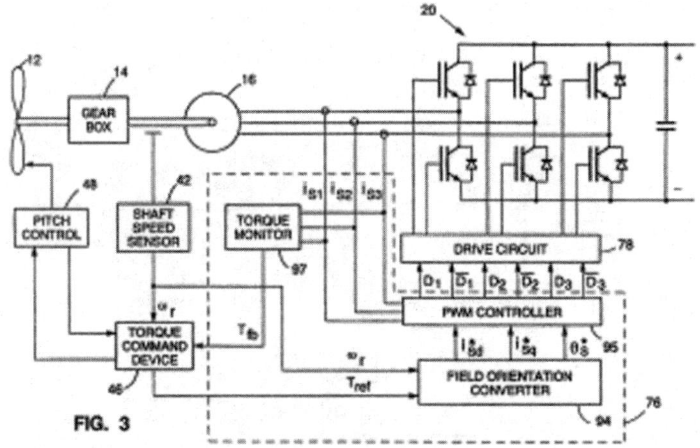

图4-2-2 US5083039附图3

Clipper公司要进入变速涡轮机市场，必须进行全新的设计以避开已经获得专利保护的技术。首先，Clipper设计了全新的结构，该结构简化了系统所经过的电路，从而降低了发电损耗；其次，传统的变速系统使用的是双馈发电机，而Clipper公司创新性地使用了永磁铁发电机，该发电机可以提供比双馈发电机更优越的性能，从而提供更高的效率、更强的可靠性和更好的控制能力；最后，Clipper公司采用压缩变速箱来代替传统的风力发电涡轮变速箱，这种变速箱的尺寸更小、齿合的时候更顺利，从而提供了一种改进的、分布式发电动力链系统。

二、Clipper公司的专利布局

表4-2-1是Clipper公司在USPTO已经获得授权的有关Liberty涡轮机技术的专利。根据专利组合的原理，可以将这些专利分为核心专利、篱笆专利和外围专利三个层次。

第一个层次是核心专利。核心专利是对关键技术进行保护的专利，目的是用以阻止竞争对手获取公司的关键技术和产品市场。Clipper公司专利组合中直接关联到Liberty涡轮机系统的关键技术专利主要包括：关于变速系统结构的US7042110专利；关于涡轮发电机低电压穿越与通过能力的US7233129和US7339335专利以及关于分布式动力总成的US6731017和US7069802专利。

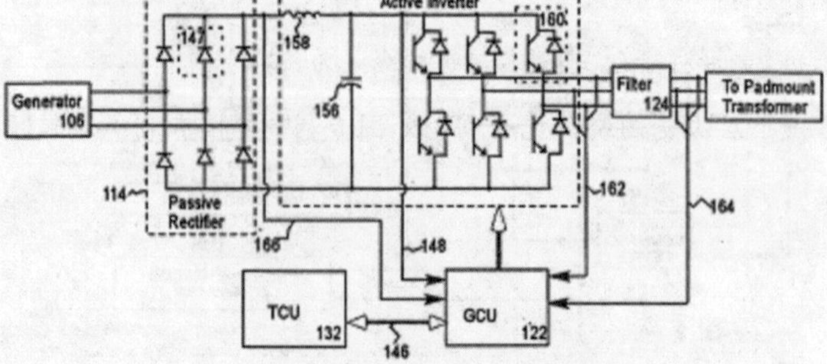

图4-2-3　US7042110专利附图3

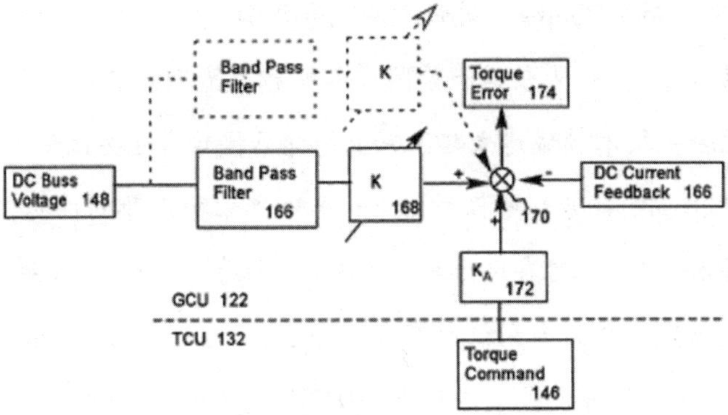

图4-2-4 US7042110专利附图4

例如,US7042110专利保护Liberty涡轮机整体系统，包括一个与整流器相连的永磁同步发电机及与整流器相连的变频器。Clipper公司的涡轮机区别于其他竞争者,其作用最为关键。专利US7069802保护Liberty涡轮机的分布式电力集成系统，其特征是一个带有多步设计的压缩变速机用以分离和分布转矩负载。Liberty涡轮机用多个小型发电机替代单个大发电机来驱动,并专门设计用螺旋齿轮(Helical Gears)代替行星齿轮,不仅使得齿轮的齿合更为顺利,而且节约了大量的维护与维修工作及费用。

第二个层次是中间层,该层次的专利称为篱笆专利。篱笆专利是围绕核心专利而开发的改进专利，主要目的是阻止竞争对手围绕关键技术进行研发进而取得专利权。在Liberty公司涡轮机专利组合中,篱笆专利主要包括:估计和跟踪风速技术和架设风力发电机塔的方法等多项扩展技术。通过篱笆专利的保护,竞争对手想突破核心专利就更为困难。

最后一个层次是围绕篱笆专利的外围专利。外围专利一般起预防作用,是围绕核心专利与篱笆专利的进一步技术创新，主要目的是避免第三方侵权现象的发生。Clipper公司的专利组合中有大量的外围专利。例如,US8058742专利是关于Liberty涡轮机的热管理系统技术;US8113986专利是涡轮机中配合螺旋齿轮的活动顶针等。

三、专利布局为Clipper公司带来的竞争优势

通过核心专利、篱笆专利和外围专利所构建专利组合的保护，Clipper公司在风力涡轮机技术领域建立起了完全的竞争优势。这些优势主要表现在：

首先，US7042110专利所保护Liberty涡轮机结构是开创性的，很难超越。Clipper公司凭借此技术可在风力发电产业占据领导者的地位，直到下一代变速风力涡轮机出现。作为专利权所有者，Clipper公司可以自己部署US7042110专利，也可以通过许可方式允许其他人使用该专利以创造更多的利润。

其次，专利US7233129和US7339355所保护的涡轮机故障通过能力也可以给Clipper公司在其所在的行业带来长期的竞争优势。该专利技术的真正突破点在于它保证了涡轮机在有事故的情况下仍然可以联网，并保持联网长达3秒。这一时间相对于美国联邦能源管理委员会（Federal Energy Regulatory Commission，FERC）所制定的电网故障通过能力标准（0.15秒）已经先进很多。而FERC正考虑将此标准改为3秒，这样Clipper公司就可以在行业内建立新的产业标准，真正实现“创新专利化”“专利标准化”。

最后，US7042110、US7233129 和 US7339355 专利，以及分布式发电US7069802等核心专利阻止了竞争者利用Clipper的关键技术，形成了Liberty涡轮机专利组合的基石，并被篱笆专利和大量的外围专利得到补充与加固。全面而周密的专利组合使得其他竞争者难以突破，这为Clipper公司在风能领域提供了长期的竞争优势。

四、专利布局分析实证

Clipper公司的专利布局案例显示，专利布局的构建必须基于正确的创新策略，而创新策略则必须建立在对技术和市场全面了解的基础上。专利组合分析的主要目的是根据企业所拥有专利的使用率与潜在价值，构建一系列的计量指标，采用可视化矩阵图的形式，配合专利分析来找到核心技术，并揭示行业领域的竞争格局和技术发展趋势。

二、地毯式专利布局

地毯式专利布局类似于布雷区的专利布局，一般可用于不确定性高的新兴技术、多种研发方向都能产出成果的项目，或是专利的重要性尚未明朗化时期的研发（如图4–2–5）。

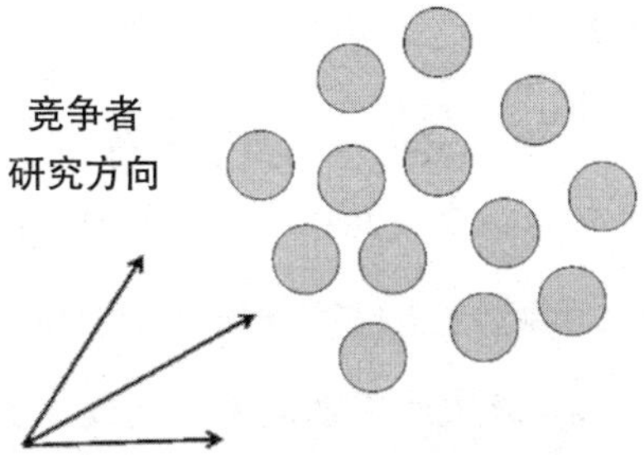

图4–2–5　地毯式专利布局

这种类似“专利丛林”的专利模式，可以对专利技术涵盖的领域形成有效的控制。例如，美国专利局在20世纪90年代决定基因片段也可以进行专利申请，因此同一段基因序列就能够以完整基因、基因片段、基因突变、基因表达的蛋白质、蛋白质变异等不同的方式分别获得专利，以阻止竞争者进入。

地毯式专利布局可以应用于研发过程中的每一个步骤，利用专利来形成地雷区，这个过程可能会产生一些麻烦专利或垃圾专利，但同时它们能阻碍竞争对手的研发或专利申请。对于强行侵入该技术领域的竞争对手，还可以通过专利诉讼的方式将其逐出，以此达到技术垄断的目的。

案例4–2–2　三只松鼠你也学不会

2011年，一本《海底捞你学不会》风靡商界，海底捞式服务被所有老板膜拜。

2015年，一本《褚橙你也学不会》让企业界、创投圈动容，曾是烟草大王的褚时健以75岁高龄再创业，用工匠精神和工厂化管理制度种出中国最好吃的褚橙，畅销全国。

2016年，三只松鼠的创始人章燎原说“三只松鼠你学不会”。

再此，我们介绍一家仅用4年时间就卖出59亿元坚果的互联网坚果品牌——三只松鼠。不只是因为其增长的爆发性，还在于它独特的品牌格调，让它在网红和IP时代存在无限可能：一个充满了人格力量的IP，除了卖坚果，还可以走得更远。

三只松鼠的经营模式

所有东西都可以成为品牌，但不是所有东西都能成为互联网品牌。三只松鼠之所以能成为互联网第一坚果品牌，从商业底层来讲，其吻合了一些趋势：一是年轻人的购物方式的改变；二是85后、90后这代人有消费升级的需求；三是过去网上没有坚果品牌，线下高端坚果也没有品牌。

为什么线下高端坚果没有品牌，莫非大家看不到消费升级吗？非也。因为坚果的线下渠道抑制了品牌的诞生。坚果是一个粗加工产品，线下渠道链太长，经销商、代理商、商超会层层加价，50块钱的东西，到商超要卖100多块钱，溢价太多，同质化程度又高，自然抑制了商超品牌的发展。

遍布大街小巷的坚果路边摊能诞生一个坚果品牌吗？不可能。这就是产业的现状，实际上三只松鼠不是抢了商超坚果品牌的份额，而是把路边摊干掉，变成了一个品牌。如果非要再加上一个原因的话，那就是相对其他食品，坚果标准化程度高，更适合运输，更适合在互联网卖。

很多人问，三只松鼠是如何成功运营一个纯电商品牌的。据章燎原描述，第一，正确的品牌定位，三只松鼠的名字好记，拟人化强，今天看这就是一个IP。如果没有一个好的品牌名，广告费的投放至少比现在高出三分之一。

第二，早期电商商家和传统企业通过免费流量在淘宝上就可以有一定可观的利润，因此不愿意出钱投广告，他们心中有一个ROI（投资回报率），2万元广告费只带来4万元成交额，RIO为1∶2，对他们而言是不划算的。但事实上，那时候的互联网广告才是最便宜的，可以带来更多顾客和搜索流量。我们第一年“双11”通过投放直通车广告、钻石展位的首页广告等先占据住消费者的心智和流量入口的大门。这些是战略的成功。

第三，过去四年来三只松鼠掌握了一拨用户体验创新的潮流，创新情感式营销，这是战术的成功。传统企业的客户是标准化的，且消费者无法与企业直接沟通接触，但是互联网使每个消费者可以和员工平等对话，这就需要在服务方面更加生动化、个性化。我们把三只松鼠的动漫形象做到了极致，从包装的视觉体验到叫用户主人，甚至撒娇等，潜移默化地在消费者心中形成了独特的萌文化。

从工厂到用户

一个互联网企业带给产业最大的变化在于用大数据的思维把传统供应链打穿。阿里巴巴、京东搭建的是商家和消费者的关系，三只松鼠则是商家的角色。互联网技术的下一步发展，应该是渗透到生产领域，这是阿里巴巴难以达到的，但暂时来看，三只松鼠达到了。

在传统思维中，三只松鼠的经营模式是一家互联网零食品牌企业，但其已经延伸为一个产业链平台企业。其依托于阿里巴巴及京东的平台，深度连接生产者和消费者，变相地实现了从工厂到用户的转变。

坚果的科研力量

坚果行业也可以做科研？嗯，可以。

三只松鼠有一个产品研发平台，包括277个供应商（每家贡献两到三个研发人员）及全国15所院校的教授，实际研发人员超过1200人。究竟是什么让一家互联网坚果企业搞起了研发呢？

据章燎原讲，一是他们（科研人员）会选品，二是消费者会提出很多需求，这些需求会变成项目放在平台，哪些研发人员专长干这个，让他来干，干成了我们就申请专利，食品产业研究院成立4年我们申请了188项专利。

三只松鼠现在做品类扩张一定是找空档品类，那些世界一级企业做的东西,我们是不碰的,我觉得打不过它。战争就是数学关系,你会发现我们的产品都是线下常温产品,比如猪肉脯、茶叶。互联网刚好解决常温问题,100个常温产品累积起来,就是一个大企业。

简而言之,在产品细节下功夫,强调极致用户体验,是三只松鼠能够迅速蹿红的原因之一。为向用户提供更好的产品和服务,三只松鼠在产品研发上下足了功夫,成为业内拥有专利数最多的一家企业。例如,300°大开口夏威夷果专利(CN201610045962.8)。

三只松鼠方面称,国内市场上的夏威夷果产品多为180°开口,因其开口较小往往存在剥壳难的问题,食用过程较为烦琐,这一行业痛点长期以来也未能得到有效改善。为给用户创造更好的体验,三只松鼠研发团队历时一年半时间研究和调试,终于开发出300°大开口的夏威夷果,因此获得了又一项发明专利。

"黄山烧饼是很有名的一种地方小吃,我们想把它做成休闲零食,但烧饼的保质期非常短,在不添加添加剂的情况下如何延长它的保质期,一度成为我们研究的课题",三只松鼠食品研究院设备研发及应用研究所所长鼠大伟介绍称,研发团队通过不懈努力,最终成功地将黄山烧饼中的油脂含量控制在科学的范围内,让产品的保质期在原有的基础上提高了一倍多。

做专利的坚果企业,嗯,是的,章燎原说,三只松鼠你也学不会。

三、收费站式布局

采用收费站式布局的企业必须对某特定技术领域的创新情况有比较全面、准确的把握,特别是对竞争者的创新能力有较多的了解和认识,用"蛙跳策略"跳过目前的研发阶段,组织有创造力的研发人员将下一阶段可能出现的新技术以非常宽的保护范围进行覆盖, 并针对这些技术抢先进行专利布局,进而可以像高速公路收费站一样"设卡收费"。

例如,高通布局了码分多址(CDMA)的基础专利,使得无论是宽带码分多址(WCDMA)、时分同步码分多址(TD-SCDMA),还是CDMA2000的3G通信标准,都无法绕开其基础专利这一路障型专利。苹果针对手机及电脑触摸技术进行专利布局,给竞争者回避其设计设置了很大的障碍。

案例4-2-3 高通的"专利收费站"

有人说高通是天使,也有人说它是魔鬼。说它像天使,皆因高通的管理水平高、创新科研能力强、提供的解决方案完备,在技术型公司里面,它是非常有创造性和展现能力的企业。说它像魔鬼,主要是高通太"贪婪",早年把一个国际标准CDMA 2000硬生生做成一个围墙花园,想进来玩的都得买门票,而且很贵,而且还含有大量"内购"收费项目,这显然不符合人类社会朴素的交易习惯。

高通(Qualcomm)是一家美国的无线电通信技术研发公司,成立于1985年7月,由老雅各布及其他6位创始人共同创立,是一家具有犹太人血统的高科技家族企业,现任老板是老雅各布的儿子小雅各布。高通在推动无线通信领域发展方面扮演着重要的角色,以在CDMA技术方面处于领先地位而闻名,其LTE技术已成为世界上发展最快的无线技术。高通十分重视研究和开发,并已经向100多位制造商提供了技术使用授权,涉及了世界上所有电信设备和消费电子设备的品牌。

高通介入民用移动通信是从第二代移动通信(2G)开始,当年欧洲几乎用尽全欧洲通信高科技的力量做出GSM制式(在2G中广泛采用)。而大洋对岸的美国,高通凭借一家之力就拿出了与之争锋的CDMA IS95移动通信技术。这项技术后来成为3G技术的基础:中国的TD-SCDMA、欧洲的WCM-DA和美国的CDMA2000,都是以高通的技术为基础发展起来的。所以在3G时代,高通一度在全球通信领域登上巅峰,影响力首屈一指。

但业界一直有一个笑话,高通公司的律师比工程师还要多。这个犹太家族企业很早就作了一个决定，雇用大批的知识产权律师专门为公司申请专利，依仗强大的科研优势和环环相扣的知识产权条款，向使用专利的人征收专利费，修筑起一道坚实的知识产权围墙。

按照高通的要求，任何厂商要做基于CDMA的系统与终端，都必须向高通购买技术。不仅如此，高通对加盟CDMA阵营的玩家创造性地设计了一整套延伸收费模式：向前延伸，终端厂商先得交一笔“入门费”，约1亿元人民币，才有资格买芯片去做产品；向后延伸，厂商销售高通芯片做的终端产品，得按销售额缴纳3%~5%的提成费。

“按销售额收取提成费”，这项收费标准体现了犹太家族的精明和贪婪。例如，同样两款采用高通同一芯片的手机，其中一款因为采用了更大的屏幕或者提高了摄像头的像素，整体售价提高了，那么它给高通的授权费也相应提高了。对于一些手机品牌的旗舰产品来说，因为添加了一些功能，每部手机就要多支付给高通几十元的专利费，这让薄利的手机厂商一直颇有怨言。

此外，其他芯片厂商如联发科技以高通技术生产相关芯片，厂商购买联发科技芯片的同时还要向高通缴纳手机零售价2%~5%的专利使用费。这种“双重收费”的专利吸金模式，除了给高通带来了相当可观的营收之外，也让高通在3G时代稳坐金字塔顶端。

高通是如何组建“专利收费站”的？

早期的成功源于高通勇于创新，向传统的无线技术标准发起挑战。1989年，电信工业协会（TIA）认可了一项名为时分多址（TDMA）的数字技术。而短短三个月后，当行业还普遍持质疑态度时，高通公司推出了用于无线和数据产品的码分多址（CDMA）技术——它的出现永久地改变了全球无线通信的面貌。

第一笔大订单是一个采用CDMA解决卫星通信问题的政府项目，合同标的虽只有20万美元，却为高通后来在该技术领域的独霸天下奠定了基础。到了20世纪90年代，高通已经在美国的CDMA市场独占鳌头。

进入3G时代，高通又凭借13000多项专利总数进军芯片市场，芯片产品的研发属于高科技产业，该产业需要的知识产权积累和研发能力使其具有很高的进入壁垒。高通在芯片领域有超过20年的研发经验，拥有近8万件授权专利的技术积累。芯片市场占有率第二名的联发科技公司至今涉足无线通信领域只有6年，拥有专利不足4000件，营业收入不及高通的五分之一。除了拥有丰富的研发经验和技术积累之外，高通目前每年的研发投入达到近50亿美元。

2014年1月23日，计算机巨头惠普宣布已将2400项移动技术专利出售给了无线芯片厂商高通。惠普并未披露此次专利收购交易的具体财务条款，但表示，售出的技术专利包括1400项美国专利和专利申请，及另外100项在其他国家注册的专利和专利申请。

在这2400项专利中，包括Palm、iPAQ以及Bitphone等涉及移动通信技术的专利。这些专利分别来自惠普在2002年、2006年及2010年收购的三家企业，包括康柏（Compaq）、BitFone及用12亿美元现金收购的Palm。

不可否认，高通对通信产业做出的卓越贡献和相关SEP的作用、价值，但从4G LTE新时代开始，高通CDMA技术的影响力和相关3G/4G SEP的影响力和控制力也在下降；高通出产的芯片受到三星、联发科技、展讯和华为等竞争对手发起的有力挑战；2015年以来高通在华专利申请数量呈现锐减的趋势；高通滥用垄断市场地位的行为已受到美国、欧盟、中国、日本和韩国等多国政府和地区的反垄断调查与制裁；从前让人谈虎色变的“反向授权”被叫停；2014年和2015年高通两次宣布大规模裁员；芯片生产和授权许可等核心业务的经营模式也在计划剥离和调整，事实表明高通的统治力已出现下滑趋势。

四、“潜水艇专利”布局

所谓“潜水艇专利（submarine patent）”是指企业提出专利申请后，在非公开状态下潜伏数十年后突然生效的专利。从广义上讲,“潜水艇专利”有时也会表现为在市场形成之前一直不为世人所知,而在市场形成后,专利权人却突然开始要求使用者支付授权费的专利。

最初,“潜水艇专利”仅指基于美国的“专利保护期限自授权日起计算”和“专利授权前不予公布其专利申请”的专利制度而出现的一类专利。申请者通过反复修正,故意地推迟专利的成立,等待着利用了其技术的产品被广泛普及。当各种各样的企业采用并普及其专利产品时,再突然使专利成立,起诉其侵权行为并要求巨大的侵权费。由于它是钻入水面后慢慢接近,在突然出现后造成损失,所以称作“潜水艇专利”。

在美国存在几个有关“潜水艇专利”的有名事件。例如,权利人Pitney Bowes获得美国第4386272号专利,该专利是一种装置与方法,通过生成不同大小的光点产生图像。该专利潜伏了十几年突然冒出来收专利费,Pitney Bowes利用7个权利要求的前3个控告惠普公司侵权,双方在法院开庭当天取得和解,惠普公司向原告支付4亿美元,但不承认侵权。随后,Pitney Bowes用同一项专利控告Xerox、Lex-mark、NEC、苹果、松下、三星等侵权,给权利人带来了大笔收入。很多公司辛苦十几年,却是给Pitney Bowes存钱。第4386272号专利属于基础软件专利,覆盖面广,应用范围广,杀伤力大,被称为典型的“战略核潜艇”。

“潜水艇专利”其实是一种专利布局,其特点是专利申请人用尽可能长的时间把即将应用的知识产权隐蔽起来, 到了相关技术已经广泛应用之后才突然公开,以此向使用者收取专利费,从而使整个产业陷入困境。该战略在实施过程中,通常表现为发明人在提交专利申请时,会提交一个保护范围很宽的专利申请,然后提交一连串对权利要求的修改,使该申请处于未决的状态, 而发明人提交的修改内容将使竞争对手后来开发出的具体产品方案化为乌有,这种手段虽不太光彩,但对一些企业来说,却是它们争取获得关键专利的好方法。

案例4-2-4　专利蟑螂鼻祖的潜水艇专利

Jerome H. Lemelson是一位美国工程师，多产的发明家及606项专利的持有人，可以说，他是自爱迪生之后美国历史上最高产的发明家之一，但他也是一个备受争议的人物。

Lemelson是一个独立发明人权利的倡导者，鼓励和支持独立发明人进行发明创造，他在1976至1979年任美国联邦专利委员会委员，在这个职位上，他倡导制定了许多对发明人有利的制度，包括保护专利申请的保密性和倡导的“先发明”专利制度。

1993年他和他的太太设立了以支持发明创造，鼓励用创新来改变美国和发展中国家人民生活的基金会。该基金会设立了许多鼓励创新创业的资助和奖励计划。但他也滥用了1995年6月8日以前的美国专利法。一些人认为，他的专利是没有价值的，是20世纪最大的骗局。其专利号US6708385，名称为“灵活生产的系统和方法”的专利，Lemelson通过专利范围限制、发明冲突程序、专利权转让等“潜水艇”战略，拖延几十年才最终确定保护范围，授权时权利要求达694项，专利文本共72页，从而导致规模化生产的企业都难以绕过其潜水艇式的专利布局。Lemelson基于专利诉讼而获得的收益已超过15亿美元。

Lemelson于1954年和1956年申请了有关条形码扫描技术的专利，并于1963年被授予了专利权；1972年，Lemelson在扩充了专利说明书后，在1977年至1993年以扩充后的专利说明书作为共用说明书为基础，申请了16项专利，本案涉及了其中的14项。

Symbol公司是一家生产销售条形码扫描仪和识别器的公司，1998年Symbol的用户收到了来自Lemelson的警告信，称使用Symbol产品侵犯了Lemelson的专利权。于是Symbol公司向联邦地区法院提出诉讼，请求法院判决Lemelson的专利无效，其理由为专利不具备新颖性、创造性、实用性，说明书不符合撰写要求、公开不充分，权利不具有确定性，还请求法院判决专利不可强制执行，其理由是申请人在审查程序中有懈怠和不正当行为。

而后Lemelson要求法院驳回起诉，原因是原告与被告没有冲突，Symbol公司关于审查程序中的懈怠行为的说法不能说明其应得到法律的救济。

地区法院认为有足够的理由证明当事人之间有冲突，但驳回了有关审查程序懈怠行为的诉讼理由。

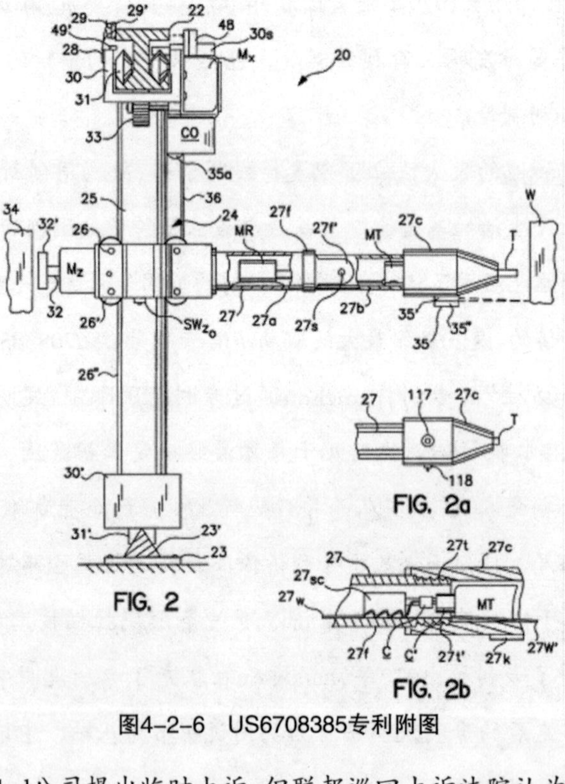

图4-2-6 US6708385专利附图

于是Symbol公司提出临时上诉，但联邦巡回上诉法院认为，作为一个法律问题，地区法院应当考虑将懈怠的公平原则适用于审查程序的所有环节，其中包含经过不合理和不可预期的延迟而获得授权的专利，即该专利满足了相关法律法规的要求。因此，将案件发回地区法院重新审理。

在重新审理过程中，地区法院在2002年11月至2003年1月间进行了满席开庭，在2004年1月作出判决：Lemelson的专利因为懈怠不可强制执行。地区法院认为，尽管Symbol公司未能说明Lemelson是故意懈怠审查程序，但是仅仅“不合理的延迟就足以适用审查程序懈怠原则，并不要求Lemelson从延迟中获得利益”。“Lemelson在本案涉及的14项专利的申请和审查程序中有18年~39年的延迟，是不合理也是不公平的，审查程序懈怠原则使得这些专利不可强制执行。”

Lemelson不服该判决，向联邦巡回上诉法院提出上诉。Lemelson争辩道，地区法院的判决仅仅依靠专利授权程序的延迟，而Lemelson提供了每一项专利从申请到授权之间所消耗时间的正当理由，如专利与商标局(PTO)审查员要求限定权利要求保护范围所花费的时间和复审所花费的时间等。

联邦巡回上诉法院在2005年9月9日的判决中认为，审查程序中的懈怠原则是一项衡平法上的抗辩理由，同时联邦巡回上诉法院引用了部分延迟案件，在这些案件中延迟分别为9年半和8年。因此，在判断后续申请是合法地利用了法律规定还是滥用这了这些规定时没有严格的时间限制，应当根据公平原则确定，属于法官的自由裁量权。最终得出结论，地区法院在全面考量了案件的事实后作出的判决没有滥用裁量权。

由于地区法院和联邦巡回上诉法院的判决均是针对14项专利中的部分权利要求，联邦巡回上诉法院在2005年11月16日的一项命令中作了如下补充：尽管地区法院没有将懈怠问题的结论适用于其他权利要求，认为这一问题将只有在以后必要时才作出决定，但在我们的审查中，认为将懈怠原则适用于这14项专利的所有权利要求更为合适，Lemelson没有提供任何有说服力的理由。因此，本诉讼中所涉及的专利中的所有主题待审期间过长，且不合理，审查程序中的延迟适用于不涉及本案的其他权利要求。

在这一特定的案件中，已经显示了对作为延迟授权的专利技术对公众造成了损害，包括本案原告在内。这足以将地区法院关于由于懈怠而不可强制执行的认定拓展至这些专利的所有权利要求。因此,我们认为这14项专利中所有权利要求都基于审查程序中的懈怠而不可强制执行, 最终,Lemelson的“潜水艇专利”并没有得到他想要的效果。

在美国, 审查程序中的懈怠行为主要是指专利申请人利用后续申请或者部分后续申请程序,要求在先申请的优先权,从而使其专利申请的授权日期延后至产品的市场成熟,从而获得相对更长时间的实质性保护期限(授权后17年),以实现利益最大化,是延后授权制度的一大景观,随着美国实行早期公开延期审查制度以后,这一类专利也许将成为历史,但是审查程序中的懈怠使得专利不可强制执行这一理念对我国专利制度还是有其借鉴作用的。人们基于对法律的信赖,对自己的行为有一个合理的预期,如果当公众开发了一项实用技术,正准备或者已经投入市场时,令人意外地冒出一项专利权横亘在面前,对公众是不公平的。

第三节 渐进性专利布局

在企业研发过程中,例如产品的升级换代、生产工艺的优化改造等,均具有一定的连续性。渐进性技术创新也称可持续性创新、演化性创新,是基于持久性技术的创新,体现为创新的连续性、累积性及改良性。

创新的连续性体现在它是沿着既有的技术轨道而进行的创新, 推动着技术朝某一个特定方向前进。连续性创新可以看作是建立在现有知识及技术基础之上的渐进的创新。就创新自身的技术特性而言,技术创新项目可能具有技术上的跳跃性、突破性,但是无论这种改进有多么困难、跨度有多大,只要其性能改进的轨道依然是主流用户要求的性能轨道, 那就依然属于渐进性技术创新的范畴。

创新的累积性是指其在某个时点的创新成果并不明显，但它有巨大的累积性效果。大量的小型创新不断地改善着企业的技术状态，当达到一定程度时就会导致质变的核心型创新。企业在渐进性创新过程中通过不断增强技术积累，提升学习能力，加固内部的价值网络，随着时间的推进，渐进性创新就会逐步产生累积性的经济效果。这种累积经济效应通常会超过开拓性技术创新，形成企业持续性的竞争优势。

创新的改良性是指在现有市场为技术提供新的特性、利益和改进。这种改进是对现有技术小的改善或者简单的调整，包括了改造、精致化和提升现有产品、生产和流通系统。改良性创新是扩展现有的产品和工艺，沿着企业主流市场用户的需求曲线来提高和改进产品与服务，它是一种基于持久性技术的创新，同时也是突变性创新产品进一步完善不可或缺的条件。

渐进性技术创新是在已有技术基础上的创新或者是对其他技术创新的改进、移植和综合，从某种程度上来说，它是一个运用已有知识产生新知识的过程。根据渐进性技术创新所具有的特征，合理的专利布局可以实现以较小的成本付出获得企业技术创新的优势。渐进性技术创新的专利布局主要为改进型专利布局和组合型专利布局，具体包括空隙专利布局、外围专利布局、模仿改进专利布局、复合专利布局等。

一、空隙专利布局

基本专利的开发是需要条件的，而很多企业却受到这些条件的限制。因此，企业可以采取绕过竞争对手的基本专利，发掘“空隙”技术，获得技术专利，从而进行专利布局（如图4–3–1）。

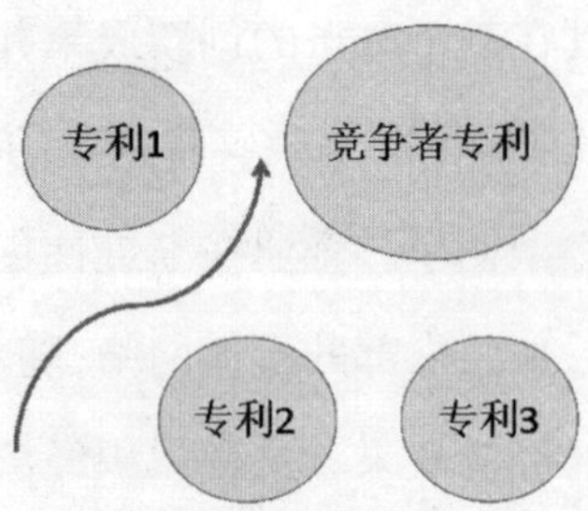

图4-3-1　空气专利布局

当市场先进入者的专利布局尚未完善，还存在一定技术空白点时，可以利用对方急于完备专利布局和产业链布局的迫切状态，通过申请空隙专利，达成专利联盟以争取客位；也可以主动出击，抓住竞争对手专利布局的失误或把柄，要求交叉专利许可。俄罗斯就使用这种“专利空隙”模式，在现有的专利框架中，发现还没有人完成的空档技术，来提高新技术研发去竞争先进领域的成功概率。比如在铸造和轧钢技术比较中，确立了连续铸轧技术的方法，这是一项处于空档状态的新技术，通过空隙专利布局，有效地提高了包括工艺和质量在内的技术水平。

二、外围专利布局

外围专利模式也称专利网模式，与基本专利模式相对应，是围绕基本专利技术开发与之配套的外围技术，构建以基本专利为中心的专利保护网络，形成围绕基本专利的专利群（如图4-3-2）。这种模式有两种类型。

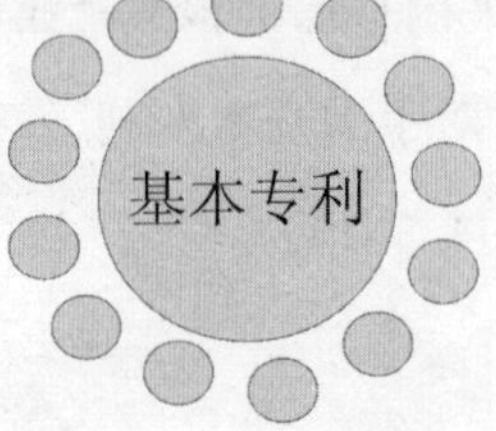

图4-3-2　外围专利布局

第一种类型是拥有基本专利的一方,围绕自身的核心技术,继续研发与主体技术相对应的外围技术,申请一系列相关专利来形成以基本技术专利为中心,周边专利技术为辅助的专利网,使这些辅助专利具有对技术创新成果、技术发展空间和已有竞争优势等起到保护和封锁的多重作用,从而有利于抵制竞争对手对基本专利的进攻,扩大市场占有率。

不论是通过研发、收购或是许可等方式,获得核心专利以后,应尽早布局外围专利(辅助专利),将核心专利和外围专利相互结合并进行组合,形成严密的专利网,一方面能巩固企业自身核心竞争力,另一方面能与竞争对手形成有效对抗,甚至技术反制,从而扩大市场份额。

第二种类型是在他人拥有的基本专利的情况下,围绕其核心技术开发出一系列外围专利,设置自己的专利网,包围竞争对手的核心专利。例如,以各种不同的应用来包围基础型专利,可造成其价值荡然无存,从而削弱竞争对手的核心技术竞争优势,也可以透过包围式专利作为交互授权谈判的筹码。

案例4–3–1　拿了诺奖丢了专利,诺华的外围专利布局

当地时间2015年10月5日,瑞典斯德歌尔摩,诺贝尔委员会举办新闻发布会,宣布2015年诺贝尔生理学或医学奖得主。中国药学家屠呦呦,爱尔兰科学家威廉·坎贝尔、日本科学家大村智分享该奖项。屠呦呦多年从事中药和中西药结合研究,突出贡献是创制新型抗疟药——青蒿素和双氢青蒿素,同时也是首位获得诺奖科学类奖项的中国人。

然而关于青蒿素决定性的专利并不在屠呦呦手中。一时之间,大家都在感叹拿了诺奖丢了专利之憾。青蒿素研究之初,我国真的没有任何专利保护意识吗?

青蒿素的研究始于1967年;1972年从中药青蒿中分离得到抗疟有效单体,命名为青蒿素;1973年经临床研究,抗疟新药青蒿素由此诞生;1977年关于青蒿素的研究成果陆续公开发表。专利授权的首要条件是新颖性,一旦公

开发表就丧失了新颖性，那么专利也就无法申请了。这是否能说明当初的科研人员没有专利保护意识呢？实际上，我国的专利法自1985年4月1日才开始实施，在此之前是没有专利制度的，专利申请也就无从谈起了。有人会问，国内专利制度缺失，为何不去国外布局专利？因为国内专利制度的缺失，中国尚未加入一些国际公约和协定，1985年前国外的研究成果在国内是无法获得专利保护的，国外也极有可能不承认中国的研究成果。所以，以当时的环境，有成果没专利，错不在科研人员，只是当时的这一发现走在我国一般科研水平之前，也走在国家相关制度完善之前，难免会有一些遗憾。

那么1985年专利法实施以后呢？以发明人"屠呦呦"为搜索条件在专利数据库进行检索，一共查到四篇发明专利，均为与青蒿素相关的研究。

表4-3-1 屠呦呦专利检索结果

申请号	专利名称	申请日	发明人	申请人
CN85100978	还原青蒿素的生产工艺	1985/4/1	屠呦呦、金国伟、毕俊英、倪慕云	中医研究院中药研究所
CN93103989.4	双氯青蒿素制剂及制剂工艺	1993/4/9	屠呦呦	北京市科泰新技术公司
CN99103346.9	治疗红斑狼疮和光敏性疾病的含双氢青蒿素的药物组合物	1993/3/16	屠呦呦、杨岚	屠呦呦、杨岚
CN99109669.X	抗疟新药复方双氢青蒿素	1999/7/5	屠呦呦、杨岚	屠呦呦、杨岚

由上表可知，自中国专利法实施的第一天，屠呦呦所在单位中医研究院中药研究所即申请了一项"还原青蒿素的生产工艺"的发明专利。由此可见，当初科研机构及研发人员对这项研究成果的重视程度。

我国1985年实施的专利法对于药品和用化学方法获得的物质是不给予保护的，直到1993年1月1日，修改后的专利法才全面放开了对药品和化学物质的保护。所以屠呦呦团队及当时的其他科研机构所做的有关青蒿素及相关衍生物的发现，要等上20年才可在中国获得产品专利保护。

既然青蒿素的核心研究已被公开，那么为何后来的诺华集团（下文简称诺华）能在国际上申请一系列专利并占据抗疟疾药物的大部分市场呢？这就涉及了外围专利的布局。核心技术没法再申请专利了，但是围绕该核心技术，对化合物进行修饰或改进，找到效果更好的衍生物，这也是可以申请专利的。

诺华的主要获利产品复方蒿甲醚即是将本芴醇和青蒿素族物质（如蒿甲醚）组合而成的复方药物。而该药物的基础专利是于1991年由中国人民解放军军事医学科学院微生物流行病研究所进行申请的，为了将药物推出国外，军事医学院与诺华进行了合作。

根据基础专利(91102575.8)进行检索，发现其同族有45篇，对同族的专利权人分析得知，军事医学院与诺华共同申请的专利有30个，而诺华作为独立申请人的专利有8个，主要分布在南非、埃及、澳洲和欧洲。由此可见，随着合作的继续，一些地区的专利申请，诺华已经抛开了军事医学院。

早期青蒿素专利的流失主要是由于专利制度的缺乏，而后期的专利流失则是对于外围专利保护策略的不了解而导致的遗憾。明明是国人自己的研究成果却被国外公司拿去独占市场，究其原因有二：

一是国内的专利意识缺失。1991年后，军事医学院有关青蒿素的专利只有1997年的复方磷酸萘酚喹专利，该件复方磷酸萘酚喹专利于2004年转让给昆药集团，而该专利药品也成为昆药目前在非洲的主推产品。在此之后，军事医学院再无与青蒿素相关的专利申请。

二是诺华在青蒿素上的专利布局。诺华在军事医学院91102575.8号专利的基础上进行外围专利布局，通过将原材料进行深加工和改性处理而申请大量外围专利，从而占领了青蒿素的主要市场份额。

三、模仿改进式布局

模仿改进式布局是在本企业技术基础上进一步的开发和改善，创造出质量更高、成本更低的产品，或者是在他人已采用技术的基础上，通过购买领先者的技术或是通过反求工程等合法途径改进、完善和综合现有技术，从而达到控制和占领市场的一种专利研究开发模式。

与单纯机械式的模仿不同，这种模仿改进是在已有产品或工艺基础上开发出性能更优良、成本更低廉、更富有竞争力的技术与产品，延长产品生命周期。模仿改进实质上是一种“模仿创新”，是在原有专利技术特征的基础上增加新的技术特征，发现原本未曾发现的新用途，或者在原有专利技术方案的基础上发现新的未曾发现的新用途（如图4-3-3）。通过模仿改进模式获得的专利权，往往可以形成从属专利，由此可以凭借已获得的从属专利实施交叉许可，变被动为主动。

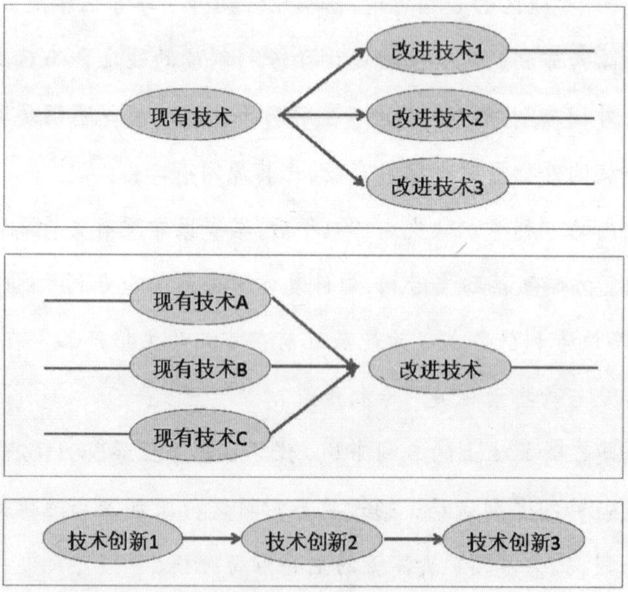

图4-3-3　模仿改进式布局

此外，失效专利同样不容忽视。失效专利是一笔巨大的财富，对失效专利进行合理运用，企业找到的不仅是可以免费使用的专利技术，并且还能从失效专利技术的研发路线中受到启发，即从免费使用中获得、从免费使用中提高、从免费使用中再创新。

利用失效专利比较成功的一个领域是仿制药产业。2011年全球仿制药市场规模已超过1300亿元,2000—2010年全球仿制药市场发展的增速是专利药的2倍以上,据统计,2011—2015年间有770亿元销售额的药品专利失效。

案例4-3-2　燃气轮机领域的渐进性布局

案例设置目的:针对燃气轮机燃烧室专利文献进行分析,通过本案例对渐进性布局作出进一步的诠释,并对国内燃气轮机燃烧技术发展、加强国际竞争力、规避潜在的知识产权风险提供一定参考。

一、研究方法

本案主要通过宏观数理统计和专利技术分析方法,判断燃气轮机燃烧室专利申请的整体状况及关键技术的专利布局。

数理统计分析法是对专利文献的外部特征(专利文献的各种著录项目)按照一定的指标进行统计,并对有关的数据进行解释和分析。主要采用历年专利申请数量、专利申请地域分布、主要专利权人分布、主要专利权人在中国的申请状况、专利申请IPC分类号分布等分析方法,针对燃气轮机领域专业发展的一些关键技术进行分析。

二、专利检索工具和范围

专利检索工具为Thomason Innovation平台中的德温特(Derwent)检索平台。检索范围为中国、美国、加拿大、日本、韩国、俄罗斯、欧洲、世界知识产权组织等主要国家和地区官方专利局公开的专利文献。检索的时间范围为1975年1月1日至2010年5月。

三、专利检索结果

按照燃气轮机燃烧室关键技术谱确定的关键词和逻辑检索式进行检索,并经过多次迭代,对相关专利文献进行筛选并对部分外文专利和在中国申请的专利进行分析。燃烧室专利检索的总体状况见表4-3-2。从表中可见,共检索到与燃烧室相关专利6168项，筛选后得到重点专利3193项，实际详细分析专利328项，其中英文专利110项，中文专利218项，相关专利已进行去同族处理。

表4-3-2 燃烧室专利总体情况

类　型	外　文	中　文	合　计
检索数据	5308	860	6168
筛选后数据	2814	379	3193
实际分析数据	110	218	328

四、燃烧室专利申请宏观状况分析

1. 历年专利申请数量分析

燃烧室专利历年申请数量的趋势分析，从1975—2008年，燃烧室专利数量呈逐渐上升的趋势。其中1990—1994年、1996—1999年、2000—2002年存在3个阶段的专利数量大幅增长。由于专利数量中有很大一部分来自于美国，因此可能与1988年美国开始实施的综合高性能涡轮发动机技术（IHPTET）计划有关。该计划对美国燃气轮机研制影响重大，到2005年基本完成，耗资约60亿美元，历经18年，以1995、2000和2005财年分为3个阶段，与专利数量大幅飙升的3个阶段基本对应。由此表明，在IHPTET计划各阶段下，燃烧技术都取得了较大发展，其部分研究成果已应用到许多军民用发动机的新型号研制和现役型号改进改型中，如民用发动机有GE90、GP7000、PW4084、PW6000、CFM56-7和AE3007等，军用发动机有F404、F414、F110、F117、F118、F119、F135和F136等。2005年以后专利申请数继续激增的原因是美国在2006年开始实施IHPTET计划的后继计划——通用、经济可承受的先进涡轮发动机(VAATE)计划，进一步提高了发动机燃烧室的技术水平。

2. 专利申请地域分布分析

燃烧室领域的专利主要分布区域集中在美国、欧洲和日本，这与世界上发动机的主要制造商GE、联合技术、RR、三菱重工等公司的所属地和产品销售情况相对应，同时在中国申请的相关专利也很多，由此表明了国外竞争对手对中国市场的关注和重视。

3. 主要专利权人在中国的申请分析

联合技术公司很早就开始在中国申请专利，中国于1985年制定实施专利法，该公司从1986年开始在中国布局燃烧室领域的专利，表明该公司对中国市场的重视；GE公司从1989年开始在中国申请燃烧室领域的专利，2003年后专利申请量开始大幅增加，特别是2007年以后专利申请增加更为明显，表明其可能针对中国市场开始进行专利布局和封锁，可以预计GE公司今后还将加大在中国申请专利的力度。而英国的RR公司多年来一直很少在中国申请燃气轮机燃烧室领域专利，这也提示中国的研究人员可以无偿使用RR公司在国外申请的很多燃烧室领域专利技术。

4. 专利申请IPC分类号分布分析

燃烧室主要专利技术分类状况：IPC大组分类号F23R03领域的专利分布密集，该领域涉及主燃烧室设计、贫油预混预蒸发（LPP）、富油—淬熄—贫油燃烧（RQL）、多点喷射（LDI）、驻涡燃烧（TVC）等技术，是国外发动机制造商重点关注的技术领域；F02C领域的专利主要涉及燃烧室冷却、燃气控制、燃油控制、预混燃烧、级间燃烧等技术；F01D领域主要涉及燃油喷嘴设计和冷却技术等。

五、燃烧室专利申请技术状况分析

根据专利申请IPC分类号分布，重点从低排放燃烧室气动设计、火焰筒冷却、低排放燃烧室燃油喷射的主要技术发展路线进行分析。

1. 低排放燃烧室气动设计技术

随着地面燃气轮机及民机市场的飞速发展和人们环保意识的增强，人们对于燃气轮机和燃气轮机的排放问题越来越关注。从某种意义上说，降低排放成了近年来燃烧室设计技术不断发展的推动力。

目前在研、在用的低排放技术主要有分级燃烧、多点喷射(LDI)、贫油预混预蒸发(LPP)、富油—淬熄—贫油燃烧(RQL)、驻涡燃烧(TVC)等。

(1)分级燃烧技术

威斯丁豪斯公司于1977年在美国申请的US4112676号专利公开了1种轴向分级燃烧概念,如图4-3-4所示。根据专利技术说明书,该燃烧室前部为扩散燃烧室,后部喷入预混气为预混燃烧室,采用该技术的燃烧室可以大大降低NOx的排放。

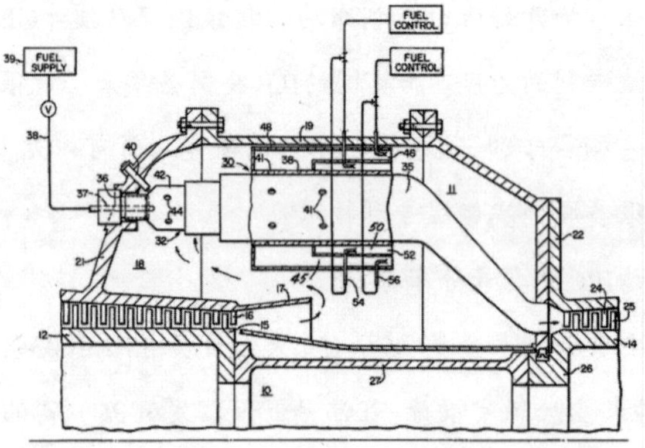

图4-3-4　US4112676附图1

(2)贫油预混燃烧技术

联合技术公司于1978年在美国申请的US4081957号专利公开了一种贫油预混燃烧技术,如图4-3-5所示。该专利通过在燃烧室前部增加预混喷嘴和预混管道达到燃气预混的效果,采用该技术后,可以达到提高燃烧效率和降低污染物排放的效果。

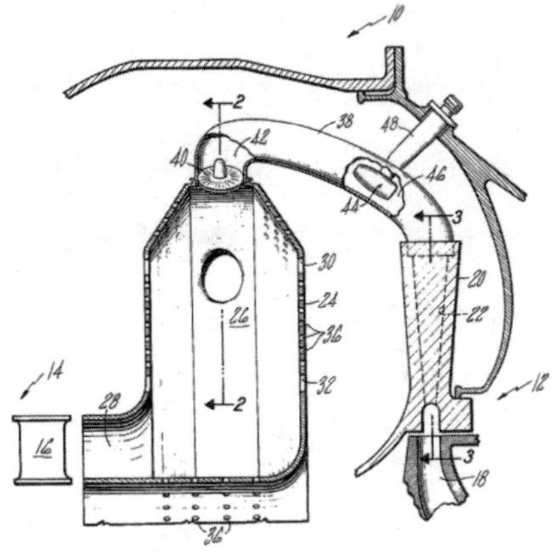

图4-3-5　US4081957附图1

(3)富油—淬熄—贫油燃烧技术

威斯丁豪斯公司1984年在美国申请的US4787208号专利公开了1种基于富油—淬熄—贫油燃烧(RQL)低排放燃烧技术,如图4-3-6所示。该专利通过在火焰筒头部加入大量的燃油降低火焰温度,然后通过在火焰筒后面加入大量的掺混空气来实现完全燃烧并降低火焰温度。这样,整个过程中火焰温度均比较低,从而实现了降低NOx排放的目的。目前,这种RQL技术已经成功地应用在了PW公司的PW6000系列发动机中。

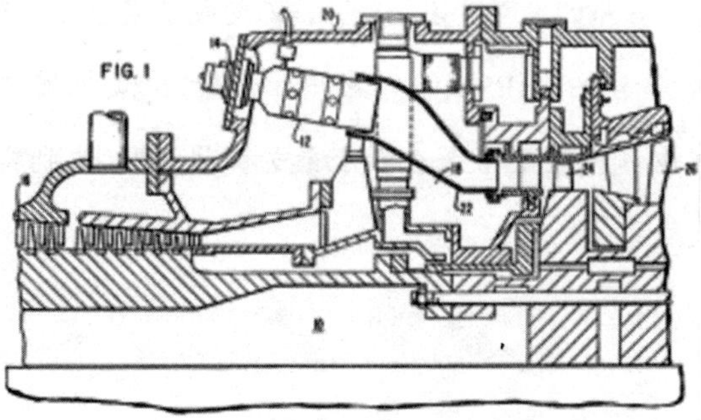

图4-3-6　US4787208专利附图1

(4)多点喷射燃烧技术

日立公司于1987年在日本申请的JP880206号专利采用了多点喷射燃烧

技术来降低排放，如图4-3-7所示。根据专利技术说明书，该专利通过采用多点的预混方式来实现低排放燃烧。工作时，火焰筒中间低质量分数的燃料混气高速进入火焰筒内，这样可以保证燃料燃烧时火焰温度低，停留时间短，只产生少量的NOx排放物，而高质量分数的燃料混气环绕在低质量分数的燃料混气周围，实现火焰筒的点火。

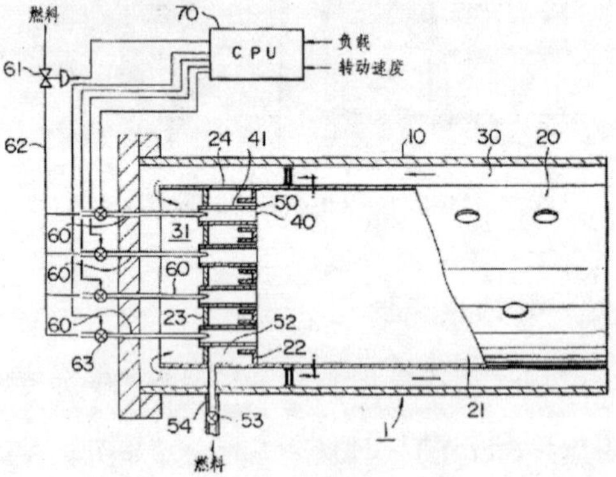

图4-3-7　JP880206附图1

多点喷射燃烧技术出现以后，美国通用电气(GE)公司又发明了另一种多点喷射燃烧形式，该技术在GE公司被称为双环预混旋流(TAPS)燃烧室，其中CN100416063专利如图4-3-8所示。图中的106所示位置就是每个双环预混装置上带有的沿周向分布的大量小孔，这些小孔形成了实质上的多点喷射燃烧形式。GE公司已将研发的TAPS燃烧室应用于波音787飞机配装的GEnx发动机上。目前，TAPS技术代表了当今世界上最为先进的低排放燃烧技术之一。

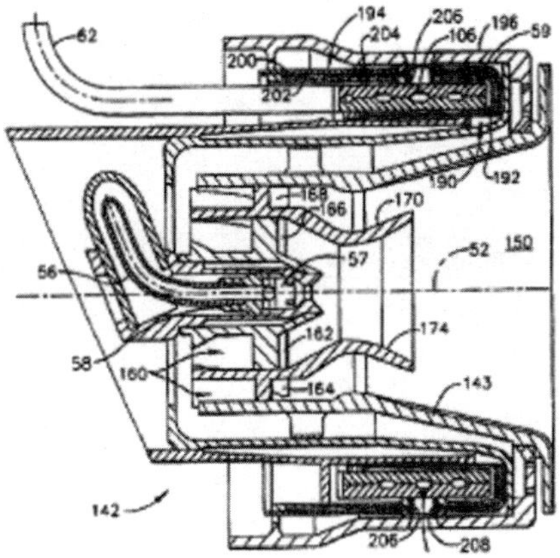

图4-3-8　CN100416063专利附图

(5)驻涡燃烧技术

GE公司于2013年在中国申请的CN201310049394.5号专利公开了一种驻涡燃烧技术。根据专利技术说明书，该技术主要通过驻涡腔进行火焰的稳定，而在主流路中加入大量的空气，提高火焰速度，降低停留时间，降低NOx排放。目前，驻涡燃烧技术的专利基本上为GE公司所垄断(如图4-3-9)。

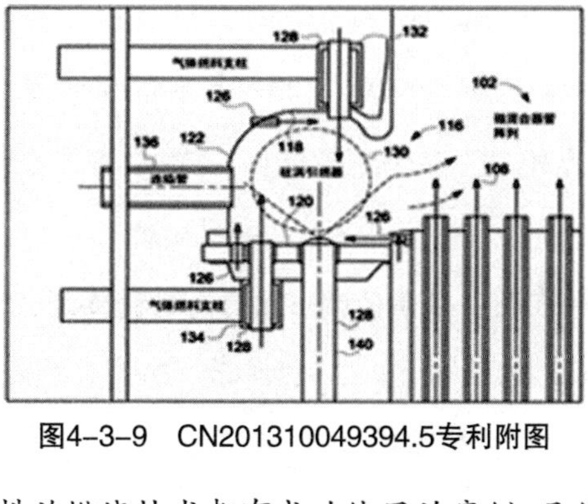

图4-3-9　CN201310049394.5专利附图

目前，各种低排放燃烧技术都有成功使用的案例，具体适用范围要根据使用要求及技术水平决定。国内同行业企业应及时跟踪国外相关技术的发展情况，有重点地开展相关研究工作，找到适合自身发展的低排放燃烧技术。根据此次开展的燃烧室专利分析研究结果，低排放燃烧室技术的发展演进如图4-3-10所示。

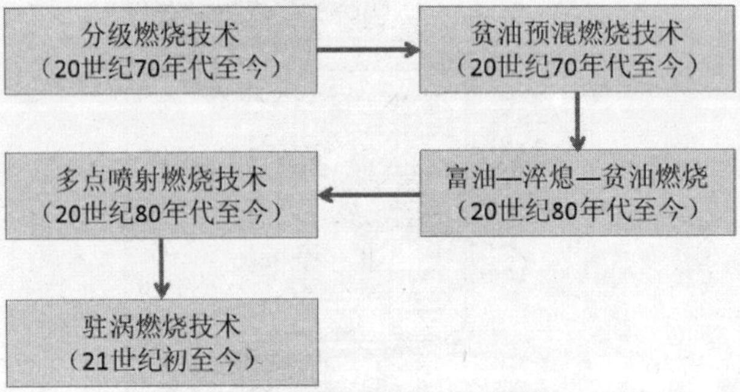

图4-3-10　低排放燃烧技术发展演进

2. 火焰筒冷却技术

从发动机技术开始发展以来，直到2010年还不断有新的冷却技术专利申请，其主要原因是随着燃气轮机技术的发展，燃烧室进出口温度均越来越高，火焰筒的热负荷越来越大，而用于冷却的空气量却越来越紧缺，因此对于先进冷却技术的研究始终没有停止。

目前，申请冷却技术的专利主要如下：

(1)多孔层板(对流冷却)技术

对流冷却是使用最早的冷却技术之一，但早期的对流冷却技术的冷却效率相对较低，随着加工技术的不断进步，一些更为先进的对流冷却技术进入工程使用中。

RR公司1974年在英国申请的GB53892号专利公开了一种用于加强对流换热的多孔层板冷却技术，如图4-3-11所示。这是目前RR公司仍在使用的一种专利技术。其缺点是加工成本高，维修性差。

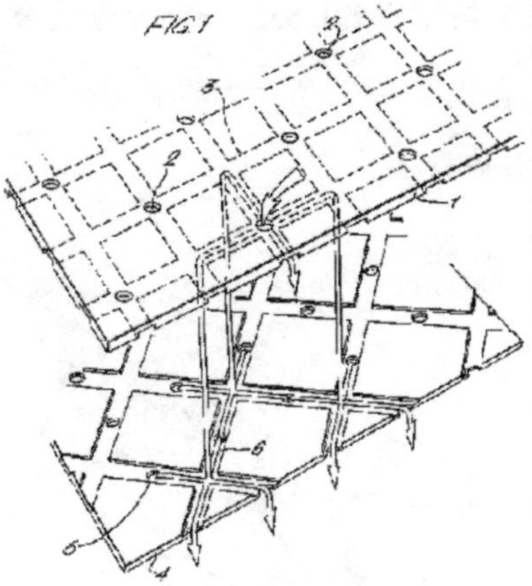

图4-3-11　GB53892专利附图

(2)气膜冷却技术

气膜冷却是使用较早的冷却技术之一。多年来,不断有各种新形式的气膜冷却结构投入使用。GE公司于1975年在美国申请的US4050241号专利公布了1种火焰筒冷却形式,其结构如图4-3-12所示。根据专利技术说明书描述,该冷却形式的优点是壁面刚度好、温度分布均匀。

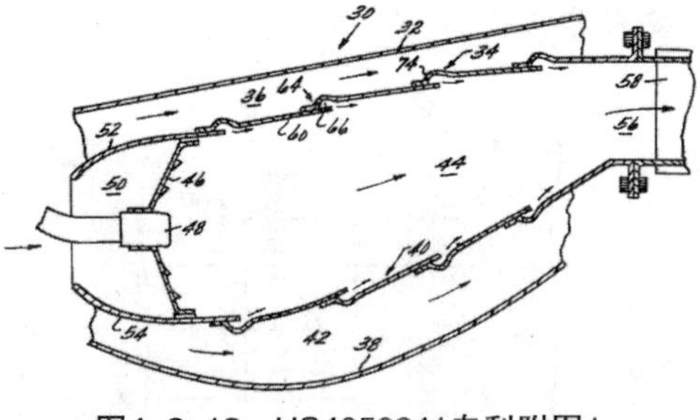

图4-3-12　US4050241专利附图1

(3)发散冷却技术

发散冷却技术最先用于高压涡轮部件的冷却,而用于燃烧室部件时,主要是为了解决局部高温的问题。近年来,随着加工技术的不断发展,加工效率不断提高,促进了多斜孔发散冷却技术在燃烧室部件的应用。其中,GE公司在GE90及GEnx发动机燃烧室上都成功应用了该技术。

GE公司1983年在美国申请的US5233828号专利公开了一种带有多斜孔发散冷却的火焰筒壁，如图4-3-13所示。根据专利技术说明书，该壁面的优点是壁面温度低且分布均匀。

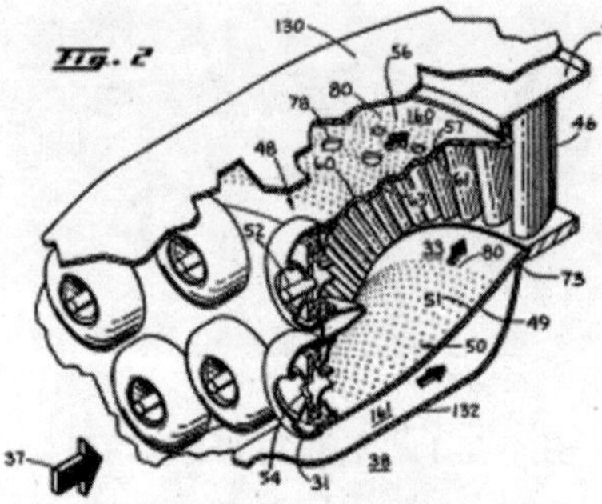

图4-3-13　US5233828专利附图2

近年来，关于发散冷却技术的专利主要集中在开孔的规律及开孔的形式上。比如，阿尔斯通公司2004年在欧洲专利组织申请的EP0959228专利，公开了一种带有异型孔的发散冷却技术，如图4-3-14所示。根据专利技术说明书，该专利的优点是可以大大提高冷却效率，节省冷却空气量，但这种专利技术对加工水平的要求非常高。

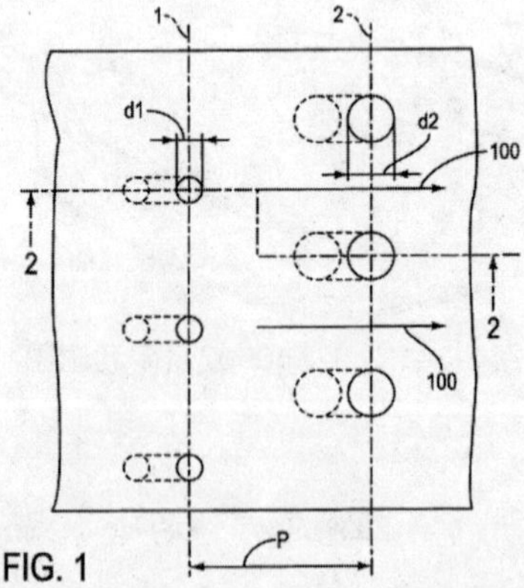

FIG. 1

图4-3-14　EP0959228专利附图1

(4)复合冷却技术

复合冷却技术通常是上面提到对流、气膜、发散、冲击4种冷却技术或其中几种冷却技术的组合。通过多种冷却技术的组合，可以充分发挥每种冷却技术的优点，提高冷却效率。目前在役的很多发动机都采用了复合冷却技术。

目前，各种冷却技术都有在航空发动机中成功使用的案例，应根据燃烧室的使用要求及技术基础作相应选择。综合此次燃烧室专利分析研究结果，冷却专利技术的发展演进如图4–3–15所示。

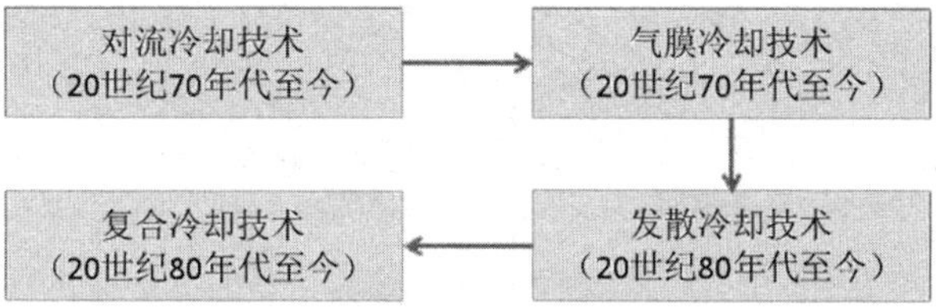

图4–3–15　冷却专利技术的发展演进

3. 低排放燃烧室燃油喷射技术

喷嘴及燃油喷射的性能直接影响了燃烧室的污染物排放特性，因此各公司对于喷嘴的设计也非常重视。

（1）单旋流气动雾化喷嘴

联合技术公司1983年在美国申请的US4418543专利公开了一种气动雾化喷嘴，其结构如图4–3–16所示。其特点是在传统离心喷嘴外侧采用1级旋流叶片增加同向旋转的涡流空气，其优点是可以降低发动机排放，降低喷嘴表面积炭。

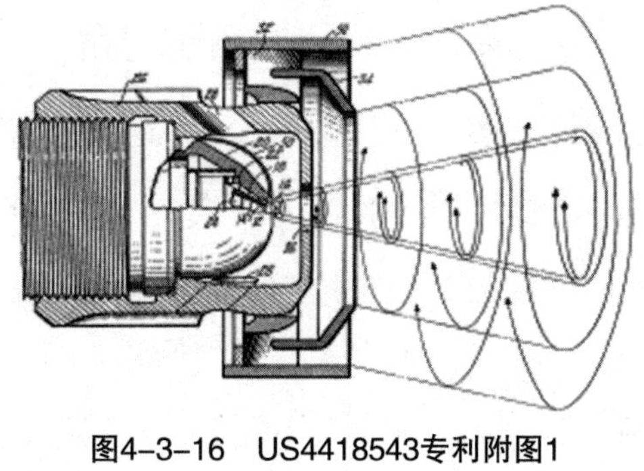

图4–3–16　US4418543专利附图1

(2)双旋流气动雾化喷嘴

GE公司于1989年在英国申请了GB2211596号专利介绍了一种双旋流气动雾化喷嘴,其结构如图4-3-17所示。由专利技术说明书可知,该技术主要通过双旋流的强力剪切作用,加强对燃料的雾化效果。

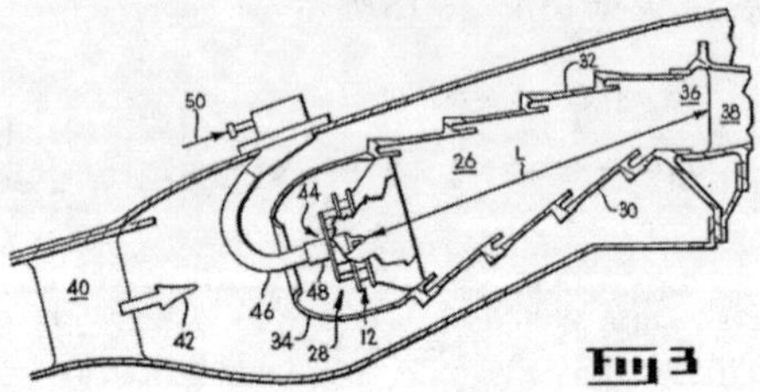

图4-3-17　GB2211596专利附图3

(3)多点直接喷射

联合技术公司于1993年申请的WO9312388号专利公开了一种多点直接喷射供油技术,如图4-3-18所示。其优点是供油均匀,可以消除局部热区,进而可以降低NOx污染物的排放。

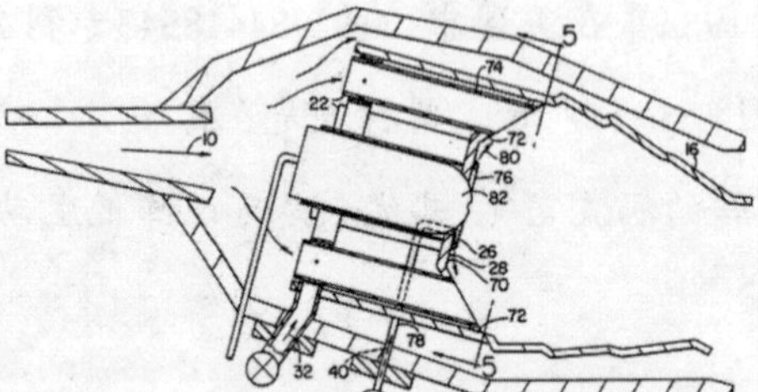

图4-3-18　WO9312388专利附图1

(4)多旋流气动雾化喷嘴

GE公司于2000年申请的US6662565号专利公开了一种多旋流燃油雾化喷嘴,如图4-3-19所示。其优点是燃油雾化均匀,有利于提高燃烧效率,降低污染物排放。

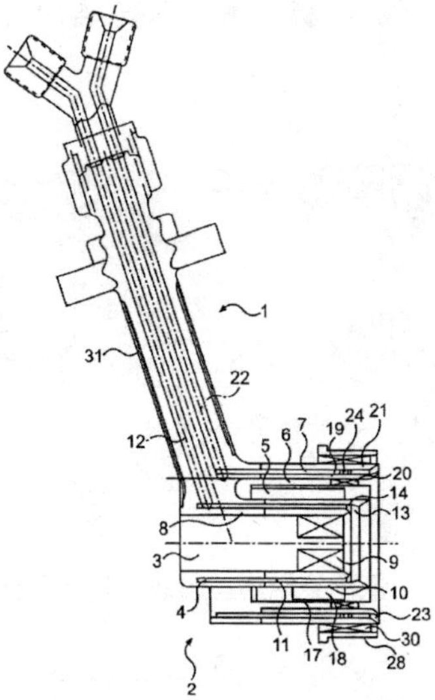

图4-3-19　US6662565专利附图1

GE公司于2001年在欧洲申请的EP1186832号专利公布了1种用于低排放燃烧室的燃油喷射及混合技术，如图4-3-20所示。该技术应用于GE公司的TAPS燃烧室上。其结构实质为一种多点喷射与多旋流结合的燃油喷嘴。目前，TAPS技术代表了当今世界上最为先进的低排放燃烧技术之一。

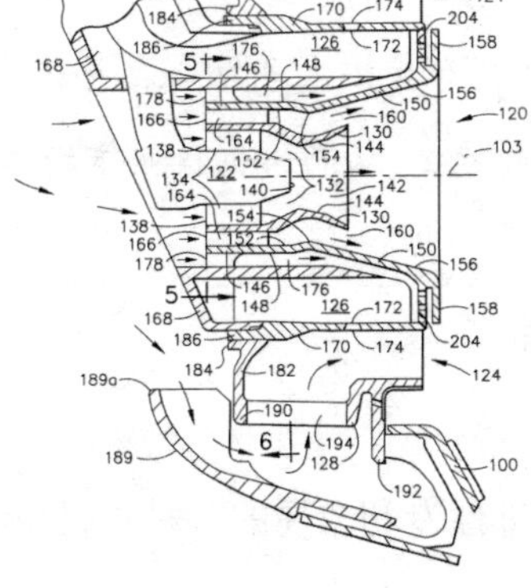

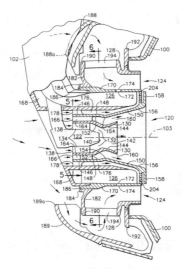

图4-3-20　EP1186832专利附图1

据对所有检索到专利的分析结果，低污染燃烧室燃油喷射技术的演进如图4-3-21所示。

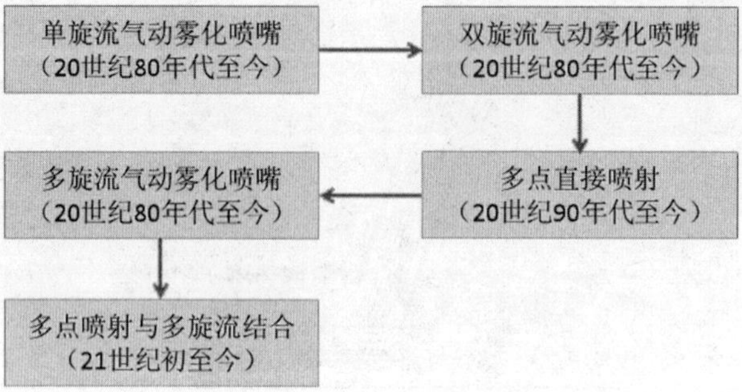

图4-3-21 低污染燃烧室燃油喷嘴专利技术的演化

六、结语

燃气轮机燃烧室专利申请数量近年呈现快速增长趋势，说明该技术领域仍有大量高新技术出现，通过专利分析，可得出如下结论：①燃烧专利申请数量以美国GE、英国RR、美国联合技术、德国西门子等公司为主。近些年，国外公司在中国申请的专利数量增加迅速，说明其对于中国市场的重视程度在不断增加。②燃烧室设计、排放燃烧技术、火焰筒发散冷却、多点喷射与多旋流气动雾化装置等技术是发动机制造商重点关注的技术领域，并且在上述领域中制造企业通过对彼此技术进行模仿改进式专利布局，不断进行技术更新，形成新的专利布局。③国内同行业企业应密切关注国外企业专利布局，通过分析其技术特征、专利布局方式并结合自身技术进行创新，实现技术专利化、专利布局，形成专利壁垒，从而占据行业市场。

四、复合专利布局

复合专利布局为渐进性专利布局的一种，是将基本专利式布局与外围专利布局相给合，围绕基本专利的相关技术或对基本专利作出改进，通过专利布局，形成如网络般的复合专利布局模式(如图4-3-22)，以构成竞争对手无法攻破的壁垒，阻绝竞争者的研发方向。

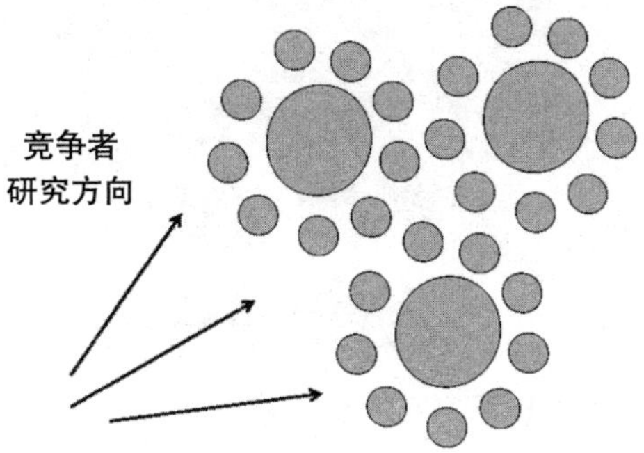

图4-3-22 复合专利布局

案例4-3-3 倒车雷达领域的专利布局

本案例拟在介绍倒车雷达的基础上，对我国倒车雷达专利说明书摘要展开深入研究，从中提取出与技术进化方向相关的内容进行分析。然后，将从专利说明书摘要及专利全文中提出的创新信息进行总结提炼，结合技术进化模式与技术进化路线，确定当前技术所处的状态，预测未来可能的进化方向。本案例旨在通过倒车雷达产品的进化研究，揭示专利渐进性布局的影响。

一、倒车雷达产品进化研究

1. 倒车雷达的组成

倒车雷达是雷达技术在汽车领域的应用，属于汽车雷达的一种，由于倒车所需的测量介质的测距较短，所以通常选用超声波雷达、红外雷达。除了超声波雷达与红外雷达，车用雷达还包括激光雷达及微波雷达，这两种雷达因其具有测量距离远、精度高等优点，被广泛应用于车辆主动安全控制系统。雷达、汽车雷达、倒车雷达之间的关系如图4-3-23所示。

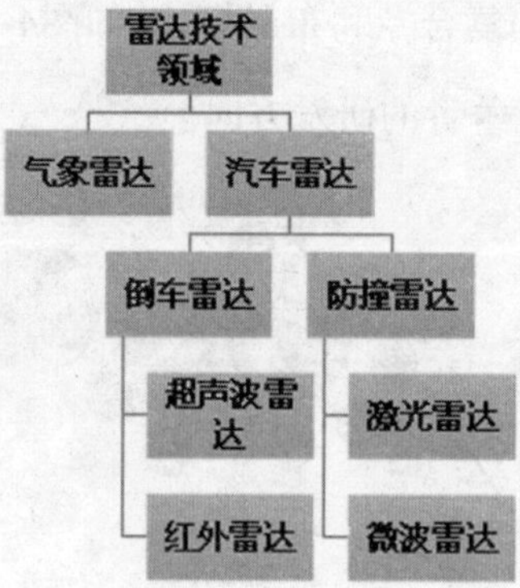

图4-3-23 倒车雷达与汽车雷达、雷达关系图

倒车雷达主要由三部分组成：感应探头、主机、显示设备，其工作原理为：感应探头发出探测信号，并将接收的经障碍物反射回来的信号传输到主机的电脑进行分析，主机将处理过的信号传给显示器进行显示。探头以粘贴式、钻孔式和悬挂式三种安装方式装在汽车后保险杠上，个数为二、三、四、六、八只不等，分管前后左右；显示器装在驾驶台上，以数字显示、颜色显示和蜂鸣显示三种方式提示司机车辆与障碍物之间的距离。

2. 倒车雷达技术的演变

通过对倒车雷达专利的分析，并结合倒车雷达领域的文献，本案例归纳了我国汽车雷达技术的发展演变过程。从1987年第一件汽车雷达专利的出现至今，我国的汽车雷达技术经历了以下六次较重大的改革。

第一代倒车雷达为语音播报装置。早在20世纪八九十年代，中国的许多车辆在倒车时南机里都会播放“倒车请注意”，这就是我国最早的与倒车雷达相关的产品，目前仍有部分车辆继续使用这一产品。它的主要特点是：只要驾驶员挂倒车档，语音播报就会响起，以提醒车辆周围的行人注意安全。准确地说，这一代倒车雷达并不能算是真正意义上的倒车雷达，因为它并没有实现倒车雷达所应具备的功能，对司机倒车时的帮助仅限于通过不停的播报语音，提醒车辆周围的行人自动躲避车辆。

第二代倒车雷达是蜂鸣器提示倒车雷达，这是我国真正意义上的倒车雷达首次面世。安装了这款产品的车辆在倒车时距离障碍物1.5~1.8米时蜂鸣器就会开始工作，并以蜂鸣声的急促来代表车辆与障碍物之间距离的远近。第二代倒车雷达已经开始对司机提供真正意义上的帮助，但是它不能在倒车过程中实时提供距离障碍物具体的距离，因此对司机的帮助有限。

第三代倒车雷达是数码波段显示雷达系统。相比第二代产品，这一代的倒车雷达取得的进步比较大，做到了声、光、电技术的整合，它可以区分对待人与物，并提供两种方式显示车尾与障碍物之间的距离——数码显示装置显示距离数字，而波段显示装置通过三种颜色区分距离远近（绿色表示车辆处于大于0.8米的安全距离，黄色表示车辆处于0.6~0.8米的警告距离，红色代表车辆处于小于0.6米的危险距离）。除了显示，它还带有语音提示功能，随时播报车辆距离障碍物的距离。这代产品非常实用，但欠缺美感。

第四代倒车雷达是液晶屏显示倒车雷达系统。倒车雷达在这一代产品中实现了品质的飞跃，主要体现在荧屏可以动态显示车辆与障碍物之间的距离。这一代倒车雷达可以方便地粘贴在车辆的仪表盘上，汽车不用挂倒档，只需要发动汽车，司机就可以从显示器上清晰地获取车身图案及汽车周围的障碍物情况，消除了驾驶员“盲区”（这是由于在车尾加装了一个广角摄像头的原因），且具有较理想的外观。但是，这一代倒车雷达过于敏感，抗干扰能力不强，容易产生误报的现象。

第五代倒车雷达被称为魔幻镜倒车雷达系统。这是前几代产品优点的集大成产品，它集合的功能包括后视镜（通常安装在车内倒视镜位置）、倒车雷达、免提电话、温度显示、车内空气污染显示和语音提示等。魔幻镜倒车雷达采用的是最新仿生超声雷达技术，并配以高速电脑进行控制，可24小时对车身周围2米以内的障碍物进行准确测知，并以声音（分不同等级）和图像相结合的方式提醒车辆驾驶员。这代产品颜色款式多样，可以根据个人需求和具体的车内配饰选取。

第六代倒车雷达是第五代产品的增强版，专为高档轿车定制。这一代倒车雷达外观上更加雅典，功能上在第五代产品的基础上又整合了影音系统，可以在显示器上观看DVD等影像。

二、倒车雷达技术进化路线研究

1. 向超系统方向进化

向超系统进化主要是指产品在实现了其最初设计时的功能之后，不断与其他产品融合，最终组成一个具有多功能的超系统。向超系统方向进化的技术进化模式主要包括两条典型的技术进化路线，分别用于功能相近的多系统集成与功能不同的多系统集成，这两条典型进化路线都适用于预测倒车雷达技术系统的发展。

(1)典型进化路线①，功能相似的系统集成：单系统→引进一种与其功能相似的系统形成双系统→引进两种或多种与原系统功能相似的系统形成多系统→组合的多系统。

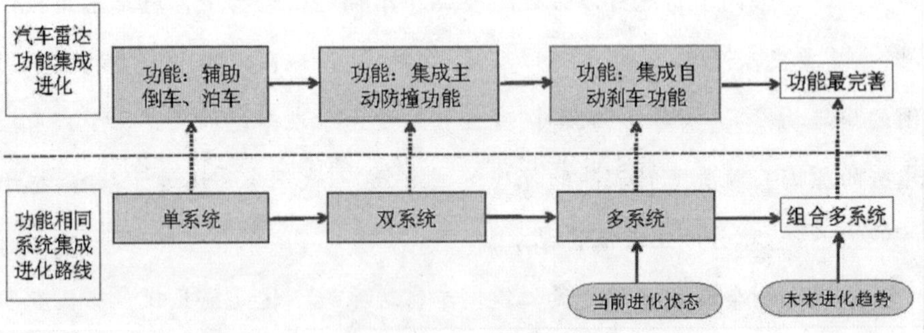

图4-3-24　倒车雷达功能相同系统集成进化路线

倒车雷达在设计之初所要实现的基本功能是辅助驾驶员进行泊车操作，在实现了这一功能之后，倒车雷达技术系统属于单系统。随着雷达技术在汽车领域的不断发展，倒车雷达系统与汽车防撞雷达系统相集成，形成了双系统。在这之后，倒车雷达系统融合了自动刹车系统，实现了在倒车过程中当车辆与障碍物的距离达到危险距离时可自动刹车的功能，形成了多系统。

利用典型进化路线①，对倒车雷达技术系统作出以下预测：倒车雷达技术系统将在未来的发展中继续融合功能相似的系统，最终实现超系统，使功能达到最完善。

(2)典型路线进化②，功能不同的系统集成：引进一种功能不同的系统形成双系统→多系统→组合的多系统。

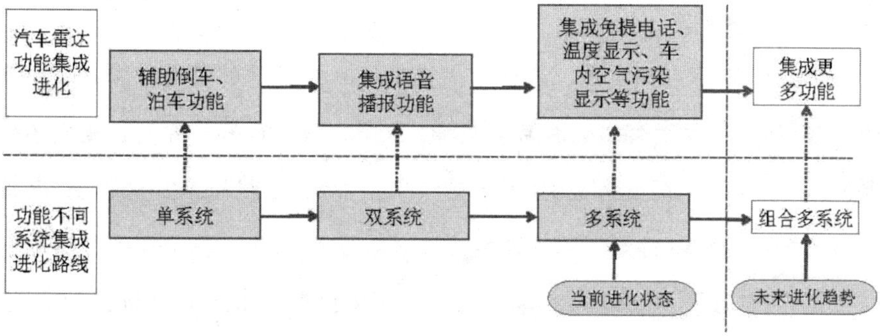

图4-3-25 倒车雷达功能不同系统集成进化路线

最初的倒车雷达系统是实现辅助倒车的单系统，为了提高辅助倒车效果，集成语音播报功能形成双系统，随着汽车用户对倒车雷达功能要求的不断提高，倒车雷达又集成了免提电话、温度显示、车内空气污染显示、蓝牙以及轮胎压力检测等功能，实现了多系统，甚至已经出现了组合多系统的雏形。

利用典型进化路线②，本案例对倒车雷达作出以下预测：倒车雷达技术系统将集成越来越多的功能不同的系统，实现功能完善的组合超系统。

2. 向增加可控性方向进化

设计者在改善系统性能时往往会遵循一个原则：系统的大部分控制操作都可以通过系统自动完成，而系统操纵人员需要的仅仅是启动自动控制系统。

典型进化路线③，可控性增加：直接控制→半自动→全自动。

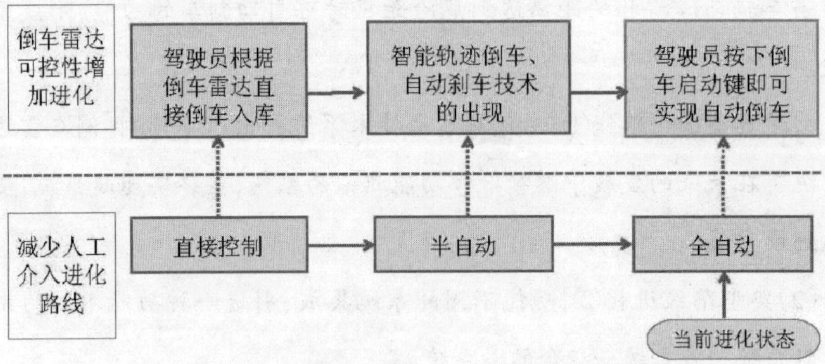

图4-3-26　倒车雷达减少人工介入的技术进化路线

从图4-3-26可以看出，最初的倒车雷达只能对驾驶员进行障碍物距离的提示，倒车过程全部由驾驶员直接操纵汽车完成；而带有智能轨迹倒车技术、自动刹车技术的倒车雷达的出现，实现了倒车过程的半自动控制；而最新的倒车雷达可以对车辆周围的停车位进行智能识别，在确认了合适的停车位之后，驾驶员只需要站在车外或者在车内按下自动倒车按钮，即可实现倒车过程的全自动化。

3. 向精简化方向进化

系统的结构发展规律是首先由简单到复杂，然后由复杂到简单。在产品设计的时候，由于要增加相应的功能，不得不增加相应的元件，使得系统的结构变得复杂，但由于系统的空间有限，设计者需要删除部分元件或将新增元件与系统原有元件合并，从而减少系统元件的数量，简化系统结构。

(1)典型进化路线④，裁剪：完整系统→删除一个零件→删除两个零件→删除整个部件

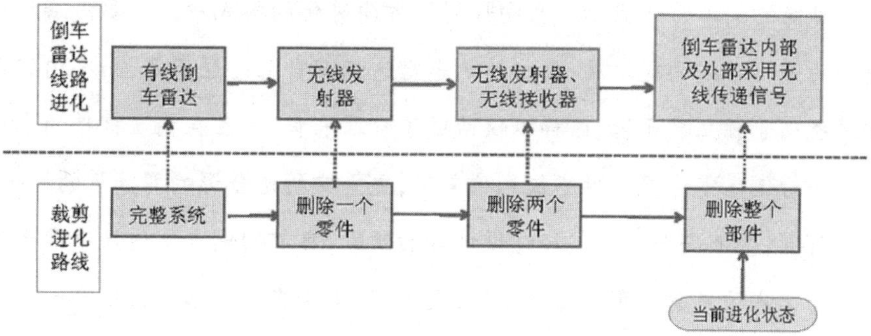

图4-3-27　倒车雷达线路剪裁进化路线

倒车雷达经历了从有线到无线的发展过程，最初的有线倒车雷达的主机与探头之间、主机与显示器之间都是通过有线的方式连接并传输信号。随着可拆卸倒车雷达的出现，倒车雷达采用了无线发射器与无线接收器作为探头，并将主机与显示器之间的信号线和电源线共用一根，删了多根线路。然后出现了显示器与主机间的无线传输倒车雷达，该雷达甚至删除了电源线，采用太阳能电池板为显示器供电，真正实现了信号在倒车雷达的探头、主机、显示器见的无线传输。

(2)典型进化路线⑤结构合并：多个单系统→功能交叉→功能相同的系统合并成单系统

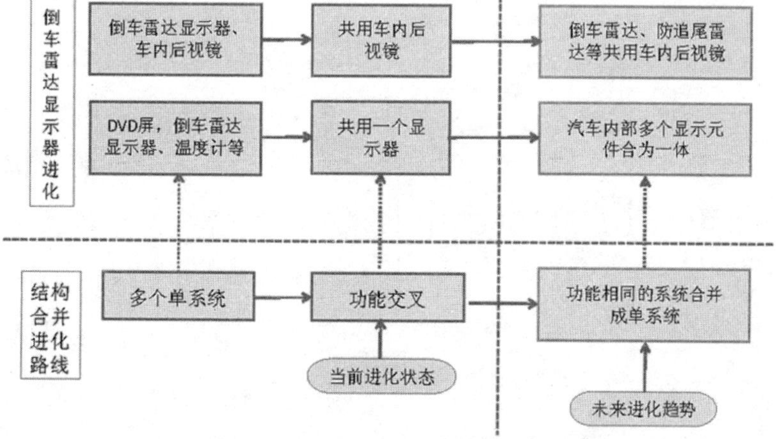

图4-3-28　倒车雷达显示器结构合并进化路线

目前的倒车雷达显示器在向精简化方向进化的模式中，主要沿着结构合并的进化路线向前发展：最初的倒车雷达拥有自己的显示器，而车内娱乐系统也用于独立显示器，这样不仅造成了资源浪费，而且在稍显拥挤的车内放置一台倒车雷达显示器不仅影响美观，更重要的是会影响驾驶员的视野，形成盲区，带来安全隐患。经过设计者的改进，目前的倒车雷达显示器已经可以与车内荣光屏合用一个显示器，或者将“语音提示电路和温度显示仪以及倒车雷达液晶显示器设置于装有液品显示仪的车内后视镜内”，通过功能交叉，实现了车内多个显示元件的结构合并。

本案例所确定的五个进化方向，均已达到或接近其进化极限，这也从一定程度上表明倒车雷达技术进入了衰退期。目前，仍具有进化潜力的是功能相近的系统集成、功能不同的系统集成以及结构合并进化方向，因此研究预测：倒车雷达技术未来的专利布局将主要以更多的系统进行集成，及简化倒车雷达的结构为主要方向。具体可通过复合专利布局的模式，对倒车雷达实现全方位布局，占领市场制高点，阻绝竞争对手的研发方向。

第五章

专利挖掘

自21世纪以来，人类社会的科技进步进入了前所未有的高速发展时期,快速更新换代的技术带动了相应专利文献的产生与积累。企业申请专利的目的主要集中在以下几点:增加无形资产和专利许可收入、防止他人抄袭自己的产品或服务、在和其他公司进行专利交叉许可时增加筹码以及提高公司声誉和产品形象等。这种大背景下,专利文本挖掘已经不再仅仅是一个相对孤立的辅助模块，而是一跃成为技术发展决策活动中必不可少的一环，在技术研发的初始阶段与收尾过程中扮演着发掘重要知识、支持战略制定以及总结发展情况的重要角色。

第一节 专利挖掘

一、企业实施专利挖掘的意义

专利挖掘是指企业或个人在科研或生产过程中对所取得的技术成果,从技术和法律层面进行剖析、整理、拆分和筛选出可以申请专利的创新点。

企业进行深入的专利挖掘可以全面掌握具有专利申请价值的技术要点及关联技术,将技术成果专利化,以全面、充分及高效地保证企业技术创新成果,使企业产品在市场上具有独占性的竞争优势。同时,企业掌握所属行业的核心技术并尽可能多地获得专利权，可以通过专利转让或许可获得经济收益。

二、企业如何挖掘专利

在对知识产权不断进行宣传普及的情况下，大多数企业已经具有知识产权保护意识，有获得专利保护的强烈意愿，但是有些企业却不知道如何进行专利挖掘，下面介绍两种专利挖掘的方法。

1. 以问题为导向进行专利挖掘

企业在生产经营过程中会遇到各种各样的问题，例如企业用户在产品或服务体验中所反映的问题，企业现有的产品或业务上存在的缺陷等，这些问题的存在往往会影响企业的经营发展和在市场上的竞争性。

企业可以组织各部门的工作人员，将此类问题进行收集、整理和分类，确定一些问题的主题。企业集中有关专家针对各个主题召开会议，采用头脑风暴法组织企业人员进行讨论，为提高创造性提供更多的可能性。在不受任何限制的情况下，集体讨论问题能激发人的热情，在讨论问题的过程中，每个人提出的观念都很可能引发他人的联想，从而产生连锁反应，形成一系列的新观念、新思维，最大限度地发挥每个人的创造性思维能力。

最后，企业将整理后的解决方案交予企业的管理人员、研发人员和专利代理人，从企业的经营状况、技术研发能力、成本核算、市场调查以及专利法对专利申请条件的规定等各方面情况出发，筛选出具有专利价值并且适合企业未来发展的技术方案进行专利申报。

另外，在专利挖掘的过程中要避免一些误区，例如，认为一项技术只有经过一系列改进完善达到很高的技术程度才能申请专利，其实专利申请的技术方案不见得要十全十美，只要解决了现有技术中存在的特定问题，哪怕是微小的改进点，都可以申请专利保护，以此防止企业因为过分完善方案而延误申请专利的最佳时机。此外，企业可以在研发阶段就进行专利申请，无需等产品投放市场后;反之竞争对手可能已经开始仿制,而专利从申请到授权的周期较长,这段时间内企业会因为无法得到专利保护而造成损失,因此当企业具有可行的技术方案后应迅速申报专利,保护其创新成果。

2. 以研究项目为导向进行专利挖掘

对于企业项目的研发人员，本身对所研发的项目能够实现的功能和所具有的价值都十分熟悉，但是如何能从项目中最大限度地挖掘出更多可行性专利方案,对研究项目实施最大的专利保护是他们工作的一项重要内容。

以研究项目为导向进行专利挖掘，首先要明确研究项目所能实现的区别于现有技术的技术要点,所挖掘内容要尽可能具体细致,深入到项目的组成部分及研发内容单一的技术要点，这样才有利于通过掌握全面的技术信息达到深度挖掘的目的。

其次,对所明确的技术要点进行全面分析,分析该技术要点是否符合专利申请范围,是否符合专利法所规定的新颖性、创造性和实用性。确定经过筛选分析的技术方案是以独立保护的方式进行专利申请，还是将部分技术方案通过拆分或组合的方式进行专利申请。

最后，根据保护方案的实质内容选择相应的专利申报类型来保护研发项目。

以研究项目为导向的专利挖掘,在项目开发过程中,研发人员对研发阶段流程、研发过程中的各项技术要点及项目可实现的功能，均有深入的了解,因此将专利挖掘与研究项目同步进展,能够更好地保证专利的数量、质量和时效性,研发人员在此过程中起主导作用。

案例5-1-1　基于朗姆酒行业的专利挖掘

朗姆酒国际传统命名为Rum,是以甘蔗汁或糖蜜为原料经过发酵、蒸馏、陈酿、勾兑等工序而成的一种蒸馏酒。此种酒的主要生产特点是:选择特殊的生香(产酯)酵母和加入产生有机酸的细菌共同发酵后,再经蒸馏陈酿而成。朗姆酒与国际著名的白兰地、威士忌、金酒齐名,同称世界四大蒸馏酒名酒。

朗姆酒可以直接单独饮用,也可以与其他饮料混合成鸡尾酒。朗姆酒在风味上有浓香型(重质)和淡香型(轻质)两大类,下面又分白干、常酒、淡酒、老酒和强香等品种,产品依不同的发酵、蒸馏、陈酿、勾兑的差异而形成多个品种:通常熟化少于1年的朗姆酒称为浅色朗姆酒(Light Rum),浅色朗姆酒在商标上经常标为清、白、银朗姆酒(Clear、White、Silver);深色朗姆酒(Dark Rum)通常熟化3年或更长时间。市场上几乎所有的朗姆酒都是通过把不同年份的朗姆酒混合勾兑而成的。

一、朗姆酒专利信息简述

专利信息分析从管理角度出发,将关乎企业生存、行业发展以及国家地区战略层面中的关键技术与国外相关专利进行比较,用于发现和警示在科技、贸易、投资、引资等活动中潜在的知识产权风险,以便及时采取应对措施。

朗姆酒是以甘蔗汁或糖蜜为原料生产的一种蒸馏酒,发展朗姆酒产业可提高蔗糖业的综合利用,延长产业链、增加附加值。通过专利信息分析,可深入了解国际朗姆酒产业在技术及装备方面的研发现状,掌握该领域国内外专利分布态势,了解国内外企业的专利申请情况,通过专利挖掘,协助相关企业寻找研发方向,以期提高其创造力及使用知识产权的能力,促进朗姆酒产业的发展。

目前,朗姆酒的主要生产企业和消费市场都在国外,本案通过分析国外朗姆酒产业化中的关键工艺、设备技术中的专利情况,并进行对比分析、专利挖掘,从而提出朗姆酒产业研发方向,排除朗姆酒产业化中潜在的知识产权风险。

二、朗姆酒工艺分析

1. 朗姆酒的主要生产工艺

(1)原料处理：生产朗姆酒用的原料可以是蔗汁、糖泡、糖浆、糖蜜、蔗渣等，不同工段的糖料成分由于非糖组分比例及制糖方法不同，故朗姆酒香味各有差异。

蔗汁含有甘蔗中除蔗渣外的大部分组分，是生产朗姆酒的优质原料，但蔗汁中含有收割时带来的泥沙尘土、挥发性含氮物和大量微生物，故需要加以过滤，否则会影响朗姆酒的香味。同样，影响朗姆酒香味的物质还包括糖蜜中的非糖杂质，及澄清等工艺过程中化学处理剂的残留等，因此也需要进行清净。

(2)发酵：朗姆酒发酵多采用啤酒酵母或裂殖酵母。啤酒酵母发酵速度快，适应性强，产酒率高，产酸、脂、杂醇不多，适宜生产无色透明轻型朗姆酒。裂殖酵母发酵特点在于，发酵过程中产生香味的酯类较啤酒酵母多，缓慢发酵生成的醛和杂醇油较少，酒香味浓郁，适于生产重型朗姆酒。

(3)蒸馏：朗姆酒的生产根据重型、轻型品种要求采用不同的蒸馏技术，蒸馏是决定朗姆酒风格的重要环节。

(4)陈酿：贮存陈酿是提高酒质“醇和度”的基本措施，优质朗姆酒多采用橡木桶贮存陈酿。

2. 朗姆酒生产工艺分析

朗姆酒生产工艺已较为成熟，不同产地或企业对工艺有不同的细节性控制，这些工艺细节多是生产者的技术秘密，申请专利的概率较小。发酵、蒸馏等工艺过程的改进技术可作为专利挖掘的技术节点，但由于发酵罐、蒸馏罐等设备是酒类生产常使用的设备，专门用于朗姆酒生产的设备专利数量较少。另外，朗姆酒生产过程中涉及酒母等微生物，能提高风味的菌种可作为专利挖掘的技术节点。

根据技术与专利之间的密切程度，将朗姆酒生产的工艺路线进行分解，可从以下方面对朗姆酒生产技术进行专利信息分析：①甘蔗糖蜜的原料处理、清净阶段的工艺技术；②发酵工艺的控制；③菌种的开发应用；④朗姆酒特殊的蒸馏工艺。

三、朗姆酒专利发展概况

1. 国外主要生产企业专利概况

国外朗姆酒生产已有几百年历史，在美国蒸馏酒工业中，朗姆酒的产量占第三位。此外巴西、墨西哥、澳洲、圭亚那、夏威夷、马丁尼克、维尔京岛、秘鲁、毛里求斯、法属安德烈斯等地均有工业化生产供国内饮用及外销。

朗姆酒的世界生产巨头主要有百加得(Bacardi)、保乐力加集团(Pernod Ricard)和帝亚吉欧(Diageo)等，其公司概况及相关专利申请信息介绍如下。

(1)百加得(Bacardi)

百加得公司总部位于百慕大汉密尔顿(Hamilton)，源于古巴圣地亚哥，于1862年由法孔度创立，百加得是世界最大的家族私有的烈酒厂商，产品包括百加得陈酿和百加得151品牌的朗姆酒等。每年在全球200个国家销售总计超过2亿瓶。它源于古巴圣地亚哥的高档朗姆酒，纯正、顺滑；蕴含的是象征拉丁加勒比精神的自由、色彩和激情，是全球销量第一的高档烈性洋酒，产品遍布170多个国家。目前，百加得公司公开的部分相关专利申请见表5-1-1。

表5-1-1　百加得公司公开的部分相关专利申请

优先权/专利号	专利名称
US 20070281052 A120071206 WO 2007143192 A2 20071213	混介酒精饮料的减压蒸馏技术
WO 200629285 A2 20060316 US 20060159812 A1 20060720	制备酒精饮料的方法
WO 2006029285 A2 20060316 US 2006446372 A1 20060601	蒸馏酒精混介物以制备饮料的方法
US 20040005394 A1 20040108	包括朗姆酒在内的熟化酒精饮料
US 3896659 A 19750729	酒精饮料中乙醇含量的测定方法

(2)保乐力加集团(Pernod Ricard)

保乐力加集团由法国两家最大的酒类公司保乐公司（成立于1805年)和力加公司(成立于1932年)于1975年合并而成,目前是世界三大烈酒和葡萄酒集团之一。保乐力加集团总部设在法国,在全球拥有72家生产企业,12250名员工。其主要朗姆酒品牌包括哈瓦纳俱乐部、马利宝、芝华士、百龄坛等。目前,保乐力加集团公开的部分专利申请见表5-1-2。

表5-1-2　保乐力加集团公开的部分专利申请

优先权/专利号	专利名称
EP 2448429 A1 20120509 WO 2012022375 A1 20120223	酒精饮料中的悬浮粒子物质
EP 1389636 A1 20040218 FR 2843594 A1 20040220	添加链甘油三酯降低乳化饮料中茴香醚结晶点的方法
EP 1284745 20030226 WO 2001087320 20011122	在酒精饮料中添加胡椒提取物防治酒精依赖的方法
EP 983339 A1 20000308 EP 983339 B1 20030528	提高酒精饮料中茴香脑溶解度的方法
EP702951 A1 19960327 EP702951 B1 20010926	利用非介成酶药剂减少饮酒或防止过度饮酒
EP368736 A1 19900516 EP368736 B1 19940713	乙醇组分中含有茴香脑物质

(3)帝亚吉欧(Diageo)

帝亚吉欧来自英国,是全球最大的洋酒公司,旗下拥有蒸馏酒、葡萄酒、啤酒等系列顶级酒类品牌。帝亚吉欧公司在全球80多个国家和地区有超过25000名员工,目前占有全球30%以上的洋酒市场份额,并拥有100个世界顶级酒类品牌中的14个：伏特加Smirnoff（斯米诺)、苏格兰威士忌Johnnie Walker(尊尼获加)和J&B(珍宝)、利口酒Baileys(百利甜酒)、朗姆酒Captain Morgan(摩根船长)、黑啤Guinness(健力士)等。目前,帝亚吉欧公司公开的部分专利申请见表5-1-3。

表5-1-3 帝亚吉欧公司公开的部分专利

优先权/专利号	专利名称
WO 2006085215 20060817 US 20060193947 20060831	制备自然起泡酒精饮料的方法
WO 2010146392 20101223 CA 2764519 20101223	半冻酒精饮料制剂和其制备方法 中国专利名称:半冻物
GB 2444979 20080625 WO 2008074994 20080626	制备酒精饮料半冻物的冷冻机
WO 2012013741 A1 20120202	酒精饮料调配机

2. 朗姆酒国内申请人专利概况

我国甘蔗糖的主产区集中在南方的广西、云南、广东湛江等地，其中广西占全国产量的60%以上。但我国糖业产业链相对较短，高值产品不多，在朗姆酒生产方面也长期处于空白。

我国在20世纪60年代由食品工业部下达过朗姆酒研究项目，由甘蔗糖业研究所主持，与广东省糖纸公司、华南工学院、广东饮料厂合作承担，于1966年进行生产技术鉴定。鉴定后在广东饮料厂果酒车间投产，产品为重型，在交易会上经外商品尝鉴定，认为质量不逊于国际同类产品，评价较高，主要供出口，小量供国内的涉外宾馆、航海俱乐部等销售，直到90年代因与外资建啤酒厂而停产，该研究成果获国家科技大会奖。其后于70年代在阳江糖厂生产轻型朗姆酒，90年代推广到湛江糖厂。与此同时，烟台张裕葡萄酿酒公司也申请了“朗姆酒新工艺”的发明专利，主要针对甘蔗制糖的下脚料废糖蜜经选用典型性强、生香产酯的酵母菌种，并在后期加入丁酸菌共同发酵的工艺，经蒸馏、陈酿和橡木片蒸煮人工老熟的方法，得到具有中国风格的浓香型正宗朗姆酒，但市场上并未见有其产品销售。

近年来，朗姆酒在中国的发展又逐渐开始被人们关注，并开始将目光瞄准全球主流酒类市场。2012年广西壮族自治区党委、政府已经把发展朗姆酒产业列入自治区工业新兴产业重点项目，自2011年12月广西农垦昌菱制糖有限公司朗姆酒试产成功以来，广西围绕发展朗姆酒产业项目的工作逐步展开:2012年6月,广西农垦昌菱制糖有限公司朗姆酒项目5大工程(朗姆酒精品观光生产线工程、勾兑过滤生产线、灌装生产线工程、产品检验检测中心、陈酿仓库工程)开工;2012年,广西甘纳酒业有限公司成立,并成功推出甘纳、金朗姆酒(city power)、桂记甘酒等系列朗姆酒品牌,到当年12月,该公司已生产朗姆酒3500多吨。目前,我国有关朗姆酒方面的专利申请见表5-1-4。

表5-1-4 我国有关朗姆酒的专利申请

序号	专利名称/专利号	申请人
1	朗姆酒新工艺 CN92106726.7	烟台张裕葡萄酿酒公司
2	轻质朗姆酒新工艺 CN97105234.4	广东省湛江糖厂
3	一种低甲醇甘蔗白酒的酿造方法 CN200910111848.0	福建师范大学
4	甘蔗汁和糖蜜生产复介型朗姆酒的方法 CN201010100136.1	邹　毅

四、结语

目前,全世界每年利用糖蜜或者甘蔗汁生产朗姆酒等酒类约400万吨,其中巴西每年生产约160万吨,印度年产约50万吨,澳洲年产约20万吨。2002—2007年,全球朗姆酒低端酒和中档酒的增长率分别为1.1%和1.4%,而高端及超高端朗姆酒的增长率分别为4.4%和5.8%,到2012年总需求量达到约1.349亿箱。据统计,中国每年进口朗姆酒8000至10000吨,进口增长率在进口洋酒中最高,达到65.85%。新加坡酒类消费协会副会长吴瑞介绍:"随着深色烈酒在全球市场出现强劲增长,朗姆酒开始挑战威士忌的地位,已然成为全球主要市场增长最快的烈酒品种。"

朗姆酒产业的发展将为我国制糖深加工打造产业链带来机遇,通过发展朗姆酒产业不仅可以延伸糖业产业链,还可以进一步提高糖业经济效益和抗风险能力,提升企业竞争力,更有可能成为我国(尤其是甘蔗主产区)经济的一个新增长点。

朗姆酒在国内的发展远落后于国外,有必要通过借鉴外国先进生产工艺、设备制造方法，通过专利挖掘的方式进行技术改进，进而拓宽国内朗姆酒的市场份额。朗姆酒的专利挖掘主要对所搜集到的世界朗姆酒领域的相关专利进行分析，寻找世界朗姆酒生产技术及装备研发的空白点与研发方向，帮助我国企业形成自主创新的技术与设备，并通过专利制度保护创新成果，防止侵权行为。

第二节　专利挖掘的步骤

专利挖掘的主要目的是通过专利挖掘，将想法、创意转变为专利。专利挖掘可以分为三个步骤：发明构思、提炼创新点及专利撰写。

图5-2-1　专利挖掘的目的

一、发明构思

专利挖掘的源头是想法、创意，是发现问题，通常情况下把这种解决了一定问题的想法、创意称为“发明构思”。同理，发明构思是专利挖掘的源头，通常发明构思的数量越多，挖掘出高质量、有价值的专利的机会也就越大。因此，发明构思是专利挖掘的第一个步骤，也是最重要步骤。

1. 发现问题。从企业角度分析，发现问题是企业科技研发的起点，同样也是企业专利挖掘工作的起点。问题的存在是客观的，但看待问题的角度却大为不同，尤其是对问题重要性的判断，决定了专利挖掘工作的结果。在企业专利挖掘实践中，根据核心问题进行挖掘而获得的专利往往对应的是核心专利或基础专利。因此，发现问题的能力和对问题进行分级判断的能力对企业专利挖掘工作至关重要。

2. 解决问题。对于用何种方式来解决问题,方法有很多种,不同企业的科研人员也有不同解决问题的方法。常见的有发明问题解决理论(TRIZ法)、头脑风暴法、技术功效图法等。此处可以参照前文中美国高智公司解决问题的方式。

二、提炼创新点

发明构思形成以后,为进行下一步专利挖掘,需确定发明构思中的核心部分,在构思中处于决定地位、对问题解决起到实质性作用的创新点。在一个发明构思中,可能只存在一个关键点,也有可能存在多个。因此,从构思中挖掘出创新点是十分必要的,且必须做到准确、全面,这是对挖掘创新点工作的基本要求。

"准确"是指在发明构思中挖掘出的创新点不仅能使最终的技术方案具备新颖性、创造性和实用性,并且能够获得专利权;使专利申请的权利要求具有适当的保护范围,避免因保护范围过小而使专利失去实际价值,因保护范围过大而造成权利不稳定。

"全面"是指要对发明构思进行多角度、多层次的理解及把握,通过分解、细化、扩展、延伸等技术分析的方法,将发明构思进行全面分析,以达到从发明构思中尽可能多地挖掘创新点的目的。

1. 技术分析

在企业的专利挖掘工作中,根据发明构思设计的内容可以大致将发明构思分为两类:一类是设计研发项目整体的发明构思;另一类是设计某个具体关键点的发明构思。针对这两类发明构思,可以通过技术分析的方法对其进行全面理解。相应的,技术分析也包括两类:一是从技术研发项目出发,按照研发项目需要达到的技术效果或技术架构进行逐级拆分，直至每个创新点；二是从特定的技术创新点出发，寻找关联的技术因素及其他创新点。简言之，对于涉及技术研发项目整体的发明构思，技术分析侧重分解和细化，以达到梳理技术分支、把握技术要素、明确关键节点的目的；对于涉及具有明显价值的关键点的发明构思，技术分析侧重扩展和延伸，以达到梳理关键因素、把握技术维度、明确关键节点的目的。

2. 确定现有技术

确定现有技术的主要方式为信息检索，包括专利信息检索和非专利信息的检索。与其他检索相比，专利挖掘过程中的检索对应其目的，具有以下特点：一是寻找判断可专利性的证据。从性质上来分析，这种检索是一种查新检索，通过检索比对初步判断本项目研发的技术是否具有新颖性、创造性。二是寻找判定产品侵权风险的依据。这一特点主要通过对过往的专利文献进行检索。发明构思相关的技术方案与相应的产品具有很强的相关性，在对技术方案进行检索的同时可获得与相应产品具有很高相似度的专利文献，共同作为依据判断出现有产品是否侵权，为下一步的规避设计寻找到参考方案。

3. 风险判定

主要包括两方面的判定，一是获得授权可能性的判定，一是产品专利侵权的风险判定。对授权可能性的判定可以确定企业技术创造性的高度，避免无效的专利申请。对专利侵权风险的判定，主要是对照检索查新后的相关专利对发明构思进行对比分析，若相关技术方案可能面临潜在的专利风险，则着重从技术上寻找规避替代的解决方案，提前制定风险应对预案，为企业最大限度避免和减少损失做好准备。

4. 规避设计

在确定风险专利的情况下，要及早研究技术规避方案。规避方案有多种渠道和途径，在专利挖掘过程中，对于专利风险的规避主要从技术角度入手。典型的方法如:寻找替代方案、进行新的研发及针对性改进。

5. 确定提炼创新点

创新发明点的确定及提炼,是从专利运用、技术占位、市场控制、侵权诉讼举证等方面综合进行考量,涵盖了技术、市场和法律等多种因素。提炼的基本要求是,用于描述主要创新发明点的技术特征是且仅是关于该发明最基本的必要技术特征。

三、专利撰写

创新点提炼成功之后,需要围绕创新点形成专利申请,通常分为以下三步:

第一步:撰写技术交底书。技术交底书是技术人员与专利工程师沟通的桥梁。一份好的技术交底书应当清楚、完整地记载发明创造的内容,如有必要,应该提供相应的图示。对于设计机械和单纯电路构造方面的发明创造,图示往往比单纯的文字描述更能清楚反映发明创造的要点。完整的技术交底书一般包括八个部分:发明或实用新型的名称、所属技术领域、背景技术及其缺陷、发明目的、发明内容、有益效果、最佳实施方式、附图及附图说明。

第二步:选择保护方式。保护方式的选择包括是否申请专利及申请何种类型的专利。对于专利保护和技术秘密保护之间的权衡,二者并非非此即彼。在满足专利法第二十六条第三款要求的前提下,可以将产生最有效果的技术参数、技术方法等内容作为技术秘密加以保护,这就是专利保护与技术秘密保护的结合。而在选择专利保护类型时,可以充分利用发明、实用新型以及外观设计专利各自的优势,相互配合,以达到目的。

第三步:撰写专利申请。确定申请专利之后,需要根据技术交底书的内容,专利法的相关要求,以规定格式撰写专利申请。

下文将介绍两种专利挖掘时应用的主要方法,分别为专利检索及专利地图。

第三节 专利检索

专利文献作为一种非常典型的半结构化的文档，富含着表征相关技术创新性与研发重点的关键内容。此外，如果将某范围内的专利申请或授权行为视为一个动态变化的整体，那么专利活动本身也暗含着该领域技术发展的重要时序模式。然而在以往的研究中对于上述两种特征的探讨往往是分开来进行的。通常情况下，将专利文献文本挖掘的结果和时序分析的结果相互联系的最直接方式是以年度、季度或月份来划分专利文本集，从而在等长度时间段上考量专利文献在语义层面上的关联和变化。但是，如果想要在真正意义上关联起语义内容及专利活动的模式变化，而不是单纯考虑等时间长度内的主题词更迭，则是非常困难的。下面首先从专利检索的角度进行分析。

根据专利文献检索的用途，专利文献检索可以分为法律状态检索、查新检索、专利性检索、侵权检索、技术贸易检索、专利战略检索和技术主题检索，下面将分别介绍这几种检索方式。

一、法律状态检索

专利法律状态检索属于比较简单和客观的检索，可分为专利有效性检索和专利地域性检索。专利有效性检索是指对一项专利或专利申请当前所处的法律状态进行检索，其目的是了解该项专利申请是否被授权，授权专利是否有效，例如是否尚在有效期内。专利地域性检索是指对一项发明创造申请的地域（国家或地区）所进行的检索，其目的是确定该项专利申请的地域范围。可检索的其他专利法律状态信息还包括：专利或专利申请的著录事项、变更信息、专利申请、审查或复审过程中的信息、授权后的专利权转移、许可、异议等法律活动信息等。

专利族检索是对专利地域性检索的有效方式之一。专利族检索是指对一项专利或专利申请在其他国家申请专利并被公布等有关情况进行的检索。该检索的目的是找出该专利或专利申请在其他国家公布的文献号等信息。其主要手段是从一个专利文献号码入手查找该发明在哪些国家申请了专利并被公布，在哪些国家被授予了专利权。专利族检索除了可以了解专利的地域性外，还有以下重要目的：①解决语言障碍问题；②解决馆藏的局限性问题；③得到其他检索机构对同组专利文献的检索报告。

常见的各国专利局网站均能完成专利法律状态检索。但检索时应注意，由于专利信息数据库发布、更新的时间可能会有延迟性，因此检索时得到的某些著录项目信息可能与实际情况有一些偏差。如果要得到可作为确凿证据的著录项目信息，应以国家专利行政部门的法律簿为准。

案例5-3-1　美国6450509专利族检索分析

案例设置目的

通过对美国海丽思体育用品有限公司的轮滑鞋专利进行检索，通过对其专利申请时间、申请地域及专利族进行检索，从而得出该公司专利战略及市场化策略。

该轮滑鞋专利族分析结果

1999年4月1日，美国海丽思体育用品有限公司(Heeling Sports Limited)将发明人罗杰·R.亚当斯(Roger R. Adams)发明的“滑行装置”向美国专利商标局递交了一份临时专利申请，其临时申请号为60/127459(A1,P1)。

2000年3月31日，该公司在规定的最后期限到来前，同时向美国专利商标局提出非临时专利申请和以该美国临时专利申请为国际优先权的国际申请。

国际申请的申请号为:PCT/US00/08633(A2),其申请的名称为:滑行装置及方法,该专利申请于2000年10月12日首次由WIPO国际局公布,公布号为WO00/59323A1(D1)。

美国专利局于2002年9月17日经过审查公告授权,专利号为US6450509B2(D3)。

加拿大专利局于2004年3月2日公告授权,专利号为CA2366815C(D5)。

澳大利亚专利局于2004年3月18日公告授权,专利号为AU771419B2(D7)。

芬兰专利局于2001年11月14日公布该国际申请,公布号为FI20011887A(D8)。

挪威专利局于2001年11月28日公布该国际申请,公布号为NO20014644A(D34)。

瑞典专利局于2001年11月29日公布该国际申请,公布号为SE0103187-1A(D9)。

丹麦专利局于2001年12月3日公布该国际申请,公布号为DKPA200101430D1(D10)。

英国专利局于2002年11月20日公告授权,专利号为GB2363562B(D12)。

欧洲专利局于2003年10月8日公告授权,专利号为EP1175160B1(D14)。

巴西专利局于2002年2月5日公布该国际申请,公布号为BR-PI0009459-5A(D15)。

德国专利局于2002年3月28日公布该国际申请,公布号为DE10084418T1(D16)。

中国国家知识产权局于2004年7月14日公告授权,公告号为CN1157130C(D18)。

墨西哥专利局于2002年5月6日公布该国际申请,公布号为MXPA01009882A(D35)。

土耳其专利局于2002年5月21日公布该国际申请,公布号为TR200103388T2(D19)。

日本专利局于2003年12月12日公告授权,公告号为JP3502044B2(D22)。

南非专利局于2002年12月23日公布该国际申请,公布号为ZA20010783A(D33)。

奥地利专利局于2003月10日15日公布该国际申请,公布号为AT251396T(D23)。

新西兰专利局于2003年11月28日公布该国际申请,公布号为NZ514418A(D26)。

西班牙专利商标局于2004年6月16日公布该国际申请的欧洲专利译文,公布号为ES2208299T3(D27)。

俄罗斯专利商标局于2004年12月20日公布该国际申请, 公布号为RU2242153C2(D28)。

西班牙专利商标局于2007年3月16日公告授权, 公告号为ES2245524B1(D30)。

解读美国6450509专利族

该专利族种类属于:国内专利族+扩展专利族。该专利族共有55项专利申请,74件同族专利,其中:

美国专利申请18项,包括4项临时专利申请和14项正式申请;美国同族专利23件,其中9件授权专利。

PCT国际申请3项;国际申请同族专利7件。

澳大利亚专利申请3项;澳大利亚同族专利5件,其中1件授权专利。

中国专利申请3项, 包括2项发明专利申请和1项实用新型专利申请;中国同族专利4件,其中2件授权专利(发明和实用新型各1件)。

德国专利申请3项,包括2项专利申请和1项实用新型申请;德国同族专利4件,其中3件授权专利(发明2件,实用新型1件)。

日本专利申请3项;日本同族专利4件,其中1件授权专利。

欧洲专利申请2项；欧洲同族专利4件，其中1件授权专利。

西班牙专利申请2项；西班牙同族专利3件，其中2件授权专利。

中国台湾专利申请2项；中国台湾同族专利2件，2件均授权。

加拿大、英国专利申请各1项；加拿大、英国同族专利各2件，各有1件授权。

奥地利、巴西、丹麦、芬兰、中国香港特别行政区、以色列、墨西哥、挪威、新西兰、巴拿马、俄罗斯、瑞典、土耳其、南非各国（地区）各有专利申请1项；各有同族专利1件。

专利族分析的意义

通过该美国轮滑鞋专利族，分析其市场策略及专利布局，可对国内同行企业提供一定的参考，通过分析可知：

1. 检索中找到的诸多关于该轮滑鞋专利不是孤立的、相互无关联的，而是一个基于同一项美国专利申请的专利族。该专利族有74个专利族成员（即同族专利），这些同族专利源于55项专利申请，涉及24个国家、地区和专利组织。

2. 此专利族通过5项美国国际优先权，或单独或联合，将23个国家、地区和专利组织的51个专利族成员联系到一起；通过分案申请、继续申请、部分继续申请将美国的23个专利族成员联系到一起；再通过国际优先权和分案申请、继续申请、部分继续申请将所有74个同族专利有机联系在一起，形成一个拥有74个专利族成员的专利族。

3. 该轮滑鞋专利族从1999年4月1日首次提出临时申请至2006年6月19日最后一次提出继续申请，历时7年，不仅使轮滑鞋发明创造从开始的“滑行装置”到“多轮滑行装置”再到“外部轮式滑行装置及方法”在技术上有了发展，同时也使专利的保护寿命得到延长：以中国专利为例，发明专利保护期从申请日起20年，2000年3月31日申请的以美国临时申请60/127459（A1）为国际优先权的“滑行装置及方法”中国发明专利00805794.X的有效期应至2020年3月31日止，而2003年2月19日申请的以美国临时申请60/127459（A1）的正式申请

09/540125(A3)的分案申请10/077895(A32)的部分继续申请10/369063(A45)和临时申请60/358908(A35)为国际优先权的“外部轮式滑行装置及方法”中国发明专利申请03808290.X,如果授权,有效期应至2023年2月19日止,如此申请方式,该轮滑鞋在中国的专利保护期将延长近3年。

通过对这个专利族的分析,可以得出:轮滑鞋并不是一个复杂的发明创造,但是专利申请人为使自己获得最大的市场利益,达到有效保护这样一种技术上很容易实现却不易保护的发明创造的效果,花费了很大的心思,充分利用国际、国内专利保护规则,编织出一张复杂的专利保护网,让所有竞争对手望而却步。同时,也向我们的企业揭示了一种企业产品市场化策略,对我们的企业制定市场战略提供了一定的参考。

二、查新检索

根据科技部2000年12月颁布的《科技查新机构管理办法》和《科技查新规范》,查新是“技术查新”的简称,是指查新机构根据查新委托人提供的需要查找其新颖性的科学技术内容,按照《科技查新规范》操作,并得出结论,为科技成果的鉴定、评估、验收、转化、奖励等提出客观依据。由于查新是以检出文献的客观事实来对项目的新颖性作出结论,因此查新有较为严格的年限、范围和程序的规定,要求给出明确的结论。查新结论具有客观性和鉴证性,但其不同于全面的成果评审结论。

查新检索用于为科研立项、成果、专利、发明等评价提供科学依据,其目的在于为评价检索对象的新颖性、创造性和实用性提供文件依据,是科研工作的重要环节,也是专利申请之前的必要工作之一。查新检索可能针对欲立项的科研课题、已完成的科研成果和发明、专利申请等,因此检索对象可能包括研究课题、技术方案、权利要求等。对于未立项或已完成的科研课题而言，其检索对象的理解重点在于课题的研究思路、研究方法和研究手段方面,同时也要兼顾其预期的效果和目的方面。对于即将申请专利权的发明而言,其检索对象为权利要求书及可能作为权利要求修改依据的内容,因此其检索对象可能还要扩展至说明书等申请文件的其余部分。

三、专利性检索

一项发明必须具备新颖性、创造性和实用性才可能被授予专利权,其中,新颖性、创造性和实用性即为通常所称的“专利性”。专利性检索是以被检索的专利或者专利申请为对象，对包括专利文献在内的各种科技信息进行检索,从中获得评价该对象专利性的对比文件。一件专利在从申请、专利局审批乃至授权之后的整个专利生命周期内,申请人、专利审查员和社会公众都可以进行不同目的的专利性检索。

1. 申请专利前的检索

专利申请之前，申请人或其代理人应针对所要申请专利的主题对专利文献和专利期刊及其他相关信息资源进行充分检索，以便更清楚地了解所申请专利主题的可专利性,从而对是否进行专利申请、如何撰写专利申请文件以及如何尽可能扩大权利要求的保护范围作出正确决策，从而使申请人的自身利益最大化。专利申请前的检索类似于上文介绍的查新检索。

2. 专利审批过程中的检索

在专利审批过程中，专利审查员需要针对申请人请求保护的技术方案进行详尽检索，以判断申请人请求保护的技术方案是否具备新颖性和创造性。若存在新颖性或创造性的问题,审查员需要列举证据(专利文献或非专利文献)并撰写审查意见。此时申请人针对审查员的审查意见也可进行有针对性的检索，以便提出更具有说服性的理由或对申请文件的修改更具有针对性。申请人检索通常为其答复提供事实基础,例如发明因克服了技术偏见而具备创造性的证据、说明书公开充分的证据、某技术领域的正确解释的证据等。

3. 专利授权后的检索

专利授权后的检索通常是社会公众认为被授予的专利权可能不符合专利性条件而进行的检索,例如无效检索。无效检索的主要目的是检索出能够破坏被授权的专利的新颖性或创造性的现有技术文件。

四、侵权检索

侵权检索是检查专利权是否被侵权而进行的检索，一般是指为确定所生产的产品或者所使用的工艺等，是否纳入已授权专利的保护范围内而进行的检索,属于一种与专利技术的应用有关的检索种类。侵权检索首先需要确定所检索专利的专利权是否有效(包括时间和地域),在专利权有效的时间和地区的基础上,检索是否侵权及侵权的范围。

根据侵权方、被侵权方与检索者的关系,侵权检索包括防止侵权检索和被控侵权检索。

防止侵权检索是指为避免发生侵权纠纷而主动针对某一新技术新产品进行的专利文献检索,其目的是要找出可能侵犯了专利权保护范围的专利。例如,企业向国外出口新产品时,应当检索专利文献,判断是否会侵犯出口所在国的专利权。专利法律状态为有效时才会被侵权,所以为防止侵权所进行的专利信息检索的范围为有效专利。检索人员应根据出口国或地区的法律规定,查阅有效专利的保护期限(该期限依各国或地区的法律规定而有所不同)。侵权判定的主要依据为权利要求书,检索人员检索后如果查到较为相关的对比文件,应根据权利要求书进行对比。

被控侵权检索是指在被别人指控侵权时为进行自我防卫而进行的专利检索,其目的在于找出请求宣告被控侵犯的专利权无效或不侵权的证据。例如,某企业生产的产品被控侵犯另一同类型企业的发明专利权,该企业通过对现有技术进行检索,检索到一件与该专利权利要求的技术方案完全相同的,在该专利申请日前公开的美国专利,该企业以此美国专利为依据请求宣告该专利权无效。

五、技术贸易检索

在进行技术贸易过程中,尤其是在引进国外先进技术时,技术贸易检索极为重要。通过专利文献检索了解相关技术的发展程度,是否申请了专利,专利权是否有效等信息,以便切实掌握实际情况。例如在引进外国技术前应对这项技术中是否包含专利技术进行检索,从而避免在后期实施技术时被专利技术束缚。

总体分析,技术贸易检索一方面要查找专利的有效性、专利的地域效力等法律信息,另一方面还要了解所引进技术的技术水平及实施的可能性等技术信息。因此,技术贸易检索可以被看作是一种法律信息与技术信息的综合检索。

案例5-3-2　海洋涂料技术贸易检索分析

随着海洋经济的迅猛发展,我国海洋涂料产业发展迅速,产业规模不断壮大,2010年我国对海洋涂料需求量已跃升为世界第一位。目前,在船舶和集装箱制造业以及跨海大桥、海上石油平台和沿海港口兴建等因素的推动下,我国海洋涂料的需求量年均增速超过20%,预计未来5~10年,以船舶涂料为主的中国海洋涂料市场需求将以年均30%的速度增长。

我国虽是海洋涂料的最大市场，但是绝大部分的市场份额掌握在国外企业手里，到目前为止，我国70%以上的海洋涂料市场被国外跨国公司占有，95%的船舶涂料市场被国外公司垄断，其原因主要在于我国海洋涂料产业共性和关键技术尚需突破，我国企业相对缺乏核心竞争力，因此本案就海洋涂料领域进行技术贸易检索分析。

一、数据与方法

海洋涂料按功能可分为防腐涂料和防污涂料两大类；按防腐对象和腐蚀机理可分为海洋钢结构防腐涂料和非钢结构防腐涂料。钢结构防腐涂料主要应用于船舶、集装箱、海上桥梁和码头钢铁设施、输油管线、海上钻井平台等大型设施；非钢结构防腐涂料主要有海洋混凝土构造物防腐涂料等。海洋防污涂料则全部用于船舶，防止海洋生物附着。

涂料基本涵盖于IPC的C09D的分类号之下，海洋防腐涂料和防污涂料的专有IPC分类号分别为C09D5/08和C09D5/16，本案以国际分类号为基础结合关键词，主要按防腐涂料和防污涂料两大类进行检索，统计截止日期为2013年2月，检索结果为全球共8802个专利家族，其中中国专利家族2843个，除非特别说明，下文的分析对象均为专利家族。

二、海洋涂料全球专利现状

全球海洋涂料的发展大致历经四个阶段，如今海洋涂料研发活跃，技术创新效果明显，这四个阶段分别是缓慢发展（1970年前）、显著增长（1971—1990年）、迅猛增长（1991—2008年）、下降（2009年以后）四个阶段，总体趋势与全球海洋产业紧密相关。20世纪70年代的石油危机促使海洋石油工业和远洋运输业开始大规模发展，带动海洋涂料技术研发活跃，专利迅速增长；20世纪末至2008年金融危机爆发之前，全球造船、集装箱产业迅速发展，规模不断扩大，促使海洋涂料专利进入迅猛增长阶段；金融危机之后全球经济受到重创，贸易及海洋产业均跌入低谷，海洋涂料专利申请数量也相应明显下降。

日本、美国、欧洲是世界海洋涂料技术的引领者和主导者，通过优先权专利数量可以看出某一技术领域各国的技术水平和实力。日本、美国是海洋涂料领域技术实力最强的国家，是技术研发和产出的主要地区，其次是中国、韩国、德国、英国和法国(参见表5-3-1)。从各国(地区)技术发展变化情况来看，欧美研发历史长(起于20世纪20年代)，后期发展平稳，日本较欧美属研发历史较短的国家(起于20世纪60年代)，但其创新力却最强，这与日本在2002年将“知识产权立国”列为国家战略密切相关。

表5-3-1　海洋涂料全球专利优先权分布(前20位)

国家、地区或组织	优先权专利数量	国家、地区或组织	优先权专利数量
日　本	2963	澳大利亚	42
美　国	2025	瑞　士	39
中　国	1228	挪　威	39
韩　国	707	苏　联	38
德　国	514	丹　麦	31
英　国	349	意大利	23
欧洲专利局	294	中国台湾	22
法　国	170	加拿大	19
世界知识产权组织	71	印　度	18
俄罗斯	60	瑞　典	18

日本、美国、韩国和中国是目前世界各国竞相争夺进行专利布局的热点区域，全球海洋涂料专利主要布局国家为日本、美国、中国、韩国、德国、加拿大、澳大利亚等，其中日本的专利受理量遥遥领先(参见表5-3-2)。从全球市场发展变化来看，中国近年专利增长量居于全球首位，其中54.4%的专利来自国外申请，从中反映出中国是国外公司竞相争夺的重要市场。欧洲专利局、世界知识产权组织的专利受理量逐年增多，表明该领域世界范围的知识产权保护和市场竞争日益激烈。

表5-3-2 海洋涂料全球专利公开分布(前20位)

国家、地区或组织	公开量	国家、地区或组织	公开量
日 本	4512	奥地利	650
美 国	3332	巴 西	618
中 国	2843	西班牙	600
欧洲专利局	2507	中国台湾	532
世界知识产权组织	2280	挪 威	517
韩 国	1999	印 度	480
德 国	1653	法 国	468
加拿大	1321	墨西哥	456
澳大利亚	1223	丹 麦	402
英 国	701	荷 兰	268

全球海洋涂料公司呈现三层级梯队竞争格局，多为世界跨国涂料企业(参见表5-3-3)，主要集中在日本、欧洲、美国和韩国，其中日本的公司数量及专利总量居全球首位，显示了日本在海洋涂料领域的龙头地位；其次是欧洲，国家主要包括德国、荷兰、瑞士、丹麦、法国、英国和挪威，虽然欧洲单个国家的公司数量及专利数量不及美国，但欧洲是海洋涂料的发源地，总体实力强于美国；排位第三的是美国，主要靠老牌涂料公司如陶氏、杜邦、PPG工业、3M公司的支撑；第四是韩国，共2家公司(KCC集团和KOREA CHEMICAL公司)，KCC集团引领着韩国海洋涂料技术的发展。我国进入全球三级梯队竞争格局的涂料企业仅有海洋化工研究院1家，是我国唯一进入第二梯队的企业。从中可以看出，我国海洋涂料企业要参与全球竞争还有待于发展。通过专利数量分析发现，日本涂料、陶氏、关西涂料、巴斯夫、杜邦、PPG工业、3M公司的相对研发能力较强。

表5-3-3 全球海洋涂料公司第一梯队

公司名称	专利数量	国 别
日本涂料(NIPPON PAINT)	247	日 本
陶氏(DOW CHEMICAL)	215	美 国
关西涂料(KANSAI)	195	日 本
中国涂料株式会社(CHUGOKU MARING PAINTS)	178	日 本
巴斯夫(BASF)	171	德 国

续表

三菱化学(MITSUBISHI)	163	日 本
杜邦(DU PONT)	146	美 国
旭硝子(ASAHI)	121	日 本
PPG工业(PPG IND)	115	美 国
阿克苏诺贝尔(AKZO NOBEL)	114	荷 兰
大日本涂料(DAI NIPPON TORYO)	107	日 本

表5-3-4　全球海洋涂料公司第二梯队

公司名称	专利数量	国 别
拜耳(BAYER)	93	德 国
3M公司(3M)	93	美 国
新日本制铁株式会社(NIPPON STEEL)	92	日 本
大金工业株式会社(DAIKIN INDUSTRIES)	80	日 本
立邦油脂公司(NIPPON OILS&FATS)	74	日 本
美国海军(US NAVY)	70	美 国
汽巴-嘉基公司(CIBA)	67	瑞 士
住友化工(SUMITOMO)	66	日 本
信越化学公司(SHINETSU CHEMICAL)	65	日 本
大日本油墨化学工业(DAINIPPON INK&CHEMICALS)	61	日 本
三井化工(MITSUI)	54	日 本
日东化成株式会社(NITTO)	51	日 本
KCC集团(KCC)	50	韩 国
海洋化工研究院	50	中 国

表5-3-5　全球海洋涂料公司第三梯队

公司名称	专利数量	国 别
日立化成工业株式会社(HITACHI CHEMICAL)	48	日 本
迈图专用化学品公司(MOM ENTIVE SPECIALTY CHEM ICALS)	43	美 国
赫普(HEMPEL)	37	丹 麦
阿科玛(ARKEMA)	37	法 国
东洋纺织株式会社(TOYO BOSEKI)	36	日 本
帝斯曼(DSM)	36	荷 兰
帝国化学工业公司(ICI)	36	英 国
KOREA CHEMICAL	35	韩 国
壳牌(SHELL)	35	荷 兰

涂料助剂是当前的热点研究领域,通过IPC分类号对海洋涂料领域的专利技术特征进行分析,发现海洋涂料专利主要涉及防污涂料、防腐涂料及其

他具有特殊功能的涂料，以及涂料助剂、涂料的施工工艺研究等，其中关于防污涂料、防腐涂料及涂料助剂的研究最多，属海洋涂料中的重点技术领域。海洋防腐及防污涂料的研究起步早、历史长，20世纪90年代专利数量开始出现大幅增长，目前仍处于增长态势，其中以基于环氧树脂、聚硅氧烷、聚氨酯、丙烯酸酯等的涂料研究较多。海洋涂料助剂的研究始于20世纪70年代，1992年技术出现突破，目前专利数量居各项技术之首，已成为热点研究领域。

重要发明人和研究团队主要分布于日本公司，海洋涂料领域的发明人和研究团队主要分布于大日本涂料、三菱化学、日本涂料、中国涂料株式会社、立邦油脂、三菱丽阳、信越化学等日本公司。

核心专利技术主要被日本、美国、荷兰掌握，以专利的同族成员数量和专利的被引证次数来判断核心专利，同族专利和被引次数相对较多的专利被选为核心专利。海洋涂料领域年均被引次数最多的前10项核心专利，其中7项由日本公司申请（立邦3项，中国涂料株式会社2项，日本油脂株式会社和NOF株式会社各1项），荷兰公司申请2项，美国公司1项，可见日本、荷兰、美国的专利技术相对质量较高，尤其日本无论在数量和质量上都遥遥领先。

三、海洋涂料中国专利现状

1. 总体趋势

我国海洋涂料的发展总体上呈增长态势，大致分为三个发展阶段。1994年之前为起步阶段，1995—2007年为较快增长阶段，2008年以后为快速增长阶段，专利数量较之前出现大幅增长，由2008年的257件增长到2012年的353件。其中2003—2010年为授权专利数量快速增长时期，2008年的授权量达到峰值（126件），从中反映了我国海洋涂料技术现正处于迅速发展的时期。

2. 专利类型及法律状态

海洋涂料中国专利主要为发明专利，占总量的比例为99%，剩余的1%为实用新型专利。有效专利占69.3%，授权专利占35.1%（参见表5-3-6）。

表5-3-6　海洋涂料中国专利法律状态统计表

法律状态	状态信息	专利数量	合　计	占比(%)
有　效	授　权	1005	1987	69.3
	公　开	982		
无　效	过　期	145	879	30.7
	失　效	656		
	被拒绝	78		

3. 技术领域分析

我国与国外的研究重点相同，关于涂料助剂的专利最多，其次为防污涂料和防腐涂料，这几项技术起步于20世纪80年代，90年代期间发展缓慢，进入2000年后均得到不同程度的发展，目前仍处于增长态势。防腐、防污涂料中以环氧树脂类、聚氨酯类、丙烯酸酯类、聚硅氧烷类涂料研究较多。

4. 国外来华申请情况

(1)国外来华申请数量已超过中国专利总量半数。国外来华申请时间早，我国1998年以前的海洋涂料专利全部由国外公司申请。至本案检索日，国外来华申请量占中国专利总量的56.6%，国外专利技术已经对我国本土专利形成了合围之势，尤其是美国、日本和德国，已分别占据中国专利总量的21.2%、13.4%和9.1%(参见表5-3-7)。

表5-3-7　海洋涂料中国专利申请人国家分布

国　别	专利数量，占比(%)	国　别	专利数量，占比(%)
中　国	1234,43.4	法　国	36,1.3
美　国	608,21.2	瑞　士	32,1.1
日　本	385,13.4	丹　麦	22,0.8
德　国	261,9.1	比利时	20,0.7
荷　兰	92,3.2	挪　威	15,0.5
韩　国	57,2.0	其他国家	52,1.8
英　国	43,1.5		

(2)国外来华申请专利授权率高，占中国授权专利六成以上。我国已授权专利的61.4%为国外来华申请的专利，主要来自美国、日本、德国、荷兰、韩国等，剩余的38.6%来自国内的申请(参见表5-3-8)。中国和外国的失效专利

比例相近，中国为31.4%，外国为30.1%。

表5-3-8　海洋涂料中国专利法律状态区域分布

地　区	授　权	公　开	无　效
中　国	388	465	390
外　国	617	517	489
合　计	1005	982	879

（3）国外来华机构为中国专利主要申请人。中国专利主要的申请人约80%为国外来华机构，专利申请量排名前20位的公司及研究机构中外国机构为16家（占80%），我国机构仅占4家（占20%），排名前10位公司中仅1家中国公司入围（海洋化工研究院），国外来华机构主要有陶氏、巴斯夫、PPG工业、阿克苏诺贝尔、3M公司、中国涂料株式会社等（参见表5-3-9）。外国机构主要来自欧美和日本，主要分布在美国、德国、日本、荷兰、瑞士、法国、丹麦7个国家，其中美国公司数量及专利总量均居首位（所占比例34.6%）。

表5-3-9　海洋涂料中国专利主要申请人数量统计（前20位）

公司名称	专利数量	公司名称	专利数量
陶　氏	104	日本涂料	31
巴斯夫	99	汽巴-嘉基公司	30
PPG工业	62	帝斯曼	29
阿克苏诺贝尔	54	中国科学院金属研究所	28
3M公司	53	大金工业株式会社	27
海洋化工研究院	50	迈图专用化学品公司	26
杜　邦	50	中国石油集团	25
拜　耳	37	默　克	23
旭硝子	36	中国船舶重工集团公司第七二五研究所	23
中国涂料株式会社	35	赢　创	22

5. 国内申请情况

（1）国内申请起步晚，授权率低。国内海洋涂料专利首次申请是在1999年，共三家公司：海洋化工研究院、中国科学院长春应用化学研究所和中国石油化工总公司，他们开创了海洋涂料领域专利申请的历史，之后，来自我国大学、研究所、公司的申请人数量迅速增长。国内申请的专利授权比例低，授权率（即授权量占专利总量的比例）为31.2%，低于国外来华机构授权率（38.0%）。

(2)国内创新机构数量及其专利数量较少。国内创新机构数量及其专利数量与来华机构相比差距很大，国内的研究基本上集中于少数机构的少数人范围,通常是同一家机构的多位发明人共同申请了1项专利,属于共同发明。企业作为创新主体的地位已初显,大学和研究机构仍是该领域重要的研究力量,国内主要创新机构有海洋化工研究院、中国科学院金属研究所、中国船舶重工集团公司第七二五研究所、中国石油集团、上海大学、江苏兰陵高分子材料有限公司、中国海洋大学等。

(3)国内创新性较强的研发团队已初现。我国海洋涂料领域基本形成了5个创新性较强的研发团队,各团队人员数量不等,研发重点不同,但均有自己的核心人物,发明人相互之间的合作比较密切。

四、我国存在的不足及发展对策与建议

1. 我国存在的不足

(1)核心专利技术掌握不够。以专利的年均被引频次和同族数量作为评价专利重要性的主要指标，发现核心专利技术主要被日本、美国和欧洲掌握,我国对核心专利技术的掌握不够。

(2)企业作为创新主体的地位还不够突出。国内创新机构数量及其专利数量与国外来华机构相比差距很大，公司企业作为创新主体的地位已经初显,但还不够突出,大学和研究机构仍是该领域重要的研究力量,与发达国家几乎全部以企业为主体进行专利申请的状况相比还有较大差距。

(3)创新机构各自为战,联合申请的专利较少。我国海洋涂料的研究基本上集中于少数机构的少数人范围，多属于同一家机构的多位发明人的共同发明。但创新机构之间几乎没有合作,基本上为各自为战的状态,联合研究及联合申请的专利很少。

(4)仅专注国内申请,境外申请量少。我国专利大多是申请在国内的保护,提交专利合作协定(PCT)国际申请的数量很少,国内申请的已授权专利仅有两件进行了国际申请，分别来自广东和香港。

2. 发展对策与建议

（1）加强核心技术的研发，努力提高专利申请的数量和质量。我国在涂料原料、涂料配方、涂料施工工艺及设备等方面已掌握部分核心技术，并形成了相关的技术标准，但海洋涂料领域的大量核心专利技术仍主要被日本、美国和欧洲掌握。为能占据产业高端，进一步拓展国内外市场，必须加强核心技术的研发，以求尽快在关键环节和核心技术上取得突破，形成具有自主知识产权的核心技术和主导产品。

（2）注重专利与标准的结合，巩固竞争优势占据产业高端。专利与标准，是产业技术竞争的两大制高点。技术专利化、专利标准化，成为战略性新兴产业发展的一种趋势。在海洋涂料产业发展中，必须正视和把握当前知识产权保护的这一新现象和新趋势。我国海洋涂料企业要想在产业中保持竞争优势、占据产业高端，必须重视并处理好专利与标准的结合问题，实现“技术专利化—专利标准化—标准许可化”的专利战略目标。

（3）重视申请国外专利，加紧在海外市场进行专利布局。我国在海洋涂料产业中已经掌握了部分技术水平处于世界领先地位的优势专利技术，但几乎全部是在国内取得专利，提交国际申请的很少，没有从战略高度在海外潜在市场进行专利布局。

六、专利战略检索

专利文献积累了各个技术领域中发明创造的详尽信息，包括技术内容、申请人情况、申请国家及法律状况等。如果能对某一技术领域的专利文献进行系统检索并把有价值的信息收集起来，经过系统的统计分析，可以判断某一技术的发展现状和趋势，了解竞争对手或同行研究情况，从而使企业合理地选择研究开发目标,以最佳方案、最少的投资,谋求最大的发展和成果。

这种通过对相关领域专利文献进行检索和分析,对技术发展点进行分析,进而制定自身技术研发方向以及专利布局战略的检索,即是专利战略检索。

案例5-3-3　基于燃料电池汽车专利挖掘

案例设置目的

探索构建核心专利评估指标体系，并在此基础上以国际燃料电池汽车专利为研究对象,进行高被引、共被引、同族专利、专利寿命等多角度分析,对其核心专利进行挖掘。

案例实施方法

通过核心专利评估,并运用统计产品与服务解决方案(SPSS)以及Node XL分析软件进行深度剖析,核心专利评估指标体系共分为四大类:

第一类是专利创造类指标,该类指标是衡量核心专利的重要指标,包括专利的原创性、分案申请、PCT申请、三方专利以及专利族数量5项具体指标。其中专利分案申请为新指标，主要用于从核心专利的申请说明书中提炼出可保护的内容继续进行保护,从而反映出该专利技术的重要程度。

第二类是专利技术类指标，该指标主要是衡量某专利是否是处于关键地位的价值评估,包括专利类型、IPC数、权利要求数等6项指标。其中高被引指标表明该项专利被多次引用,很可能是核心技术,对后续专利具有重大影响。共被引指标是指两件专利同时引用第三件专利的次数,可反映出专利之间的聚类关系。

第三类是专利运用类指标,从市场角度体现了核心专利技术的价值,包括专利商用化和效益及专利标准化指标。其中专利商用化和效益指标包含了社会效益和经济效益,表明核心专利不仅仅在技术上有重要价值,更对人类生存质量的提高、经济社会的发展起着巨大的推动作用。

第四类专利保护类指标，主要是基于专利权人对核心专利是否进行了广泛的保护而设立的指标。其中专利诉讼与专利维持两个指标可以反映核心专利的重要程度，在判定核心专利中起着重要作用。

本案以国际燃料电池汽车为实证，选取重要性程度高，能够反映专利关键地位的高被引、共被引指标，以及反映专利重大影响的专利覆盖范围、专利族数量、专利诉讼、专利权利要求数量和专利维持指标，对其进行分析研究，挖掘国际燃料电池汽车的核心技术。

实证分析

1. 数据来源

检索数据时间段为1992—2012年，共21年。依据相关参考资料，确定检索式为“TI=(Fuel cell electric vehicle*or Fuel cell vehicle*or FCEV or FCE or Fuel cell electric car*)AND IPC=(B60*or F02*or F16*or H01*or H02*)”，经数据去重处理后得到17597件专利。

2. 高被引分析

早在1976年，美国专利局就提出建议“高被引专利作为重要技术的测度手段”，因此本案首先选用高被引指标作为筛选核心专利的标准。因考虑专利时间对高被引频次的影响，特采用分层抽样的方法来选取燃料电池汽车领域的高被引次数专利，将所有检索数据按照申请时间分为7组，选择引用最多的前5%作为样本专利，人工筛选去除不相关的专利，最终得到204件专利作为国际燃料电池汽车领域的高被引专利。

通过分析204件专利的专利权人得知，美国、日本在燃料电池汽车技术领域有着巨大的技术优势，而德国的燃料电池汽车技术紧随其后；从IPC分析可知，国外燃料电池汽车核心专利主要分布在分类号H01M（用于直接转变化学能为电能的方法或装置）、B60K（车辆动力装置或传动装置的布置或安装）及C01B（非金属元素；其化合物）等领域；从专利的具体内容来看，高被引的技术要素主要包括氢燃料电池技术、电化学电池技术、燃料电池汽车的整车集成布置、电源控制系统等。从这一系列专利技术可以看出，燃料电池中燃料的选择与制备是燃料电池汽车领域的重点。

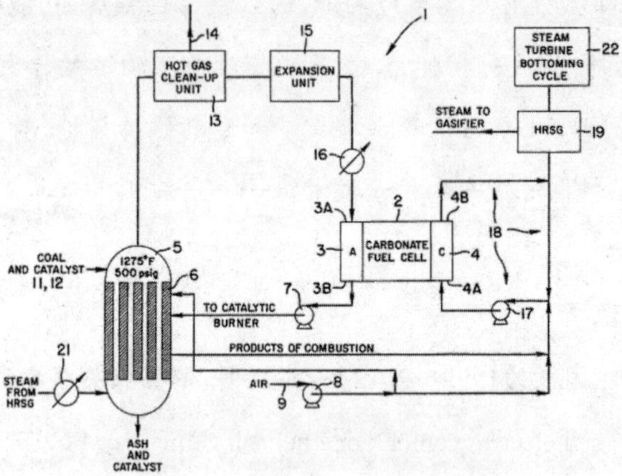

图5-3-1　US5554453A专利附图

一般来说，越早申请的专利其被引频次越高，但被引频次排名第一的碳酸盐燃料电池系统的热集成气化（US5554453A）——美国能源研究公司，此项专利的申请时间比位居第二的可充电生物医学电池供电设备(US5411537A)晚了两年，被引频次却高达281次，被引时间从1996年至2011年，年均被引频次达17.6次，可见其在燃料电池汽车技术中的影响地位。

该专利IPC分类号为H01M00，归属燃料电池及其制造，主要介绍的是一种燃料电池系统采用的气化器，产生用于燃料电池的燃料气体，且气化器的热来自燃料电池的阳极废气。研究其后向专利可知，IPC主要分布在E21B(土层或岩石的钻进)和C09K(不包含在其他类目中的各种应用材料)，且美国通用汽车公司和美国壳牌石油公司引用该专利技术较多，由此不仅可以看出其在燃料电池汽车领域的重要程度，还可以得出其技术在其他领域也有重要影响。

3. 共被引分析

共被引分析建立在高被引分析基础之上，是对筛选出的核心专利进行进一步的深入挖掘。根据之前筛选得到的204件高被引频次专利，构建规模为204*204的共引矩阵，并将矩阵转化成二维数列，剔除自引专利数，通过网络分析软件Node XL绘制出专利共被引的燃料电池汽车技术相似性的关系网络图（参见图5–3–2），并通过SPSS软件进行聚类分析。

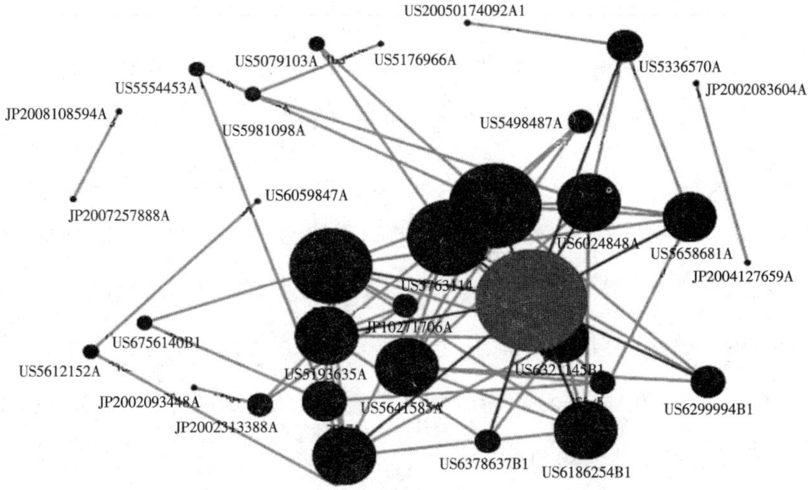

图5–3–2　基于专利共引的燃料电池汽车技术相似性的聚类分布

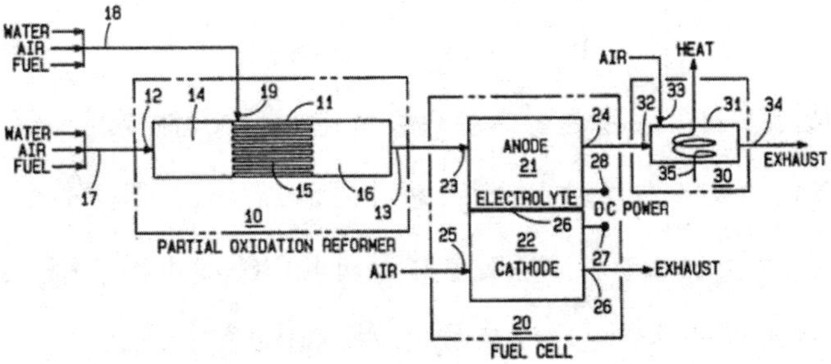

图5–3–3　US5248566A专利附图

从图5–3–2中可以看出，US5248566A——美国能源局，1992年申请的运输用燃料电池系统处于这46件专利中的核心位置，专利被引频次154次，位居高被引排行第四位。该专利与US5763114——美国气体研究所1997年申请的集成改革者/CPN SOFC电池堆模块的设计、US5991670——德国DBB燃料电池发动机有限公司1997年申请的用于燃料电池电动车辆的电源控制系统、US6348278B——美国美孚石油公司1999年申请的用于燃料电池系统中氢的生产方法等11项专利关系密切。这11项专利的被引频次大多位于50~99这一区间，专利涉及的主要技术要素可以归纳为燃料电池汽车的驱动及电源控制技术、燃料电池燃料能量与管理控制等。具体包括燃料电池中氢的循环利用,催化剂运载的碳纳米纤维、燃料电池电极浆料组合物,提供便携式电力的微型电源组件,燃料电池的制造方法以及燃料电池堆温度调节系统等。

图5-3-2中还存在一些孤立的专利连线，离中心位置稍远,如JP2008108594——提供了一种提高氧化还原能力催化剂的电极活性材料、JP2007257888A——固体聚合物燃料电池的氧还原阳极催化剂的制造方法、JP2002083604A——碳纳米纤维为载体的催化剂、电极形成用组合物的制造方法、JP2004127659A——存放燃料电池燃料的物体。这些专利的被引频次在49次以下,且IPC分类号均为H01M。

4. 基于多指标的专利组合分析

核心专利评估的各项指标并不是孤立存在的，任何单独的指标都有其局限性,因此在判断过程中,选取合适的指标进行组合分析,才能更好更准确地挖掘核心专利。依据之前高被引分析得到的204件专利,进一步选取其中高被引频次专利进行共被引分析,并对得出的分析结果进行总结归纳,筛选得到以下6件代表性专利。通过具体分析其IPC、专利族、专利寿命等其他判别指标,确定国外燃料电池汽车的核心技术,如表5-3-10。

表5-3-10　6项核心专利分析

公开号	US5248566A	US6348278B	US5193635A	US6024848A	US5658681A	US5372617A
标题	运输用燃料电池系统	燃料电池中氢的供给方法和系统	带有燃料电池系统的车辆	具有多孔性支撑板的电化学电池	燃料电池发电系统	氢化物水解制氢的海底车用燃料电池能源系统

续表

专利权人	美国能源局	美国美孚石油公司	日本雅马哈Hatsudoki株式会社	美国国际燃料电池公司	日本 Equos研究公司	美国 Charles Stark Draper实验公司
IPC	H01M	H01M	B60K	C25B	H01M	B01F
专利族	1	7	2	1	2	1
权利要求数量	23	18	13	14	15	69
总被引频次	154	125	123	114	145	167
平均被引频次	11.77	9.62	8.79	8.77	9.06	11.13
当前有效性	无权	无权	有权	无权	无权	无权
专利寿命	15	12	20	14	15	14
专利诉讼	无	无	无	无	无	无
利转让、质押	0	1	1	2	1	1

由表5-3-10可知，这6项核心专利技术的IPC主要集中在H01M大类，用于直接转变化学能为电能的方法或装置；且权利要求数量和被引频次较多；专利寿命也均在10年以上。

5. 国际燃料电池汽车核心技术

以上通过高被引分析初步确定国际燃料电池汽车的核心技术专利，进一步利用共被引、同族专利分析等专利组合分析方法锁定核心专利，并从主要专利权人、IPC、专利族以及专利寿命等多个角度对研究对象进行评估，最终确认该领域的核心专利主要有以下几项。

(1)燃料电池发动机系统

①驱动系统的安排与控制技术。燃料电池电动汽车驱动系统是指高效率地将燃料电池和辅助动力源的能量转化为车轮的动能，或者将车轮上的动能反馈到辅助动力源中。US5248566A美国能源局的这项专利中包含一种具有输出轴的电驱动马达，该输出轴可操作地连接到一个燃料电池的车轮上，通过燃料电池的正负电极分离的电解质制造直流功率以操作马达。

②氢燃料供给技术。一般燃料电池汽车燃料为空气和氢气，空气可自由

获得，经由空气滤清器的过滤，被高速风机压缩，再经过空气流量计的测量后到达空气的电堆入口处。目前，常用的制氢方法是电解水、裂解石油、煤和天然气制氢，制取的过程会消耗大量的能源。在最后分析的六项专利中就有三项专利关于燃料电池汽车用氢燃料的供给技术。美国美孚石油公司、日本Equos研究公司以及美国Charles Stark Draper实验公司的三项专利都是介绍的如何供给燃料电池汽车中的氢燃料。

(2)整车集成布置

燃料电池汽车的整车集成布置需要考虑传统汽车不具备的安全性问题，除了传统汽车的一般布置外，还需考虑燃料电池、车载供氢系统以及超级电容的布置设计等。US5193635A日本雅马哈Hatsudoki株式会社的这项专利就是介绍了整车集成布置中燃料电池系统的布置，燃料电池系统位于车轮中间，可以保护燃料电池系统不受正面及侧面的撞击。

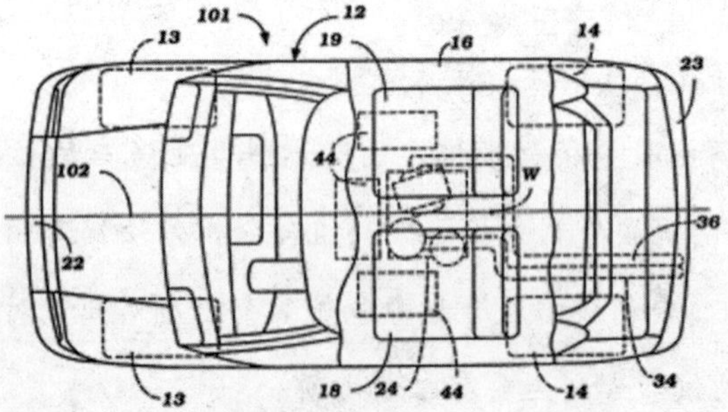

图5-3-4　US5193635A专利附图9

(3)燃料电池技术

燃料电池是利用燃料和氧化物的电化学反应，将燃料的化学能直接转化为电能的高效发电装置。通常由氧电极、燃料电极、电解质和催化剂等组成，其中质子交换膜燃料电池技术被公认为首选技术。US6024848A美国国际燃料电池公司的该项专利公开了一种改进的电化学电池，其包括一个多孔的支撑板用来加强电流的输送和提高电容的瞬时响应能力。

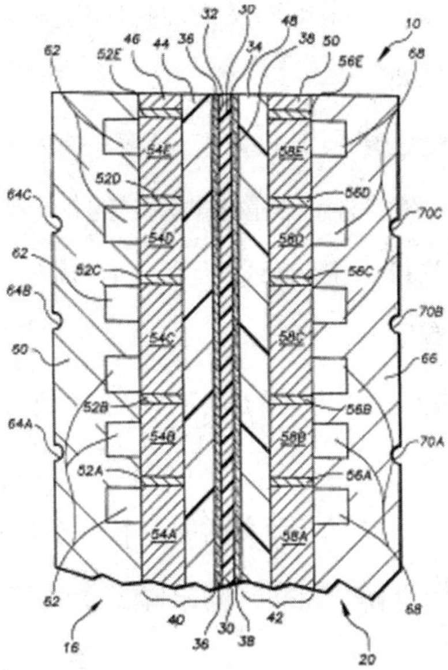

图5-3-5 US6024848A专利附图9

通过以上分析方法，总结燃料电池领域专利的核心技术、研发方向、重点IPC分类号以及燃料电池技术相似性的聚类分析，企业可以通过专利挖掘方法判断燃料电池技术的发展现状和趋势，了解竞争对手或同行研究情况，从而使企业合理地选择研发目标，从而进行本领域专利挖掘、布局，制定企业燃料电池领域专利战略，希望通过本案例对燃料电池领域提供发展思路。

七、技术主题检索

技术主题检索是专利挖掘中的重要方法之一，但由于语言表达的多样性和模糊性，想要实现全面、准确的技术主题检索存在着一定的困难。

针对目前专利技术主题获取存在的问题，可以将技术主题的获取分为两部分：技术主题词抽取和技术主题词规范化。技术主题词抽取是指抽取出用于表述发明或实用新型名称的技术关键词；规范化指的是对表示同种含义而具有不同表达形式的主题词,即同义词,通过制定和实施标准达到统一化。

1. 专利技术主题的特点

专利文献是一种受法律保护的文本,具有一定的格式要求,专利技术主题,即发明的主要研究对象,承载着科学领域的核心内容,一般以命名实体的形式存在。进行专利技术主题获取研究之前,需要了解技术主题的特点。专利文献的技术主题有以下特点:

(1)单一主题。根据专利申请的特点,一篇专利文献通常只针对一种装置、设备、材料或是一种方法、工艺进行介绍说明,较少出现对多个发明创造同时进行描述的现象。即一篇专利文献中只有一个技术主题。例如,标题为"一种汽车排气催化器""有换挡支持和故障安全性装置的变速器"等,均只有一个技术主题。

(2)写作方式多样。由于专利内容的广泛性,不同撰写者的写作习惯、风格各异,表示同种含义的技术主题词会有多种不同的表达形式。即技术主题词中有同义词的存在。例如,"马达""电机""电动机""起动机"等均表示同一种器件,会出现在不同的文献中。

(3)主题词定语嵌套。为了避免出现歧义现象,专利描述一般比较详细、严谨,在技术主题词中,存在大量的定语嵌套现象。例如,"无轨无线电动公交车后悬架装置""无刷同步换向直流轮刹电机"等。

2. 专利技术主题获取

专利标题是技术发明的简短描述,蕴含着专利的技术信息,因此从专利标题中抽取专利技术主题词。由于同样的技术有多种描述形式,为了更加明确、清晰地阐述一种技术,需要对技术主题词规范化。

专利标题主要有两种句式:简单句型和复合并列结构形式。根据技术主题在两种句式中的分布特征及技术主题的多定语嵌套特征,获得候选主题词;根据主题词在标题中的位置信息和统计特征,得出一种主题度计算方法，即抽取技术主题词。主题度，即候选词能够表明技术主题的程度。

主题规范化主要包括：同义词识别和规范制定。常用方法为利用词向量模型获得主题词的相关词集合，然后通过计算相关词集合的相似度，识别出同义主题词；借助于同义主题词的统计特征，对同义主题词进行规范化。

(1)技术主题词抽取的方法

针对简单句型的专利标题，技术主题词一般位于专利标题的结尾位置，例如，“燃料电池的阴极结构”“电动汽车电机冷却水套”等。对于复合并列型的专利标题，存在2~3个并列关键词，例如，“隔板及使用其的电器电子部件”“用于燃料电池的电解质膜结构及燃料电池”“燃料电池催化剂用黏合剂、其电极组件及制法”等。并列关键词之间一般为上下级关系，由低到高进行逐一列举，这类专利实际上描述的只有一个技术主题，而且技术主题为下级词，上例中的“隔板”“电解质膜结构”等均为此类。因此，根据技术主题的单一主题特点及专利标题结构特征，对专利标题中的并列关系词及其他停用词进行预处理，获得候选主题词；利用主题词在标题中的分布特征和词长统计特征，提出一种主题度计算方法，即抽取技术主题词。

①候选主题词获取。专利标题中包含一些用于描述技术主题的通用词，例如“一种”“用于”“基于”等。这些词没有实际含义，且数量较少，可以通过人工构建标题通用词表。利用构建的通用词表切分专利标题，获得专利名称关键词。

每一个专利名称关键词由一个中心词和几个定语组成，中心词一般位于结尾部分，定语主要用来修饰中心词，定语数量不同，中心词的修饰粒度就会不同。每个专利名称关键词具有多个不同的修饰粒度词。例如，“燃料电池电极”的中心词为“电极”，它的不同修饰粒度词分别为“电极”“电池电极”“燃料电池电极”。将专利名称关键词的不同修饰粒度词，作为候选主题词。针对复合并列型的专利标题，只需将位于并列结构中的第一位名称关键词的不同修饰粒度词加入到候选主题词集合中即可。例如标题为“用于燃料电池的电解质膜结构及燃料电池”，将并列结构位于第一位的名称关键词“电解质膜结构”的不同修饰粒度词“结构”“膜结构”“电解质膜结构”作为候选主题词。

②主题度计算。根据技术主题的第三个特征，技术主题词具有多个定语嵌套现象。定语越多，主题词的修饰粒度就会越大，描述的主题会更加详细；主题词的修饰粒度越小，技术主题越抽象。专利技术主题分析任务不同，对技术主题词的修饰粒度要求就不同。例如，当对专利技术主题进行总体发展趋势分析时，修饰粒度要求比较小；当对技术主题进行技术演化分析时，修饰粒度要求比较大。主题词的长度特征是主题词修饰粒度的直接体现。根据候选主题词的长度特征及候选主题词在标题中所在的位置特征，提出一种主题度的计算方法，可以根据专利技术主题分析任务的不同，抽取不同修饰粒度的主题词。其计算公式如下：

$$td(w)=\frac{pos(w)\times\mu+1}{\left|len(w)-al\right|+1} \tag{1}$$

$$al=\frac{\sum_{i=1}^{n}len(t_i)}{n} \tag{2}$$

式中，td(w)表示候选主题词w的主题度；pos(w)表示候选主题词w所在的专利名称关键词在标题中所处的位置，从左到右，从1开始依次加1，标注专利名称关键词的位置信息；len(w)表示候选主题词w的长度大小；参数μ表示专利名称关键词的位置影响因子；al表示技术主题词的平均长度，根据不同的主题分析任务，由统计方法获得，计算公式为公式(2)。公式(2)中，n表示统计的技术主题词的总个数，len(t_i)表示主题词ti的长度。

(2)技术主题词规范化

我国颁布的国家标准GB3935.1-83中，对“规范化”所下的定义是：“在经济、技术和科学及管理等社会实践中，对重复性事物和概念，通过制定、发布和实施标准达到统一，以获得最佳秩序和社会效益。”抽取的技术主题词中存在同义词,不利于信息的存储,且影响技术主题的分析效果。因此,需要对抽取的主题词进行规范化。

根据规范化的定义，主题规范化主要包括同义词识别和规范制定两部分内容。通过计算词语相似度识别同义词。词语相似度计算方法主要有两种:基于语义体系的方法和基于大规模语料库统计的方法。由于专利文献具有专业性、领域性、数据量巨大、内容丰富等特点,因此下文采用统计方法,利用语言模型训练获得词语的向量表示形式,依据向量信息,提出一种词语相似度计算方法,识别同义词。同时,将同义词中出现频次最高的词作为规范词,对同义词进行规范化。

①语言模型。词语向量空间模型是目前基于统计的词语相似度计算策略中使用比较广泛的一种策略。它主要是用向量形式来表示词语,表示的方式有两种:One-hot Representation(单一热点表示法)和Distributed Representation(分布式表示法)。其主要思想是通过训练将每个词映射成K维实数向量,通过词之间的距离(比如余弦距离、欧氏距离等)来判断它们之间的语义相似度。

②主题词相似度计算。利用以上两种语言模型可以获得词语的向量表示形式。词语向量空间模型主要以词语的上下文信息作为依据,在基于上下文信息得到向量模型的基础上进行相似度计算和聚类，但此时获得的词语集合只能说明这些词语之间的关联程度较大，不能直接推断为同义词。因此,将通过相似度计算,由此获得的词语集合称为关联词集合。经观察发现,两个词的关联词集合中相同词的数目越多,则这两个词极有可能为同义词。基于以上特点,提出一种词语相似度计算方法,用于抽取同义词。

具体方式为:将抽取出的主题词作为词典,对专利文献进行分词,过滤标点符号和停用词后,得到训练语料。利用以上两种语言模型进行训练,获得每个词语的词向量。计算主题词向量与其他词语向量的余弦距离,取与主题词距离较小的前n个词组成关联词集合。通过计算每两个主题词间的关联词集合的杰卡德相似系数来判断两个主题词之间的相似度。其相似度计算公式如下：

$$S(t_1,t_2)=\frac{Q_1\cap Q_2}{Q_1\cup Q_2} \tag{3}$$

式中，$S(t_1,t_2)$表示主题词t_1和t_2之间的相似度；Q_1表示主题词t_1的关联词集合；Q_2表示主题词t_2的关联词集合；$|Q_1\cap Q_2|$表示两个集合交集的数量；$|Q_1\cup Q_2|$表示两个集合并集的数量。

③规范化表示技术主题。通过主题词相似度计算，获得语义比较相近的词语。通过人工校对，将这些词视为同义词，进行规范化处理。词语规范化主要有两种原则：理性原则和习性原则。理性原则指的是以逻辑事理为主，符合语言组织规律、言语交际规律等。习性原则指的是以流行程度为主，符合约定俗成或者是高频使用。

④专利文献作为一种法律文本，用词基本符合理性原则，因此以习性原则对同义词进行规范化。词语在文献中出现的总频次是词语习性的最直接表现，因此将在文献中出现总频次最高的词作为规范词替换其余的同义词。例如，“马达”“电机”“电动机”“起动机”为同义词组，经检索，它们在专利文献中出现的频次分别为：757、6072、2632、29，电机的总频次最高，因此将电机视为规范词。

案例5-3-4　基于新能源汽车技术主题检索

案例设置目的

本案利用文本挖掘方法，依据专利标题的特点，通过计算标题中关键词的主题度、抽取技术主题词，利用抽取出的技术主题词，计算主题词的相关词集合的相似度，获得同义主题词。借助于统计特征，对同义词进行规范化。旨在提高技术主题的准确率，降低人工劳动成本，提高技术主题分析的准确性。

数据的选取

根据检索新能源汽车，含有此关键词的专利文献为7982篇，以7982篇新能源汽车领域的专利说明书作为本案例的数据，采用的汉语分词工具为ICTCLAS3.0，手工标注1000篇专利的技术主题词，用于主题词抽取实验及结果评测。

主题抽取及结果分析

对每篇专利的标题进行分词和词性标注处理之后，采用构建的通用词表将标题切分为多个专利标题关键词。将专利标题关键词的不同修饰粒度词作为候选主题词，通过上文中公式(1)计算每个候选主题词的主题度，将主题度最高的词作为该篇专利的技术主题词。其中，$\mu=3$，al=3.5。μ经过多次实验测试得到，al是手工标注1000篇专利的技术主题的平均词长，由公式(2)计算获得。

本案例以HINTON算法进行对比分析，随机抽取200个手工标注的技术主题词对结果进行评测，评测结果如表5-3-11所示。其中，ST表示人工识别出的结果个数；ET为实验识别出的结果个数；RT为实验识别出的正确个数；P、R分别表示准确率、召回率。它们的定义如下：

$$P=\frac{RT}{ET}\times 100\% \tag{4}$$

$$R=\frac{RT}{ST}\times 100\% \tag{5}$$

表5-3-11　主题词抽取对比结果

方　法	ST	ET	RT	P	R
本案例方法	200	200	191	95.50%	95.50%
对比方法	200	186	174	93.50%	87%

对比方法与本案方法都是依据技术主题的第一个特点即单一主题进行抽取。对比方法采用规则匹配法，使用主题词构建方法抽取模板的主题词。利用该方法抽取的主题词与模板构建语料有关，模板构建语料越充分，抽取

的模板就会越全面。而对于一些不包含模板式语句的专利摘要文本，或者没有专利摘要信息的专利，例如外观型专利等，该方法不适用，因此具有一定的局限性。

本案例采用统计方法，根据技术主题在标题中的位置特征和构词长度统计特征抽取技术主题。且该方法主要利用标题抽取技术主题，因此针对每篇专利不存在没有主题词的情况，召回率比较高。使用该方法抽取技术主题词具有一定的灵活性，针对不同的专利分析任务，可以抽取出不同修饰粒度的主题词。

主题词规范化实验及结果分析

将抽取出的主题词作为用户词典，对专利全文本进行分词处理，过滤掉标点符号和停用词，获得训练语料。使用Word2vec开源工具对训练语料进行训练，分别采用CBOW和skip-gram两种语言模型，将词映射为词向量形式。将词映射为20维实数向量。针对每个主题词向量，计算与其他词语向量间的余弦距离，选取距离主题词最近的前40个词组成该主题词的相关词集合。通过公式(3)计算每两个主题词的相关词集合间相似度，从高到低排序。统计前200组主题词，结果如图5-3-6所示，采用通用的性能指标——准确率进行评估。

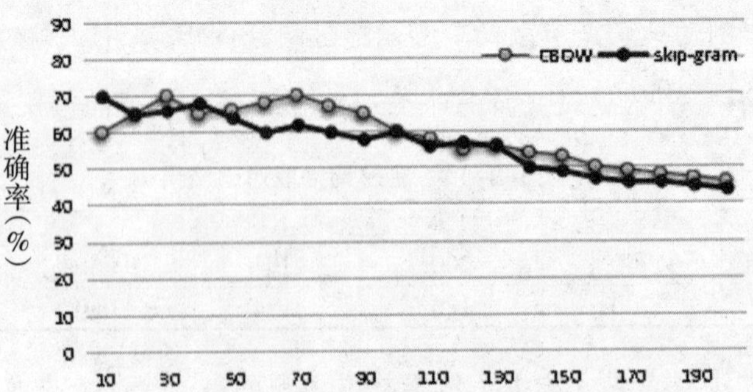

图5-3-6　同义词识别结果

图5-3-6表示使用两种语言模型获得的前n组主题词对的同义词识别准

确率。排名越靠后的主题词组，其相似度越低，从图中可以看出，随着主题词组数的增加，对应的准确率下降。当主题词组数达到200时，两种语言模型的准确率分别下降到46%和47.5%。总体来说，两种语言模型在同义词识别上准确率相差不大。结果显示，在不借助外部语义体系的情况下，本方法是行之有效的。

表5-3-12　部分主题同义词识别结果

主题词对	词组相似度(%)
动力车 动力车辆	85
磁电动机 磁发电机	80
永磁电机 磁电动机	75
重整器 重整装置	75
负极 正极	72.5
变换器 转换器	73.5
动力系统 动力汽车	74.5
齿轮组 齿轮装置	75.5
无刷电机 无刷电动机	67.5

表5-3-12给出使用本案方法所得到的部分主题同义词识别结果。由表5-3-12可以看出，本案例方法有可能将一些含义上完全相反的词组，即反义词识别为同义词。例如，“负极 正极”“定子 转子”“磁电动机 磁发电机”等。因为这些反义词经常会成对出现，其上下文信息比较接近，与其相关的词集合几乎相同，计算两者之间的相似度结果会比较高。总体来说，提出的相似度计算方法识别同义词是有效的。可以通过标注，将结果中正确的相似度较高的词对作为同义词，通过统计每个主题词在文献中出现的频次，将频次最高的主题词作为规范词替换其含义相近的主题词，以便于技术主题分析工作。表5-3-13给出了部分规范化实例。

表5-3-13　部分规范化实例

词1,频次	词2,频次	规范词
动力车,677	动力车辆,376	动力车
无刷电机,59	无刷电动机,30	无刷电机
氧化电极,7	氧电极,20	氧电极
制备氢,20	生产氢气,10	制备氢
变速机,80	变速装置,53	变速器
悬架装置,19	悬挂装置,14	悬架装置
永磁电机,41	磁电动机,20	永磁电机
调速器,67	调速装置,27	调速器
电动机,2632	马达,757	电动机
变换器,357	转换器,306	变换器

小结:通过案例中提出的专利主题词提取方法,结合新能源汽车领域的现状,本案例对新能源汽车领域主题词进行分析,希望通过检索方法对专利主题词分析提供一定的借鉴,为专利挖掘提供一定的思路。

第四节　专利地图及其应用

专利地图在20世纪60年代起源于日本专利办公室，主要是为了加快审批速度。日本的第一份专利地图是日本专利办公室在1968年出版的。这份专利地图是关于航空微米测量技术在其他产品的功能、特征和设计原理等应用领域上的扩充使用。专利地图一方面能显示出技术功能性的扩展方式,另一方面也能显示出其在应用方面的扩展方式，并能通过专利随时间的变化关系找出它们之间的联系。

随后,专利地图主要发展轨迹和专利地图方法的应用逐渐转移到工业,尤其是一些较大的以技术为基础的公司。与此同时,专利地图的应用目的和专门的研究方法也更丰富多样。时至今日,专利地图更多应用于企业的科技发展战略、开发新的商机和进一步促进对专利信息的使用,在过去的二十多年，日本政府就收集和分析了每一个技术领域的专利信息来制作专利地图，并将这些地图免费放在网上。

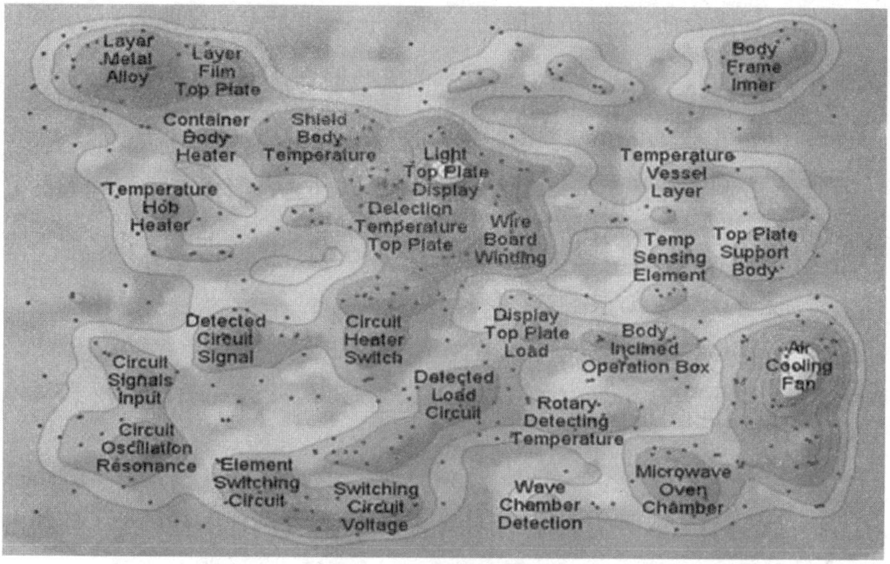

图5-4-1 专利地图样图

针对目前的技术发展，企业有必要在研发的各个阶段进行专利信息检索，以此避免无效的技术投资，同时也可以获得技术创新发展的构思和理念，以及包含在这些专利信息当中的技术应用领域。自从1997年以来，日本专利局提出了超过50种类型的专利表达形式并制作了涉及多个技术领域超过200张的专利地图，韩国、美国等很多国家也制作了不同领域的专利地图。

同时，关于智能分析专利方面的研究也得到了发展。例如，专利地图和技术信息（包括论文和专利）科学性分析的神经系统方法（the neural methods），以及帮助使用者执行分析过程的神经系统方法。

从2000年以后，专利地图工具有了一个更加显著的发展，并影响到各个领域的信息检索、信息智能和技术监视等。并且在2003年的芝加哥专利信息用户组织（PIUG）年度会议上取得了一致性的关注，尤其是关于分析和可视化工具，及他们在专利信息方面的应用，在会议中都被给予了相当的重视。

专利地图作为一种能够进行可视化分析的工具,也可称之为空间(维度)分析技术。目的在于建立一个二维或者三维的具有很高维度性数据展示的方法(一维是词语表述,一维是相应的专利事件,一维是专利发明人)。在各个专利著录项之间,它们之间综合而复杂的关联信息就不仅是有用的,而且还是可视化的,并通过这样一种关联信息,可以得到专利技术变化的趋势图。正因如此,专利地图甚至可以成为专利文献公开的关键,而技术管理人员可通过专利地图分析快速作出科研决策。绘制专利地图有助于寻找之前不为他人所知悉的技术,从而挖掘技术空白点。

一、专利地图定义与分类

专利地图有着多种定义,采用计算机技术后,专利地图被赋予了新的内涵:专利信息的图形化处理和专利数据的系统管理方法。具体来说,专利地图的出发点是为了对多件专利内容更方便掌控, 而对专利文献的内容进行挖掘与分析,或对专利的各外部特征项进行分类、整理与统计,并将其结果以图表形式直观地展现。

早期国内学者根据研发目标和专利范围的不同, 将专利地图分为技术缺口图、专利请求权图和技术投资组合图。实际上,这种分类方法是有缺陷的,它既不能涵盖专利地图的全部功能,也无法满足企业或研发机构创新管理的需要,因此根据分析重点的不同,国外学者通常把专利地图分为两类:专利管理图和专利技术图。我国学者在此基础上,又提出第三种类型的专利地图,即专利权利图。三者的具体内容见表5-4-1。

表5-4-1 专利地图分类表

名称	内容来源	具体地图种类
专利管理图	归纳出大量专利的数量、申请人、发明人、印证率、专利分类号、专利年龄等数据	专利申请趋势图、专利申请国别图、专利申请地区图、专利申请人图、重要专利引用族谱表、IPC分类图等
专利技术图	深入研读相关专利资料、归纳出重要的专利技术类别及功效等指标	技术生命周期图、专利技术功效矩阵、技术路线图、专利技术分布图、技术领域累计分布图等
专利权利图	专利权利要求是主要分析对象	专利范围构成要件图、专利范围要点图等

案例5-4-1 美国绿色燃料技术公司专利地图分析

建立于2001年的美国绿色燃料技术公司，拥有高产量碳循环技术和Green Fuel藻类农场系统，使藻类吸收烟气中的二氧化碳并将其转化为生物燃料与饲料，减少二氧化碳排放，变废为宝。目前，美国亚利桑那州、路易斯安那州、西班牙和德国已建造Green Fuel系统，期望能够捕获电厂白天所排放的80%的二氧化碳。例如，该公司与亚利桑那公共服务公司（APS）合作，利用从燃气电站排放的二氧化碳，供给可转化成生物柴油或生物乙醇的海藻。

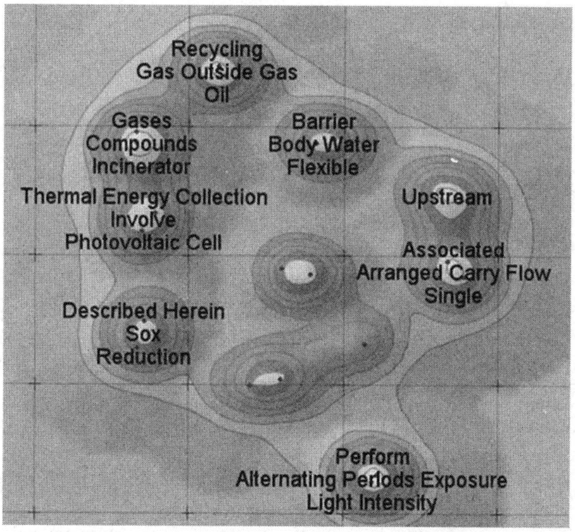

图5-4-2 Green Fuel公司的专利地图

表5-4-2 Green Fuel公司的微藻生物柴油专利技术举例

专利号	专利内容
WO2003094598-A	一种可以将二氧化碳和氮氧化物等污染气体转化为生物质的光合反应器
WO2006020177-A1	在光合反应器中预处理光合生物如藻类，从而精确界定藻类在光合反应器中的生长条件的方法
WO2007011343-A1	可利用工业废气生产燃料的光合反应器
US2008178739-A1	一种为电厂提供生物燃料的生产燃料光合反应器系统
WO2008134010-A2	一种利用封闭式光合反应器（Enclosed photobioreactor）生产生物质、处理废气、浓缩二氧化碳的方法

在该公司开发的专利技术中，高产量碳循环技术通过天然藻类将烟气、发酵气、地热气中的二氧化碳转化为生物燃料。藻类农场中的藻类可以榨出燃油、饲料，也可作生产发电用生物质。建设藻类农场，栽培藻类，工厂无需特别改建。此外，藻类系统也不需要肥沃的土地或饮用水。

Green Fuel藻类农场系统具有洁净、可再生以及利润率高等优点。该系统优化了光合作用，使用高生长率的海藻，将海藻置于装有水的大型试管内，并曝置于阳光下直接照射。而安装Green Fuel系统无需改造现有设施，不会影响工厂现场运作，也不会排放有毒有害物质。通过安装Green Fuel系统后，废气中的二氧化碳含量显著减少。Green Fuel公司已在煤气、煤炭、石油燃烧企业中安装了该藻类系统。

二、专利地图的作用

上述三类专利地图的侧重点不同，具有不同的作用。专利管理图主要服务于经营管理，可帮助企业获取市场竞争状况，寻找和发现商机；专利技术图主要服务于技术研发，以确立技术开发方向，避免进入竞争对手的“专利陷讲”，为研发决策提供支持；专利权利图主要服务于权利范围的界定，一方面可规划自身的研发计划和权利要求，规避已有专利技术保护，另一方面评估自身技术的可专利性和产业利益,明确专利研发和产业化空间。

1. 专利管理图

专利管理图是针对管理层面分析而得到的,根据专利文献的外部特征项进行统计分析,主要通过对专利著录项目进行统计,对各项数据的变化情况从不同角度进行分析和解释,观察某产业技术领域、国家、公司和引用率的趋势,以获取有关国家或地区、技术领域、竞争性等方面的专利信息,为管理人员提供管理决策及所需的专利情报信息。管理层面分析主要包括:历年趋势分析、区域分析、专利权人分析、IPC分布分析、技术生命周期分析等。

2. 专利技术图

专利技术图主要服务于技术研发。通过对某特定技术领域专利的数量统计分析、技术演进分析、指标分析,以及关联分析等,提供该技术的发展方向,技术成熟度等信息,为国家、企业等洞察技术发展趋势,选择技术领域提供重要信息。专利技术图主要包括:专利技术/功效矩阵图、专利技术分布图、专利技术领域累计图、专利多种观点解析图、挖洞技术显微图等。

案例5-4-2 木质纤维素处理用酶专利分析

随着石油资源的日益枯竭和环境污染的日益严重,生物能源的研发已引起了全球各界的广泛关注,生物能源包括燃料乙醇(玉米乙醇和纤维素乙醇)、生物柴油、生物制氢、生物发电、沼气等,但目前全球范围内发展规模最大、最受关注的产品是以纤维素乙醇和生物柴油等为代表的第二代生物能源。第二代生物能源的原料包括非粮作物,如秸秆、枯草、甘蔗渣、稻壳、木屑等废弃物,以及主要用来生产生物柴油的动物脂肪、藻类等,但从产业发展的规模、成本以及“不与粮争地、不与人争食”的原则来看,木质纤维素是最具前景的大规模原料,而通过酶解将木质纤维素原料中的纤维素和半纤维素转变为可发酵单糖的技术,已经成为制约纤维素乙醇等第二代生物能源商业化的最大瓶颈之一。本案以此为重点,就生物燃料用酶专利的发展现状和态势展开分析。

一、木质纤维素处理用酶专利分析

1. 木质纤维素处理用酶专利的类别分布

木质纤维素的主要成分包含纤维素、半纤维素和木质素等三种大分子物质及少量的矿物质,其中,纤维素约占40%~50%、半纤维素约占10%~30%,木质素约占20%~30%。因此,纤维素的处理和应用成为生物燃料研发的重点。表现在专利上,检索截至2012年2月,纤维素处理用酶专利(族)达4473项,而半纤维素和木质素处理用酶专利量相差不大,分别为627项和650项,从具体的专利年度分布态势值来看,尽管2006年以来半纤维素和木质素处理用酶专利量也呈现出明显增长的态势,但与纤维素处理用酶专利的增长幅度相比仍有较大的差距。(如无特殊表明,下文中专利均指专利族)

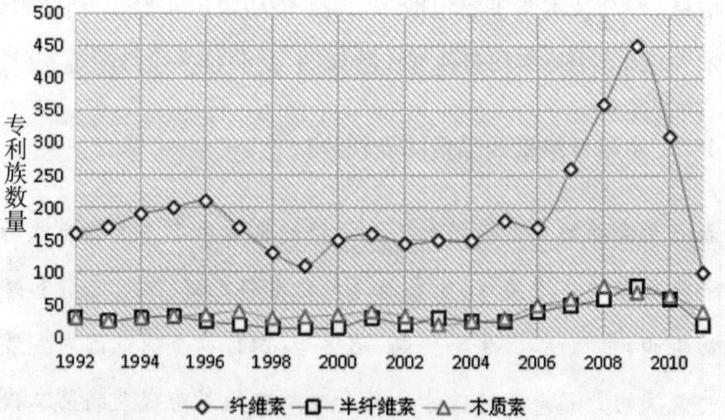

图5-4-3 木质纤维素处理用酶专利的优先权年分布

2. 木质纤维素处理用酶专利的优先权国家分布

从专利申请的优先权国家的专利数量(图5-4-4)分析,美国、中国在近几年中申请的专利量处于领先地位,两国科技综合实力在全球均处于前列。日本和德国的技术实力雄厚,政府对于生物能源的支持力度很大,因此在全球木质纤维素处理用酶专利优先权国家排名中处于前列。

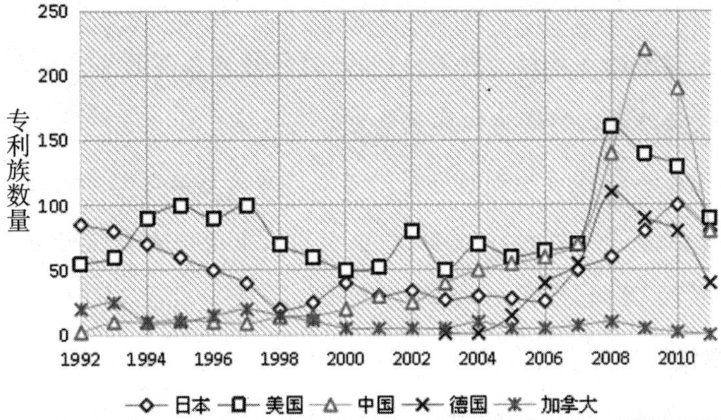

图5-4-4　木质纤维素处理用酶专利的优先权国家分布

3. 木质纤维素处理用酶专利的优先权人分布

从全球木质纤维素处理用酶专利的优先权人分布分析，诺维信公司(Novozyxnes)、丹尼斯克(Danisco)公司(目前已被杜邦收购)及被其收购的杰能科公司(Genencor)处在全球领先地位，这也是目前全球最主要的两家具备纤维素工业化水解酶生产实力的企业。诺维信公司是全球工业酶制剂和微生物制剂的主导企业，拥有超过40%的世界市场份额；而杰能科公司则是全球第二大生物技术和酶制剂公司，其专利主要在生物酶制剂的生产和应用方面。

从专利的数量和质量分析，其他专利权人与之相比的差距明显。从诺维信公司和杜邦(丹尼斯克)的技术实力角度分析，丹尼斯克在收购杰能科公司后，两公司的专利之和与诺维信不相上下，再加上杜邦的研发基础，在此领域，两强格局已经初步确立。

二、诺维信的生物燃料用酶专利分析

诺维信是全球最大的酶制剂供应商，于2000年开始研发用于生产纤维素乙醇的酶制剂产品，其2010年研发经费约占销售额的14%，并曾两次获得美国能源部2930万美元总额的资助。2010年2月，诺维信推出实现纤维素乙醇商业化量产的酶制剂产品诺纤力赛力二代(Cellic CTec2)，使得每生产1加仑纤维素乙醇所需酶的成本仅为50美分，从而将纤维素乙醇的生产成本降至2美元/加仑，使纤维素乙醇成为极具竞争力的汽油替代品。

作为一家总部位于丹麦的公司，诺维信申请木质纤维素处理用酶方面的专利共1000多个专利族(约6000多项专利)，申请国家覆盖丹麦、法国、英国、美国、日本、韩国、中国、马来西亚、印度和巴西。在木质纤维素处理用酶方面，诺维信的专利申请布局较为完善，2001年，诺维信公司从丹麦著名的制药公司诺和诺德公司分离，其业务转移向美国生物燃料市场，专利申请的优先权重心国家由丹麦转向美国，而其生物燃料酶制剂在全公司销售收入比重也在短短几年内迅速增加至15%以上。出于对前景的乐观态度，诺维信近年来的研发布局和市场在全球进一步拓展，而其在欧洲、加拿大、中国的专利申请量也快速增长。

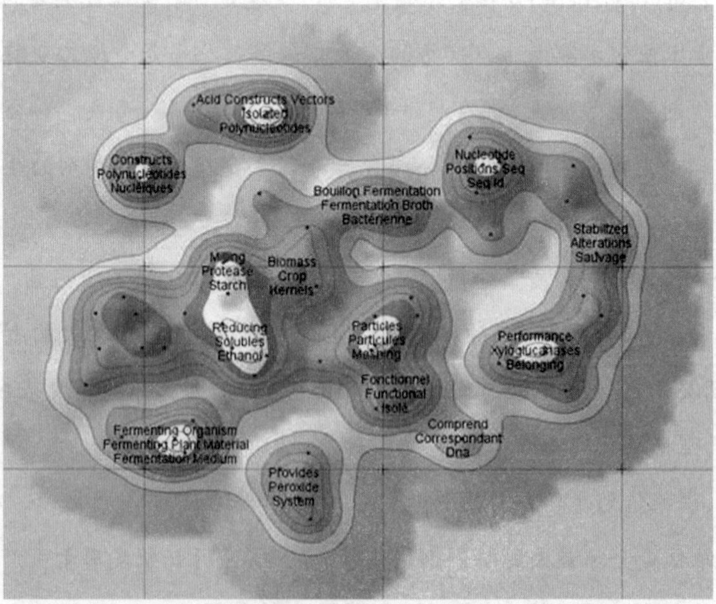

图5-4-5 诺维信公司的木质纤维素酶相关专利地图

从专利技术覆盖的领域分析(图5-4-5),诺维信酶技术专利体系覆盖从原料预处理到酶发酵的过程,可粗略地分为两类:第一类是将玉米和小麦转化成燃料乙醇(第一代燃料乙醇)生产用的酶制剂;第二类是针对纤维素转化为葡萄糖的过程所开发的纤维素燃料乙醇(第二代燃料乙醇)生产用的酶制剂。用于第二代燃料乙醇的纤维素水解酶,成为诺维信公司在这一领域的发展重点,基于这些专利技术的酶制剂用于处理包括农业废弃物(如农作物的秸秆、叶和壳)、林业废弃物(如木材加工厂产生的木屑和锯屑、枯木和树枝)、能源作物(包括柳枝在内的速生草木)、固体生活垃圾(如家庭生活垃圾与废纸)以及食品加工与其他工业产生的副产品等在内的纤维素原料。

表5-4-3 诺维信公司的纤维素乙醇专利技术举例

专利号	专利内容
US2008268526-A1 WO2008140749-A2	一种用来降解或转化含纤维素的生物质方法。利用了一种混合物处理含纤维素的生物质,该混合物中含有一种具有纤维素水解酶活性的多肽。
WO200206442-A	发现降解细胞壁的酶的异构体
WO9117244-A1	一种从真菌中提炼出的降解纤维素和半纤维素的酶
WO9942567-A	从杆菌中提取了一种α-淀粉酶
WO9117243-A1	发现了一种纤维素预处理用的内切纤维素酶

3. 专利权利图

专利权利图针对权利要求的分析而得出，其目的是要了解专利重点保护的技术,相关同族专利及其引证情况,得到法律赋予的专利权信息,从而帮助企业识别可能的技术侵权、制定避免侵权策略、准确地应对法律诉讼等。专利权利图主要包括:专利范围构成要件图、专利范围要点图、专利家族图、重要专利引用族谱图,主要剖析研发空间和市场空间。

三、专利地图的功能

近年来,日本、韩国等亚太国家以及中国台湾地区在高科技产业专利地图布局上取得了突破性进展。日本与韩国政府相继于1999年展开大规模的产业技术专利地图分析，以此作为拟定技术发展战略和引导企业升级的重要决策依据。专利资讯揭露了科技发展的重要趋势，如能充分运用，不仅可协助企业进行有效的研发管理，而且有利于政府制定产业科技策略。从整体上看，专利地图的功能主要体现在以下五个方面：

表5-4-4　专利地图功能分类

专利地图名称	专利管理图	专利技术图	专利权利图
目的	服务管理层面	服务技术研发	指明重点专利
功效/作用	为管理人员提供决策	提供重要技术发展信息	避免侵权策略和陷阱
相关图表	历年趋势分析图、区域分析图、专利权人分析图、IPC 分布图、技术生命周期图	技术 / 功效矩阵图、专利技术分布图、专利技术领域累计图、专利多种观点剖析图、挖掘技术显微图	专利范围构成要件图、专利范围要点图、专利家族图、重点专利引用族谱图

第一，进行专利管理的功能。通过制作专利地图，可以获悉特定技术领域的发展趋势，对主要竞争对手各项专利技术实力进行分析、剖析，并预测专利技术的发展动向，从而确定哪些可以成为技术合作伙伴，发现主要竞争者的技术贸易活动，明确自己的专利活动中哪些有用信息已经或者可能泄露给竞争者，并最终确定企业专利战略部署和战略地位。

第二，挖掘专利技术的功能。专利地图的制作过程就是对某特定技术进行全面检索，从而对竞争公司的专利技术进行地毯式搜索和分析，有助于技术人员得到新的思路、产生新的创意，从而发现新的技术领域、技术方向和技术手段，并运用专利挖掘技术，实现专利的纸上发明。

第三，专利侵权判断的功能。通过专利地图，可以明确专利权利要求的范围，分解专利权利要求的构成要件，分解对照专利的权利要求，从而确定是否侵权。如果产品可能侵权，则可以指导如何通过增加或减少权利要求，进行专利的规避设计。

第四，技术贸易谈判的功能。一张科学的专利地图，在显示自己、竞争者或合作者的弱点或优势的同时，能够帮助企业在专利技术许可贸易中取得谈判的主动权,成为商务谈判的工具。

第五,政府的专利决策功能。专利地图有助于政府在重大技术项目上作出决策和进行宏观管理,以及帮助企业估计产量和内部科研质量的功能。

通过对专利地图文献的研究发现，大多数文献是将专利地图作为研究工具使用,只有少数文献将专利地图作为研究对象。其中,国外学者等提出了包括文本分割、摘要提取、特征选择、主题识别等步骤的基于背景挖掘技术的专利地图分析方法,实证表明,该方法有利于提高专利地图的效率和效果。结合我国学者及国外学者的研究结论，根据几种常见的专利技术图制作方法和影响因素,总结出一般意义上的专利地图制作的步骤,如图5–4–6所示。

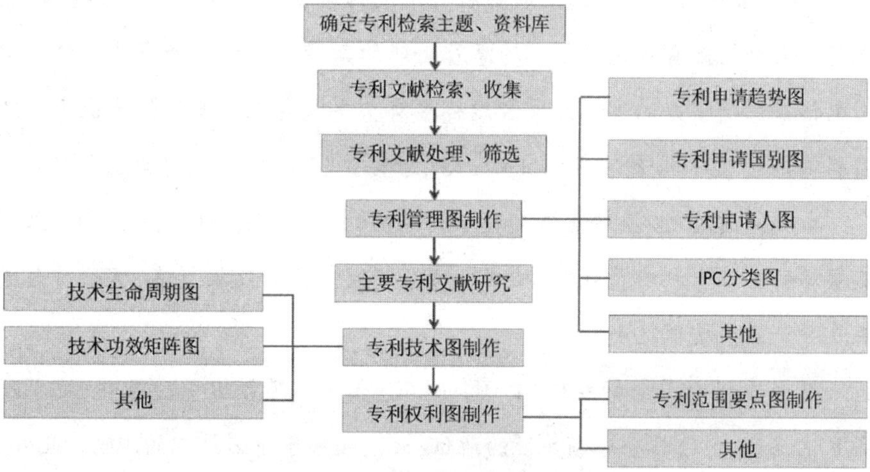

图5–4–6　专利地图制作流程

案例5–4–3　石墨烯领域的中韩混战

石墨烯(Graphene)是从石墨材料中剥离出来、由碳原子组成的只有一层原子厚度的二维晶体。2004年,英国曼彻斯特大学物理学家安德烈·盖姆和康斯坦丁·诺沃肖洛夫,成功从石墨中分离出石墨烯,证实它可以单独存在,两人也因此共同获得2010年诺贝尔物理学奖。石墨烯既是最薄的材料,也是最强韧的材料，断裂强度比钢材高200倍。同时它又有很好的弹性，拉伸幅度能达到自身尺寸的20%。它是目前自然界最薄、强度最高的材料，如果用一块面积1平方米的石墨烯做成吊床，本身重量不足1毫克便可以承受一只1千克的猫。石墨烯目前最有潜力的应用是成为硅的替代品，制造超微型晶体管，用来生产未来的超级计算机。用石墨烯取代硅，计算机处理器的运行速度将会加快百倍。另外，石墨烯几乎完全是透明的，只吸收2.3%的光。另外，它非常致密，即使是最小的气体原子（氦原子）也无法穿透。这些特征使得它非常适合作为透明电子产品的原料，如透明的触摸显示屏、发光板和太阳能电池板。

作为目前发现的最薄、强度最大、导电导热性能最强的一种新型纳米材料，石墨烯被称为“黑金”，是“新材料之王”，科学家甚至预言石墨烯将“彻底改变21世纪”，极有可能掀起一场席卷全球的颠覆性新技术新产业革命。中国电信在广州举办的2016天翼智能终端交易博览会上，罗马仕展出了一款石墨烯充电宝，10分钟可充满6000mAh，号称要“开辟能源存储新纪元”。

本案例通过对2张石墨烯领域专利地图的分析（图5-4-7、5-4-8），探讨石墨烯的全球专利申请状况、技术领域及不同企业的发展策略，从而对全球石墨烯产业发展现况进行分析。

经由专利地图分析发现，韩国Samsung在石墨烯领域中的专利、技术及商品化程度，均已具全球领导性的地位，大幅领先于排名第二的IBM。此外，Samsung关于石墨烯的专利涵盖各个技术领域，并且有韩国科研单位的支持，韩国在世界石墨烯领域已占据主导优势，唯一能与其竞争的只有中国。不过，就目前观察，中国企业及科研单位所持有的石墨烯专利虽然在2010年之后大幅提升，但技术领域多是集中在石墨烯制备的基础学术研究上，技术层面或是商用程度，与韩国还有一定差距。虽然石墨烯的主要应用大部分是智能手机及穿戴式装置，但Samsung的宿敌Apple目前在石墨烯领域只有2件专利，Apple如果不通过购买石墨烯相关专利，就必须在智能手机的次世代材料上另寻出路了。

图5-4-7是全球石墨烯专利家族前20位申请人的排行榜，图中Samsung以210个专利家族(发明专利)，共计405个早期公开的专利位居第一。值得注意的是，在前20位申请人中，中国占8位，即40%的比例。然而韩国虽然只有4位，但各自拥有的专利家族数量都是相当可观的。此外，相对于2011年专利申请排行榜，有12家新企业进入了2013年的榜单中，因此石墨烯这种新兴材料技术发展较快，行业竞争较为激烈。

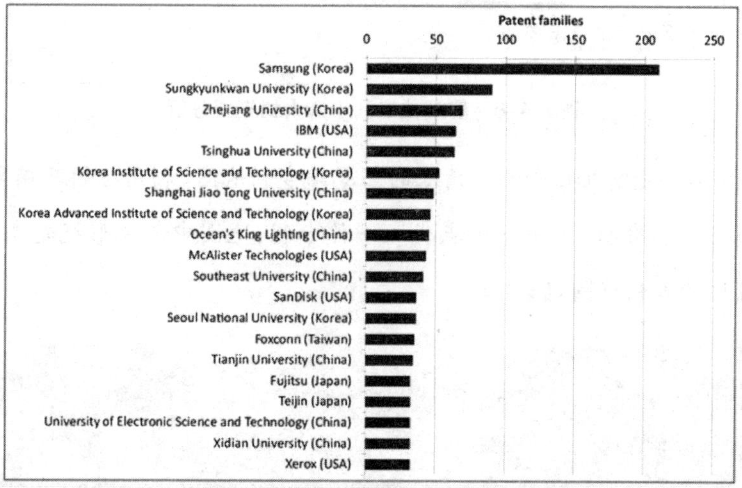

图5-4-7 全球石墨烯专利家族前20申请人排行榜(2013)

接下来分析前20位石墨烯专利申请人的申请时间，从图5-4-8可知，拥有最早优先权年份的中国专利申请人是第3位的浙江大学，优先权年份为2007年，但大多数国内企业优先权日期都在2009年，如海洋王现代照明科技股份有限公司、东南大学、电子科技大学及西安电子科技大学。从专利申请情况可推断，国内科研机构十分重视石墨烯这种新兴材料的开发，科研成果相对较高。

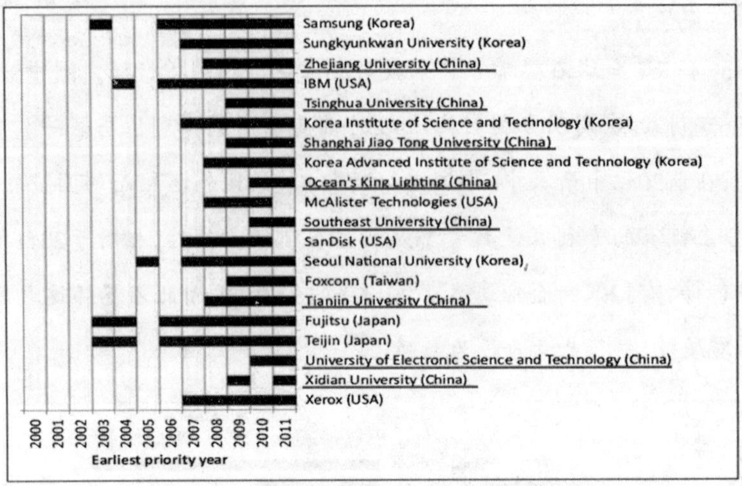

图5–4–8　前20位专利申请人优先权分析

图5–4–9是前几位专利申请人的石墨烯专利地图。利用标题及摘要中关键词进行聚类分析，图中一个点代表一件专利，地图中的地形线越高，便代表该领域的专利范围越集中。

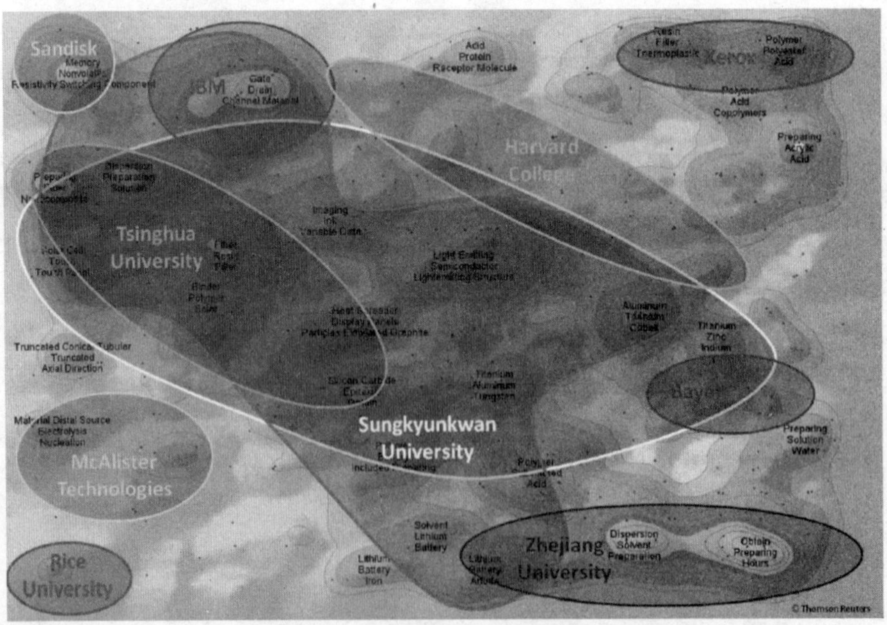

图5–4–9　石墨烯领域企业专利分布图

图5-4-9显示Samsung的石墨烯相关专利布局极为广泛,涉及智能手机、电视、冰箱及空调等领域,其中涉及部分石墨烯的潜在应用,因此推断,Samsung的专利战略主要以提前抢占市场为主。主营储存设备企业,如SanDisk,由于其业务范围集中,所以专利保护范围也相对集中在石墨烯储存设备的潜在应用上。其他企业,如IBM、Xerox、McAlister Technology等,其专利保护领域也相对集中。此外,由于Samsung与韩国的成均馆大学在研发合作上有紧密的联系,并共同成立了Samsung-SKKU石墨烯研发中心,因此他们在石墨烯专利地图上存在着大部分的重叠。如同鸿海(富士康)与清华大学的关系,分析清华大学的专利布局便不难推理出鸿海在石墨烯的发展重心。

最后,我们再看另外2张专利地图。图5-4-10是石墨烯领域优先权地图。值得注意的是,通过图中绿色的专利群(优先权为2005—2009年)与红色专利群(2010年及以后)在大小及位置的比较,可以看出来研发的重点在近年来有明显的改变。

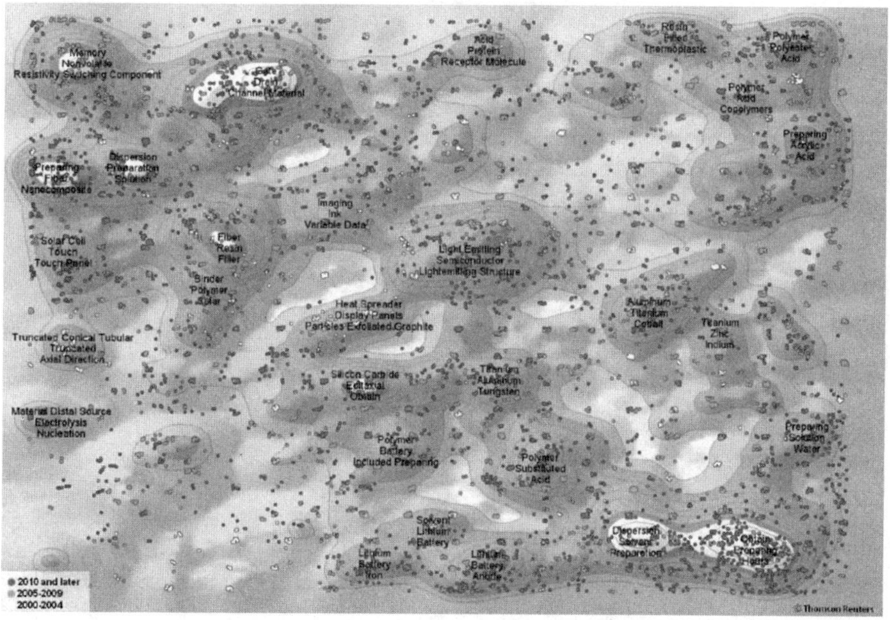

图5-4-10 标志优先权年份之石墨烯专利地图

最后一张专利地图是中、韩石墨烯专利对比图。图5-4-11是中国与韩国于2010年以后的石墨烯专利地图，其中深色点代表中国专利，浅色点为韩国专利。从图中可见，韩国申请人技术领域较为分散，而国内申请人技术领域多是集中在石墨烯制备的基础学术研究上。要全面追上韩国，需要国内研发工作者再接再厉。

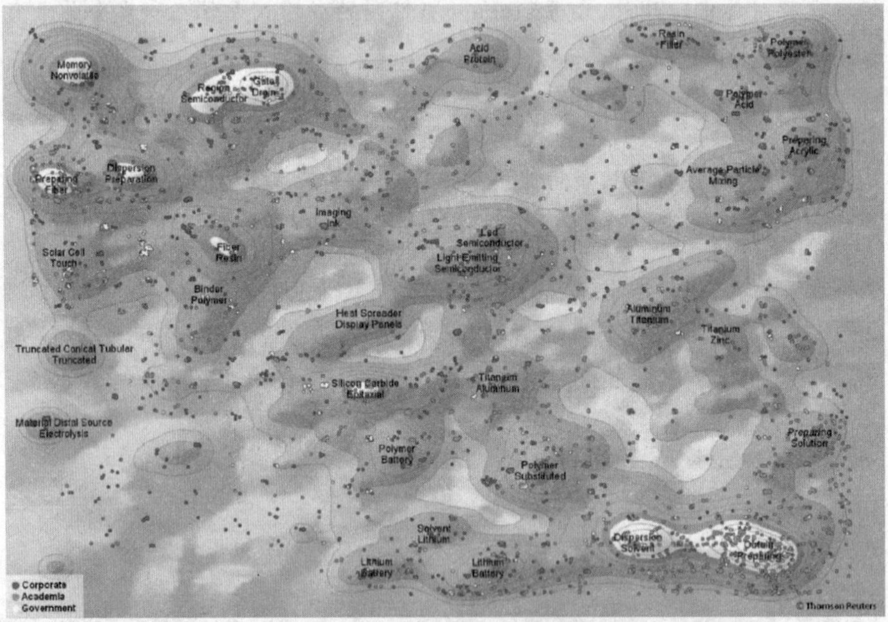

图5-4-11　中国与韩国于2010年以后之石墨烯专利地图

四、专利地图分析过程

1. 专利信息分析流程

专利信息分析流程大体可分为以下五步：

(1)制定研究策略，确定检索关键词。根据研究主题，确定该技术领域专利分析所需专利信息的主要关键词，关键词可以由该领域的专家确定，也可以通过关键技术确定。

(2)制定检索表达式。制定检索表达式,选择合适数据库进行检索,如果检索结果不符合主题,则重新确定检索式,直至符合要求为止。

(3)进行专利分析,利用各种分析指标和分析方法分别从专利管理层面、专利技术层面和专利权利层面进行专利分析。

(4)选择相关软件,制作专利地图。根据分析结果,选择合适专利分析软件,制作相关专利地图。

(5)得出分析结果,提出建议。根据分析结果得出相关结论,结合实际,提出建议对策。

2. 专利文献分析

(1)专利文献特点。专利文献具有领域广泛、内容详尽、技术新颖、格式统一、结构规范、报道迅速等特点,占全世界各种图书期刊总出版量的四分之一。我国专利分三类:发明、实用新型、外观设计,相应的专利文献也分三类。从专利全文看,发明专利和实用新型专利都以文字描述为主、图片描述为辅,其文献结构基本相似,而外观设计专利以产品图片为主体,文字说明为辅助。同时,专利文献一般文辞冗长、文字晦涩,特别是以文字描述为主的发明专利文献和实用新型专利文献,因而在制作专利地图时存在一定难度。

(2)专利文献分析。结构规范是专利文献一大特点,因而聚类分析是绘制专利地图的有效手段。聚类分析是从数量庞大,看似杂乱无章的数据中发现隐藏的特征与结构,通过分析不同数据之间的相似与关联程度,将相似性大、关联紧密的数据进行聚集,使处在同一类别中的数据具有最大的相似性或关联度,而让处于不同类别的数据之间存在明显的差异。文本聚类是针对文本数据进行的聚类分析,其依据是,具有大量相同概念的文档是相似的。图片聚类是依据图像内容,借助计算机技术尽量表达人对图片特征的认知。

3. 选择专利数据库

专利数据库是专利地图制作的核心部分, 数据库是否适用决定专利地图制作的精度。专利数据库一般有两种类型,一种是各国(地区或组织)政府建立的官方数据库，如USPTO数据库、EPO数据库、JPO数据库、WIPO数据库等;另一种是商业性的专利数据库,如Delphion数据库、Derwent数据库、INPADOC数据库等。官方数据库一般是免费提供给用户使用,而商业性的数据库都是收费的,其检索系统较一般的官方数据库在功能上更强大,其检索结果也较一般的官方数据库更准确。

例如,德温特创新专利索引(Derwent Innovations Index)包含了德温特世界专利索引数据库(DWPI)和德温特专利引文数据库(DPCI),它是目前最优秀的专利数据库之一。其优点:①收录专利全面,涉及41个国家及专利国际组织,覆盖的专利年份为1963年至今,完全满足专利地图绘制的需求。②引入了专利族的概念,将巴黎公约中定义的等同专利视为一个专利族,将同一专利技术在各个国家申请所获得不同的专利号纳入同一条记录，避免专利分析中出现大量重复专利的记录。③数据库中所有记录经过专业人员高质量的标引,专利标题进行了严格整理和深度加工标引,根据专利内容重新撰写了简明精确的标题,注重突出发明内容与新颖性,标引后的篇名即相当于一个微型文摘,均为规范化的主题词,尤其是用途主题,非常适合专利分析。

案例5-4-4　中美页岩气技术对比分析

作为一种技术相对成熟，具备规模开采与商业运营条件的非常规天然气资源,页岩气技术专利近年来申报数量骤增。页岩气属于“贫矿”,要把贫矿开采出来并在商业上获益,只有通过技术创新的方式才能实现。这反映了页岩气资源最值得关注的一面:投入开发利用后,均以低成本、规模量产的技术组合满足市场需求并持续运营。页岩气开采流程与天然气基本一致(表5-4-5),但核心技术重“采气”而非“找气”,主因是页岩气藏一般无自然产能或低产,需要通过地质勘查确定裂缝发育区及适合压裂的脆性区,通过加密钻井才能产生经济效益。

表5-4-5 美国页岩气开采流程及关键技术组合

开采流程	工作任务	技术方法
储层评价阶段	在勘探提供的盆地域上,加密钻探和测网密度,查明气藏特征和天然气成因,圈定有利含气区域、有效厚度,落实探明储量。	用地球物理技术寻找裂缝发育区及适合工程压裂的脆性区;用加密钻井(测井和钻井取心)落实岩石物理参数、力学参数、化学参数、气藏含气量等数据。
启动勘探阶段	查明含气页岩分布范围,综合评估储层潜力,找出页岩气富集区/带。	圈定页岩气储层,钻井获取区域地质资料,发现页岩气富集区。
先导试验阶段	选择页岩气富集区/带,用井网试验页岩气开采方法、工艺流程、技术手段,研究井网系统和布井方式对储量的控制程度,为气藏工程设计和开发方案编制提供地质资料。	用钻井技术、储层改造技术试验合适的钻井和储层改造方法,优化井身设计和压裂施工设计;用综合地质研究、气藏工程研究、工程技术研究、经济评价等综合技术手段编制开发方案。
压裂增产阶段	根据先导试验结果,在开发方案指导下部署、实施配套管网及地面设施建设,开始气藏生产管理;进一步优化开发方案,提高采收率	用"井工厂"技术提高钻井、压裂效率,降低生产管理成本;建设污水处理设施集中处理返排液;综合研究,优化管理,提高采收率

1970年壳牌公司专利申请US3759574A提出了在页岩层通过压裂产生的裂缝使气体进入收集管道，由此拉开了页岩气关键技术专利申请的序幕，1997年Michael能源公司应用减阻水压裂与水平井技术在Barnett盆地实现规模量产,以水平井钻完井、储层改造与微地震监测为主体的页岩气技术组合推动了"北美页岩气革命"。与之相比,我国在页岩气技术专利申请数量上仅次于美国,在地震储集层预测、大型压裂应用于低渗透气藏储集层改造、裂缝性油藏压裂产能评价及微地震监测技术等方面积累了丰富的经验，但页岩气资源评价和水平井压裂增产技术还未形成核心技术体系，关键设备的核心技术与零部件供应还未完全国产化。

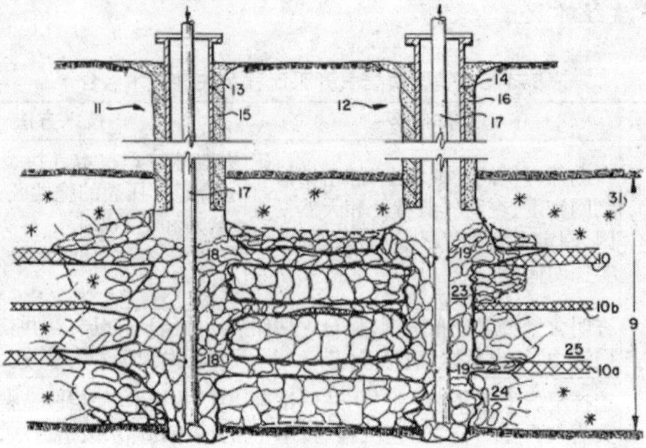

图5-4-12 US3759574A专利附图

一、检索策略

由于页岩气核心技术重“采气”而非“找气”，因此本案以页岩气开采技术和对应的CPI(德温特国际专利分类号)作为检索关键词(表5-4-6)，检索范围包括专利名称、摘要、内容、权利要求等，检索策略为：以水平井(Horizontal drill/well)，同步压裂(synchronous fracture)，清水压裂(hydraulic fracture)，分段压裂(multiple stage fracture)，重复压裂(refracture)，微地震监测(microseismic monitor)等关键词组成检索表达式；通过TDA整理出中美页岩气技术专利数据库；比较分析中美页岩气开采技术生命周期、技术专利组合与关键技术路径。

表5-4-6 关键词检索策略

<table>
<tr><th>策略号</th><th colspan="2">检索策略</th><th>专利数量</th></tr>
<tr><td rowspan="3">检索策略(S1)</td><td>L1</td><td>TI="shale gas"</td><td rowspan="3">7015</td></tr>
<tr><td>L2</td><td>MC=(H01*or A12*or L02*or T01*)</td></tr>
<tr><td>L3</td><td>L1 or L2</td></tr>
<tr><td>检索式</td><td colspan="3">alld=(shale near gas)OR alld=(("Measur*While Drill*"or"Log*While Drill*"or LWD or MWD)OR(horizontal near drill*or horizontal near well))AND MC=(H01-C03*OR H01-D10)OR alld=((Synchronous or"supercritical CO2"or"multiple stage"or hydraulic)near fractur*)or refractur*))AND MC=(H01*OR A12*)OR alld=(monitor near microseismic or"micro earthquake"or"microseismic")AND MC=(H01*OR A12*)AND dpry>=(2014)</td></tr>
</table>

研究数据源于美国汤森路透科技平台的知识产权研究工具TI(Thomson Innovation)。使用的专利分析工具为汤森路透科技平台的TI和TDA(Thomson Data Analyzer)。数据检索日期为1963—2014年，共检出专利7015条。数据分析从美国“页岩气革命”兴起的2003年开始。鉴于优先权数据在专利族中的重要作用，因此按优先权年和优先权国家进行专利归属统计。

二、中美页岩气开采技术专利对比

通过高引频信息分析(表5-4-7)，可得出中美页岩气专利申请IPC分布及主要申请人：

1. 美国页岩气专利布局范围较广，并有着垄断性的数量优势。斯伦贝谢在水平井钻完井，水力压裂设计、监测和数值模拟、数据服务方面占主导优势；贝克休斯在水平井随钻测井、录井领域研发力量方面较强；哈里伯顿在压裂技术发展的开端掌握较早，因“哈里伯顿漏洞”体现了该公司敏锐的嗅觉及洞察力。在页岩气专利族中，水平井钻完井技术专利694件(A12-W10、A12-W10A、A12-W10C)，压裂增产技术专利723件(H01-C03)。申请量超300件的技术领域还包括H01-B03B1、H01-B03D、H01-C11、H01-D08、H01-D10、H01-D11等。

表5-4-7　高引频信息分析

类　型	专利号	申请人	技　术
水平井	US5249628A	哈里伯顿公司	通过水力喷射作用，进行完井。
旋转导向	EP1008717A1	斯伦贝谢公司	利用滑套的旋转导向钻井系统，通过该系统操纵钻头，实现弯曲井道的精确钻井。
	US6109372A		
欠平衡钻井	WO1999042696A1	Gardes Robert	欠平衡井和钻完井方法与系统。在主井的基础上，使钻头在偏转器的作用下偏转。一种控制钻井和完井的方法。
	WO2001090528A1		
压力控制	WO2013015785A1	哈里伯顿公司	用于控制压力钻井的可旋转的钻杆，减小摩擦，增加钻井效率从而保护钻杆。
	WO2013006165A1		
压　裂	US5325923A		Well completions with expandable casing portions.
	US5853048A		Control of fine particulate flow back in subterranean wells.

续表

	US6209643B1		Method of controlling particulate flow back in subterranean wells and introducing treatment chemicals.
	US6488091B1		Subterranean formation treating fluid concentrates, treating fluids and methods are provided by the present invention.

2. 中国页岩气专利申请主要在H01-C03 258件,H01-B03D 169件,A12-W10A 241件,A12-W10B 190件。专利申请较多集中于中石油、中石化、延长石化、中海油等企业。

3. 对比中美两国的页岩气专利IPC可以看出:中美两国对页岩气专利的研究均集中在A12-W10(水平井钻完井,Horizontal well drilling and completion)和H01-C03(压裂增产,Fracturing)领域,中美两国在页岩气的主要研究领域基本是一致的。区别在于中国对H01-C03、H01-C01A领域的研究更为深入,而美国在H01-B03D、H01-B03B1领域的技术优势更为明显。此外,美国对A12-W10B、T01-S03领域的研究更为集中深入,整体优势明显。

图5-4-13中标示点代表中美两国专利文献样本,内容相近的文献在图中的距离也相近,最终形成专利山峰。图中不同山峰区域内表示某一特定主题中聚集的相应的专利群。区域间的距离表示技术主题的相关性的大小,等高线山脉表示技术研发重点。海拔高的区域即为该领域的研究热点。可以看出,两国的专利申请情况在专利主题内容、分布以及相互联系方面都有比较大的差异。

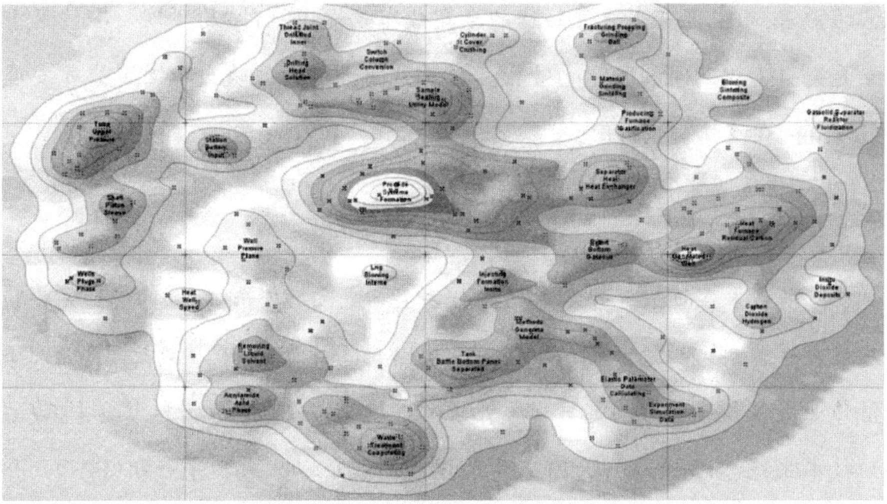

图5-4-13　中美页岩气技术专利地形图

美国专利申请主题较多，有储层预处理系统（Precede System Formation）、热力井（Heat Generated Well）、罐底分离挡板（Tank Baffle Bottom Panel Separated）、实用新型样品密封方法（Sample Sealing Utility Model）、隔板热交换器（Separator Heat Exchanger）、套管头压力（Tube Upper Pressure）、混凝废料处理法（Waste Treatment Coagulating）、底部气体干馏法（Retort Bottom Gaseous）等主题，但高频研究热点比较集中，主要围绕钻井工具（Drilling Tool）、随钻随测技术（MWD，Measure While Drilling）以及地质导向技术（Geo steering）三部分。地质导向技术能够很好地监测钻头处地层的物性变化，是水平井钻井工程技术中重要的技术组成。地质导向钻井技术把钻井技术、测井技术及油藏工程技术融为一体，涉及的关键技术包括：中子测井、核磁共振测井、伽马射线探测、数据信号、计算机可读；涉及的相关工具或设备包括：钻柱、钻头、钻铤等钻井作业工具。尤其是页岩气开采的核心技术，如桥塞、封隔器（自膨胀）、油管、射孔等也出现在高频词中。

中国申请的数量不如美国多，相比较而言，高频研究热点集中在压裂增产技术。美国专利覆盖的范围更广，技术更加分散，相互之间的联系不是非常的紧密;而中国在页岩气领域的专利分布呈现出一种“局域性”,即技术重点更突出，相互间的联系更紧密。这从另一个侧面反映出中国页岩气发展“基础薄,速度快”的特点。

三、中美页岩气开采技术路径比较

1. 美国页岩气技术发展路径

降低成本在页岩气开发中始终占据主导地位。在开发成本中,钻完井和压裂改造费用占到总成本的60%~85%,因此降低钻完井、压裂改造费用,降低作业成本和环境影响是页岩气开采的关键。以“直井→水平井→井工厂”为技术主线(表5-4-8),美国在开采环节形成了以丛式水平井组(PAD)、井工厂作业和水平井分段压裂为主体的技术路径。其中水平井技术涉及地质导向钻井技术、随钻随测技术、随钻录井技术及相应的钻头、钻柱等工具,水力压裂则包括压裂液配制、压裂模拟与监测技术、压裂设计及实施工艺以及相应的桥塞、封隔器等完井压裂工具,呈现出综合开发、精细管理的特点。从专利的技术主题分析,斯伦贝谢在页岩气勘探、监测和数值模拟、数据服务方面,贝克休斯在水平井随钻测井和录井技术方面,哈里伯顿在压裂技术上分别占优。

表5-4-8 页岩气开采阶段

阶段	类型	增产措施	技术说明
1	直井压裂	单井提效	单井提高钻速、简化套管程序、简化井控等
2	水平井分段压裂	多井联合作业	丛式水平井组、多井联合工厂化作业
3	井工厂	综合集成	钻井、压裂、采气、材料供应、道路、设备等综合集成,柔性管理

2. 中国页岩气技术发展路径

中国页岩气技术路径成立的前提是适合山区低成本开发。以重庆涪陵区块为例,中石化结合丛式水平井平台(PAD)的施工特点,根据地下储层条件确立井组规模。对储层完整、横向延伸较好的优质储层,用大井组、大位移、丛式水平井开采。对储层横向延伸有限、构造复杂、产能较低的储层,用小井组、小井眼、复杂结构井开发。同时，以降低生产成本和减小环境污染为目标，按“同步压裂”和“井工厂”工程管理要求，将钻完井、压裂、天然气生产、材料供应、作业模式等通盘考虑，整体优化，加速学习曲线进程。尤其是桥塞等关键部件的研发成功，表明我国已初步掌握了山区页岩气开采核心技术。

四、基于专利地图的结论

页岩气技术是在常规油气基础上发展起来的，许多用于常规油气的技术可用于页岩气开发，多技术的集成是降低页岩气开采成本的关键。鉴于此，中国页岩气产业运用的是集成示范的山区低成本开采技术路径。经过探索实践，目前技术已经较为成熟，国内企业下一步的技术创新可以应用专利分析作为切入点，分析相应技术的薄弱方面，对技术空白点进行补充；在已有技术优势的前提下，不断创新以巩固技术优势，并积极进行专利挖掘、布局。

第六章

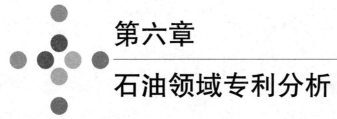

石油领域专利分析

随着经济全球化的快速发展，世界各国对石油的需求量也在不断增长，各国石油公司在激烈的国际市场竞争和持续低迷的油价中，为了谋求更大的市场份额和利益空间，采取了多种竞争手段，其中最为有效的是推行本企业的技术创新活动，通过技术创新使企业占领技术制高点、主导市场、降低开发成本，因此不断提升石油企业的技术创新能力是我国石油企业发展和生存的必要条件。

相对于国外石油公司，我国石油企业的技术创新人员的总量占优势，但企业的技术发明总量却低于国外石油公司。以我国三大石油企业为例，我国每产出一吨石油所花费的科研经费大约是0.5美元，这些经费只相当于BP、埃克森美孚等国外先进石油公司科研经费的35%，而国外石油企业人均科研经费却是我国石油企业的20倍。BP、埃克森美孚、雪佛龙、壳牌等石油公司每桶石油的完全成本为11美元，而我国每桶原油的成本却远高于此。综上所述，我国石油企业经济效益和综合竞争力落后于国外先进的石油公司，如何提升我国石油企业技术创新能力成为当前石油企业亟待解决的问题。

第一节　石油行业专利战略

石油企业属于知识密集型、技术密集型高新技术产业。随着石油天然气勘探开发难度的增加及国际原油价格的持续低迷，石油工业的持续发展更加侧重于高新技术的研发和应用。

当前，面对低油价下的国内市场和国际市场竞争，石油企业的竞争主要为行业内竞争,而究其根本则是科技竞争;专利竞争则是科技竞争的主要体现,企业若能保持技术优势,并获得相关技术领域专利布局的优势,则可在行业竞争中取得主动权。因此,制定与实施专利战略已成为石油企业竞争的主要手段之一。国际能源巨头企业均非常重视专利战略的研究,并在制定与运用方面有较强的实践经验。

专利战略,是指企业从长期战略目标出发,充分有效利用专利制度、专利技术、专利情报信息,以求在竞争中处于优势地位而采取的对策。本节从企业生产经营的整个过程探讨专利战略类型及其运用,通过分析企业常用的专利战略并结合石油企业的特点,就这一问题进行进一步探讨,以期对石油企业专利战略形成一定的参考。

一、研发过程中专利战略的应用

研发过程的专利战略主要体现在如何充分运用专利信息,具体包括以下三点:

1. 利用专利信息,提高研发工作的起点

当前,国际技术竞争日益激烈,充分利用专利信息,已成为加速科技发展、谋求技术竞争优势的重要手段。经验表明,对专利信息吸收的速度,往往能决定企业竞争的主动权。专利信息是集技术、经济、法律于一身的科技信息,具有内容新颖、范围广泛、出版迅速、系统详尽等特点,通过对专利信息的分析,可以明确当前技术的发展状态、主要技术关键点以及主要专利权利人等,从而为企业竞争提供一定的参考价值。

2. 重视专利文献检索,避免低水平重复研究

企业要在国际竞争中处于优势地位,需密切关注行业内企业的研发工作;在发展高新技术及产品过程中,专利文献对于企业的科研立项、科研范

围、科研目标及方向有着重要的导向作用。对于已经获得专利权的技术或产品，重复研究会造成人力、物力的浪费；企业可通过授权、转让等方式获得他人专利，并根据企业自身状态进行拓展研发。

3. 公开发明、阻止竞争对手专利申请

专利权授予首先要保证专利的新颖性，依据我国专利法第二十二条第二款规定，新颖性，是指该发明或实用新型不属于现有技术，也没有任何单位或者个人就同样的发明或实用新型在申请日以前向专利局提出过申请，并记载在申请日以后公布的专利申请文件或者公告的专利文件中。

当企业认定已开发成功的技术可以全社会共享，或难以获得专利权，但被竞争对手抢先申请会对企业造成威胁时，可主动将技术内容通过杂志、报刊、学术会议等途径予以公开，使其成为现有技术，因此不具备新颖性。这样虽然企业不能取得专利权，但可以阻止他人授权，从而避免竞争对手对自己的威胁。通常情况下不建议实施此方法，企业通过加快科研进度实现研发成果专利化才是上选。

二、生产经营过程中专利战略的应用

生产经营过程中专利战略的应用，主要体现在企业对自身知识产权的保护方向上。具体包括以下方法：

1. 在先申请，依靠基本专利占领市场

基本专利是指具有创造性的核心技术或基础研究成果获得的专利，在企业的技术竞争中，基本专利是企业的核心技术与主要竞争优势。企业在研究新技术、开发新产品成功后，应对技术发展方向进行科学预测，并抢先申请基本专利，达到市场“占位”的目的。

对于出口的技术或产品，除了申请国内专利，还应及时向出口国提出专利申请，以保证发明人对该技术成果的垄断地位，防止他人仿造等侵权行为发生；同时可有效避免国际专利纠纷，例如美国企业惯用的侵权诉讼、“337条款”等。

在2012年11月举行的“科技创新全球化进程中美知识产权保护和反倾销法律实务高峰论坛会”上，中国已经成为美国“337调查”的最大受害国，在已判决的相关案件中，中国企业的败诉率高达60%，远高于26%的世界平均值。

2. 对技术拓展开发，形成有效专利布局

专利布局是用一定方法对创新成果进行创造性的剖析和甄选，通过企业综合产业、市场和法律等因素，对专利进行有机结合，涵盖了与企业利害相关的时间、地域、技术和产品等维度，构建起严密高效的专利保护网，最终形成对企业有利格局的专利组合。

专利布局可以扩大企业技术、产品和市场的保护范围，抵制竞争对手的直接进攻，并可通过不同的布局方式，长期处于市场优势地位。例如美国菲利普石油公司在获得聚苯硫醚树脂（PPS）基本专利权后，以该项专利为基础，申请了三十多项外围专利，组成了涉及PPS树脂的制造、应用、加工等环节的复合专利布局；当其基本专利到期失效后，菲利普石油公司还拥有大量有效的外围专利，依然占据行业优势，阻止其他企业进入该领域。

3. 挖掘空白区域、发掘“空隙”技术

相对于基本专利占领市场，如果竞争对手已形成牢固的专利布局，对本企业产品和技术构成重大威胁，此时应密切关注对方的专利方向，通过分析竞争对手资料、剖析专利内容，从中发现薄弱环节和遗漏区域，绕过竞争对手的基本专利，发掘“空隙”技术，通过专利申请来突破对方布局。

4. 失效、无效专利的利用

失效、无效专利的利用，是指企业对已过专利保护期、提前终止专利权、授予专利权后被宣告无效的技术进行充分利用的战略。专利权具有时间性，每年都有大量专利因保护期满而终止保护，并有大量专利技术尚未到期就提前终止。据统计,世界范围内累计专利数量中有88%的专利是失效或被宣告专利权无效的。这些技术并不受专利法保护,企业可以无偿从中进行选择利用。

对失效、无效专利的利用有两种方式:一是对已到期的核心专利进行二次开发,重新组织新的专利申请;二是对失效或无效的,仍然具有一定价值的专利技术进行选择使用。这种无偿使用不会构成侵权行为,风险小、效率高。

三、企业在技术贸易中专利战略的应用

在技术贸易过程中,企业重点应用的专利战略主要有专利转让或授权、技术引进、交叉许可等。

1. 通过专利转让或授权获取更高的经济效益

专利转让或授权是指企业在研究开发出专利技术和产品后，除了自己实施、生产以外,还可以通过专利技术的转让或授权进行专利贸易,以获得更高的经济效益。目前,在国际贸易中,技术贸易呈持续上升趋势,在技术贸易中,专利交易占比超过80%,发达国家和大多数发展中国家均将技术贸易作为发展国家、企业的重要战略。此外,企业进行技术转让,或进入国际市场时,要注意对高新技术产品进行专利检索,以避免发生不必要的知识产权纠纷。

2. 交叉许可,在互惠基础上共享专利技术

这种战略常用于专利权的归属复杂或专利权双方相互依赖的情况下。企业间为了防止造成侵权,通常可以在互惠的基础上进行专利交叉许可,以达到专利共享的目的。通过企业间专利交叉许可,不必再支付费用或只需找平差价,可以使双方技术融合、相互改进、共同发展。

四、中美石油企业专利战略分析

国际能源署(IEA)2013年11月12日发布《世界能源展望2013》报告，认为中国2020年后将成为世界最大石油进口国，到2030年将取代美国成为最大石油消费国；世界能源需求的重心正在向中国、印度、中东地区等新兴经济体转移。现阶段，我国石油企业在常规油气的勘探技术上与国际石油公司已经相差无几，但在页岩气等非常规领域，各环节都与国际石油公司存在一定差距。如何在保持现有技术优势的基础上发现不足，缩小与发达国家的技术差异，是国内石油企业提升技术水平、满足国内需求的重要着力点。

美国石油企业的专利申请起步早，涉及范围较广；国内石油企业起步较晚，但增长速度迅猛。为了深入对比中美石油企业在专利技术方面的差异，选取《福布斯》公布的世界石油25强公司中的5家中美企业，其中2家中国企业为国内两大石油巨头，3家美国企业为美国排名前三位的石油企业，具有一定的代表性。

近年来对国内石油企业竞争力的研究引发人们的关注，但目前针对中美石油公司进行专利分析的相关研究较少，下文通过分析1963—2012年石油领域专利数据，通过对其专利总量、年度分布、合作率方面进行分析，探究中美两国石油企业在专利申请方面存在的差异，深入挖掘专利背后反映的技术信息的差别，探测出具有发展潜力的专利技术，并为国内石油企业的政策制定、战略发展以及产品创新和研发提供一定的参考。

1. 专利结构要素的统计分析

随着经济全球化进程的不断加快，各国政府都更加重视专利制度的应用。作为世界经济重要组成部分的石油产业，专利活动也相对较为活跃，石油产业专利领域的竞争呈现日趋激烈的态势。下文通过对5家中美石油企业在专利方面的对比分析,对中美两国石油企业专利战略进行分析。

(1)总体数量比较。20世纪70年代以来,美国经济在世界的影响力不断下降,美国政府和产业界认为造成经济影响力下降的原因之一是对知识产权尤其是专利的保护不力,因此美国政府把知识产权保护作为国际竞争的重要手段,通过不断完善知识产权立法、制定知识产权发展战略、积极推行知识产权制度国际化,强化美国国内外知识产权保护,维护其世界技术霸主地位。在这样的专利制度环境下,美国石油企业积累了大量的专利,并拥有较高的专利运用、保护和管理能力。而中国自1985年实施专利法以来,专利制度才得以完善,伴随着专利执法力度不断增强,石油产业的技术创新能力及专利制度运用的重视度均有所提升。

通过检索1963—2012年间中美5家企业的专利数据,如表6–1–1所示,美国企业的专利申请总量达到了24404件,超过中国的16042件。结合世界石油公司25强进行分析,发现各石油公司的业务规模和其专利数量基本呈正比趋势,即资金相对雄厚的企业研发实力和研发投入相对较高。中石油虽然排名靠后,但其专利数目超过康菲公司,说明国内石油企业在技术研发投入方面相较美国石油企业并无劣势。

表6–1–1　中美石油企业专利数量分布

企业排名	企业名称	专利数量/件	企业排名	企业名称	专利数量/件
5	中石化	11331	4	埃克森美孚	15651
23	中石油	4711	9	雪佛龙	5729
			21	康菲	3024
总计		16042			24404

(2)年度分布比较。在检索中,按时间跨度分别统计中国与美国石油企业专利申请量,得到数据如表6–1–2所示。

表6–1–2　中美石油企业专利申请年度分布

时间跨度/年	中国石油企业/件	美国石油企业/件
1963—1970	0	2198
1971—1975	0	3027
1976—1985	0	2688
1981—1985	1	2779
1986—1990	22	2185
1991—1995	101	2207
1996—2000	573	2038
2001—2005	1045	2617
2006—2010	4935	3164
2011—2012	9330	1498

从表6–1–2的统计数据中可以看出，选定的2家中国石油企业的首件专利出现在20世纪80年代，调查发现此为中国石油化工集团申请的第一件专利,申请时间为1985年。之后中国石油企业的专利申请量呈指数型增长,到2011—2012年间,仅两年的时间,2家企业的专利申请数量,已经接近上个时间跨度专利申请量的两倍,表明中国石油企业的专利申请虽然起步较晚,但是发展较快,处于专利申请量高速增长的阶段。而对于美国石油企业来讲,其专利申请量分布较为平均,并没有出现大的起伏,整体呈稳定增长的趋势。

为了更详细了解近年来各个石油公司在专利申请方面的发展趋势,我们分别检索了5家企业1985—2012年间的专利数据,得到各个企业专利申请量的年度走势如图6–1–1所示。中国企业中,中国石油化工集团在1985年拥有第一件专利,但在1997年之前其专利申请量都在30件以下;而中国石油天然气集团到1993年才拥有第一件专利,到2005年才申请第二件专利。值得注意的是，这2家企业的专利拥有量分别在2007年和2010年超过美国石油企业。而美国企业的专利申请量一直呈小幅波动增长的趋势,3家企业到2012年专利申请量都没有突破500件,近几年雪佛龙石油公司与康菲石油公司的专利申请量曲线开始出现上扬的势头,但是曲线比较平坦,专利申请量增长缓慢。

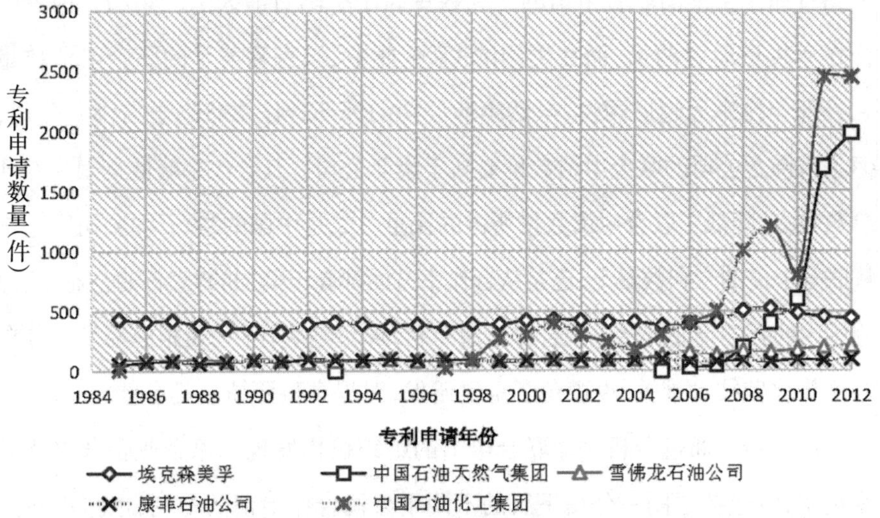

图6-1-1　中美石油企业专利申请量发展趋势

(3)合作率比较。通过企业申请专利的外部合作率,对中美5家石油企业专利的外部合作状况进行分析(企业专利的外部合作率是指企业与其他机构或个人联合申请的专利项数占该企业全部专利申请数量的比率)。企业专利的外部合作率体现了公司外部合作网络的疏密程度和外部合作关系的频繁程度,石油企业外部合作伙伴越多,其与合作伙伴共同申请专利的频次越高,该企业专利的外部合作率就越高。经统计,5家中美石油企业的合作情况如表6-1-3所示。

表6-1-3　中美石油企业专利合作情况

企业名称	独立申请数量/件	联合申请数量/件	合作率/%	企业名称	独立申请数量/件	联合申请数量/件	合作率/%
中石化	2873	8458	74.64	埃克森美孚	10045	5606	35.82
中石油	2973	1738	36.89	雪佛龙	4574	1155	20.16
				康　菲	2403	621	20.54
国内企业	5846	10196	63.56	美国企业	17022	7382	30.25

由表6-1-3反映出来的信息可以得出两方面的结论:一是在同一国家内,资金实力越雄厚、在排行榜越靠前的公司,其合作率越高,如在国内企业中,

中国石油化工集团联合申请的专利数量高于中国石油天然气集团，前者的合作率接近后者两倍；而在美国的3家企业中，埃克森美孚的联合申请数量和外部合作率远超后两位，虽然康菲公司的外部合作率略高于雪佛龙公司，但是雪佛龙公司的联合申请数量要高于康菲公司，其合作率略低是因为专利总数较多，降低了联合申请数量所占的比重。二是中国的2家石油公司无论是从联合申请的专利数量上，还是从合作率方面都高于美国的3家石油企业，这说明国内的石油企业开始重视合作申请专利，研发企业集中力量很容易发挥各自的优势攻破技术难关，也避免了重复研发，对提高科研绩效具有重大作用。

进一步，通过分析企业联合申请的组织机构发现，5家企业联合申请的专利中，既包括了同一公司下属的不同子公司合作申请的专利，也包括该公司与其他公司、机构或者个人联合申请的专利。

表6–1–4　中美石油企业专利内、外合作情况

企业名称	内部联合申请/件	外部联合申请数量/件	外部合作率/%	企业名称	外部联合申请数量/件	外部联合申请数量/件	外部合作率/%
中石化	4265	4193	37	埃克森美孚	1237	4369	27.92
中石油	280	1458	30.95	雪佛龙	538	617	10.77
				康菲	139	482	15.94
国内企业	4545	5651	35.23	美国企业	1914	5468	22.41

由表6–1–4反映出来的信息可得出，中国2家石油企业的外部合作率均高于美国石油企业，前者的外部联合申请专利数量也与后者持平或略高。在国内石油企业的外部联合申请人中，高校和科研机构占了很大比例，说明国内的石油企业十分重视与大学和科研机构协同创新。公司与学术机构联合进行科研活动、联合申请专利，对知识的流动与共享起到了很好的促进作用，也很有利于公司提高技术创新的水平。此外，国内石油企业的专利，申请人大多在3人以下，而美国石油企业专利申请人大多在5~6个，合作对象多为个人，如埃克森美孚有一项专利其申请人多达22个，其中19个为个人。说明美国石油企业能够充分利用个人的研发力量，集思广益，但相对缺乏与正规科研院所

及高校的互动合作，也许这正是其专利数量增长缓慢的主要原因。

(4)专利影响力。2005年，美国加州大学圣地亚哥分校的物理学家Jorge E. Hirsch教授提出一个新的评价指标h指数，该指数最初被应用于评价学者的学术成就，最大的优势在于它是一个兼顾论文发表数量和质量的复合指标，目前已被广泛地应用于期刊及对研究机构的评价。专利的h指数定义为：对于某专利组合而言，如果有h项专利的每一项被后来专利至少引用h次，而剩下的专利被后来专利引用的次数都少于h次，则称该专利组合的h指数为数h。

通过表6-1-5可得知，在中美两国的石油企业中，美国的3家企业其h指数和最多被引次数均高于中国企业，且差距较大。其中，埃克森美孚的h指数为98，表明其有98件专利的被引次数不低于98次，其中有23个专利的被引次数超过200次；而在中国2家石油企业中，中石油的h指数仅为4，最多被引次数为14次。这说明在石油领域，美国企业的专利质量高于中国企业。

表6-1-5　中美石油企业专利h指数对比

石油企业	专利总数量/件	h指数	最多被引次数/次
埃克森美孚	15651	98	
雪铁龙	5729	55	192
康菲	3024	43	184
中石化	11331	21	56
中石油	4711	4	14

此外，h指数和最多被引次数跟专利总量之间并没有明显的相关性，专利申请量多并不能代表h指数高，或最多被引次数高。由前述分析可知，中国石油企业近年来的专利申请量增长飞速，但是一味地追求数量而忽视对专利质量的提升对于企业专利竞争是非常不利的。

2. 专利技术内容的计量分析

专利计量是指将数学和统计学方法应用于专利研究，以求探索和挖掘其分布结构、数量关系、变化规律等内在价值。通过对专利进行计量研究，可以掌握某一技术领域主要专利的国家、企业及发明者的时空分布情况，进而分析技术中心的转移或某些企业的兴衰演变。

(1)学科类别比较。学科类别,主要依据SCI数据库对学科领域的类别划分标准。中美两国石油企业的前十位优势学科在总体上分析仅有较小的差异(如表6-1-6),5家企业的化学研究、工程科学、能源燃料研究都是最强的学科,且占有较高的比例;相对而言,美国企业在冶金方面的研究优于中国企业,而中国石油企业更注重计算机科学在石油领域的运用。此外,虽然两国企业的专利内容均集中在石油领域的传统学科中,但就后五位学科的比例分布而言,美国企业的研究投入更均匀,说明美国企业在专利的研发方面更多元化、包含学科内容更广泛,对于石油传统技术的研究及石化产品的应用前景给予了相当的重视。

此外,在中国企业石油专利学科分布中,分别有613件和262件专利涵盖水资源和材料科学方面的研究,而美国企业则是有1284件和807件专利集中在运输和农业领域,这与两国石油产业的发展程度和发展侧重点密切相关,这种差异将在下文德温特手工代码中进一步分析。

表6-1-6　中美石油企业专利学科类别分布(前十位)

美国石油企业	计数/件	比例/%	中国石油企业	计数/件	比例/%
CHEMISTRY	21505	88.15	CHEMISTRY	12688	79.28
ENGINEERING	18097	74.19	ENGINEERING	12438	77.72
ENERGY&FUELS	14018	57.47	ENERGY&FUELS	6482	40.5
POLYMER SCIENCE	8577	35.16	POLYMER SCIENCE	4707	29.41
INSTRUMENTS&INSTRUMENTATION	5223	21.41	INSTRUMENTS&INSTRUMENTATION	3870	24.18
MINING&MINERAL PROCESSING	1728	7.08	MINING&MINERAL PROCESSING	2750	17.18
TRANSPORTATION	1284	5.26	WATER RESOURCES	613	3.83
METALLURGY&METALLURGICAL ENGINEERING	906	3.71	COMPUTER SCIENCE	592	3.7
COMPUTER SCIENCE	884	3.62	METALLURGY&METALLURGICAL ENGINEERING	396	2.47
AGRICULTURE	807	3.31	MATERIALS SCIENCE	262	1.64

2. 德温特分类代码频数比较

德温特分类代码(Derwent Class Code)首先将所有的技术领域按学科划分为20类:A-M(化学类)、P和Q(工程技术类)、S-X(电子电气类),之后进一步将每个学科细分。与IPC分类相比,德温特分类更加细致易懂。

将5家企业的专利按德温特分类代码进行频数统计,以各类别所占比重降序排列,取前十位类别专利进行比较分析(如表6-1-7、6-1-8)。虽然两国企业专利的德温特分类代码内容相近,但针对相同技术的研发投入不同,技术比重的分布存在差异。中国石油企业的专利集中于炼油、采矿及炼油过程中所涉及化学品的研究,而美国企业则更注重石化产品的应用,如仅润滑剂一项技术就占据了2545件专利。结合表6-1-6、6-1-7、6-1-8分析,可知中国石油企业在专利的申请方面存在一定滞后性,专利内容相对基础。

表6-1-7 中国石油企业专利德温特分类代码比较

德温特分类代码(中国企业)		频数/件	比例/%
H04	Petroleum processing	3311	20.68
Q49	Mining	2772	17.32
J04	Chemical/physical processes/apparatus	2518	15.73
H01	Obtaining crude oil and natural gas	2342	14.63
E17	Other aliphatics	1769	11.05
A97	Miscellaneous goods not specified elsewhere	1239	7.74
S03	Scientific Instrumentation Photometry, caloRimetry	1237	7.73
A41	Monomers and condensants	1066	6.06
E14	Aromatics	875	5.47
A17	Of unsubstituted aliphatic mono-olefins	835	5.22

表6-1-8 美国石油企业专利德温特分类代码比较

德温特分类代码(美国企业)		频数/件	比例/%
H04	Petroleum processing	5436	22.28
H01	Obtaining crude oil and natural gas	3194	13.09
A17	Of unsubstituted aliphatic mono-olefins	2852	11.69
H07	Lubricants and lubrication	2545	10.43
A97	Miscellaneous goods not specified elsewhere	2337	9.58
J04	Chemical/physical processes/apparatus	2252	9.23
E17	Other aliphatics.	2144	8.83
H06	Gaseous and liquid fuels	1858	7.62
Q49	Mining	1728	7.08
E19	Other organic compounds general	1474	6.04

3. 结语

世界各国面临石油能源的挑战,竞争不断强化。以中、印为代表的亚太发展中国家和地区能源需求急剧扩大。对于企业来讲,其申请专利的目的是为了保护自己的核心技术。实际上,企业的专利保护是以核心技术的公开为代价的,专利文献作为获取最新技术的主要来源,成为对比中美石油企业技术差异的有力工具。通过对比研究发现,中国2家石油企业的专利申请量增长十分迅速,指数式的增长方式体现了其对知识产权的重视程度;并且中国石油企业更注重与企业内部或者高校等科研院所联合申请专利,合作申请专利更有利于专利质量的提高和专利内容的拓展。

中国石油企业在保持专利数量高速增长的同时应更加重视专利的质量,实现专利质量与数量的协调提升,避免资源浪费,真正发挥专利应有的价值。同时,应密切关注国外石油企业专利申请的技术内容的变动趋势,加强对石油行业重点技术领域的专利申请。

第二节　石油行业专利布局

随着经济全球化和世界专利制度的深入发展,专利资源已经成为国家产业发展的战略性资源,以专利权为主的无形资产已经成为世界主要跨国公司关键的市场竞争力。在经济蓬勃发展的市场环境下,我国越来越多的企业走出国门,开拓市场,然而在一些重点领域,特别是技术密集型产业领域,国外企业已经形成相对完善的专利网络,中国企业要在现代商战中取胜,应当牢牢抓住专利这把利器,提高企业专利的整体价值和市场竞争力,最大限度地发挥专利武器在市场竞争中的作用。

石油企业的生产过程复杂,从最初的原料(天然气和原油)到中间产品再到最终产品，上游行业为下游行业提供原料，石油企业内部纵向和横向存在着密切联系。石油企业技术创新大多以市场为导向，以提高产业竞争力为目标，从新产品或新工艺设想的产生，经过技术的获取（研究开发和引进技术、消化技术）、工程化，到石油企业化整个过程一系列活动的总和。

一、石油领域专利布局概述

石油企业的技术创新，具体是通过两方面来实现，即新产品及新工艺，并最终使其形成经济效益，推动石油企业的发展。而石油企业专利布局的形成，是在新技术、新工艺从产生—转化—应用—产业化这样不断循环的过程中实现的，然而通常石油行业的专利布局也是以市场为导向，并根据石油行业上游、中游、下游的差异，而进行不同类型的专利布局。

专利布局，是指对企业全部专利申请的数量、申请的领域、申请覆盖的区域和申请覆盖的年限等进行的总体布局的行为。简言之，专利布局考虑的是何时在何地就何种领域申请多少专利，对于企业来讲，高质量的专利资产应当是经过布局的专利组合，是围绕某一特定技术形成彼此联系、相互配套的经过申请获得授权的专利集合。

高质量的专利资产应当在技术布局、时间布局、地域布局等多个维度有所体现，是一个立体的专利保护网络。所以高质量的专利组合资产可以最大化地发挥每项专利的作用，打破单个专利在地域和时间上的局限性，产生“1+1>2”的效果，使专利权人可以最大限度地享受专利的独占权。

在具体实施专利布局时，主要考虑以下三方面：

1. 时间布局

专利申请时机很重要，目前世界上绝大多数国家采用先申请制，为避免竞争对手捷足先登，企业应当在产品出厂完成前，甚至研发阶段即申请专利。但对于部分技术领先型企业,为避免技术过早公开导致泄密,会采取暂缓申请策略,此时应当注意对手的研究步伐和目标国家及世界环境下该技术的申请节奏。

2. 地域布局

专利具有很强的地域性,这决定了专利地域布局的重要性。纵观美孚石油、环球油品等跨国企业布局较多的国家,往往也是其主要的目标市场,相关专利的申请和专利网络的铺开与市场发展战略密切相关。

3. 技术布局

一项技术是否申请专利,取决于企业是否为了自行实施、技术储备、阻碍竞争对手等因素。对于创新性强的技术,通常的选择是申请发明专利,优点是有较长的保护期限,且经过实质性审查的专利,其稳定性更高。而当企业急于获得专利权时,可以在提交发明专利的同时提交实用新型,应用"一案两请"策略。此外,对于一项技术,应从多个方面来申请专利,从而获得全方位的保护。

案例6-2-1　FPSO领域专利布局分析

海上浮式生产储油船FPSO(floating production storage&offloading)同时兼有生产、储油、卸油的功能,一般与水下采油装置和穿梭油船一起构成一套完整的生产系统。FPSO因其储油量大,机动灵活,可应用于缺少输油管道的油田。具有适用水深范围大,甲板面积大,初始投资小,易于改装等诸多优点,受到海洋油气开发国的青睐。截至2013年底,全球FPSO在役185座,手持订单12座,远高于其他浮式生产装置的数量。

作为海洋强国的重要支撑,我国在"十二五"期间,提出了海洋工程装备产业创新发展战略。2014年,国家发展改革委、财政部、工业和信息化部会同科技部、国家海洋局、国家能源局、国资委、教育部、国家知识产权局等部门联合编制了《海洋工程装备工程实施方案》,进一步提出通过引进消化吸收再创新,开展浮式生产储卸装置等主力装备的系列化设计研发，加大科研力量突破关键技术。我国FPSO的数量与研制技术一直走在世界前列,形成了从FPSO设计、现场建造和调试、投产准备到运营管理、升级改造的全生命周期能力。

随着我国知识产权制度的完善，专利成为海洋工程装备领域技术竞争的焦点。案例通过分析FPSO领域全球专利家族库,从专利技术的发展趋势、国别构成、申请人、发明人,以及技术分类构成等角度对国内外FPSO领域的专利布局情况进行分析,以此为石油领域专利布局提供一定参考。

一、专利数据来源

文中涉及的公开的专利统计结果截至2014年12月18日，以申请日、IPC分类号及名称相结合方式进行检索，通过Orbit平台的FAMPAT全球专利家族库进行数据检索,检索出相关专利4596条。其中,国际相关专利3750条,国内相关专利846条。其中涉及的部分IPC分类号及含义见表6-2-1。

二、专利布局分析

1. 专利发展趋势

由图6-2-1可见,1985—1996年,FPSO技术开始缓慢发展，全球每年只有少量的专利申请。自1997年，专利申请数量呈现上升趋势，并稳步增长。2007年开始,出现新一轮科研热潮,由于国际市场包括我国对石油需求的不断攀升，原油价格处于大幅上涨阶段，海洋石油开采工作量也保持稳定增长,因此用于海洋油气勘探开发的各类生产平台出现了需求局面,从而导致专利申请数量逐年激增。由于专利从申请到公开存在时滞性,所以2012年之后的专利数据显示有所回落。

表6-2-1 相对专利IPC分类号及含义

IPC分类号	含义
B63B	船舶或其他水上船只,与船有关的设备
E21B	土层或岩石的钻进
B63J	船上辅助设备
F25J	通过加压和冷却处理使气体或气体混合物进行液化、固化或分离
B66C	起重机,用于起重机、绞盘、绞车或滑车的载荷吊挂元件或装置
E02B	水利工程
B01D	一般的物理或化学的方法或装置-分离
G05B	一般的控制或调节系统;这种系统的功能单元;用于这种系统或单元的监视或测试装置

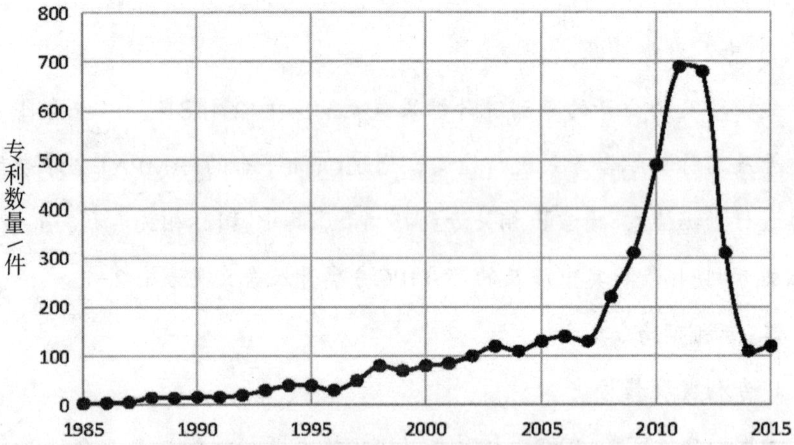

图6-2-1 FPSO领域全球专利申请年趋势

2. 专利分布及技术来源国家

由图6-2-2可知，韩国是FPSO领域最主要的专利申请国，共申请专利1580件;排名第二的是美国,申请专利656件,其次是中国,专利申请数量为463件,中美两国申请数量之和占韩国申请总量的70%,由此可见韩国在FP-SO领域的主导地位明显。此外,英国、法国、日本、挪威以及近年来增强海工装备研究的巴西等国家,也拥有一定数量的专利申请。专利申请人通常在其所重视的市场申请及维持专利,与专利公开国分布情况比可以发现,排名前3位的国家既是技术来源国,同时也是主要技术使用国。

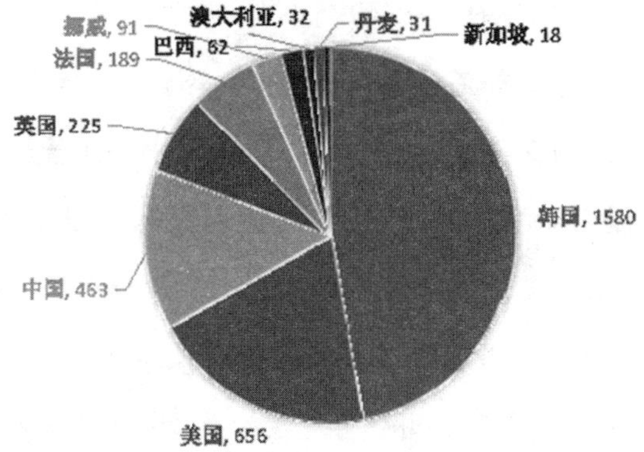

图6–2–2　FPSO领域全球专利优先权国分布

3. 申请人构成

通过研究申请人构成，可以获得在该领域具备较强研发实力的企业或单位、组织的相关信息，便于企业间了解竞争对手的专利布局，同时也便于技术交流和寻求合作机会。（参见图6–2–3）。

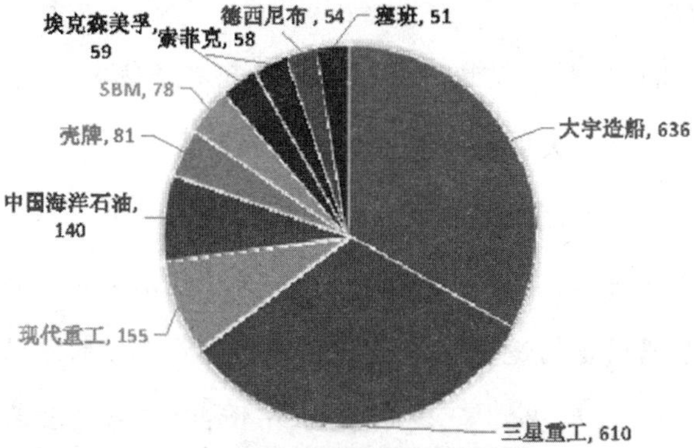

图6–2–3　FPSO全球领域专利权人排名

由图6–2–3可见，韩国大宇造船、三星重工和现代重工在FPSO领域占据绝对优势，专利申请数量分别为636件、610件和155件。中国的海洋石油总公司位居第四，拥有140件专利。此外，荷兰壳牌公司、荷兰SBM公司、美国埃克森美孚公司、美国索菲克公司、法国德西尼布公司、意大利塞班公司等都对FPSO领域的技术进行了一定程度的研发。

在整个海洋工程装备的产业链中，参与者主要分4类：海工设计商、装备制造商、海洋油气服务商和石油公司，通常海工设计商和装备制造商是专利申请的主力。此外，荷兰壳牌、美国埃克森美孚、中海油等均为石油公司，意大利塞班公司是海洋油气服务商，他们拥有大量专利，从一定程度上说明其技术水平较高，也说明石油行业技术密集度高，要求企业具备较强的研发设计能力。由于新技术的开发应用可以大幅度降低油气勘探开发和生产成本，这也促使海洋油气服务商和石油公司均投入大量精力参与研发。

从整体排名来看，FPSO领域专利申请主要集中在欧美国家的企业，但专利申请总量韩国遥遥领先。此外，我国有很多企业和高校虽然排名未进入前10位，但也进行了FPSO领域的相关研究，包括：中远船务工程集团、大连船舶重工、大连理工大学、上海交通大学、中国石油大学、中国船舶工业集团公司第七〇八研究所等。这些机构同样具备一定的研发力量。

4. 技术构成

技术分类构成有助于了解优势领域的专利布局情况，认清全球发展趋势和研发重点，有的放矢地弥补技术领域内不足。

经由分析可得知，浮式建筑物、水上仓库、水上钻井平台或水上车间，是FPSO领域的热点技术，专利申请数量较多，居于技术分类构成的前3位。例如，载有油水分离设备的适合于专门用途的船舶或类似的浮动结构（B63B—035/44）；绝热的载荷处理装置，例如堆放、平衡；以其为特征的船只（B63B—025/16）。

而涉及专用船只，例如，浮动钻井平台或挖泥船或类似船只的锚定装置（B63B-021/50）；加压的载荷处理装置，例如堆放、平衡；以其为特征的船只（B63B-025/14）和带有隔热措施的非压力容器（F17C-003/02）进行研究的相对较少，不是近年来FPSO领域的发展重点。

与国际专利申请数量相比，流体载荷处理装置，例如堆放、平衡；以其为特征的船只(B63B-025/08)与用隔热层的非压力容器(F17C-003/04)等国际上一些研发力量较为集中的子类,在我国的专利申请量排名却并不靠前,是我国FPSO领域专利申请比较薄弱的方面。

热点技术中所包含的热门概念包括:立管、船体、锚固系统、悬链线、输油管线、甲板等,这些都是FPSO领域较为核心的关键技术。此外,气化、液化等概念也多次出现,这与浮式液化天然气船、浮式液化石油气船等装备近年来的快速发展表现相一致,这也是FPSO领域的发展趋势之一。但是在我国,盛装或贮存压缩的、液化的或固化的气体容器或容器装填排放的零部件(F17C-013/00)子类发展较为缓慢,这表明浮式液化天然气船、浮式液化石油气船在我国的发展进程相对落后于国际水平。

三、专利布局建议

1. 企业或个人在进行技术或产品研发时，应充分利用各种手段搜集相关资料,关注国外成熟而国内空白或国内发展缓慢的技术,例如盛装或贮存压缩的、液化的或固化的气体容器或容器装填排放的零部件,提升对于该领域相关技术的认识,并可以在现有技术的基础上进行研发,从而避免重复劳动,使研发工作更有效率,为专利布局打基础。

2. 结合国家和地区鼓励发展海洋工程装备产业的政策，进一步强化研发团队建设,加大研发投入,不限于装备设计商和生产商,包括油气服务商和石油公司都应提升自主创新能力和产品层次,加速专利布局。技术薄弱的企业,可以向技术成熟企业或者研究机构进行专利许可,从而提高企业的整体实力和竞争力,在专利许可的基础上进行创新研发。

3. 通过借鉴其他国家发展海洋工程装备产业专利布局，明确自身的发展领域和功能定位,结合自身优势,加快重点产品和核心技术研发,加快在世界范围内专利布局,依托核心科技,提升产业竞争力和市场占有率。

案例6-2-2　低碳烷烃催化脱氢技术专利布局分析

低碳烯烃(C3–C4)是重要的石油化工原料,可用于生产聚丙烯、聚丁烯、丙烯腈、丁醇和环氧丙烷等多种物质。2012—2015年,中国丙烯消费量年均增速为5.4%。工业上,丙烯的传统生产工艺主要包括蒸汽裂解工艺和催化裂化工艺,丙烯均为副产品,分别受制于主产品乙烯和成品油的生产。近年来,北美页岩气革命导致其裂解原料轻质化,丙烯产量增速下滑,而全球成品油需求增速稳定在1%~2%,丙烯产能严重不足。

本案例介绍低碳烷烃催化脱氢的相关技术发展趋势，并对全球专利申请态势进行分析。

一、低碳烷烃催化脱氢技术分析

1. 全球专利情况

检索区间为1927年1月1日至2014年12月2日，共检索全球关于低碳烷烃催化脱氢技术的专利申请量3473件。其中，专利授权量1855件，授权比例53.41%,有效专利605件,占比17.42%。由于这一领域研发时间较早,早年已授权的专利因为保护期限届满而失效,所以有效专利比例偏低。

2. 全球专利申请年度趋势

将3473件专利进行申请年份统计,得出低碳烷烃催化脱氢技术的年度申请趋势:1964年之前,该领域专利申请量较少,该技术领域全球的年均申请量在10件以下,表明该技术处于前期的探索阶段。1965—1999年,申请量呈第一轮上涨趋势,其中,1970年增加比较明显,达82件。2000年以后,低碳烷烃催化脱氢技术专利申请量呈第二轮大的增长趋势。2000—2011年均突破140件。期间也曾出现了专利量下降的年份,如2006年。

这些增长趋势反映出该领域技术正逐步走向成熟，专利申请注重在外围专利的布局及技术的优化改进,此外,该技术的发展受市场影响较大。由于橡胶和塑料产品的大量使用，使乙烯、丙烯和丁烯为原料的市场需求加大，同样会带动这一技术领域的研发高潮，进而带动专利的申请。

英国在低碳烷烃催化脱氢领域最早开始申请专利，在1969年和1970年达到申请高峰12件以后，专利申请量开始出现下降趋势，最近几年在这一领域的申请量非常少。通过研究英国的主要申请人可以发现，壳牌作为该领域的研发者，在英国有较早的专利布局。美国是第二个在这一领域开始研究的国家，最早的相关专利申请始于1942年，研究一直处于活跃状态，每年均有一定的专利申请量，1977年达到申请高峰26件。中国在这一领域的研发相对较迟，低碳烷烃催化脱氢技术在中国的申请高峰出现在2011年，达62件。

3. 全球主要专利申请人分析

将全球在低碳烷烃催化脱氢领域的主要专利申请人进行分析，结果见表6-2-2。

表6-2-2　全球主要申请人的申请量

专利申请人	申请数量/件
巴斯夫	357
霍尼韦尔	272
壳　牌	208
法国石油研究院	146
陶氏化学	137
英国石油公司	126
埃克森美孚	115
康菲石油	109
中国石化	94
埃尼公司	77
空气产品化工	29
鲁玛斯	27

从表6-2-2可以看到，巴斯夫在这一领域的专利布局最为完善，专利达357件，其中包含58个专利家族，平均每个专利家族约有6个同族专利，表明巴斯夫具有强烈的专利布局意识。对于多数大型企业，当拥有核心技术后，会对这项技术进行多方面的外围专利布局，从产品到设备均会进行一系列的

专利申请。

排名第二位的霍尼韦尔公司，在20世纪60年代末到70年代初开发建立了Oleflex工艺，并开展了较为完善的专利布局，对外进行了多次专利许可及技术转让。如2014年9月，霍尼韦尔的C4Oleflex工艺技术生产异丁烯工艺授权给山东寿光鲁清石化有限公司。自1990年Oleflex技术实现工业化后，霍尼韦尔已在全球授权超过40套Oleflex装置，包括17套丁烷生产装置。

综上所述，在低碳烷烃催化脱氢领域，专利布局差距较为明显。第一批技术实力非常强大的专利申请人有巴斯夫、霍尼韦尔、壳牌；第二批有法国石油研究院、陶氏化学、埃克森美孚、英国石油公司和中国石化。

二、低碳烷烃催化脱氢技术中国专利分析

1. 中国专利整体情况

通过对低碳烷烃催化脱氢领域专利进行国内检索，检索结果为365件，已授权专利163件，授权比例44.66%。有效专利112件，有效占例30.68%。在这一领域，中国专利的有效比例高于全球平均水平。

2. 中国专利申请年度趋势

将在中国申请的365件专利进行申请年份统计，得到低碳烷烃催化脱氢技术在中国的专利申请趋势，如表6-2-3所示。中国自1985年开始实施专利法，就有低碳烷烃催化脱氢相关技术的专利申请。从2007年至今，专利申请量快速增长。2011年，专利申请量达到峰值62件。近几年，中国在低碳烷烃催化脱氢领域加大了研发力度，并申请了大量专利。

表6-2-3 低碳烷烃催化脱氢技术在中国的专利申请趋势

年份	1985	1986	1987	1988	1989	1990	1991	1992	1993	1994
申请量/件	2	4	2	1	4	5	2	3	6	6
年份	1995	1996	1997	1998	1999	2000	2001	2002	2003	2004
申请量/件	5	5	8	10	1	17	11	6	9	8
年份	2005	2006	2007	2008	2009	2010	2011	2012	2013	2014
申请量/件	11	8	15	17	23	37	62	47	27	16

3. 主要申请人分析

从表6-2-4可以看出，中国石化以87件专利占绝对优势。巴斯夫、英国石油公司、法国石油研究院、霍尼韦尔、壳牌和埃尼公司等在中国均有专利申请，可见这些主要申请人也非常重视低碳烷烃催化脱氢技术在中国的专利布局。中国科学院、南开大学、烟台大学和东南大学等科研院校均在这一领域有研究。

表6-2-4　中国专利主要申请人

主要申请人	申请量/件
中国石化	87
巴斯夫	38
陶氏化学	14
英国石油公司	12
法国石油研究院	12
霍尼韦尔	11
壳　牌	9
埃尼公司	8
中国科学院	5
埃克森美孚	5
南开大学	4
烟台大学	4
中国石油	4
南京大学	3
东南大学	3

三、结语

通过对低碳烷烃催化脱氢领域进行检索分析，结合企业在这一领域的专利布局可得出，中国企业在此领域与国外存在一定差距；在此领域国内企业应从两方面进行加强，一是加大科研创新，开发出具有自主知识产权的核心技术，然后围绕核心技术进行专利布局，专利申请先于市场推广，保护国内市场；二是对国外的核心专利进行重点分析，并通过规避设计，进行国外专利布局。在进行产品出口时可优先考虑一些专利风险较低的国家和地区。

二、石油企业对外专利布局

近年来,发达国家跨国公司频频控告中国企业在海外侵犯其知识产权。继轰动一时的思科公司诉华为公司专利侵权案将华为的部分产品挡在美国市场之外以后,2011年4月1日,全球最大的移动网络设备制造商爱立信(Ericsson)公司在英国、意大利和德国对中国的中兴通讯公司提起专利侵权诉讼,除要求赔偿外,还请求制止中兴通讯手机和某些网络基础设施在相关国家销售,这一事件再次引起中国“走出去”企业的警觉。

对中国石油企业来说,海外市场的不断拓展同样存在着较大的知识产权风险。经过多年发展,中国石油企业在勘探开发、工程技术服务、装备制造、工程建设以及炼油化工等方面的技术创新成果众多,相应的海外业务也取得了跨越式的发展,但海外专利保护措施相对滞后。尤其是随着海外工程技术服务、石油装备出口、工程建设以及炼油化工业务市场规模的不断发展并进入高端市场,知识产权风险也逐渐凸显,企业需要加快海外专利布局,在有效保护自身技术的基础上,为应对知识产权纠纷积累专利筹码。

1. 中国企业在海外遭遇的专利侵权诉讼

综观中国企业在海外遭遇的专利侵权诉讼,被诉侵权的起因并非西方跨国公司有确凿的侵权依据,而是当感到来自中国企业的竞争压力时,便利用知识产权诉讼手段阻止或牵制竞争对手进入相关市场,或提出苛刻的许可条件削弱对手的市场竞争力,或以诉讼恐吓竞争对手的客户。对于未给跨国公司造成明显影响的侵权行为,跨国公司通常不予直接理会。

跨国公司在专利战中使用的策略主要有:①提出巨额侵权赔偿,企图吓退对手;②在国外多处法院起诉或拖延诉讼,利用高额诉讼费用拖垮对手;③借专利诉讼施压,强迫对手接受以巨额许可费为代价的专利许可;④一旦被告应诉,则尽力促成以对手退出相关市场或缴纳许可费为条件的和解。

知识产权诉讼也是发达国家企业之间常见的竞争手段，国际大石油公司之间也时常发生知识产权纠纷。为避免两败俱伤,知识产权实力相当的国际石油公司越来越倾向于通过交叉许可解决或避免纠纷。对于国际石油公司之间的各种知识产权纠纷、相关解决方法与发展趋势,中国石油企业在进行海外布局时应多予研究和了解。

2. 中国的专利威胁论

近几年,随着中国国际地位的提升,西方发达国家不断制造各种形式的中国威胁论,呼吁加紧采取措施予以应对。2011年4月,奥地利专利局指出,2010年中国申请专利数同比增长56.2%,西方发达国家必须警惕,中国早已不是人们印象中的仿制国家,并强调欧盟当务之急是更好地保护知识产权;2011年5月,英国皇家学会发表的《知识、网络和国家:21世纪的全球科研合作》年度报告指出,2013年中国科研规模将超过美国,中国科研的成功是具有世界意义的非常重要的现象,是对发达国家的挑战。

2010年,美国在制定《21世纪国家知识产权战略》时指出,美国的主要竞争对手已经认识到知识产权的重要作用，并纷纷制定国家层面的知识产权战略,美国如果想继续巩固全球竞争力和领导地位,必须改进国内及全球知识产权政策制定能力和执法效力。2011年3月,欧洲理事会表示,欧盟成员国部长于3月10日投票同意简化欧盟专利体系,以帮助欧洲企业更好地与中国等经济快速发展国家的企业展开竞争。

除制定、完善相关的法律和政策外,西方国家政府还呼吁尚未充分利用知识产权进行市场竞争的中小企业要加强知识产权保护，并承诺为企业提供相关服务。英国知识产权局为帮助英国企业在全球主要市场有效保护自己的知识产权,对主要向巴西、中国、韩国、印度和越南出口的企业提供知识产权相关服务和指导。

美国政府相关部门近几年也加大了对本国企业的服务力度，旨在培训企业如何防范中国的知识产权侵权行为，并为小企业提供加强在华商标和专利保护的指导性意见以及全球化的知识产权战略。

3. 走出国门的成长历程

遭遇和应对知识产权纠纷是中国企业走出国门发展壮大过程中不可避免的成长经历，积极应对这些纠纷有助于推动企业知识产权运用能力的提升。回顾日本、韩国和中国台湾地区企业的国际化发展历史，以及当前中国企业走出去的经验教训，可以得出较为普遍的规律——后发企业一旦形成与原有市场巨头在国际市场上同台竞争的实力，便将面临先行者知识产权制约的风险。在遭遇知识产权纠纷时，企业应及时查找自身原因和不足，进行改进提高。

例如，提前对出口海外的产品进行侵权风险分析，通过个案知识产权问题的解决和反思，带动企业整体的知识产权管理和运用能力的提升。华为、中兴等中国企业及时吸取专利战的教训，从高层领导到普通员工高度重视知识产权，不断加大知识产权投入，专利申请量和运用能力已位居国内企业前列。

4. 走出国门需提前专利布局

专利布局已经成为新兴产业抢占制高点的首选策略，在海外遭遇了一次又一次专利之争的阵痛后，如今进军海外市场，“兵马”未动“专利”先行已成为越来越多中国企业的共识。与中国走向海外市场企业的数量以及欧、美等地区和国家的国外专利情况相比，中国企业专利申请数量仍然较少，获得授权的专利则更少，专利布局仍显薄弱。因此，中国企业要想增强国际市场竞争力，必须进一步加强海外专利布局。

一方面，目前中国很多企业对知识产权国际规则的理解和把握能力还较弱，在有效利用专利制度来维护和争取企业自身权益方面还有待提高，如何根据自身情况选择不同的专利申请途径，在专利申请的不同阶段采取不同的策略至关重要。另一方面，要有效利用知识产权数据信息，实时跟踪最前沿的专利技术和对实效专利文献检索分析，对每项专利在企业未来发展中起到的作用作出系统判断，并在海外市场抓紧进行专利布局，为以后开拓海外市场创造条件。

乐视全球专利副总裁谢海楠在公开场合表示："当有一天战略被复制，模式被抄袭，资本无差异，只有通过脚踏实地建立起来的知识产权壁垒，才能担负生态保卫战的职责。"

案例6-2-3　半潜式生产平台专利布局分析

半潜式生产平台是浮动式海洋油气生产平台的一种，主要从事海上油气生产性的开采、处理、贮藏、监控、计量等作业，其主体结构由上船体、立柱、下浮体以及立柱之间或下浮体之间的横撑结构组成。这种类型的平台最早出现于20世纪70年代，是早期应用最为广泛的海洋石油浮式生产装置之一，在20世纪90年代后期开始迅速发展。截至2015年初，全球在役的半潜式生产平台共有48座，其中2014年新交付1座。北海、墨西哥湾与巴西海域是半潜式生产平台应用最为广泛的区域。半潜式生产平台适应的工作水深为150m～3000m，即深海和超深海域。随着海洋油气资源开发向深水、超深水海域延伸，以及半潜式生产平台具备的其他诸多优点，如可变载荷大、外形结构简化、成本较低、船体安全性、装载能力强和较为长期的海上工作能力而愈发受到市场的青睐。

半潜式生产平台的设计具有很强的特殊性，因此几乎每座平台所采用的设计方案都不完全相同，我国尚不具备半潜式生产平台的设计能力。在半潜式生产平台的建造领域，共有36家企业参与建造过半潜式生产平台船体，24家企业建造过半潜式生产平台上部模块。我国仅有中远船务具备半潜式生产平台船体和上部模块建造经验。

随着我国知识产权保护体系的完善和健全，自主知识产权成为海洋工程装备领域众多企业竞争的焦点。作为科技创新能力和技术进步情况的重要标志，专利的拥有量和质量也成为国家和地区间技术竞争的重要途径，因此对半潜式生产平台的全球专利发展状况进行分析具有重要意义。通过对半潜式生产平台专利进行较为全面的分析，探索国内外半潜式生产平台领域专利技术竞争现状，为我国半潜式生产平台研究及发展提供参考。

一、专利数据来源

检索区间为1985年1月—2015年10月，以申请日、IPC分类号、专利名称和关键词相结合的方式进行检索，通过数据清洗、专利去重等方法，最终共得到半潜式生产平台相关专利1976条，其中国外相关专利1505条，国内相关专利471条。（所涉及的部分IPC分类号及含义为：B63B：船舶或其他水上船只，与船有关的设备；E21B：土层或岩石的钻进；E02B：水利工程。）

二、专利分析

1. 专利发展趋势

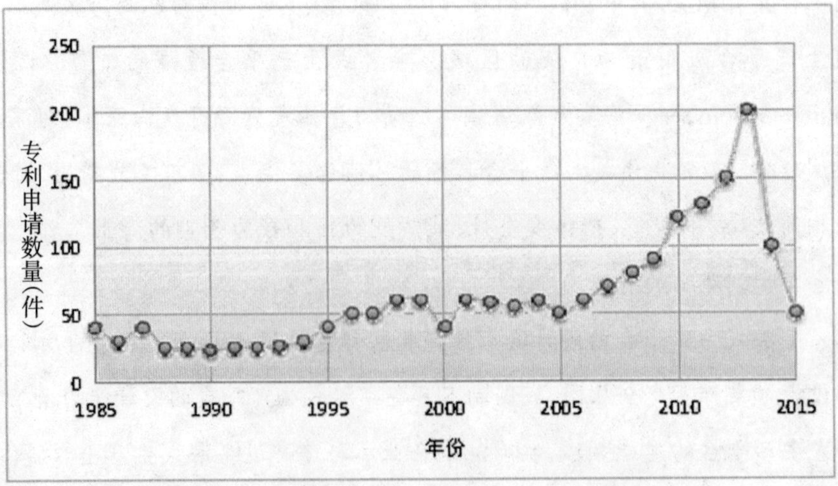

图6-2-4　半潜式生产平台领域全球专利申请年趋势

由图6-2-4可见，从1985年开始，半潜式生产平台的技术就已经有了一定数量的申请，但是直到2000年之前每年的申请量都在60件以下。2001—2004年进入缓慢增长阶段，这一阶段的专利申请量约为每年60件。2005—2013年，半潜式生产平台的专利申请量迅速增长。表明随着国际市场对石油需求的不断攀升，各国将发展重点投向了海洋石油开采，用于深海油气开发的半潜式生产平台也因此受到了极大的关注。

2. 研发力量和竞争市场分布

通过分析优先权申请国家分布，可以得出全球研发资源的分布情况及研发力度，在专利学习和借鉴过程中更有针对性，可根据研究调整企业专利布局。而通过分析申请人对不同区域的专利布局，可得出申请人对不同区域市场的重视程度。

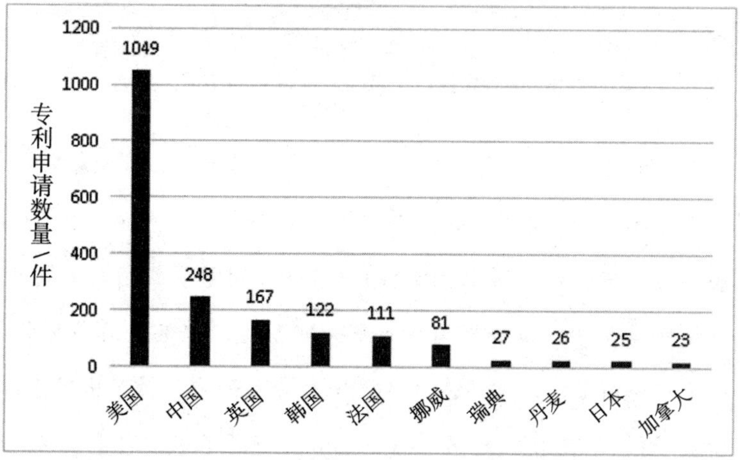

图6-2-5　半潜式生产平台领域全球专利优先权国分布

由图6-2-5可见，该领域技术主要来源于美国，共申请专利1049件。其次是中国，申请专利248件，占美国专利申请数量的23.64%。排名第三的是英国，专利申请数量为167件。从总体排名看，半潜式生产平台的核心技术主要掌握在欧美国家。

同时,专利公开国分布情况显示,美国是该技术最主要的专利公开国家,其次是中国、英国及挪威等国家,它们既是技术的来源国,同时也是技术的使用国。此外,根据区域专利布局分析,澳大利亚、加拿大及巴西等国也已经成为半潜式生产平台的重要应用市场。

3. 研发创新机构

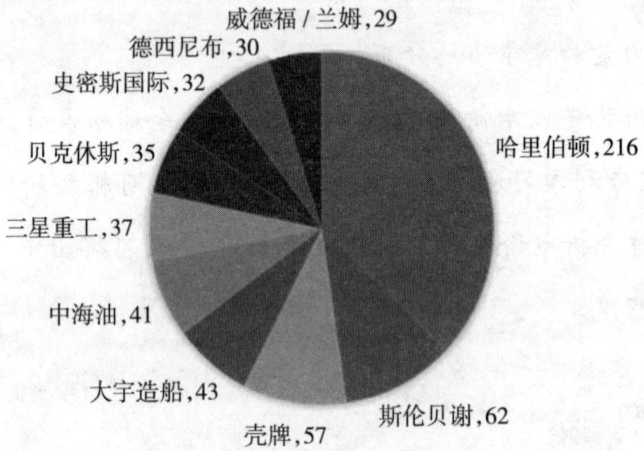

图6-2-6　半潜式生产平台领域全球专利申请人排名

图6-2-6表明,哈利伯顿公司的专利数量位居第一,在半潜式生产平台领域占据绝对优势。中国的海洋石油总公司位居第五。整体分析,该领域的专利布局主要集中在欧美国家,我国的中海油公司尽管排名跻身前十位,但是专利申请数量与第一位哈里伯顿还有一定差距,这跟我国半潜式生产平台研究起步较晚有关。我国半潜式生产平台专利的申请最早出现于1985年,并且申请数量极少,而我国的第一艘半潜式生产平台投产于1996年,由一座半潜式钻井平台改装而成。因此,不论是在设计、建造还是配套设备方面,我国在半潜式生产平台领域的技术储备和经验储备都略显不足。

4. 技术构成分析

由图6-2-7可知,居于前三位的IPC分类号分别为:B63B-035/44、B63B-021/50和E21B-017/01。其含义分别为:浮式建筑物、水上仓库、水上钻井平台或水上车间，例如载有油水分离设备的适合于专门用途的船舶或类似的浮动结构；船用设备，专用船只，浮动钻井平台或挖泥船或类似船只的锚定装置；立管。我国的技术领域分类排名与国际的热点技术领域相似，表明我国在半潜式生产平台的研发方向上与欧美国家一致。因此，与这些技术相关的平台的运动性能、疲劳寿命、结构可靠性以及安全、监测和控制等问题，是当前研究的重点，各研发机构或企业可以加大在此领域进行专利布局。此外，相较于国外专利申请数量，我国在通过将支撑结构降到水底进行固定(E02B−017/02)和水下开采专用的生产辅助站(E21B−043/017)方面申请的专利较少。由于这些是国际上较为成熟的技术，因此我国企业在研发时可以参考已有专利，加强学习借鉴。

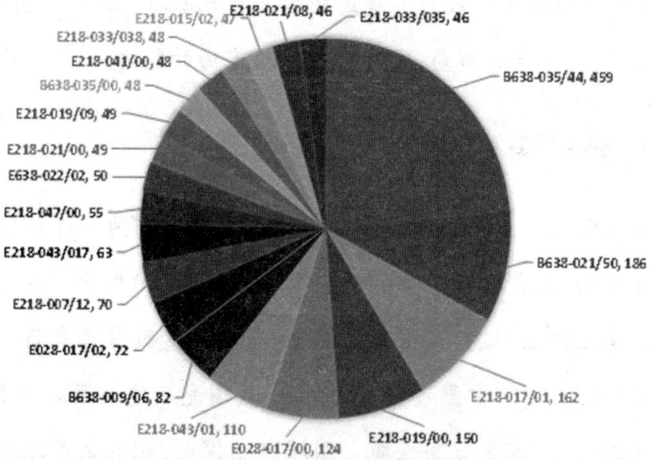

图6–2–7　半潜式生产平台领域全球专利前20位IPC构成

三、专利布局建议

首先，国内海洋工程装备企业或研发机构应针对待研发的技术或产品进行深入调查，整理专利数据并进行情报分析，挖掘出技术空白点或者发展相对缓慢的技术，例如通过将支撑结构降到水底进行固定的技术，提升对于这些技术的认识，并进行深入研究。针对已有专利内容，分析其可取和不足之处，充分消化吸收其技术优势，并针对其不足加大研发力度。以现有技术为基础进行研发，可以避免重复劳动，使研发工作更有效率。

其次，研发工作应立足于我国海洋石油开发实际情况。在充分调研我国海洋石油储备地区的海洋气候、海水特性和海底地质特征的基础上进行有针对性的半潜式生产平台研发。结合研发方向，分析已挖掘出的专利信息所针对的特定环境，避免对现有技术的过度解读，使研发出的平台技术和特定海洋石油生产环境无缝对接。建议研发人员主动获取生产一线资料，针对我国海洋石油生产中的实际问题进行有针对性的研发。

最后，加强与国外半潜式生产平台设计企业、建造企业和设备服务企业的沟通，通过与国外石油公司开展技术合作，学习已有的技术和经验，循序渐进地掌握与平台相关的设计和建造技术。在此基础上结合自身优势，加大专利申请数量，进行专利布局，提升产品参与市场的能力。

案例6-2-4　物探船专利布局分析

全球油气勘探业正在向深水方向发展，物探船作为海洋地球物理勘探的专用工作船舶，具有不可替代的重要作用。我国海域特别是深海海域目前油气的发现率比较低，极具勘探开发潜力，深水油气勘探开发将成为我国未来油气资源勘探开发的重要领域。近年来，我国先后建造了海洋石油720、发现6号、海洋石油721等多艘高性能大型深水物探船，但在大型深水物探船的整船设计、关键装备制造等方面与国外相比仍然差距较大。

作为科技创新的重要表现形式，专利申请的数量和质量也成为国家和地区间科技竞争的砝码。下文从专利计量的角度对物探船技术发展趋势、区域分布、主要创新机构和专利布局方向进行分析，以促进了解和掌握国内外该技术领域的发展状况。

一、研究方法和数据来源

检索主要采用关键词与IPC分类号相结合的方式，对该技术领域国内外专利数据进行检索，经数据清洗后得到736条专利家族，检索日期截至2014年12月18日。

二、物探船专利分析

1. 技术发展趋势

从专利数量发展趋势看，2000年以来全球物探船的专利数量整体处于上升趋势，在2008年和2012年出现了两个高峰。国内物探船专利数量呈现缓慢增长的趋势，2009年以来专利数量增速有所加快(参见图6-2-8)。

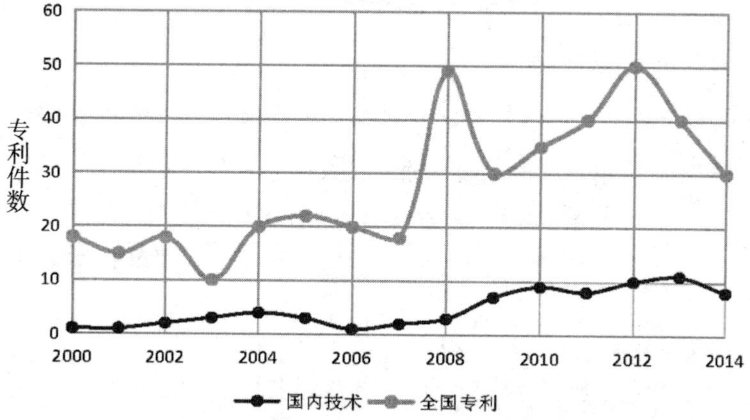

图6-2-8　物探船专利发展情况

2. 全球专利区域分布

专利申请人一般在其所在国首先申请专利，然后在1年内利用优先权申请国外专利，通过对专利申请人优先权国分布情况分析，可以了解各个国家的技术实力。在物探船领域美国专利优先权国的数量排名第一，法国、德国英国、挪威专利数量居前五名，在该领域也具有较大技术优势。专利权具有地域性，通过对专利公开分布情况分析，可以了解主要专利国家的市场战略。美国专利公开国的数量最多，挪威、英国、德国、法国、中国的市场也受到了较多关注(参见图6-2-9)。

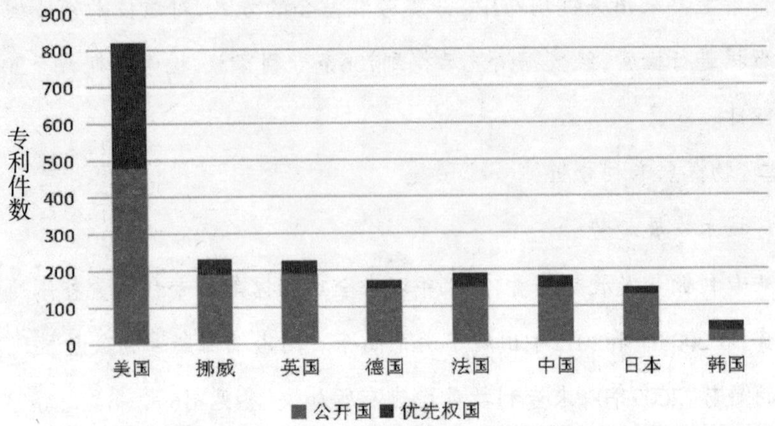

图6-2-9　物探船全球区域分布

3. 国内外重点创新机构

物探船全球重点创新机构，专利数量居前10名的专利申请人及其所属国家、专利平均年龄等指标的具体情况见表6-2-5。

表6-2-5　物探船全球前10位申请人构成

排名	专利申请人	所属国家	专利(族)数量/件	专利平均年龄/年
1	西方奇科地球物理公司(GECO)	法　国	92	10
2	挪威石油勘探公司(PGS)	挪　威	54	8
3	法国地球物理公司(CGG SERVICES)	法　国	34	2
4	美国海军(US NAVY)	美　国	24	22
5	埃克森美孚国际公司	美　国	21	13
6	法国石油能源研究院	法　国	16	33
7	美国输入/输出公司	美　国	10	17
8	西方阿特拉斯国际公司	美　国	10	27
9	美国费尔菲德工业公司	美　国	9	5
10	壳牌公司	荷　兰	9	26

可以看出物探船研发技术主要集中在法国、挪威、美国和荷兰。法国西方奇科地球物理公司（WESTEN GECO）位居首位，法国地球物理公司(CGG)和石油能源研究院也进入了前10名。挪威石油勘探公司(PGS)排名第二,荷兰壳牌公司(SHELL)排名第十。其余5名均被美国企业占据。由专利平均年龄可以看出,前10位专利申请人中GECO、PGS、CGG、美国费尔菲尔

德工业公司和埃克森美孚国际公司专利数量多，专利平均年龄较小，在该领域将具有较长时间的垄断优势。法国石油能源研究院、美国西方阿特拉斯国际公司和美国海军的专利平均年龄较长，均超过20年，说明这三家机构的部分专利都已经过了有效期，成为公知公用的技术。

国际专利分类(IPC)包含了技术信息，针对特定申请人分析其申请专利所采用IPC的数量，可以帮助了解申请人的技术研发重点。

经分析，专门适用于拖曳水下目标或船只的拖曳或推挤设备，例如，牵引缆索的减阻装置(B63B-021/66)是各创新机构关键共性技术，此外GECO、PGS和CGG等机构的研究重点还包括：地震信号的接收元件、接收元件的配置或改进(G01V-001/16、G01V-001/20)，地震数据的处理(G01V-001/28)，搜索水下物体的装置(B63C-11/48)、浮标(B63B-22/00、B63B-22/18)等。

国内物探船前10位申请人中有6位为国外机构(参见表6-2-6)，法国斯伦贝谢、法国地球物理公司，挪威石油勘探公司分居第一位、第三位和第四位，说明在物探船技术领域国外龙头企业已开始在我国进行专利布局，抢占中国市场。中国石油天然气集团公司下属东方地球物理勘探有限责任公司居第二位，在该领域具有较好的研究积累。另外，中国石油集团和大连船舶工程技术研究中心有限公司也已经进入了前十位。

表6-2-6　物探船国内前10位申请人构成

排名	专利申请人	专利(族)数量/件	专利平均年龄/年
1	法国斯伦贝谢	19	2
2	中石油东方地球物理公司	8	0
3	法国地球物理公司	6	1
4	挪威石油勘探公司	6	5
5	天津索耐科技公司	6	3
6	英洛瓦物探装备公司	4	4
7	ПГС ГЕОФИЗИКАЛ АС	4	4
8	匹兹堡国家公司银行	3	1
9	中石油集团	2	1
10	大连船舶工程技术研究中心有限公司	2	2

4. 技术研发重点

从前十位IPC小组构成情况可以看出(参见表6-2-7),物探船的专利分类号比较集中于G01V-001/38(特别适用于水覆盖区域的地震或声学的勘探或探测)上。另外,B63B-021/66(特别适用于牵引水下物体或容器,如设备整流罩牵引电缆)、G01V-001/20、G01V-001/16(接收元件)和B63B-022/00(浮标)等物探船的关键配套装置方面的IPC数量较多,也是当前的研发重点。

表6-2-7　物探船全球专利前10位IPC小组构成

排名	IPC代码	IPC内容	专利数量/件
1	G01V-001/38	特别适用于水覆盖区域的地震或声学的勘探或探测	281
2	B63B-021/66	特别适用于牵引水下物体或容器,如设备整流罩牵引电缆	231
3	G01V-001/20	接收元件,例如安排地震检波器模式	91
4	B63B-35/44	浮式建筑物,水上仓库,水上钻井平台或水上车间,例如载有油水分离设备的海上平台、船舶	69
5	B63B-35/00	适合于专门用途的船舶或类似的浮动结构	68
6	B63G-088/42	水下拖拽船只	59
7	G01V-001/16	地震信号的接收元件;接收元件的配置或改进	51
8	B63B-022/00	浮标	32
9	B63C-011/48	搜索水下物体的装置	29
10	B63B-021/56	拖拽或推进设备	24

5. 专利法律状态分析

物探船全球共检出736个专利家族,目前处于授期状态的仅有296个专利家族,申请中专利家族有103个,其余均为过期(162个)、撤销专利(31个)及放弃专利(144个)。上述过期、撤销及放弃专利均已成为公知公用的技术,在我国生产研发中要充分利用这部分失效专利资源。经检索国内专利家族79个,其中有效专利家族61个，占比77.2%。处于申请中的专利家族有14个，占比17.7%,撤销、放弃和过期专利共4个,占比5%。较高的授权率证明,我国物探船已经具备了较高科研实力和较强知识产权意识。

三、专利布局特点

第一，全球物探船的专利数量呈现缓慢增长的态势，目前物探船研发活动仍处于活跃期。主要由美国、法国、挪威和荷兰在物探船领域进行专利布局。

第二，法国斯伦贝谢西方奇科地球物理公司（WESTEN GECO）、法国地球物理公司（CGG）、挪威石油勘探公司（PGS）、埃克森美孚国际公司（EXXON-MOBIL）掌握物探船核心技术，全球市场的专利布局较为深入，在国际物探市场的竞争中处于优势地位。

第三，中国进入该技术领域的时间较短，在该技术领域整体研发力量还比较弱。我国东方地球物理勘探有限责任公司和天津索耐科技公司在该技术领域申请了较多专利，是该领域的国内领先机构。

第四，物探船的布局重点集中于G01V-001/38（特别适用于水覆盖的区域的地震或声学的勘探或探测），B63B-021/66（特别适用于牵引水下物体或容器，如设备整流罩牵引电缆）、G01V-001/20、G01V-001/16（接收元件）和B63B-022/00（浮标）等方面。

四、相关建议

首先，尽快制定物探船的知识产权发展战略。全球大型深水物探技术主要被PGS、WESTENGECO、CGG-VERITAS等国外公司所拥有，以此为依托上述公司占据了国际海洋三维物探市场大部分市场份额，并利用其行业垄断地位进行技术封锁。我国在大型深水物探船的整船设计、关键装备制造等方面与国外相比仍有较大差距，尤其是专业配套设备（如电缆炮缆、电缆炮缆收放系统、枪阵等）的研发实力还比较弱。建议我国尽快制定物探船知识产权发展战略，重视基础与前沿技术研究，加强关键核心技术的自主研发，提高企业的核心竞争力。

其次，加强物探船全球服务网络建设。多年来，各大国际物探服务承揽商以其对物探船的需求和多年积累的专业技术实力，与核心物探船设备供应商一起，带动物探船的发展。与国外厂家相比，国内企业在这方面还有很大的成长空间。我国配套生产企业在确保产品质量性能优良，提供优质、及时的售后服务的同时，还要加强物探船全球服务网络建设，注重与国外伙伴合作，加大国内外市场的开拓力度。

最后，加大市场推广力度，提高品牌知名度。目前，我国船用水泵、压载水处理系统和铜镍管等物探船配套产品的质量已与国外相当，但由于国内厂商及其产品的知名度不是很高，致使船东不选用。因此，我国在重视产品的技术创新，提高产品性能的同时，还要进一步加大市场推广力度，提高我国产品的品牌知名度。

第三节　石油行业专利挖掘

根据企业技术创新的基本理论，并结合石油企业自身特点，得出石油企业技术创新能力可以界定为以市场为导向和以盈利为目的，以石油和天然气为原料，采用先进的科学技术手段，开发和推出新产品、新工艺，研发新技术，实行新组织，开发新能源等一系列活动，使其形成经济效益的能力，这是推动石油企业发展的主要动力。

一、石油领域专利创新的特点

1. 技术门槛高

石油领域的研发，在前期需要投入大量的人力物力。例如，在进行实验时，一般需要专门的仪器设备及场地（石油工程实验室、石油现场等），并且进行实验时，研发的创新点能否实施、实施之后能否解决相关的问题等都难以预测，因此想要实施一项发明需要进行多次实验，需投入大量的人力和物力；并且，实验后能够产生什么样的效果同样很难确定，例如进行酸化实验，通常难以具体衡量酸化剂在井下具体产生什么样的效果，所以发明实施后还需进行大量的测试。对于石油领域而言，从发明到产品普及，历时长，研发投入巨大。

2. 技术储备性强

由于石油领域研发门槛高，研发周期长，企业如果想要长期保持自己在相关领域的优势地位，就需要做好技术储备工作。行业内知名企业如斯伦贝谢、BP等，在进行相关研发工作时，会在新技术或工艺开发等方面进行大量的实验、研究等工作，但对于最新研发获得的成果，一般不会直接将其通过专利申请等途径公开，这样做的目的，主要是避免竞争对手过早了解到自己的研发方向，同时便于在企业原有产品和技术进入衰退期时，企业的新产品和技术能够及时投入市场，从而更好地维持自己在行业内的优势地位。

3. 技术延续性强

石油领域绝大部分技术创新都具有明显的延续性特点，因此渐进性布局方式在石油领域应用较为广泛，例如调剖用聚合物方面，在开发出一种聚合物之后，可在原有聚合物技术的基础上，对其进行各方面的改进和优化，例如改变聚合物分子量、改变交联剂的种类及含量和工艺条件的选择等。

4. 产业关联度高

石油领域相关的创新与产业具有密切的关系，石油领域产业链相对较长，产业链上各个环节之间的关联度较高，一个环节的改进通常都会影响到整个产业链上下游技术的改进和创新。例如，应用于火烧油层中的封堵剂的出现，会对上游井筒的构造、封隔器的选择、空压机的选择产生影响，同样会对产业链下游聚合物的选择、交联剂的选择、示踪剂的选择产生影响，从而使得整个产业链都全部随之进行技术创新。

二、石油领域专利挖掘因素

石油企业的专利挖掘体现在工艺创新和产品创新两个方面,具体地讲,工艺创新主要是炼油工艺的技术创新,是地质、油气勘探理论的研究、石油勘探、油田开发、开采钻井工艺、生产、炼化、油气集输等技术的开发与突破以及将这些技术工程化,转化为能够实际提高勘探开发效率、提高采收率、提高储量、降低成本的生产能力。而产品创新主要是石油化工新产品(新材料)的开发。根据之前论述,石油领域创新具有典型的技术门槛高、技术储备性强等特点,因此在进行专利挖掘时,还需要结合本领域特点,重点考虑以下四个因素:

1. 手段全面性

石油领域技术创新中,原始完成的创新中关于某一具体创新点的改进都是非常具体的,但该领域技术手段可扩展性强,如果仅挖掘出相应的具体手段进行专利申请,则无法形成有效的专利保护,竞争对手非常容易绕开相应的专利保护,使用其他替代手段实现同样的效果。因此,必须对相应的技术手段进行全面的拓展。例如,对于化学驱工艺的改进来讲,需要考虑相关手段是否有其他替代方式,找出所有可以解决相关问题的替代方式和手段,进行全方位的挖掘。

2. 产业链的延续性

石油领域产业关联度较高,产业链上某一环节的改变通常会影响该领域产业链的上中下游,因此在完成一项创新之后,需要注意对该创新所设计的产业链进行全流程扩展挖掘。

3. 市场持续性

石油领域技术创新的门槛高、投入大、周期长,因此为了保护企业自身的利益,必须注意市场的持续发展,在核心专利申请后,在合适的时机注意扩展挖掘各种外围专利和改进技术，从而使得原研公司可以在较长的时间内有效保护自己,保持自己在市场上的优势地位。

4. 工艺改进的多角度性

对于石油领域工艺来讲,其中各方面的影响因素较多,工艺步骤中涉及工艺参数、化学剂的选择、设备的选择等都可以成为扩展挖掘的关键点,如果进行工艺改进的挖掘工作,需要考虑该工艺可能涉及的所有环节,从各个角度进行挖掘,才能获得更全面的技术创新。

三、典型案例分析

案例6-3-1　基于煤层气领域专利挖掘

本案通过分析国内外煤层气开采技术领域专利，参考和借鉴了现有的专利挖掘方法与技术,客观评价在特定领域中我国的技术发展水平,同时对未来行业技术发展提供一定专利挖掘路径，借助此专利挖掘路径对我国煤层气开采技术现状及未来技术创新趋势进行了针对性地分析和预测。

一、专利挖掘路径及数据

鉴于目前专利挖掘方法在对相关领域技术创新的预测过程中所体现出来的专利来源单一、数据分析欠缺和挖掘方向不明确等局限性,通过对目前专利挖掘方法的分析和研究,增加了专利资源的收集途径,同时利用文本聚类分析法对专利信息进行了挖掘分析，以期通过对国内外专利信息的对比更加客观地评价我国当前的技术水平，并通过对专利文本信息的全面分析更加精准地预测未来技术的创新方向。在此目标导向的基础上,提出了本次研究拟用的方法路径及数据收集途径。

(1)专利挖掘路径构建

专利挖掘是一种在技术研发或产品开发中，通过对特定领域下的技术专利进行剖析、整理、拆分和筛选，确定该领域的技术发展现状和技术创新趋势，构建专利挖掘路径，对研究的相关技术提供全面评价和进行可靠预测的方法。

本案旨在通过构建专利挖掘路径，首先对我国煤层气开采技术发展现状进行分析，按照分析结果，进一步对专利文本进行挖掘聚类并提取核心技术关键词，进而通过统计各核心技术领域的现有专利申请数量对我国未来煤层气开采技术进行预测。

为了探寻我国煤层气开采技术与国际先进国家的差别，更加客观、全面地分析完我国开采技术现状，在分析过程中引入了美国在煤层气开采领域的专利进行对比。具体挖掘路径如图6-3-1所示。

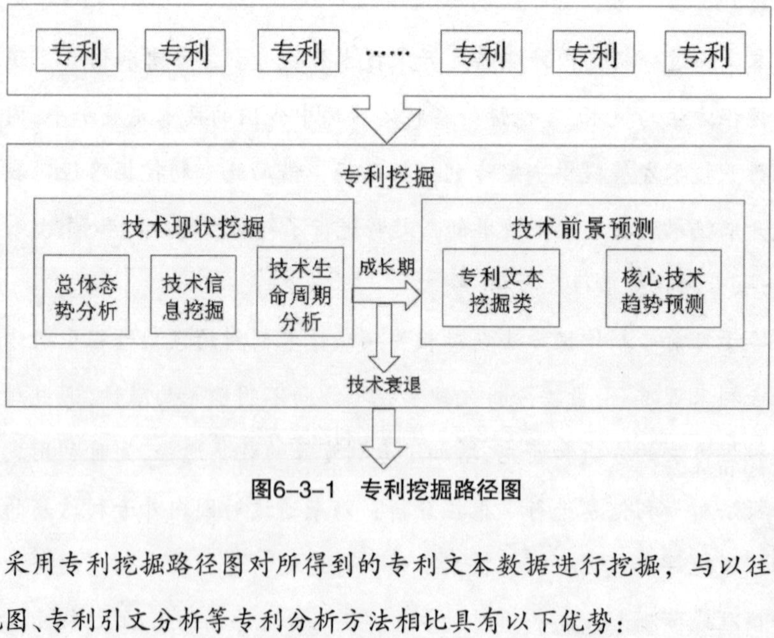

图6-3-1 专利挖掘路径图

采用专利挖掘路径图对所得到的专利文本数据进行挖掘，与以往的专利地图、专利引文分析等专利分析方法相比具有以下优势：

①能够同时对国内及国际先进国家在相关领域的专利进行挖掘分析，

通过结果分析,找出在该领域我国所处的国际地位;

②能够在分析量化数据的同时,通过对国内外专利IPC信息的挖掘对比,找出我国目前在相关领域专业技术层面的应用现状及未来发展方向;

③能够通过对专利文本中技术关键词的挖掘聚类,详尽地统计出我国在相关领域核心技术的发展路径,并对其进行准确预测。

(2)专利挖掘数据收集

案例中专利数据来自于中国知识产权网和美国专利局网站。其中,中文专利数据是分析我国煤层气开采技术研究现状及预测我国煤层气开采未来技术发展趋势的关键数据,视为研究和挖掘的重点。以美国专利作为比较数据,目的在于对比我国煤层气开采技术与其在专利申请总量、技术侧重及技术生命周期方面的差异,更好地评估我国煤层气开采技术水平,挖掘自身优势,突破技术壁垒,引导我国煤层气开采实现技术突破。

为了尽可能提高专利数据的完整性和科学性,经过反复筛选与试验,最终确定中国专利和美国专利的检索方案分别见表6-3-1、表6-3-2。

表6-3-1 中文专利检索方案

检索平台	中国知识产权网专利信息服务平台
检索时间	2015年5月
数据库范围	中国发明专利、实用新型专利以及外观设计专利(不包括香港、台湾地区)
时间范围	1996—2015年(按申请日期)
检索表达式	名称,摘要,主权项="煤层气开采"OR"瓦斯开采"OR"煤层气抽放"OR"瓦斯抽放"OR"煤层气抽采"OR"瓦斯抽采"

表6-3-2 美国专利检索方案

Retrieval Platform	USPTO
Retrieval Time	April,2015
Database Scope	US Patent Full-Text Database
Time Range	1996 to present
Query	((("coal bed"OR"coal seem"OR"coal-bed")AND ("gas"OR"methane")) OR"cbm")AND("exploitation"OR"mining")

二、煤层气开采专利技术挖掘

1.技术现状挖掘

按照检索方案分别对中国专利和美国专利进行检索、收集、筛选并汇总后，得到煤层气开发技术中国专利1021项（其中发明专利514项、实用新型专利503项、外观设计专利4项），美国专利545项。分别按照年份统计近20年中国和美国历年的专利申请数量变动情况，统计结果如图6-3-2所示。

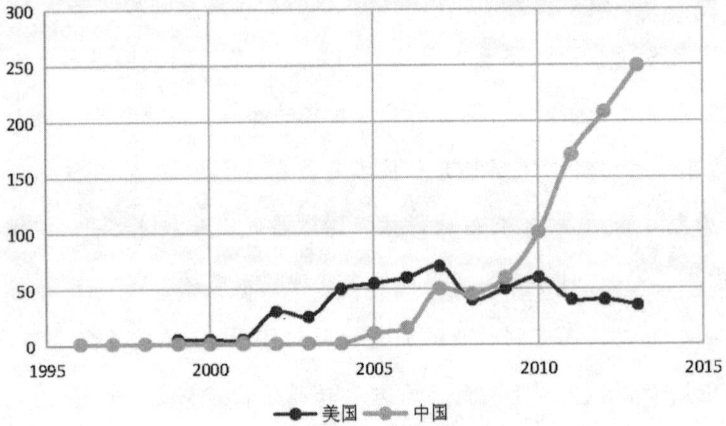

图6-3-2　中美专利历年申请数量趋势对比图

通过对近20年中国和美国在煤层气开采技术方面的专利申请量进行对比可以发现，1996—2004年我国在煤层气开采技术上的专利申请量极少，处于该技术领域萌芽期；然而在美国，从1998年起其煤层气开采技术已经开始起步，1998年到2004年已呈高速增长态势，说明我国在煤层气开采技术领域的研究起步相对较晚；2005—2007年我国专利申请数量稳步增长，随着相关技术资源的逐渐累计已经开始应用于实践领域。与此同时，美国专利的申请数量在这3年间迎来了第一个高峰，专利申请数量一直保持在高位，已取得了一系列技术创新成果。

2008年，由于受到国际金融危机等因素的影响，中国和美国的专利申请数量较往年均有所减少。2008年以后中国专利开始进入快速增长期，每年保持较高增速，与之相比，美国专利却在增长两年后开始逐年减少，一方面是因为美国的煤层气资源有限，经过了多年开采作业，开始逐渐将研发重点从煤层气开采转向页岩气开采；另一方面，说明美国的煤层气开发技术趋于成熟。而我国的地质条件相对复杂，煤层气开采技术经过十余年探索已经逐步进入发展期，涌现出大量新的专利。

此外，从专利总量上看，虽然我国在煤层气开采技术上的研究起步较晚，但是随着近几年我国煤层气开采技术专利申请量的持续快速增长，现已在专利数量上远超过美国。这一方面反映了我国煤层气开采领域的发展前景巨大，企业对知识产权的保护意识在逐渐增强；另一方面也说明仅占有相当于中国1/3煤层气储量的美国经过十余年的技术革新与资源消耗，当今煤层气的开采价值已经远不如从前，因而人们也开始逐渐降低对该领域技术研究的积极性，逐步将研究重点转向其他新能源开采技术的研发和探索。

2. 技术信息挖掘

通过IPC信息进行分析，可以了解相关技术的研究热点和研发空白区，有助于明确专利技术的具体分布领域，分析结果对于专利技术的研究现状有着较强的代表性。

为了明确中美两国在煤层气开采领域的技术研发重点，分别对中国和美国专利的IPC小类数据进行了挖掘分析，提取了两国在煤层气开采领域专利产量最多的前十类主IPC，见表6-3-3。

表6-3-3　中美煤层气开采领域专利高产IPC对比

排名	中国专利			美国专利		
	主IPC	数量	百分比(%)	主IPC	数量	百分比(%)
1	E21F	676	52.36	E21B	370	70.88
2	E21B	428	33.15	G06F	31	5.94
3	F16L	54	4.18	B01D	23	4.41
4	B01D	26	2.01	C02F	18	3.45
5	E21C	25	1.94	C12N	18	3.45
6	F04B	21	1.63	E21F	17	3.26

续表

7	G01F	16	1.24	C12P	12	2.3
8	F16K	14	1.08	E21C	11	2.11
9	G01D	11	0.85	G01N	7	1.34

由表6-3-3可以看出，我国排名前九位的IPC分类与美国相比仅有4项相同，分别是E21F(矿井或隧道中或其自身的安全装置；运输、充填、救护、通风或排水)、E21B(土层或岩石的钻进；从井中开采油、气、水、可溶解或可熔化物质或矿物泥浆)、B01D(分离)、E21C(采矿或采石)。由此可知，我国与美国在煤层气开采技术领域的研究侧重点存在较大差异，但是E21F、E21B、B01D和E21C是该领域研究的热点技术。

通过进一步对比两国排名靠前的主IPC分类不难发现，我国在F16L(管子；管接头或管件；管子、电缆或护管的支撑；一般的绝热方法)方面的研究已处于领先水平，但是在G06F(电子数据处理)、C02F(水、废水、污水或污泥的处理)及C12N(微生物或酶；繁殖、保藏或维持微生物；变异或遗传工程)方面在煤层气开采领域的研究有待加强。

通过技术生命周期分析，可以有效地确定该技术所处的发展阶段、预测技术的发展极限，从而进行有效管理。本案拟用技术生长率v、技术成熟系数α、技术衰老系数β以及新技术特征系数N等专利技术生命周期参数测算我国煤层气开采技术专利的生命周期，主要参数见表6-3-4。

表6-3-4　专利技术生命周期参数统计表

参数	计算公式	统计意义
v	$v = a/A$	v值持续增大，表示处于成长期
α	$\alpha=a/(a+b)$	α值持续减小，表示处于成熟期
β	$\beta=(a+b)/(a+b+c)$	β值持续减小，表示处于衰老期
N	$N=(v^2+\alpha^2)1/2$	N值越大，表示特征性越强

其中，a为发明专利的当年申请数量，b为实用新型专利的当年申请数量，c为外观专利的当年申请数量，A为追溯5年的发明专利申请累积数量。可以

根据表6-3-4中的参数计算公式计算出煤层气水开采技术专利的技术生命周期参数，其变动情况如图6-3-3所示。

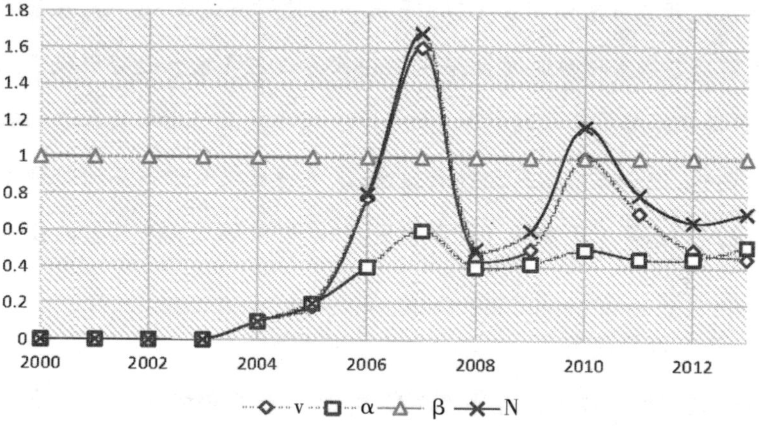

图6-3-3　我国煤层气开采专利技术生命周期图

通过分析技术生命周期图可以发现：在2003年以前各项生命周期参数均为零，说明在此之前我国还处在煤层气开采的技术引入期，技术发展缓慢；从2004年开始，v值开始逐渐增长，经过4年发展在2007年达到峰值，表明从2004年到2007年我国开始逐渐关注煤层气开采领域，每一年都有大量的新矿井出现，对钻井技术的需求日益增大，在此带动下技术创新进入高速成长期；2008—2012年v值变化较大，呈波动增长态势，在此期间由于各地煤层气开采矿井的数量已基本达到饱和，行业研究重点开始由钻井逐渐转向开采方法，并在此带动下于2010年达到第二个峰值；2012年之后，由于在技术的带动下煤层气开采效益得到了大幅提升，v值又进入了新一轮的增长期。

同时，从2004年开始α值也一直呈波动增长趋势，在2007—2012年间不断小幅波动，并在2012年以后开始明显增长，说明我国煤层气开采技术尚未进入成熟期。β值在此期间则一直保持不变，没有出现技术衰减趋势，说明自煤层气开采行业被引入至中国以来其专利技术一直呈不断创新、此消彼长的发展态势。N值变化与v值变化基本同步，一直处于较高水平，表现出较强的新技术特征和开发潜力。

从近15年我国煤层气开采技术生命周期的4项参数变化规律可以看出，我国煤层气开采技术创新从2004年开始一直呈间歇式成长态势，在2007年和2010年前后分别有较快的增长，而在2008年和2012年增长趋势出现了短暂的停歇，根据数据趋势可以预测在2018年和2019年前后将出现技术专利创新的第三次高峰，但受当前国家经济新常态、宏观调控以及世界石油降价等非常规因素的影响，第三次高峰可能会推迟，但在当前依然具有巨大的技术开发前景。

二、技术前景预测

专利文献作为技术信息的有效载体，是反映新技术、新产品开发活动的极为重要的载体。

专利是技术创新过程中创新产品、工艺和技术的直接体现，在一定意义上代表着相关领域技术发展的最新趋势。因此，通过对专利数据的筛选和深度挖掘，可以为我国煤层气开采技术创新提供可靠的信息保障和有效的趋势预测。

本案拟通过对专利文本进行挖掘聚类，分析目前我国在煤层气开采领域的技术分布，进而提取关键技术要素并绘制核心技术发展趋势图，最终基于核心技术的发展趋势，预测我国未来在煤层气开采技术领域的研究重点。

1. 专利文本挖掘聚类

对获取的专利文本进行挖掘聚类，可以最大程度地挖掘每一个专利中储存的信息，并通过统计相应技术关键词的出现频率，进而全面、系统地了解当前相关领域的专利技术分布。

本案按照标题30%、摘要30%、权利要求30%、全文10%的关键词提取权限，对收集到的1000项我国煤层气开采技术专利进行挖掘聚类，具体数据如表6–3–5所示。

表6-3-5　我国煤层气开采专利聚类情况分布表

排名	技术关键词	数量	百分比(%)
1	煤层气、煤层气开采、水平井	186	18.6
2	放水、进水口、瓦斯抽放管路	179	17.9
3	煤层、煤层瓦斯、钻孔	174	17.4
4	聚氨酯、钻孔、膨胀	129	12.9
5	传感器、进气口、真空泵	74	7.4
6	瓦斯抽放管、螺旋、不锈钢	72	7.2
7	煤矿井、接口、密封圈	68	6.8
8	控制器、变频器、安全隐患	52	5.2
9	套管、水泥浆、破碎煤层	35	3.5
10	钻头、钻头本体、接收器	31	3.1

从表6-3-5可得出我国煤层气开采专利中出现频次最高的5个关键词分别是：煤层气开采、水平井、放水、瓦斯抽放管路、钻孔，这说明我国的煤层气开采技术专利主要围绕煤层气开采方法、水平井开发、钻井技术和装备、排水技术和装备以及煤层气抽放管路5个方面开展研究，并拥有大量的专利成果。与此同时，在智能监控系统、矿井设备、管路设备等方向也均存在部分专利成果，但分布较零散。

2. 核心技术趋势预测

在专利文本挖掘聚类的基础之上，本案通过专家会议法对聚类得到的技术关键词进行了进一步分析，并结合技术现状对相似关键词进行了整合，提取出我国煤层气开采技术专利的7项核心技术：钻井设备（包括钻机、钻头以及相关配套设备或辅助部件的设计思路及使用方法）、开采方法（包括抽采方法、抽采工艺及抽采过程的优化方法）、排水装置（包括排水设备或其配套装置的设计思路及使用方法）、钻井方法（包括钻进方法、钻井工艺、井道布置以及与钻井相关的增产方法）、监控系统（包括监测系统、控制系统及其相关设备的设计思路和使用方法）、管路流程（包括抽放管路的管道布局、施工方法及材料和构造）、连接装置（包括连接各管道之间的管件和阀件的构造及安装使用方法）。根据上述7项核心技术分类可建立我国煤层气开采技术专利核心技术分布数据库，基于关键词对收集到的1021项我国煤层气开采技术专利进行二次检索，并对分类结果进行汇总最终得到我国煤层气开采技术专利数据库。

接着，将专利核心技术分布数据库中的所有专利按照申请年份进行排序，可以统计并记录每一项核心技术下每一年专利的申请数量，最终将各项核心技术每年的专利申请数据进行汇总，进而对我国煤层气开采核心技术进行进一步的分析。

在专利数量上，我国煤层气专利的核心技术中钻井方法、开采方法及监控系统是我国研究起步较早的3项技术，拥有较多的专利申请数量；钻井设备和排水装置的相关技术研究紧随其后，并在近几年专利申请量逐年增多，积累了大量的专利成果。相对而言，管路流程和连接装置方面的研究起步较晚，专利申请数量最少。

在发展趋势上，我国煤层气开采的7项核心技术中，钻井设备和排水装置的专利数量较以往而言有减少的趋势；开采方法和连接装置的相关专利数量虽然与以往相比有所增多，但增长趋势不明显；相对而言，钻井方法、监控系统及管路流程3项技术的专利申请数量近几年有明显增长的趋势，具有较大的开发前景。

上述结果表明，在我国未来煤层气开采技术领域，对钻井设备和排水装置的研发在满足需要的基础上做精做细即可；而在钻井方法、监控系统及管路流程3方面可以加大研发投入，尤其是在管路流程方面，由于其起步较晚、技术成熟度低，具有较大的市场开发潜力。

案例6-3-2　基于水下采油树专利挖掘

随着海洋油气资源开发逐步走向深海，全球主要深水海工装备均采用水下采油树技术作为深水采油的核心解决方案，但水下采油树的关键技术却被国外少数厂商所垄断。本案基于专利分析方法,通过对水下采油树技术的专利数量规模、发展趋势、技术领域、专利地域分布、竞争机构进行数据挖掘和深度分析,最终提出促进我国水下采油树技术研发和产业发展的部分建议。

提及海洋工程装备,国人首先想到的往往是一座座蔚为壮观的海上钻井平台、钻井船和浮式生产储油平台,而水下生产系统受到的关注则相对较少。事实上,随着海洋油气资源开发逐步走向深海,全球主要深水海工装备均采用水下采油树技术作为深水采油的核心解决方案(采油树是水下生产系统的核心设备之一),可用于2000m~3000m水深,且投资基本上不随水深变化,可满足大多数深水油田开发的需要,被广泛应用于西非、墨西哥湾及北海等海域的深水油气田开发。

长期以来,水下采油树的关键技术被美国FMC Technologies、Cameron和挪威Aker Solutions等少数厂商所垄断。虽然近年来我国已启动国家科技重大专项、国家863计划等相关深水油气勘探开发工程技术研究项目,国家发改委2013年3月公布的《战略性新兴产业重点产品和服务指导目录》也列入了水下生产系统,使深水关键技术研究有了很大提升,但对于水下采油树的研发依旧匮乏。为了打破垄断,增强我国海洋油气开发国际竞争力,研发深海采油树关键技术具有重要的战略意义。

本案采用专利挖掘方法,对深海水下采油树技术的专利数量规模、发展趋势、技术领域、专利布局、竞争机构进行数据挖掘和深度分析,研究全球深海水下采油树技术的整体发展态势,在此基础上提出促进我国水下采油树技术提升和产业发展的对策建议。

一、数据来源及分析工具

数据采集方法和检索策略:a.在文献调研的基础上,使用主题词、IPC分类、德温特手工代码结合的方式编制总策略,获取该技术领域所有专利;b.对经DII改写文摘中的用途字段(Abstract USE)及专利标题字段,使用TDA软件进行自然语言处理(NLP),然后将NLP处理获得的词组做手工数据清洁,把所需的与应用领域相关词汇进行合并,提取相关专利数据;c.由于部分专利数据没有USE文摘字段,而标题字段虽然100%覆盖,但往往无法反映应用领域,因此在使用标题和USE文摘字段提取的专利在数量上会存在遗漏,需要配合分类法进行补充;d.将第二、三步获取的专利数据合并去重,获得水下采油树领域的全部专利数据。水下采油树专利数据详细检索策略见表6-3-6,检索结果为714个专利族,检索时间范围为1961—2013年(本文以下所称专利均为专利族的概念)。

表6-3-6 水下采油树专利数据检索策略表

总检索策略	策略号	检索策略	专利族
S	L1	TS=(("well tree*"or"christmas tree*"or"production tree*"or"xmas tree *"or"X-mastree*"or"completion tree*"or"horizontal tree*"or"well head tree*"or"vertical tree*")AND(sea or ocean or water))	714
	L2	IP=(F16L-001*orF16L-035*orG01V-003*orF16L-037*orE21B*)	
	L3	MC=(A12-H08*orH01-C*or H01-D*or H03-A*orH03-B*or T06-B04*or T06-D12*orW05-D08*or X25-E**or X25-L03*)	
	L1	AND(L2 or L3)	

二、全球水下采油树专利态势分析

1. 专利数量规模分析

图6-3-4为1961—2013年间DII收录的采油树相关专利数量随专利优先权时间的变化情况。从图6-3-4中专利申请量的变化趋势中可以看出,水下采油树技术的发展基本分为3个阶段:第一阶段是1961—1985年的25年间,水下采油树专利申请数量缓慢增长,相对处于萌芽期;第二阶段是1986—1990年的短暂5年间,专利申请的数量有小幅下降的趋势;第三阶段是1991年以后,专利申请量呈现持续整体稳定增长态势,尤其是2007年以后,专利申请数量处于高位且保持一定增长速度,表明水下采油树相关技术越来越受到关

注(由于专利申请的延时性,2011年后数据仅作参考)。

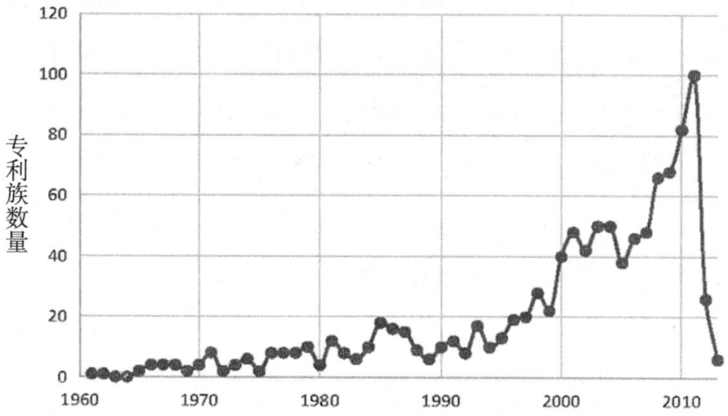

图6-3-4　水下采油树专利数量按优先权年时间发展趋势

2. 发展趋势分析

(1)技术生命周期分析。采油树在20世纪60年代初至80年代末进入第一阶段技术孕育期,该阶段市场进入者和专利数量较少且增长缓慢;在1994年前后开始进入第二阶段技术成长期,专利数量和申请人数量大幅攀升;进入21世纪后,专利数量增长更为迅猛,但专利权人数量不稳定,说明该时间段内市场竞争激烈,企业并购和退出频繁,但同时市场前景又被看好,不断加入新的竞争者。目前,有进入第三阶段技术成熟期的迹象,专利数量仍在高速增长,但专利申请人数量开始减少,反映了竞争趋于激烈,市场准入门槛提高,小型企业逐渐被并购或退出市场的趋势。

(2)基于机构活跃度的专利数量分布。通过对基于机构活跃度的专利数量分析,拥有100件以上专利的专利权人只有1个,其专利量占全部专利的13%;拥有21~100个专利的专利权人有4个,其专利量占比23%;专利量少于21个的专利权人多达557个,而专利量占比仅为64%。说明水下采油树专利主要被少数专利权人所拥有,整个水下采油树专利市场呈现寡头垄断的局面,这也进一步证实了目前水下采油树市场被国外少数几家厂商所控制的垄断现象。

(3)研发人员变化趋势。图6-3-5为水下采油树专利发明人变化趋势图。进入21世纪以来,新增研发人员持续数年超越了原有研究人员,反映出近年来水下采油树产业研发增速,企业纷纷扩大研发团队,投入产业技术开发之中。目前,技术和研究人员发展仍保持强劲的增长趋势。

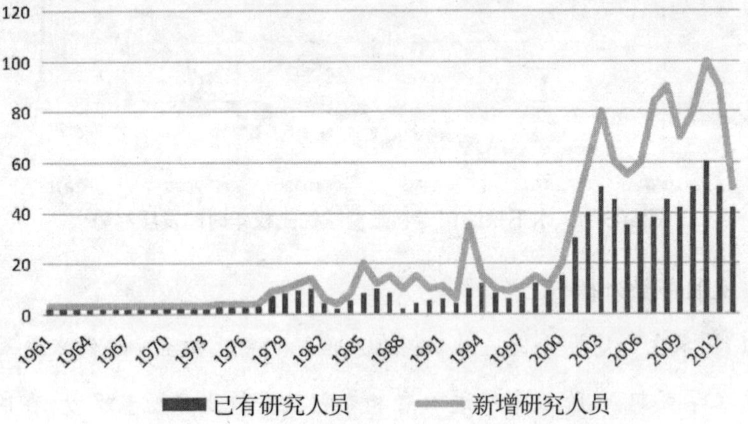

图6-3-5　水下采油树专利发明人变化趋势图

3. 技术领域分析

(1)主要技术领域专利分布。表6-3-7为水下采油树主要技术研发领域分布情况。由于德温特手工代码以应用为主,与现有技术有很好的对应,该表选取了依据德温特手工代码的专利量前10的技术领域(对类似含义的手工代码进行了合并去重),这些专利量占专利总数的78%。由分析可知,井口设备(H01-C06)、钻井模块(H01-B01)、海洋油气生产设备(H01-D05;H01-D)、阀门及控制设备(H01-B03B3)、油管和套管(H01-C01)技术为水下采油树领域最为关注的研发点。

表6-3-7 水下采油树主要技术研发领域分布

序号	DII手工代码	技术领域	专利族(个)	专利族数量占比(%)
1	H01-C06	井口设备	270	37.8
2	H01-B01	钻井模块	160	22.4
3	H01-D05;H01-D	海洋油气生产设备	160	22.4
4	H01-B03B3	阀门及控制设备	125	17.5
5	H01-C01	油管和套管	59	8.3
6	H01-B03D	能源/数据传输及产生	53	7.4
7	H01-C06A	放喷器	37	5.2
8	H01-B03C	旋转钻机-井下仪器	35	4.9
9	H01-C	完井、井口维护	34	4.8
10	H01-C11	测试、控制系统	30	4.2

(2)主要技术领域专利族年度分布。通过对水下采油树主要技术领域专利年度分布情况进行分析,H01-C06、H01-B01、H01-D05技术领域发展较早,专利数量与其他领域相比处于领先地位,在21世纪初进入高速发展期,但近些年增长势头变缓。H01-B03B3、H01-C01、H01-C06A、H01-B03C领域的专利于20世纪80年代中后期开始发展,目前处于发展高峰。H01-B03D领域直至2003年才出现专利但近期发展较快。H01-C领域专利发展呈现两个阶段,分别在20世纪70年代初期和21世纪至今位于快速发展期。H01-C11领域在1985年出现专利,但之后较长时间处于空白期,直到2002年又开始发展,近期专利数量较多。2001年至2013年的主要技术领域专利分布情况见表6-3-8。

表6-3-8 水下采油树主要技术领域专利年度分布情况

	2001	2002	2003	2004	2005	2006	2007	2008	2009	2010	2011	2012	2013
H01-C06	23	20	28	22	13	12	13	27	27	30	27	8	2
H01-B01	4	5	11	18	9	5	7	14	17	21	12	8	1
H01-D05	0	2	11	12	0	1	4	10	8	16	23	8	1
H01-B03B3	7	5	14	17	7	5	5	6	17	20	30	7	0
H01-C01	4	3	3	5	3	5	5	13	11	10	10	1	2
H01-B03D	0	0	2	6	3	0	2	6	13	16	15	7	0
H01-C06A	1	0	1	5	5	5	3	2	5	7	8	4	1
H01-B03C	1	3	2	0	0	2	2	5	2	6	7	3	0
H01-C	0	1	5	1	1	1	3	5	2	3	8	1	0
H01-C11	0	1	4	3	0	1	1	6	9	9	6	2	0

(3)技术热点词频分析。表6-3-9为水下采油树领域关键词词频统计情况,该表通过对专利“摘要”字段出现的采油树相关词汇进行合并整理而得,这些词频涵盖的专利族数占到采油树专利总数的99%。连接器、管道、阀门、控制系统等是高频词汇,一定程度上反映了采油树的技术研究热点和方向。

表6-3-9 水下采油树领域关键词词频统计

序号	采油树相关术语	词频(次)	专利族(个)	专利族数量占比(%)
1	CONNECTOR(连接器)	1652	462	64.7
2	VALVE/BLOCK(阀门)	1398	304	42.6
3	ContRol(控制系统)	1000	278	38.9
4	Wellhead(井口装置)	870	257	36
5	ASSEM BLY(采油树体总成)	1008	255	35.7
6	PGB(生产向导基础)	724	223	31.2
7	THRT(油管挂操作工具)	2298	220	30.8
8	RiseR/lift(提升装置)	816	204	28.6
9	PReventoR/BOP(防喷器)	413	189	26.5
10	Module(水下控制单元)	500	124	17.4
11	BODY(树体)	387	114	16
12	ACTUATORS(驱动器)	293	104	14.6
13	Pump(泵)	280	89	12.5
14	TREE CAP(采油树内帽)	254	80	11.2

4. 专利地域分布

(1)主要国家优先权专利申请年度分布。美国是起步最早、技术实力最强的国家,英国和挪威随后。其中英国的专利数出现了较为稳定的增长,并与美国一起长期处于技术领先地位;挪威的专利数量在前期较少且发展不稳定,而从21世纪初开始有较为稳定的发展。中国研发较晚,在21世纪初加入研发行列,但近几年发展迅猛,优先权专利总量排名第四,不过也存在与其他行业一样的共性问题,即专利质量不高。

(2)主要国家专利全球布局情况。采油树世界市场的争夺非常激烈,许多国家除了对本国进行专利布局,为了在国外生产、销售采油树产品,同样在国外进行专利布局。因此,同族专利的申请可以反映出企业的市场战略。由表6-3-10主要国家的专利全球布局分析可知,美国除在本国申请专利外,同时重点关注英国、挪威等，其专利布局涉及24个国家和专利组织。英国在关注本国专利保护的同时，重点关注美国和挪威；而中国的专利由于质量和企业战略问题，在国际上的专利布局尚未很好地开展。

表6-3-10　主要国家的专利全球布局情况

优先权专利国	专利家族成员国								
	美国	挪威	PCT专利	英国	巴西	欧洲专利	中国	加拿大	俄罗斯
美国	378	167	144	167	83	64	31	44	5
英国	90	58	60	91	42	45	10	21	1
挪威	41	64	62	21	18	19	11	10	6
中国	3	1	3	1	0	2	33	3	1
巴西	18	15	4	5	26	13	0	10	1
加拿大	24	11	25	7	2	17	11	26	1
俄罗斯	1	0	1	0	0	1	1	1	14

5. 竞争机构分析

（1）主要竞争机构排名。图6-3-6为水下采油树领域主要竞争机构专利情况。美国的GE和FMC公司专利量最大，分别为126件和80件，占到所有专利总量的18%和11%。紧随其后的是挪威AKER SOLUTION、美国CAMERON，这四家公司的专利量占专利总量的近45%，行业寡头垄断形势凸显。（我国宝鸡石油机械有限责任公司有11件专利，位居第11位，江汉石油钻头股份有限公司有6件专利，中海油、中石油各有2件专利。）

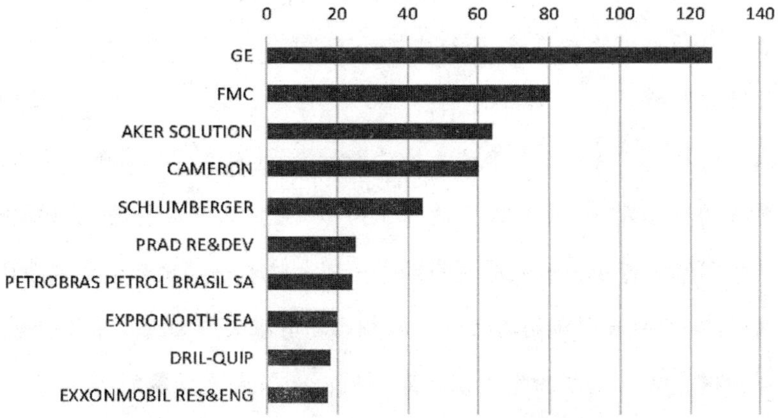

图6-3-6　水下采油树领域主要竞争机构的专利情况

(2)主要竞争机构的技术领域。表6-3-11为专利量前五名企业在前10个技术领域的布局情况。分析可知,各公司研发重点有所不同,GE和FMC公司技术覆盖领域较广,在H01-C06领域的专利实力最为雄厚;SCHLUMBERGER公司则侧重于H01-B03B3领域的研发。

表6-3-11 主要竞争机构的技术领域分布情况

DII 手工代码	技术领域	GE	FMC	AKER SOLUTION	CAMERON	SCHLUMBERGER
H01-C06	井口设备	70	33	21	22	7
H01-B03B3	阀门及控制设备	15	13	10	19	15
H01-D05; H01-D	海洋油气生产设备	23	13	9	18	5
H01-B01	钻井模块	16	15	7	12	7
H01-C01	油管和套管	11	10	6	5	3
H01-B03D	能源/数据传输及产生	10	2	7	5	4
H01-C11	测试、控制系统	6	2	2	6	7
H01-C	完井、井口维护	8	5	1	3	1
H01-B03C	旋转钻机-井下仪器	7	3	2	2	3
H01-C06A	防喷器	4	2	1	5	3

三、结论和建议

通过以上对采油树有关专利的发展规模、发展趋势、技术领域分布、地域分布以及主要竞争机构的情况系统分析,揭示了全球水下采油树领域的技术创新活动的发展态势,结论和建议如下:

1. 政策层面

采油树专利自1995年以来迎来持续增长阶段,且在近年来随着全球深海资源开发力度的加强,专利数量达到了高峰,主要集中在美国、英国、挪威,且在其他国家进行了良好的专利布局。中国大陆在该领域尚处于起步阶段,专利数量、质量和专利布局与上述国家相比均有很大的差距。中国要实现建设海洋强国战略,进军油气资源开发领域,必须大力发展深海水下采油技术,制定和出台深海采油关键技术研发扶持政策,设立专项经费支持产业创新发展，从财税扶持政策、人才奖励政策、发展保障政策等方面给予大力支持，尤其是应做好关键配套设备的研发和产业化工作。

2. 技术层面

水下采油树领域的井口设备、钻井模块、海洋油气生产设备、阀门及控制设备方面专利数量较多，研发相对成熟；在油管和套管、能源/数据传输及产生、防喷器、完井、井口维护、测试、控制系统等领域的研发尚有突破之处，我国企业和研发机构可避开专利雷区，合理选择技术突破点，并实施专利海外布局战略。

3. 企业层面

目前，水下采油树技术研发趋于成熟，主要掌握在国外少数企业手中，形成了寡头垄断的局面。我国企业在该领域抢占市场的难度较大，但为了产业的核心竞争力提升，应迎难而上，通过多渠道开展研发创新和提升专利质量。例如：宝鸡石油机械有限责任公司和江汉石油钻头股份有限公司在采油树技术研发方面已有一定基础，应继续深入开展研发，亦可积极通过专利引进、消化、吸收，实现再创新；企业可通过人才引进，并在重点引进美国、英国、挪威等国外的行业专家或科研团队的同时，注重本土企业内的研发人才培养；也可积极寻求与科研机构和油气集团的合作，建立协同创新机制，共同研发等。

案例6-3-3　基于钻井井壁稳定技术专利挖掘

在石油钻井中，井壁稳定问题是世界范围内普遍存在的问题。钻井过程会破坏原有地层压力平衡，钻井液与地层发生物理化学作用，导致地层特性改变，可能会引起井壁失稳问题。解决井壁失稳问题的主要途径是调节钻井液性能，需要在钻井液中加入控制井壁稳定的处理剂，主要有防塌剂、页岩抑制剂（抑制水化、膨胀）、封堵剂、降滤失剂等。

经过多年发展,国内外各大石油公司、技术服务公司在控制井壁稳定领域申请了大量的钻井液相关技术专利,形成了各自的核心技术及其相应的专利布局。涉及控制井壁稳定钻井液技术领域,国外各大石油公司、技术服务公司通过合理的专利战略已经将重要技术全方位保护起来。

国内在控制井壁稳定的钻井液技术领域目前尚处在跟踪模仿和全力赶超阶段,需要重点强化控制与井壁稳定钻井液相关的技术攻关。在研究开发时,需要对竞争对手在该领域的知识产权状况有所了解,同时通过深度专利分析,能够缩短研发周期、提升技术起点、防范专利风险。本案在分析研究整体发展趋势的基础上,重点针对领域内核心及前沿技术进行专利挖掘分析,为国内企业技术研发提供一定参考。

一、专利检索

通过分析控制井壁稳定的钻井液领域工程需求及相关技术问题,确定主要专利检索范围,具体见表6-3-12。截至2013年6月,在德温特专利数据库中共检索到5243件专利,结合聚类分析和引证分析,最后经筛选,得出75条核心专利和46条前沿专利(均为专利族的个数)作为重点分析数据。

表6-3-12　主要专利检索范围

核心技术需求	控制井壁稳定的钻井液技术
解决的问题	井壁失稳、井壁坍塌、地层破裂、泥页岩水化膨胀
问题的诱因等	上覆岩层压力、破裂压力、坍塌压力、构造地应力、地层岩石强度、水化应力、孔隙压力
问题发生的条件等	泥岩、页岩、泥页岩、盐膏层、膏泥岩、泥膏岩、软泥岩敏感性泥页岩地层、裂缝性地层、流变地层、各向异性地层、破碎性地层

二、控制井壁稳定钻井液核心专利技术

1. 技术分布

控制井壁稳定的钻井液技术领域核心专利,按照其技术侧重点不同,可归纳为下列六类:

(1)钻井液体系类(15个专利族):包括水基钻井液、油基钻井液、逆乳液钻井液等；

(2)流程方法类(6个专利族)：包括钻井液控制方法等；

(3)封堵裂缝类(4个专利族)：包括颗粒封堵、膜封堵等；

(4)水化膨胀抑制类(36个专利族)：包括聚胺类、聚醇醚类等各种抑制剂；

(5)多组分协同作用类(6个专利族)：包括抑制剂等多种处理剂的复合使用等；

(6)特殊组分类(8个专利族)：包括天然化合物、纳米材料、包覆剂等。

2. 技术发展态势

钻井液技术的发展都是围绕实际工程需求展开的，是为了解决现场的具体施工问题，呈现出明显的阶段性特征。在早期钻井过程中，遇到的井壁稳定问题难度系数较低，铵盐、钾盐类抑制剂的专利申请居多，思路均以抑制页岩水化膨胀为基础。随着特殊工艺井的不断出现，对井壁稳定性的要求不断提高，聚胺类抑制剂等强抑制性的处理剂的专利申请居多。另外，除了抑制剂，研发人员还通过降滤失、降低固相含量等方法提高井壁稳定性，申请了大量专利。随着非常规油气开发的推进，对钻井液的要求日益提高，多组分协同作用处理剂的专利申请明显增多。

具体分析数据发现，1998年之前的专利共26件，1998年之后的专利共49件。随着各种特殊工艺井的不断增加，对于高性能钻井液的需求愈加迫切，各家公司在1998年之后申请的相关专利数量明显增加，2000年以后，专利申请增速加快。

三、控制井壁稳定钻井液前沿专利技术

1. 前沿技术分布

前沿技术专利申请数量较多，但是专利权人较为分散，专利多是中小企业或大学等研究机构申请，均尚未形成专利组合。国内申请量有了显著提高，专利数量达到25件，且专利内容多涉及最新发展方向。

控制井壁稳定的钻井液技术领域前沿专利，按照其技术侧重点不同，可归纳为下列四个方向：

(1)聚胺类抑制剂方向：具体涉及新型胺类化合物等用于抑制页岩水化等；

(2)降滤失剂方向：具体涉及多种纤维与架桥剂等用于堵漏降滤失；

(3)纳米材料处理剂方向：具体涉及纳米粒子、石墨烯、碳纳米管用作处理剂提高钻井液井壁稳定性；

(4)环境友好型钻井液方向：具体涉及糖浆、交联多糖等用作钻井液处理剂。

2. 前沿技术分析

(1)新型页岩抑制剂。各公司根据现场作业需要，不断加强自有传统技术，包括页岩抑制剂等。除降低成本、提高钻井液性能外，根据各级政府及环保法规等的要求，不断提高钻井液的环境友好性是主要发展趋势。例如，巴斯夫(BASF)申请了聚赖氨酸页岩抑制剂的专利。聚赖氨酸是一种非常环保的天然聚合物，分子上有多个氨基，能够有效抑制页岩水化。同时，聚赖氨酸无毒，为环境友好性材料。

(2)纳米处理剂。纳米材料是指晶粒或颗粒尺寸在1nm~100nm范围内的超细材料。目前，纳米材料在石油工程领域开展了大量相关前瞻研究，但主要涉及设备等领域，而在钻井液领域应用相对较少。近年，包括斯伦贝谢在内的多家公司相继开展了纳米硅、碳纳米管、石墨烯等在钻进液中的应用研究，并申请了相应专利。目前，普遍应用纳米材料的尺寸小这一特点，物理封堵地层孔喉或者微裂缝，以提高井壁稳定性。

与纳米材料相关的控制井壁稳定钻井液专利共11件，国内外均有专利申请，从最常见的无机纳米材料二氧化硅，到最前沿的石墨烯都被用到钻井液中，以提高井壁稳定性能。其中，有国内大学申请的2件专利涉及使用纳米材料封堵。其余的9件均是国外公司或者大学申请的。从专利内容来看，国内研究人员和国外研究人员相比，对于纳米材料在钻井液中的应用研究上还存在一定差距。国内还停留在简单地将某一种纳米材料,例如方便易得的二氧化硅加入到常规钻井液体系中，在井壁上形成一层纳米膜，显著降低滤失,提高井壁稳定性。对于作用机理等研究不足,纳米材料的普查和筛选基本没有开展,专利的权利要求面较窄,不利于未来技术的保护和发展。与之相对应的，国外研究人员非常重视纳米材料，例如技术服务公司MISWA-CO,申请了有关石墨烯在钻井液中的应用的专利。国外研究人员对于纳米材料的应用有较深入的认识,通过包覆、多组分协同作用等手段尝试解决纳米材料的分散问题,同时普查了几乎现阶段能够获得的全部纳米材料,且全部记入权利要求中,很好地保护了技术的未来应用。

四、专利挖掘建议

第一,水化膨胀抑制剂、封堵裂缝处理剂、特种功能组分和多组分协同作用为控制井壁稳定钻井液领域的重点发展的技术。聚胺类页岩抑制剂、纳米处理剂、环境友好型钻井液等是控制井壁稳定钻井液领域的技术主要发展方向。

第二,关注国外公司研发前沿,开发具有自主知识产权的新技术。跟踪国外石油公司、技术服务公司的最新研发动向,深入分析其技术特征,借鉴并吸收相关解决井壁稳定问题的方法或思路,有利于把握技术发展方向及趋势。

第三,国内企业应加大自有特色技术的专利申请力度,尽快形成相应的专利保护网。以胺类页岩抑制剂为例,除了要重点保护体系和核心处理剂之外,应进一步扩展范围,针对相关流程、设备申请专利保护,以形成严密的专利保护圈。国外公司专利分布也有相对薄弱的领域,结合国内技术现状,应开发自有特色技术。以页岩抑制性油基钻井液为例,可通过研发适合国内钻井作业的乳化剂等处理剂,在提高油基钻井液的封堵性能、环保性能等方向开发自有技术。

第四节　专利评价在石油行业中的应用

在石油行业中，可以通过专利数据的分析方法帮助明确技术发展方向，掌握技术发展热点，寻找技术发展突破点，判断领域的竞争态势，从而为技术创新、产品研发提供参考，为专利合理布局和管理提供指导与依据。

近年来，专利分析技术已经得到了广泛的认可和应用，专利分析方法不断完善和丰富。其中，专利评价方法一直是研究热点，也是研究难点。以往的专利评价大多是依靠专家或者技术人员的主观评定，虽然应用广泛，但对参与评价人员的知识储备和技术水平要求较高，而且缺乏统一的评价标准；此外，由于需要组织一定数量的技术专家阅读大量的专利文献，耗费时间较长，在操作上存在一定难度。因此，越来越多的研究都致力于实现专利价值评价由定性向定量的转变。目前，已经有不少企业构建了自有特色的专利评价体系，以满足企业内部知识产权战略制定及技术开发选择的需求。自2010年起，我国已经开始积极推进专利价值分析工作，但业内尚未出现统一的评价体系，本节介绍一种石油工程领域技术的专利评价方法——专利参考价值评价体系。

一、专利参考价值评价体系

专利参考价值评价体系是指一套能够反映所评价专利价值的总体特征，且具有内在联系、起互补作用的指标群体，它不仅体现在专利交易中的价值反应，同样是技术决策和制定专利战略的重要依据。合理、完善的指标体系是进行专利价值分析的基础。建立专利价值指标体系需要遵循的主要原则是：

全面性、系统性、可操作性、时效性、独立性、层次性、定性定量相结合等。

专利参考价值评价体系的构建流程主要分为两部：一是从法律和技术两个角度出发选取适合的专利指标，并按照指标含义确定指标量化方法；二是在大量文献调研的基础上，选取《专利价值分析指标体系操作手册》中的指标体系计算方法，将特定专利文献的专利指标按照指标类别进行加权计算，得出该专利的参考价值计算结果。按照指标类型，将指标分为法律指标和技术指标两大类(参见表6-4-1)。

表6-4-1　专利参考价值评价体系

类别	指标名称	指标含义	指标计算
法律指标	有效年数	从专利授权到专利无效的年数	计算授权到无效的年数
	涉诉情况	该专利是否涉及法律诉讼，及涉及法律诉讼的次数	涉诉为1，无涉诉为0
	专利申请和授权时间间隔	专利授权日期和申请日期的时差	统计专利申请到授权的时间
	权利要求数量	专利权利要求项的综合	统计专利文献中权利要求的条目数量
技术指标	同族专利指数	某专利权人在不同国家申请、公布的具有共同优先权的一组专利数量	直接统计权利要求的数量
	前向引用指数	该专利被后期专利引用的次数	统计有多少篇专利文献引用了该篇专利
	后向引用指数	该专利引用前人的专利文献的数量	统计该专利申请时引用了多少专利文献
	技术覆盖范围	专利文件中涉及的专利分类号数量	统计德温特手工分类号的数量
	科学关联性	专利所引用科学文献的数量	统计该专利引用的科学文献的数量
	发明人数量	专利著录项中发明人的数量	统计发明人的数量

二、评价体系步骤

首先，分别统计单个指标的数值。其中，除“专利涉诉情况”一项在计算时，分别用1和0来定量区分专利涉诉与否以外，其他专利参考价值指标都可以直接按其含义统计其数值，具体计算方法详见表6-4-1。

其次，针对某项专利，将其同一类别的指标数值进行累加，作为这一类别的总体值，即分别得到法律价值与技术价值。

最后，经专家讨论，为不同的类别分配一定的权重，加权得到的结果就是该件专利价值的定量表现，分配给法律价值和技术价值各50%的权重。

本节基于射频识别（RFID）的井下测量控制技术领域专利为研究对象，在前人研究的基础上，通过专利参考价值评价体系法，从检索结果中筛选出对技术功效解读和技术挖掘有实际参考价值的专利文献，通过技术分析的针对性和分析结果的有效性，对挖掘新技术、指导新技术研发，提供一种新的思路。

案例6-4-1　射频识别（RFID）专利评价分析

目前，国际石油工程技术总体呈现智能化、实时化和自动化的发展趋势，国外各大公司和研发机构投入人力物力开发下一代技术，并进行了广泛的专利布局。基于射频识别（Radio Frequency Identification，简称RFID）的井下测量控制技术具有巨大的发展潜力，技术成熟后，有望改变传统井下控制技术，研发相关技术对于提升我国石油工程技术水平具有重要意义。通过专利计量分析，全球井下测量控制技术领域的专利虽然经过了长时期的高速增长，但依然处于成长期。

RFID技术是一种利用无线射频通信实现的非接触式自动识别技术，基本原理是利用射频信号及其空间耦合、雷达反射的传输特性，实现对待识别物体的自动识别。RFID技术可以实现对人和物品的识别、管理和跟踪，广泛应用于防伪、安全、公共服务、军事、物流和商业贸易等领域。在工业领域中，利用RFID技术实现对高附加值工件的控制、油气管道监测等。虽然目前RFID技术的应用主要集中于与物联网相关的内容，但作为唯一可以实现多标签同时识别的自动识别技术，RFID技术在无线控制、井下测量控制领域具有广阔的应用前景。

一、专利检索及数据

检索日期截至2014年7月，共检索到RFID在石油工程领域应用相关专利129件，初步筛选出73件与井下测量控制直接相关的专利。统计得出专利申请和授权时间间隔、同族专利指数、发明人数量、技术覆盖率等专利指标；通过查找专利原文，获得权利要求数量；通过精细检索，统计得到有效年数、涉诉情况、引证指数、科学关联性指标的数值。

单件专利的参考价值由如下公式得出：

专利参考价值=50%(有效年数+专利申请和授权时间间隔+涉诉情况+权利要求数量)+50%[同族专利指数+发明人数量+（引用专利次数+被引次数)/2+科学关联性+技术覆盖率]

按照计算得到的专利参考价值从大到小，对专利文献进行排序(参见表6-4-2)，通过专利评价分析，可以避免大范围的全文阅读，且能够避免主观因素产生的偏差。

表6-4-2　专利参考价值计算结果(前15位)

专利号、公开号	涉诉情况	权利要求数量	发明人数量	引用专利次数	被引次数	有效年数	评分
US2005052951-A1	N	134	4	80	41	4	176.75
WO2002020939-A1	N	65	1	51	88	4	152.25
US6333699-B1	N	45	1	22	70	2	144.5
US20030090390-A1	N	75	2	52	7	6	130.75
US2002093431-A1	N	20	1	53	64	3	121.25
US2003192690-A1	N	52	2	24	20	2	120
US2003192695-A1	N	42	2	24	30	2	110.5
US2004257913-A1	N	30	3	79	3	5	108
US2008271887-A1	N	22	2	125	12	2	104.25
US2005055162-A1	N	26	3	15	26	0	98.25
US2006065408-A1	N	34	5	23	9	3	94.5
US2003141988-A1	N	9	2	12	3	2	94.25
US2004239521-A1	N	48	1	0	18	0	94
CN103097653-A	N	119	6	7	0	0	88.25
GB2463588-B	N	22	6	0	0	5	74

二、专利原文分析

在专利参考价值评价过程中，有效年数、被引次数等均与专利公开时间成正比关系，但是RFID在井下测量控制领域的应用，属于新兴技术，专利总体申请数量少，并且近5年的申请占很大比例。为此，引入专家评价，对73件直接相关专利进行了原文分析，评估技术重要性，并与专利参考价值评估的定量结果进行了比较。

下列5件专利是RFID在井下测量控制领域的评价中分值最高的专利。经领域专家原文分析后发现，专利的技术内容多涉及领域内非常重要的核心技术，对技术发展影响较大，同时权利要求涉及的关键技术点难以规避。

1. 马拉松石油公司的WO2002020939-A1号专利

该专利提出RFID控制井下射孔、封隔作业的整套流程。RFID收发装置安装在钻柱内，随着在井筒内移动，经过安装在套管等内RFID标签时接收其反馈信号，从而控制相应的井下工具，可用于特定深度的井下作业。该专利是领域内最早提出利用RFID技术的设计思想，属于基本专利。

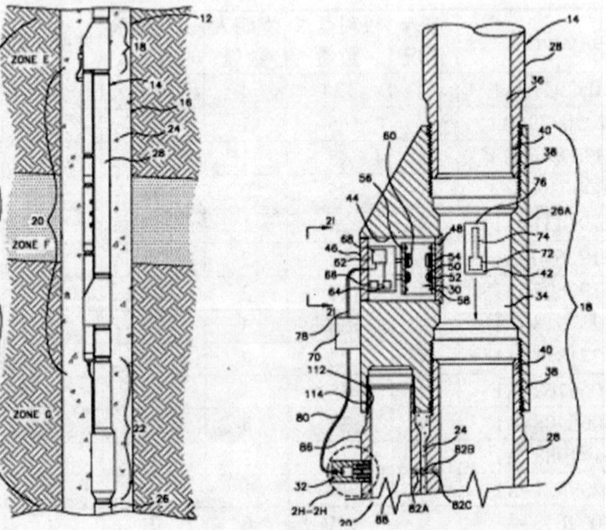

图6-4-1　WO2002020939-A1专利附图

2. 马拉松石油公司的US6333699-B1号专利

该专利提出在射孔作业中确定井下工具位置的方法。在套管内预先嵌入多个RFID标签，当安装有RFID收发装置的井下工具通过特定的RFID标签时，实现数据交换，从而确定井下工具所处的具体位置。

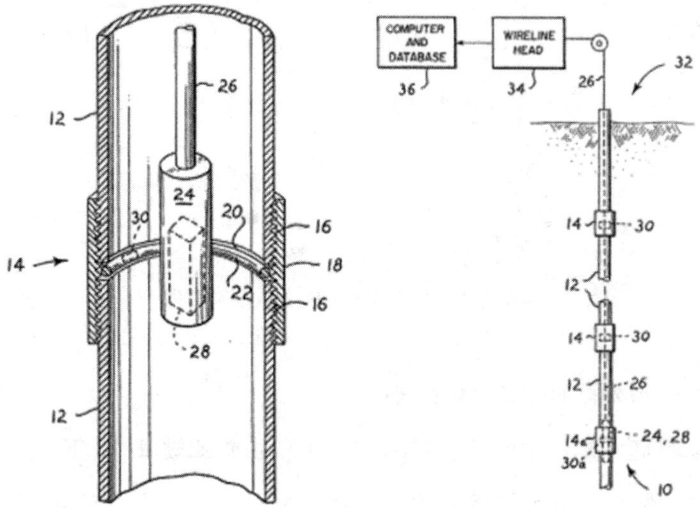

图6-4-2　US6333699-B1专利附图

3. 哈里伯顿公司的US2005055162-A1号专利

该专利提出以RFID标签作为井下传感器的方法。将RFID标签随支撑剂一起注入储层中，随后下入RFID收发装置激活储层中的RFID标签，储层中的RFID标签能够感知温度、压力等，通过读取RFID标签的信号，可获得储层信息，包括压裂孔隙中的温度、压力等。

4. 埃克森美孚公司的CN103097653-A号专利

该专利提出具有自毁功能的压裂增产工具。封隔器等工具内安装有RFID标签，同时自身由易碎材料制备，当接收到特定信号后，工具进行自毁，从而实现射孔、隔离和处理多个井段而不需要钢丝绳或者其他下入管柱。

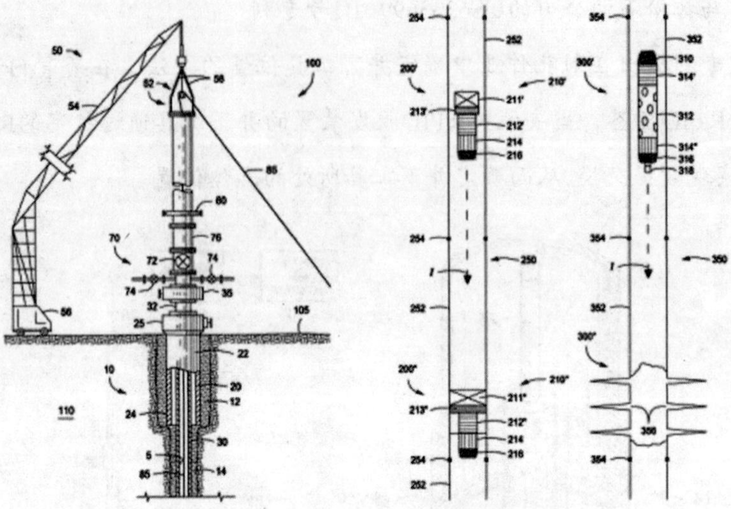

图6-4-3　CN103097653-A专利附图

5. 威德福公司的GB2463588-B号专利

该专利提出无线控制扩眼封隔的方法。在作业过程中，下入扩眼器，识别在特定位置需要膨胀的管柱内嵌入RFID标签，随后在该位置完成扩展管柱实现封隔作业。该公司已经推出相应的商业化井下工具。

三、技术发展方向甄别

通过对基于RFID的井下测量控制技术领域的重要专利综合分析发现，以RFID标签作为信息载体、使用RFID技术监测井下数据是该领域的发展重点。RFID技术目前主要在井下测量控制领域用于实现定位、监测、开关控制、过程控制、传输和指令控制。RFID标签一般主要安装在钻杆、憋压球、封隔器、信息标签和滑套中。

基于RFID的井下测量控制技术已经广泛应用于地震、钻井、固完井、储层改造、测录井和采油等环节。通过引入RFID技术，实现了无线接收信号、发射信号、设备定位、数据存储、数据交换与传输、无线传感及数据传输控制等功能。集成数据传输与控制功能是未来发展方向。国内石油企业可以加强对此方向的科研力度，从而进行整体的专利布局。而本案例基于RFID技术进行专利评价分析，望能给行业内人员提供一些思路。

参考文献

一、中文文献

1. 陈琼娣，余翔.国外在华发明专利格局与技术结构研究——基于1993—2007年国外在华发明专利数据的分析[J].情报杂志，2009.

2. 崔新健，高秀娟.世界500强在华设立研发中心的特征及其成因分析[J].武汉大学学报(哲学社会科学版)，2010.

3. 朱国军，许长新.完全市场模式下银行专利质押融资质押率决策模型研究[J].科研管理，2012.

4. 罗凌云，冯君.专利优势企业指标体系组合分析实证研究[J].情报杂志，2012.

5. 张军荣，黄颖.制度差异下的中美专利经营模式选择——以高智发明为例[J].情报杂志，2012.

6. 朱相丽，谭宗颖.专利组合分析在评价企业技术竞争力中的应用——以储氢技术为例[J].情报杂志，2013.

7. 于晶晶，谭思明.专利组合分析评价指标体系的构建[J].现代情报，2009.

8. 孙兆刚.潜水艇专利的规避对策研究[J].科技管理研究，2012.

9. 张世玉,王伟,潘玮,于跃,王呼生.技术层面专利组合分析模型优化及实证研究[J].情报理论与实践,2015.

10. 陈琼娣. 转用发明的专利申请策略研究——以清洁技术创新为例[J].中国发明与专利,2013.

11. 吴琼,封维忠,马文杰.汽车倒车雷达系统的设计与实现[J].现代电子技术,2009.

12. 罗秋云,田锋,白雁.2014 反垄断第一案:调查高通[J].IT 时代周刊,2014.

13. 董新蕊.专利三十六计之暗度陈仓[J].中国发明与专利,2014.

14. 黄青.专利挖掘在研发工作中的具体应用[J].法制博览,2015.

15. 曾文生.朗姆酒工艺技术的探讨[J].轻工科技,2016.

16. 邱洪华,余翔.基于 k-means 聚类算法的专利地图制作方法研究[J].科研管理,2009.

17. 孙涛涛,唐小利,李越.核心专利的识别方法及其实证研究[J].图书情报工作,2012.

18. 陈忆群,周如旗,朱蔚恒,李梦婷,印鉴.挖掘专利知识实现关键词自动抽取[J].计算机研究与发展,2016.

19. 钟华珂,冯立杰,王金凤,余华杰.基于专利管理地图的我国煤层气开采技术发展研究[J].情报杂志,2012.

20. 陈大明,毛开云,于建荣.生物燃料用酶专利现状与分析[J].生物产业技术,2012.

21. 时良艳.知识产权保护,风电企业国际化的基石——以专利诉讼警示风电企业的知识产权管理[J].风能,2015.

22. 史筱飞,李莎,黄立业.浮式生产储油卸油船相关技术专利报告[J].船海工程,2015.

23. 杜庆贵，冯玮，时忠民，姜哲，刘小燕.半潜式生产平台发展现状及应用浅析[J].石油矿场机械，2015.

24. 张鹏举，吴晓冬，李博，吴恭兴.深海水下采油树流场分析及流阻计算[J].计算机辅助工程，2015.

25. 冯立杰，吴汉争，王金凤，岳俊举，王延锋.基于专利挖掘的煤层气开采技术发展趋势研究[J].情报杂志，2015.

26. 黄立业，李莎，史筱飞.物探船全球专利竞争态势分析[J].船海工程，2016.

27. 王波，饶广龙，李铭，贾旭东.高性能物探船推进动力系统配置分析[J].船舶，2016.

28. 李明林，刘淑鹤，王振宇.低碳烷烃催化脱氢催化剂的专利概况及Pt系催化剂发展路线[J].当代石油石化，2016.

29. 孟召平，刘翠丽，纪懿明.煤层气/页岩气开发地质条件及其对比分析[J].煤炭学报，2013.

30. 本刊编辑部.我国海洋涂料市场现状[J].涂料技术与文摘，2009.

31. 申瑞臣，屈平，杨恒林.煤层井壁稳定技术研究进展与发展趋势[J].石油钻探技术，2010.

32. 蒙大斌.中国专利制度的有效性：理论与经验分析[D].南开大学，2014.

33. 姚金燕.专利质押融资模式研究[D].上海社会科学院，2015.

34. 林豪慧.中国企业专利战略研究[D].广东工业大学，2004.

35. 梁晓燕.高智发明投融资模式分析[D].西南政法大学，2012.

36. 任声策.专利联盟中企业的专利战略研究[D].上海交通大学，2007.

37. 吴嘉雯.清洁能源技术专利联盟的反垄断法律规制[D].华东政法大学，2016.

38. 李薇薇.我国新能源汽车的绿色知识产权战略研究[D].华中科技大

学,2012.

39. 黄明明.燃气轮机燃烧室柔和燃烧机理与性能研究[D].中国科学院研究生院(工程热物理研究所),2014.

40. 韩博奇.车载倒车雷达系统的研究[D].哈尔滨工业大学,2006.

41. 梁艳红.基于专利挖掘的创新设计关键技术研究[D].河北工业大学,2011.

42. 陈琼娣.清洁技术企业专利策略研究[D].华中科技大学,2012.

43. 吴新银.专利地图在企业专利战略中的应用研究[D].华中科技大学,2004.

44. 徐彦明.中石油国际化战略研究[D].武汉大学,2012.

45. 郝新东.中美能源消费结构问题研究[D].武汉大学,2013.

46. 王晨.低碳经济环境下我国新能源产业专利战略制定[D].吉林大学,2015.

47. 张海彬.FPSO 储油轮与半潜式平台波浪载荷三维计算方法研究[D].哈尔滨工程大学,2004.

48. 陈新权.深海半潜式平台初步设计中的若干关键问题研究[D].上海交通大学,2007.

49. 高旋.基于 TRIZ 理论的石油企业技术创新能力评价及对策研究[D].东北石油大学,2012.

50. 2016 年政府工作报告(全文)[EB/OL].(2016-03-15)[2016-11-10].http://news.xinhuanet.com/fortune/2016-03/05/c_128775704.htm.

51. 美国专利审判哪家强德克萨斯东区马歇尔 [EB/OL].(2016-06-12)[2016-12-10].http://blog.sina.com.cn/s/blog_1626c5d8b0102wqgf.html.

52. 专利流氓 BlueSpike 最近起诉了小米和众多科技企业[EB/OL].(2015-12-09)[2016-12-10].http://www.hnlongdong.gov.cn/longdongbaijiachuangxin/2414.html.

53. 2006 中国十大科技骗局:"汉芯一号" 中国造?[EB/OL].(2007-01-05)[2016-11-10].http://tech.sina.com.cn/d/2007-01-05/15511321499.shtml.

54. 揭秘汉芯造假事件的来龙去脉[EB/OL].(2016-11-14)[2016-11-18].https://www.ishuo.cn/doc/uzuydiqf.html.

55. 比亚迪:依靠专利"逆袭"实现"弯道超车"[EB/OL].(2016-11-21)[2016-12-02].http://ip.people.com.cn/n1/2016/1121/c179663-28884040.html.

56. "比亚迪式崛起":中国企业能否通过专利实现逆袭[EB/OL].(2016-07-28)[2016-09-10].http://it.sohu.com/20160728/n461523422.shtml.

57. 朗科与索尼:异类的孤独生存[EB/OL].(2007-05-31)[2016-08-10].http://finance.sina.com.cn/leadership/case/20070531/15593649391.shtml.

58. 跨国专利案和解收场朗科与索尼握手言和[EB/OL].(2006-11-25)[2016-07-19].http://it.sohu.com/20061125/n246609403.shtml.

59. 达能与娃哈哈:公众和政府不是筹码[EB/OL].(2007-05-31)http://finance.sina.com.cn/leadership/case/20070531/15593649387.shtml.

60. 娃哈哈与达能纠纷真相[EB/OL].(2007-09-01)[2016-11-20].http://finance.ifeng.com/news/corporate/200709/0901_195_209423.shtml.

61. 十大中外知识产权标本:东进与英特尔[EB/OL].(2007-05-31)[2016-08-13].http://finance.sina.com.cn/leadership/case/20070531/15593649384.shtml.

62. 东进诉英特尔:一场蚂蚁与大象的战争[EB/OL].(2006-08-29)[2013-08-13].http://blog.voc.com.cn/blog_showone_type_blog_id_45406_p_1.html.

63. 国产品牌接连遭遇诉讼印度为何成专利纠纷高发区[EB/OL].(2016-11-28)[2016-12-10].http://tech.qq.com/a/20161128/002853.htm.

64. 国产手机又陷专利纠纷[EB/OL].(2016-11-18)[2016-12-10].http://news.dahe.cn/2016/11-18/107796726.html.

65. OV 在印度被杜比起诉国产机厂商的专利储备好了吗[EB/OL].(2016-11-

16)[2016-12-10].http://money.163.com/16/1116/09/C601C63I002580S6.html.

66. 酷狗入围2016国家知识产权优势企业用创新引领发展[EB/OL].(2016-12-09)[2016-12-18].http://tech.huanqiu.com/news/2016-12/9794106.html.

67. 酷狗专利申请超400件发明专利申请获政府支持[EB/OL].(2016-10-21)[2016-12-10].http://www.techweb.com.cn/news/2016-10-21/2418093.shtml.

68. 云南白药:创新出彩的老字号[EB/OL].(2015-07-05)[2016-11-25].http://yn.yunnan.cn/html/2015-07/05/content_3807397.htm.

69. 云南白药集团创新商业模式提升竞争力[EB/OL].(2016-09-11)[2016-12-15].http://news.163.com/16/0911/07/C0LSJU8P00014AEE.html.

70. 特斯拉公开专利背后的秘密[EB/OL].(2014-06-16)[2016-12-18].http://wallstreetcn.com/node/95021.

71. 为什么特斯拉开放专利? [EB/OL].(2014-06-13)[2016-09-17].http://news.mydrivers.com/08375.htm.

72. 思科宣布:寻求协商无效起诉华为[EB/OL].(2003-01-24)[2016-10-19].http://tech.sina.com.cn/it/m/2003-01-24/0050162908.shtml.

73. 思科与华为十年战争[EB/OL].(2012-10-20)[2016-12-10].http://tech.ifeng.com/telecom/detail_2012_10/20/18398266_0.shtml.

74. 邱则有:中国专利第一人[EB/OL].(2013-04-16)[2016-11-19].http://ip.people.com.cn/n/2013/0416/c136655-21149486.html.

75. 小米联芯合作,大唐小米都各自破了哪些局?[EB/OL].(2014-11-24)[2016-12-10].http://www.donews.com/idonews/article/4731.shtm.

76. 小米携手联芯布局手机上游产业链[EB/OL].(2014-11-17)[2016-12-10].http://digi.163.com/14/1117/11/AB8HI12J00162OUT.html.

77. 谷歌创新秘诀:重视基层员工可向最高领导发问[EB/OL].(2013-03-30)[2016-10-07].http://tech.sina.com.cn/i/2013-03-30/11318196905.shtml.

78. 谷歌：创新，需要扎根企业基因里的发现精神[EB/OL].(2016-07-28)[2016-12-10].http://www.itxinwen.com/news/news_12053.shtml.

79. 解读中兴通讯知识产权战略规划[EB/OL].(2014-04-20)[2015-11-04].http://www.cctime.com/html/2014-4-20/20144221731582618.htm.

80. 中兴通讯加入 Avanci 专利授权 G5 联盟全球物联网将迎加速期[EB/OL].(2016-09-29)[2016-12-10].http://www.cww.net.cn/news/html/2016/9/29/2016929124381614.htm.

81. 真要进军美国：小米成美国专利最大买家[EB/OL].(2016-12-05)[2016-12-09].http://news.imobile.com.cn/articles/2016/1205/173872.shtml.

82. 小米成美国专利市场大买家[EB/OL].(2016-12-08)[2016-12-10].http://news.xinhuanet.com/info/2016-12/08/c_135889371.htm.

83. 英特尔和 AMD 签署专利许可协议：英特尔芯片将使用 AMD 图形技术[EB/OL].(2016-12-08)[2016-12-10].http://www.eepw.com.cn/article/201612/341261.htm.

84. 每年 2 亿美金英特尔签署专利许可协议[EB/OL].(2016-12-07)[2016-12-10].http://tech.hexun.com/2016-12-07/187236390.html.

85. 美国“专利流氓”四处状告侵权，中国高科技企业已被盯上[EB/OL].(2016-12-06)[2016-12-10].http://www.ailab.cn/html/117108.html.

86. 专利流氓为何能屡屡得手？背后居然有大靠山[EB/OL].(2016-10-13)[2016-11-19].http://www.eefocus.com/component/370377.

87. 凶猛“斗鱼”：从无人能懂到独角兽养成记[EB/OL].(2016-04-09)[2016-11-11].http://tech.163.com/16/0409/11/BK76JNM3000915BF.html.

88. 乐视上半年专利申请 3142 件同比增 1433%跻身全球科技公司第一集团[EB/OL].(2016-08-17)[2016-11-19].http://www.tianjinwe.com/business/cjxc/201608/t20160817_1043039.html

89. 拿下170多项专利三只松鼠如何让食品专业化？[EB/OL].(2016-08-06)[2016-08-13].http://news.10jqka.com.cn/20160806/c592228960.shtml

90. 最坏的日子终要过去，2017年全球原油市场有望复苏[EB/OL].(2016-12-11)[2016-12-18].http://mt.sohu.com/20161211/n475547607.shtml

二、外文文献

1. TOM NICHOLAS.Did R&D Firms Used to Patent?Evidence from the First Innovation Surveys[J]. *The Journal of Economic History*. 2011(4).

2. Larry D.Qiu,HuayangYu. Does the Protection of Foreign Intellectual Property Rights Stimulate Innovation in the US?[J]. *Review of International Economics*. 2010(5).

3. Albert Guangzhou Hu,Gary H.Jefferson. A great wall of patents:What is behind China's recent patent explosion?[J]. *Journal of Development Economics*. 2008(1).

4. James Bessen,Robert M.Hunt. An Empirical Look at Software Patents[J]. *Journal of Economics & Management Strategy*. 2007(1).

5. David Encaoua,Dominique Guellec,Catalina Martínez.Patent systems for encouraging innovation:Lessons from economic analysis[J]. *Research Policy*. 2006(9).

6. Knut Blind,Jakob Edler,Rainer Frietsch,Ulrich Schmoch. Motives to patent:Empirical evidence from Germany[J]. *Research Policy*. 2006(5).

7. Patricia Higino Schneider.International trade,economic growth and intellectual property rights:A panel data study of developed and developing countries[J]. *Journal of Development Economics*. 2005(2).

8. James J. Anton, Dennis A.Yao. Patents, Invalidity, and the Strategic Transmission of Enabling Information[J]. *Journal of Economics & Management Strategy*. 2004(2).

9. Yifei Sun.Determinants of foreign patents in China[J]. *World Patent Information*. 2003(1).